D1831661

विकल विद्रोहिणी
पंडिता रमाबाई

सुजाता

विकल विद्रोहिणी
पंडिता रमाबाई

राजकमल प्रकाशन

ISBN : 978-81-19028-02-3

मूल्य : ₹795

© सुजाता

पहला संस्करण : 2023

प्रकाशक : राजकमल प्रकाशन प्रा. लि.
1-बी, नेताजी सुभाष मार्ग, दरियागंज
नई दिल्ली-110 002
शाखाएँ : अशोक राजपथ, साइंस कॉलेज के सामने, पटना-800 006
पहली मंजिल, दरबारी बिल्डिंग, महात्मा गांधी मार्ग, प्रयागराज-211 001
वेबसाइट : www.rajkamalprakashan.com
ई-मेल : info@rajkamalprakashan.com

मुद्रक : विकास कंप्यूटर एंड प्रिंटर्स
ट्रॉनिका सिटी-201 102

VIKAL VIDROHINI PANDITA RAMABAI
Biography by Sujata

इस पुस्तक के सर्वाधिकार सुरक्षित हैं। प्रकाशक की लिखित अनुमति के बिना इसके किसी भी अंश को फोटोकॉपी एवं रिकॉर्डिंग सहित इलेक्ट्रॉनिक अथवा मशीनी, किसी भी माध्यम से, अथवा ज्ञान के संग्रहण एवं पुन:प्रयोग की प्रणाली द्वारा, किसी भी रूप में, पुनरुत्पादित अथवा संचारित-प्रसारित नहीं किया जा सकता।

भूमिका

एक सशक्त स्त्री वह है जिसके पास अपने सपने हैं, अपने विचार हैं, देश और समाज को लेकर जिसके पास अपना एक विज़न है। सशक्त स्त्री वह है जो तब भी सच बोलती है जब उसके अपने उसके साथ खड़े होने से कतराते हैं। वह आज्ञाकारिणी नहीं बनी रहती। ललकार से नहीं डरती। चुनौतियों से नहीं घबराती। सशक्त स्त्री वह है जो किसी निर्णय-प्रक्रिया में शामिल होती है तो उसके पास अपनी स्वतंत्र राय होती है भले ही वह स्थापित मान्यताओं और विश्वासों के ख़िलाफ़ हो। वह जानती है कि उसका मत महत्त्वपूर्ण है और वह आपसे बार-बार माँग करेगी कि उसे सुना जाए। सशक्त स्त्री वह है जो जानती है कि उसका हर कदम स्त्री-समुदाय पर असर डाल सकता है। इसलिए जब भी मंच से अपनी बात रखती है तो ध्यान रखती है कि उसकी बात सामुदायिक हितों का प्रतिनिधित्व करे। वह दृढ़ रहे तब भी जब समाज उसे अलग-थलग कर दे।

जिसके पास आलोचनात्मक विवेक हो। जो पितृसत्तात्मक, ताक़तवर पुरुषों की स्वीकृति के लिए बेचैन न हो। जिसे स्त्री-विरोधी भाषा और नीतियों से चिढ़ हो। जो स्त्रियों की आज़ादी और आत्मनिर्भरता की समर्थक हो। जो जाति, वर्ग, क्षेत्रीयता या किसी भी संकीर्णता से बचे। जो निर्भय हो, बेबाक हो, अपने अतीत से भयभीत न हो और अपने स्त्री होने पर शर्मिंदा न हो। जो आलोचना के लिए मर्दवादी तरीक़े और हथकंडे न अपनाए। जो साम्प्रदायिकता, शोषण, ज़ुल्म, लिंचिंग के ख़िलाफ़ है। जो न्याय के पक्ष में खड़ी हो भले ही पीड़ित ख़ुद उसके विरुद्ध खड़ा हो।

और इन सबसे बढ़कर यह कि जब वह संघर्षों का समुद्र पार कर ले तो हज़ारों नौकाएँ उनके लिए तैरा दे जो उसकी ओर देख रहे हैं।

कोई 14 साल पहले मैंने पंडिता रमाबाई के बारे में सुना था और कुछ समय बाद उनकी एक किताब 'हिन्दू स्त्री का जीवन' पढ़ी। फिर कुछ अन्तरालों में उनके जीवन और बाक़ी के कामों को पढ़ा। यह एहसास मज़बूत होता गया कि एक सशक्त स्त्री की परिभाषा पर खरे उतरने वाली कोई स्त्रीवादी अतीत में है तो रमाबाई

ही है। न थकने वाली योद्धा जो अपने जेंडर-लेंस के साथ समाज सुधारों के लिए प्रयासरत थी। एक शानदार औरत जिसने महत्त्वाकांक्षाएँ पालीं तो जमकर मेहनत और संघर्ष भी किए। अगर सेल्फ़-लव को समझना हो तो उसका सबसे बेहतरीन उदाहरण है रमाबाई। ख़ुद से प्यार करने में वह बेचैनी शामिल है जो सामुदायिक दमन और संस्थाबद्ध ग़ुमाली के विरोध से पैदा होती है। जब यह एहसास होता है कि ऐसे कैसे इतिहास और राजनीति हमें दरकिनार करके चलती रह सकती है? क्या हम सिर्फ़ यूँ ही मर-खप जाने या महापुरुषों के एजेंडे के अनुरूप चलने के लिए हैं?

पंडिता रमाबाई की जीवनी लिखते हुए यह अफ़सोस बराबर बना रहा कि जिस स्त्री का स्वर संसद में गूँजना चाहिए था, जिसे स्वाधीनता आन्दोलन के मंचों से उद्‌बोधन देना चाहिए था उसने संरचना से थक-हार कर संतत्व की राह क्यों ली? जानती हूँ कि इतिहास से ऐसे प्रश्न निरर्थक होते हैं। यह भी सच है कि राष्ट्र की मर्दवादी संरचना में रमाबाई जैसी सशक्त स्त्री के नेतृत्व के लिए कोई जगह नहीं होती। लेकिन अगर आप उन्नीसवीं सदी के समाज सुधारकों की पंक्ति में एक प्रखर स्त्रीवादी को खड़ा देख पाते हैं तो यह किताब आपके लिए है।

निजी रूप से इस किताब ने मुझे बहुत कुछ सिखाया। पुणे का इतिहास और भूगोल ही नहीं कुछ हद तक मराठी भाषा पढ़ना और समझना सीख पाई। कुछ मराठी मित्रों ने किताब लिखने की प्रक्रिया में मेरे फ़ोन और सन्देशों का उदारता से जवाब तो दिया ही, जे.एन.यू .से पीएच.डी. शोधार्थी, मित्र सागर मिर्चापूरे ने प्रो. हरि नरके सम्पादित वह मराठी किताब उपलब्ध कराई जिससे सावित्रीबाई फुले और रमाबाई की मुलाक़ात के बारे में पता चला। मो. वसीम की मार्फत रमाबाई का पत्राचार उपलब्ध हुआ। प्रो. बसंत जेटली (जयपुर) ने संस्कृत अनुवादों में मदद की और कोलकाता से मित्र ऋतु तिवारी ने टैगोर के उस लेख का बांग्ला से हिन्दी में अनुवाद किया जो परिशिष्ट में दिया गया है। उज्ज्वल भट्टाचार्य ने टैगोर का वह लेख बांग्ला में उपलब्ध कराया। सभी का हृदय से आभार व्यक्त करते हुए यह किताब हिन्दी के उन पाठकों को समर्पित करती हूँ जिन तक इसे पहुँचना ही चाहिए।

दिल्ली
30 जनवरी, 2023

—सुजाता

क्रम

परिशिष्ट

1

जंगल की बेटी

अनन्त शास्त्री डोंगरे और उनकी नवब्याहता बाल-वधू, नौ वर्षीय लक्ष्मीबाई की गंगामूल के घने जंगल की यह पहली रात थी। सर छिपाने को एक तिनका तक न था, न हवा-पानी से बचने के लिए कोई ओट। बीहड़ एकान्त और उसमें बीच-बीच में जंगली जानवरों की आवाज़ें। नौ साल की बच्ची, लक्ष्मी अचानक शेर की दहाड़ से दहल गई। अँधेरे और भयावह आवाज़ों से बचने के लिए उसने अपनी ही साड़ी को सर और मुँह पर लपेट लिया।[1] अनन्त शास्त्री रात-भर रखवाली करते रहे। बाजीराव द्वितीय, मैसूर और नेपाल के राजा के यहाँ से सम्मानित और पुरस्कृत अनन्त शास्त्री को इस तरह आबादी से दूर एकान्त और कष्टों से भरे जीवन को अपनाना पड़ेगा, कौन सोच सकता था! लक्ष्मीबाई को भी कहाँ मालूम था कि अपने से चौगुनी उम्र के जिस अजनबी के सुपुर्द उसे कर दिया गया है, वह उसके जीवन के साथ आख़िर क्या करनेवाला है!

गंगामूल यानी कर्नाटक के चिकमंगलूर ज़िले में पड़नेवाली एक पहाड़ी चोटी जो पश्चिमी घाट की पर्वत शृंखला का हिस्सा है। तीन नदियों—तुंग, भद्रा और नेत्रवती का उद्गम स्रोत। दक्षिण की भक्ति-परम्परा से ख़ुद को जोड़नेवाले अनन्त शास्त्री के लिए तीन नदियों के उद्गम का यह पवित्र स्थान अपने उस भावी आश्रम के लिए सबसे उपयुक्त था, जिसके कुशल संचालन का काम लक्ष्मीबाई को आनेवाले कुछ सालों तक करना था। भरपूर बारिश और हरियाली से सुरम्य हो गया यह स्थान प्राकृतिक सम्पदा से भी परिपूर्ण था। अनन्त शास्त्री और लक्ष्मीबाई ने इस जंगल को साधा, लकड़ियों और घास से अपनी कुटी बनाई, फल, फूल, सब्ज़ियाँ उगाईं, दूर-दूर से आनेवाले शिक्षार्थियों और तीर्थ यात्रियों के लिए आश्रम बनाया। जैसा अधिकांश स्त्रियों के साथ होता है, जीवन के तमाम दायित्व निभाते, लगातार काम करते हुए बच्चे भी हो जाते हैं, उनके भी दायित्व पुराने कामों में ही शामिल हो जाते हैं। ऐसे ही ख़ुद बड़े होने, पढ़ने और कुशल गृहस्थन होने के इन्हीं सालों में लक्ष्मी

ने छह सन्तानों को जन्म दिया, जिनमें से तीन बचपन में ही काल-कवलित हो गईं। जो तीन सन्तानें रहीं, उनमें सबसे बड़ी थीं कृष्णाबाई, फिर लड़का श्रीनिवास और सबसे छोटी रमाबाई।

अनन्त शास्त्री का जन्म 1796 में कर्नाटक में मंगलोर के पास एक चितपावन ब्राह्मण परिवार में हुआ। कई पीढ़ियों पहले ही उनके पुरखे महाराष्ट्र से पश्चिमी घाट से होते हुए यहाँ पहुँचे और यहीं बस गए। उस समय महाराष्ट्र में चितपावन ब्राह्मणों का एक अलग ही दबदबा था। 1713 में छत्रपति शिवाजी महाराज के पोते शाहू जी ने एक चितपावन ब्राह्मण को पेशवा बनाया था।[2] इसके बाद वहाँ सत्ता-समीकरण बदले और चितपावन ब्राह्मण बेहद ताक़तवर हो गए। ज़मीनों के मालिक हुए, वतनदार कहलाए, सेना और वित्त-प्रबन्ध के इलाक़े में सफलतापूर्वक प्रवेश पाया। महाराष्ट्र में ब्राह्मण हमेशा से प्रभुत्वशाली स्थिति में यूँ भी रहे थे, लेकिन शिवाजी ने उनका इस्तेमाल करते हुए भी जाति-सन्तुलन हमेशा बनाकर रखा था ताकि किसी एक जाति या उप-जाति के ही हाथों में सत्ता केन्द्रित न हो जाए।[3] शुरुआत में पेशवाई योग्यता के आधार पर थी। बाद में यह भी पिता से पुत्र को मिलने लगी। पेशवाओं ने मराठा सामन्तों को पुणे से दूर किया और लगभग पूरी तरह से शासक हो गए। पेशवाई का अन्त अनन्त शास्त्री ने पेशवा बाजीराव द्वितीय के समय देखा।

1818 में तीसरे आंग्ल-मराठा युद्ध के बाद पेशवाई छीन ली गई और शुरू हुआ बॉम्बे प्रेसिडेंसी का युग। पेशवा को पेंशन देकर बिठूर भेज दिया गया (कानपुर के पास) और कभी पुणे वापस न आने की शर्त लगा दी गई। बॉम्बे प्रेसिडेंसी यानी बम्बई (अब मुम्बई), पूना (अब पुणे) और आसपास का मराठा इलाक़ा। बम्बई के तटीय इलाक़े पर कई व्यापार फले-फूले। चीन जानेवाली अफ़ीम के व्यापार का सबसे बड़ा गढ़ यहीं बना। आधुनिक अंग्रेज़ी स्कूल-कॉलेज बने। ईस्ट इंडिया कम्पनी एक्ट (1813) के तहत कम्पनी को निर्देशित किया गया कि भारत में आधुनिक शिक्षा, सेक्युलर शिक्षा का प्रसार करे और आम भारतीय की शिक्षा के लिए सालाना एक लाख रुपये की राशि निर्धारित की गई।[4] शिक्षा के आते ही चितपावन ब्राह्मण वर्ग ने नए तरीक़े से ख़ुद को स्थापित किया। आधुनिक शिक्षा हासिल की। सत्ता के साथ ख़ुद को जोड़ा। बालशास्त्री जाम्भेकर, भास्कर पांडुरंग तर्खादार, दादोबा पांडुरंग, आत्माराम पांडुरंग, गोपाल हरि देशमुख (लोकहितवादी) जैसे तमाम सुधारक सामने आए और इन्हीं के बीच से कुछ चिपलूनकर जैसे सुधार-विरोधी भी। इसी माहौल में ज्योतिबा फुले भी उभरे और जाति के सवाल के साथ पूरे सुधार आन्दोलन में एक तीव्र मोड़ ले आए। आगे चलकर भारतीय ईसाई और पारसी भी महाराष्ट्र के सुधार आन्दोलनों में सक्रिय हुए, लेकिन पंडिता रमाबाई इस सुधारवादी और बौद्धिक माहौल की

उत्पत्ति नहीं थी। वह आज़ाद थी। अलग थी। मुसीबतों में पली हुई वह 'जंगल की बेटी' थी।[5]

जब स्त्री-स्वर में संस्कृत के श्लोक सुने अनंत शास्त्री ने

तो रिवाज़ के मुताबिक़ अनन्त शास्त्री का भी बचपन में ही विवाह हो गया था यमुनाबाई से। नाम कुछ और रहा होगा यमुना का, क्योंकि विवाह के बाद लड़की का नाम बदल देने की परम्परा थी। अनन्त को ज्ञान की भूख थी। वह घर से भाग गए और शंकराचार्य के श्रृंगेरी मठ में रहकर संस्कृत का अध्ययन करने लगे। संस्कृत पढ़ने की ललक अनन्त को रामचन्द्र शास्त्री तक ले गई। उस वक़्त वह 18 साल के थे। रामचन्द्र शास्त्री उन दिनों बाजीराव द्वितीय की पत्नी वाराणसी बाई (या काशीबाई) को संस्कृत शिक्षा देते थे। रामचन्द्र शास्त्री की वजह से ही अनन्त का शनिवार वाड़ा में प्रवेश सम्भव हुआ। आते-जाते एक बार अनन्त के कानों में वाराणसी बाई की मधुर आवाज़ पड़ी। स्त्री-स्वर में संस्कृत श्लोकों का ऐसा स्पष्ट उच्चारण! वह हतप्रभ रह गए। उन्हें लगा मानो स्वयं सरस्वती को ही साक्षात् सुन लिया। यह वह काल था जब स्त्री का शिक्षित होना, मराठी लिखना-पढ़ना तक भी परम्परा-विरोधी था और ऐसे में वाराणसी बाई 'देव भाषा' संस्कृत बोल रही थी! युवक अनन्त पर इस अनुभव का ऐसा गहरा असर हुआ कि उसने ठान लिया कि अपने परिवार की स्त्रियों को भी एक दिन ऐसे ही बोलते हुए देखना है।

1818 में पेशवा की हार के बाद रामचन्द्र शास्त्री पुणे से निकल गए, लेकिन जाते-जाते अनन्त को 'शास्त्री' की उपाधि दे गए। अनन्त शास्त्री डोंगरे मंगलोर में अपने घर वापस आ गए। अब शुरू हुई यमुनाबाई की संस्कृत शिक्षा। लेकिन न यमुना की रुचि थी न ही परिवार ने साथ दिया। उन्हें निराशा हाथ लगी। जल्द ही वह मैसूर के राजा के यहाँ पहुँच गए। संस्कृत पढ़े, विद्वान ब्राह्मण का वहाँ दिल खोलकर स्वागत हुआ। मैसूर के ये दस साल सौभाग्यशाली समय था अनन्त शास्त्री का। धन और सम्मान, दोनों थे। इसी दौरान पिता की इच्छा हुई कि बेटा अनन्त उन्हें काशी की तीर्थ यात्रा पर ले जाए। यह कोई छोटी यात्रा नहीं थी। पिता के आज्ञाकारी बेटे अनन्त शास्त्री ने परिवार के 60 सदस्यों को लेकर यह यात्रा शुरू की। एक पालकी, दो गाड़ियाँ और बारह घोड़ों के साथ इस पूरी यात्रा को प्रायोजित किया था मैसूर के राजा ने, साथ में एक यात्रा-अनुमति पत्र भी देते हुए ताकि एक राज्य से दूसरे राज्य में प्रवेश करते हुए उन्हें कोई कठिनाई न हो।[6] काशी पहुँचते हुए उनकी पत्नी यमुनाबाई की मृत्यु हो गई। यमुनाबाई से अनन्त शास्त्री की दो सन्तानें थीं—एक विवाहित पुत्री और एक युवा पुत्र।

काशी में रीति-रिवाज़ पूरे करने के बाद उन्होंने अपने पूरे परिवार को वापस भेज दिया और ख़ुद वहीं रह गए। काशी में ही शंकराचार्य के अद्वैत को माननेवाले अनन्त वैष्णवों के सम्पर्क में आए और वैष्णव हो गए। कोई आध्यात्मिक जिज्ञासा रही होगी जो उन्हें शास्त्रों के पाठ और तीर्थों में भटकाती होगी। यहाँ से भी वह आगे नेपाल की ओर चल पड़े। नेपाल के राजा ने भी विद्वान का ख़ूब स्वागत किया, पालकी दी, उपहार दिए और हाथी के दो बच्चे भी।[7] रमाबाई के बचपन की यादों में भी इनमें से कुछ न कुछ मौजूद था जिसके बारे में उन्होंने अपने जीवन-वृत्त 'अ टेस्टीमनी' में लिखा है।

यह लगभग वही समय रहा होगा जब राजा राममोहन राय के सहयोग से विलियम बैंटिक ने सती प्रथा को प्रतिबन्धित करवाया। सम्भव है, सुधार के स्वर उनके कानों तक पहुँचे भी हों। स्त्री-शिक्षा के लिए तो अनन्त दृढ़-प्रतिज्ञ हुए ही और इसकी शुरुआत अपने ही घर की स्त्रियों से करना उन्हें बेहतर लगा, लेकिन शिक्षा का मतलब उनके लिए सेक्युलर शिक्षा नहीं था। रमाबाई ने भी अपने पिता को 'रूढ़िवादी सुधारक' (Orthodox reformer) ही कहा।[8] वह मूल रूप से भक्ति-परम्परा से जुड़े थे और कभी नहीं चाहते थे कि उनकी साधना की राह में बाहरी दुनिया अड़ंगा डाले। भटकना, तीर्थ यात्राएँ करना और रहने के लिए एकान्त स्थान चुनना इन्हीं वजहों से था। वह यह भी नहीं चाहते थे कि बाहरी दुनिया की हवा उनके बच्चों को लगे और जिन्हें हिन्दुस्तानी उन दिनों 'म्लेच्छ' कहते थे[9], उनके या अंग्रेज़ी शिक्षा के प्रभाव में आकर मोक्ष के रास्ते से भटकें। ज्ञान का अन्तिम लक्ष्य 'मुक्ति' ही है।

अब यह मुर्ग़ियों को पढ़ना-लिखना सिखाएगा

वैष्णव तो हो ही गए थे, अब अनन्त शास्त्री गुजरात की ओर चल पड़े जहाँ वैष्णवों का प्रभाव मध्यकाल के भक्ति-आन्दोलन के बाद से था। लौटते हुए वह रास्ते में पैठण में रुके। पैठण महाराष्ट्र के औरंगाबाद से दक्षिण की ओर गोदावरी नदी के किनारे बसा है। यहाँ रुकते हुए लौटना बेहद महत्त्वपूर्ण था अनन्त शास्त्री का। इस समय तक उनकी उम्र 44 हो चुकी थी। यह 1840 के आसपास कोई समय था। एक सुबह गोदावरी नदी में स्नान करते हुए अनन्त शास्त्री को एक निर्धन चितपावन ब्राह्मण, माधवराव अभ्यंकर, ने देखा जो तीर्थ के लिए वहाँ अपनी दो पुत्रियों के साथ आया हुआ था। वह उनकी देहयष्टि देखकर प्रभावित हुआ और फिर बातचीत करके पता लगाया कि शास्त्रों का ज्ञाता है, विधुर है, परिवार वग़ैरह की जानकारी से सन्तुष्ट होकर अपनी नौ साल की लड़की अम्बा का विवाह प्रस्ताव कर दिया। अगले ही दिन यह विवाह कर दिया गया। लड़की का नाम बदलकर लक्ष्मी किया

गया और कुछ भारहीन होकर लक्ष्मी का पिता अपनी दूसरी कन्या को लेकर अपने घर, सतारा की ओर चला गया।

अनन्त अब गुजरात क्या जाते? अपनी बाल-वधू को लेकर मंगलोर लौट आए अपने घर। यहाँ दोनों का स्वागत ही हुआ होगा क्योंकि किसी भी उम्र में पुरुष का बालिका से विवाह करना परम्पराओं के मुताबिक़ ही था। लड़की विधवा हो जाए तो भले ही नौ साल की हो, उसके सामने सारा जीवन पहाड़ की तरह पड़ा हो, पुनर्विवाह उसके लिए सम्भव नहीं था। ख़ुद रमाबाई ने बाद में इस पर तीखी टिप्पणी की थी। अपने सीमित दृष्टिकोण से अनन्त को यह समझ आया कि अशिक्षित रहना स्त्री के लिए अभिशाप है। उनकी यह बेचैनी अब भी बनी हुई थी कि क्यों स्त्रियों और शूद्रों को शास्त्र पढ़ने की मनाही है? अपने जाति और धर्म के नियमों का पालन करते हुए भी उन्हें यह महसूस होता था कि शिक्षा पर सबका हक़ है। 'वैष्णव जन तो तेने ही कहिए जो पीर पराई जाने रे'* जो दूसरे मनुष्य को जहालत में रखे वह कैसा धर्म? अब लक्ष्मी के आ जाने पर उन्हें अपनी पुरानी टेक फिर याद आई। जो वह यमुनाबाई के साथ पूरा न कर सके, उसे अब पूरा करने की ठानी। बेटे की ज़िद माँ पहले भी देख चुकी थी, इस बार वह साथ थी। लक्ष्मी की मर्ज़ी क्या माने रखती थी? न पिता ने विवाह करते हुए पूछा न पति ने जंगल ले जाने से पहले। एक लड़की की क़िस्मत पूरी तरह इस बात पर निर्भर करती थी कि उसे कैसा पुरुष पति के रूप में मिला है और वह उससे क्या चाहता है? जिस तरह लक्ष्मी के पिता ने अपना पल्ला छुड़ाया था, उस तरह से तो वह बच ही गई थी कि किसी कुसंस्कारी के हाथ नहीं पड़ी। तमाम कष्ट सहे ज़रूर, लेकिन अनन्त की ज़िद और लक्ष्मी की शिक्षा और हिम्मत ने आनेवाली नस्लों को बदल दिया।

इधर लक्ष्मी की संस्कृत शिक्षा शुरू हुई। उधर आस-पड़ोस से फिर विरोध होना भी शुरू हुआ। ख़ूब मज़ाक़ बना। देवों की पवित्र भाषा आख़िर एक स्त्री को कैसे सिखाई जा सकती थी? स्त्री जिसका ओहदा जानवर के ही समान है! किसी ने उपहास करते कहा—'अब यह मुर्ग़ियों को पढ़ना-लिखना सिखाएगा'[10] लेकिन इस बार अनन्त शास्त्री किसी की सुननेवाले नहीं थे। वह अब युवक नहीं, एक परिपक्व पुरुष थे। उन्होंने विरोधियों के लिए स्पष्ट तौर पर कहा—

> मुझ पर किसी का उपकार नहीं है। मुझे जो उचित लगेगा, मैं वही करूँगा और उसमें किसी का हस्तक्षेप मुझे असह्य है। मैं सिर्फ़ ईश्वर को मानता

* महात्मा गांधी का प्रिय भजन 'वैष्णव जन तो तेने ही कहिए' गुजरात के नरसिंह मेहता (1414-1480) का ही लिखा है।

हूँ, किसी और समुदाय के आगे मैं नहीं झुकूँगा। जो मुझसे सम्बन्ध नहीं रखना चाहते, वे ऐसा कर सकते हैं।[11]

परिवार का विरोध पक्के इरादों और आत्मविश्वास से झेला जा सकता है, लेकिन पूरे समाज और धार्मिक समुदाय का विरोध? यह एक अलग दबाव बना रहा था अनन्त पर। माधव वैष्णव समुदाय के मुखिया ने उन्हें समाज से बहिष्कृत करने की धमकी दी। उनके लिए 'पीड़ परायी' का मतलब अज्ञान और अशिक्षा के अन्धकार में, पददलित होकर पड़े रहना नहीं होगा शायद। अनन्त शास्त्री को यह उपाय सूझा कि शास्त्रों के आधार पर स्त्री-शिक्षा का विरोध करनेवालों को शास्त्रों से उदाहरण देकर ही चुप कराया जा सकता है। सती प्रथा के ख़िलाफ़ इसी तरह की युक्ति का इस्तेमाल राजा राममोहन राय कर चुके थे और शास्त्रों के आधार पर ही रूढ़िवादी हिन्दू पंडितों से उन्होंने शास्त्रार्थ किया था। तो अनन्त शास्त्री ने अनेक संस्कृत ग्रंथों का गहन अध्ययन किया और विरोधियों को जवाब देने की तैयारी की। उन्हें उडुपी बुलाया गया। अपने मत के समर्थन में सामग्री का संकलन करके लगभग 400 विद्वानों की सभा में उन्होंने शास्त्रार्थ किया। उन्होंने एक-एक अध्याय और श्लोक का उल्लेख किया जो शूद्रों और स्त्रियों को पढ़ने का हक़ देते हैं।[12] धर्म-प्रमुख को भी उनके तर्कों को सही स्वीकारना पड़ा। यह संकलन मंगलोर में उन्होंने एक सम्बन्धी के पास सुरक्षित रखा था, लेकिन बाद में रमाबाई के कोशिश करने पर भी उन्हें वापस हासिल नहीं हुआ।[13] निश्चित ही यह संकलन एक धरोहर होता।

धार्मिक समुदाय का दबाव तर्कों और प्रमाणों से कम नहीं होता। कट्टरता का कवच पहनाकर ही धर्म को सुरक्षित रखा जाता है। अनन्त शास्त्री इस बखेड़े से दूर चलकर रहना चाहते थे ताकि अपनी ऊर्जा को पूरी तरह अध्ययन-शिक्षण में लगाया जा सके, भले ही वह दूर की जगह घना जंगल ही क्यों न हो। इस तरह यह विचित्र जोड़ा गंगामूल की उस पहाड़ी पर पहुँचा जहाँ इन्हें अगले तेरह साल रहना था। यह जगह भी मैसूर के महाराजा ने अनन्त को उनके अनुरोध पर दान में दी थी जो मलहरांजी से नौ मील दूर थी, लेकिन खड़ी चढ़ाई पर, निर्जन और ख़तरनाक।[14] पहली दो सन्तानों की मृत्यु के बाद 1848 में जन्म हुआ कृष्णाबाई का, 1850 में श्रीनिवास का। इसके बाद एक और जो बचपन में मृत हो गया और फिर 1858 में जन्म हुआ रमाबाई का। अनन्त शास्त्री को लक्ष्मीबाई में एक मेहनती विद्यार्थी मिली थी। लक्ष्मी की संस्कृत शिक्षा चलती रही। वह इतनी प्रवीण हो गई थी कि अनन्त शास्त्री के कहीं बाहर रहने पर आश्रम के विद्यार्थियों को पढ़ाया भी करती थी। एक तो स्त्री पढ़े और उस पर से लड़कों को भी पढ़ाए! परम्परा-विरोध की यह तो पराकाष्ठा थी! रमाबाई लिखती हैं, उसकी माँ एक 'उत्कृष्ट विद्वान'

थी। घर के सभी दायित्व, धोना, खाना पकाना, बच्चे सँभालना, मेहमानों की आवभगत करना, एक अच्छी धार्मिक पत्नी और माँ की तरह सभी काम करती थी, तब जाकर रात को उसे पुराणों के अध्ययन का समय मिल पाता था, फिर भी इस तरह बहुत-सा ज्ञान उसने सँजो लिया था।[15] पढ़ना आज भी बहुत-सी लड़कियों के लिए प्राथमिक या एकमात्र काम नहीं है। घरेलू जेंडर्ड भूमिकाएँ निभाते हुए उन्हें पढ़ने के लिए वह वक़्त मिलता है जो किसी सामान्य स्थिति में किसी के लिए भी आराम करने का वक़्त होता है।

गंगामूल की यह जगह ही अपने आप में एक तीर्थ स्थान बन गई थी जहाँ तीर्थ यात्री आया करते और अनन्त शास्त्री, लक्ष्मीबाई उनकी आवभगत करते, ब्राह्मणों को दान देते। इस बीच अनन्त शास्त्री को अपने गाँव वापस आना पड़ा। सम्बन्धियों का क़र्ज़ उतारने के लिए उन्होंने अपनी सम्पत्ति बेची, यमुनाबाई से हुए पुत्र की सहमति लेकर, उसके हिस्से रखी ज़मीन भी बेच देनी पड़ी। अपने उदार स्वभाव के चलते और अपने सम्बन्धियों का क़र्ज़ चुकाते हुए उनका संचित धन, समृद्धि धीरे-धीरे समाप्त होने लगी और परिवार आर्थिक अभाव की स्थिति में आ गया। 1858 के अक्तूबर में यहाँ इस परिवार का अगला पड़ाव शुरू हुआ जब अनन्त शास्त्री ने ठाना कि परिवार सहित वह फिर से तीर्थ स्थानों की यात्राएँ करेंगे। बिना भीख माँगे, ईमानदारी से धन अर्जित करने का यही एक तरीक़ा था उनके पास। अनन्त शास्त्री पौराणिक* थे। पौराणिक, जो पुराणों का वाचन करते हुए तीर्थ स्थानों पर बैठा करते और उन्हें सुननेवाले अपनी श्रद्धा से उनके सामने धन, चावल, फल, मिठाई या वस्त्र, कुछ भी रख जाया करते। इसी के भरोसे पहाड़ी के सुरम्य आश्रम से नीचे की ओर यात्रा शुरू की गई।

रमा सबसे छोटी थी। उस समय छह महीने की। एक बाँस की छोटी-सी टोकरी में रमा को रखा गया और एक आदमी उसे सर पर उठाकर चल पड़ा। यह रमा की पहली तीर्थ यात्रा थी।

---

* रमाबाई तीर्थों पर मिलनेवाले उन तमाम पौराणिक, पुरोहितों की निन्दा करती हैं जिन्हें रमा और श्रीनिवास ने अपने सामने लोगों को मूर्ख बनाकर लूटते हुए देखा था और धर्म के इस स्वरूप से उनका मोह-भंग हो गया था। लेकिन एक जगह वह लिखती हैं कि सभी पौराणिक बुरे नहीं होते। वह एक शान्त स्थान पर बैठकर पुराणों का ज़ोर-ज़ोर-से पाठ करते हैं, ज़रूरी नहीं कि वह श्रोताओं के लिए उनका बोलचाल की भाषा में अनुवाद करके भावार्थ भी समझाएँ, चाहें तो कर भी सकते हैं, उनकी इच्छा पर है। कभी, बातें बढ़ा-चढ़ाकर बोलते हैं, यह पाप नहीं माना जाता क्योंकि मत का प्रचार करने के लिए ऐसा करते हैं, लेकिन वे किसी से कुछ माँगते नहीं। किसी को बुलाते नहीं। लोग अपनी इच्छा से कभी थोड़े-से चावल, फल, वस्त्र, मिठाई या कोई भी सामग्री दे जाते हैं। —अ टेस्टीमनी, पंडिता रमाबाई, पृ. 7

सन्दर्भ

1. देखें, पृ. 8, बिल्डर्स ऑफ़ मॉडर्न इंडिया, पंडिता रमाबाई, निकल मैकनिकल, दूसरा संस्करण, एसोसिएशन प्रेस (वाय.एम.सी.ए.) कलकत्ता, 1930
2. देखें, पृ. 3, रीराइटिंग हिस्ट्री, द लाइफ़ ऐंड टाइम्स ऑफ़ पंडिता रमाबाई, उमा चक्रवर्ती, ज़ुबान, 1998
3. देखें, वही
4. देखें, पृ. 110, रेनेसाँ स्टेट, गिरीश कुबेर, हार्पर कॉलिंस, 2021
5. देखें, पृ. 11, पंडिता रमाबाई : द स्टोरी ऑफ़ हर लाइफ़, हेलेन एस. डायर, फ़्लेमिंग एच. रेवेल कम्पनी, 1900
6. देखें, पृ. 9, पंडिता रमाबाई : लाइफ़ ऐंड लैंडमार्क राइटिंग्स, मीरा कोसाम्बी, रूटलेज़, 2016, पहला दक्षिण एशियाई संस्करण
7. देखें, वही
8. देखें, पृ. 6, ए टेस्टीमनी, पंडिता रमाबाई, रमाबाई मुक्ति मिशन, केड़गाँव, 1907
9. वही
10. देखें, पृ. 30, पंडिता रमाबाई सरस्वती : हर लाइफ़ ऐंड वर्क, पद्मिनी सेनगुप्ता, एशिया पब्लिशिंग हाउस, 1970, बम्बई
11. देखें, पृ. 13, पंडिता रमाबाई सरस्वती : हर लाइफ़ ऐंड वर्क, पद्मिनी सेनगुप्ता, एशिया पब्लिशिंग हाउस, बम्बई में उद्धृत 20 अगस्त, 1882 को सुबोध पत्रिका में स्वयं रमाबाई के लिखे लेख से
12. देखें, पृ. 5, ए टेस्टीमनी, पंडिता रमाबाई, रमाबाई मुक्ति मिशन, केड़गाँव, 1907
13. देखें, पृ. 10, पंडिता रमाबाई : लाइफ़ ऐंड लैंडमार्क राइटिंग्स, मीरा कोसाम्बी, रूटलेज, 2016, पहला दक्षिण एशियाई संस्करण
14. देखें, पृ. 10, पंडिता रमाबाई : लाइफ़ ऐंड लैंडमार्क राइटिंग्स, मीरा कोसाम्बी, रूटलेज, 2016, पहला दक्षिण एशियाई संस्करण
15. देखें, पृ. 5, ए टेस्टीमनी, पंडिता रमाबाई, रमाबाई मुक्ति मिशन, केड़गाँव, 1907

2

अकाल और मृत्यु का पालना

माँ के होंठों के अलावा कोई किताब नहीं थी

अनन्त और लक्ष्मी का यह परिवार तीर्थ यात्राओं पर निकल पड़ा था। अनन्त शास्त्री अब वृद्ध हो रहे थे। जब तक रमाबाई आठ साल की हुई और जब उनकी शिक्षा आरम्भ करने का समय आया, अनन्त सत्तर की अवस्था पर थे। इसलिए रमाबाई की पढ़ाई का सारा दायित्व लक्ष्मीबाई पर आ गया। लक्ष्मी ही उसकी पहली शिक्षक थी।* रमाबाई के पन्द्रह साल के होने तक लक्ष्मीबाई ने उसके दिमाग़ को इस तरह अनुकूलित और प्रशिक्षित कर दिया था कि वह आगे की पढ़ाई दूसरों की न्यूनतम सहायता लेते हुए, अपने आप आगे बढ़ा सके। यह भी माँ-बेटी के बीच एक क़रीबी रिश्ते की वजह बना होगा। अपने बचपन की अनेक स्मृतियाँ वास्तव में तो रमाबाई ने माँ के ही मुँह से सुनीं और उन्हें अपनी स्मृतियों का हिस्सा बना लिया। पाँच-सात साल से पूर्व तक की उम्र के हम सबके क़िस्से माँ-पिता और रिश्तेदारों की ज़बानी सुने हुए ही होते हैं जिन्हें हम अपनी ही स्मृतियाँ मान लेते हैं, लेकिन कुछ दृश्य बहुत गहराई से स्मृति पटल पर अंकित हो जाते हैं या अवचेतन में गहरे उतर जाते हैं। रमाबाई के अनुभव उनकी बेटी मनोरमा ने सुने और स्मृतियों का एक पुल बन गया माँओं-बेटियों के बीच। मनोरमा की लिखी किताब 'पंडिता रमाबाई : द विडोज़ फ्रेंड' में यह विवरण इस प्रकार आता है—

* नौवें साल की शुरुआत होने के बाद, एक दिन सुबह नक्षत्रों की शुभ दशा देखकर, मेरे अभिभावकों ने सरस्वती, ज्ञान की देवी की पूजा की और मुझे देवी-देवताओं के समक्ष दंडवत् होकर पूजा करने के लिए कहा। उनका आशीर्वाद लेने के बाद मेरी माँ ने एक पवित्र हिन्दू कथा के साथ मुझे पहला पाठ पढ़ाया। उस दिन से मेरी शिक्षा की शुरुआत गम्भीरता से हो गई।—रमाबाई, पंडिता रमाबाई : लाइफ़ ऐंड लैंडमार्क राइटिंग्स, मीरा कोसाम्बी, रूटलेज़, 2016, पृ. 12 पर

> आश्रम में रहनेवाले छात्र, नियमित आनेवाले तीर्थ यात्री, वृद्ध पिता[1] और सास*, सब जो अब परिवार के सदस्य थे, साथ ही घर के बच्चे[2] सभी की देखभाल की ज़िम्मेदारी इस शिक्षित हिन्दू माँ के कन्धों पर आ गई थी, ऐसे में अपनी छोटी-सी बेटी को पढ़ाने का एक ही समय था—द्वाभा, एक कठिन दिन की शुरुआत के ठीक पहले। रमाबाई भावुक होकर याद करती है कि कैसे उसकी शुरुआती शिक्षा माँ की बाँहों में हुई। नींद से भरी हुई उस छोटी बच्ची को सहलाती हुई, प्यारे-प्यारे शब्द कहते हुए माँ कोमलता से बिस्तर से उठाकर ज़मीन पर खड़ा करती थी, और फिर जब जंगल के पक्षी चहचहाते हुए सुबह के गीत गाते थे, पुराने पाठ दोहरा लिये जाते थे, माँ के होंठों के अलावा कोई किताब नहीं थी।[3]

एक औरत पढ़ती है तो कई पीढ़ियाँ शिक्षित होती हैं—यह बात लक्ष्मीबाई की मेहनत, तपस्या और उसकी शिक्षा के लिए एकदम सटीक है। रमाबाई की बेटी मनोरमा का न विवाह हुआ था, न कोई सन्तान। लक्ष्मीबाई और अनन्त की पुश्तें आगे नहीं बढ़तीं, लेकिन यह रक्त-सम्बन्धों की बात नहीं है। यह उस सम्बन्ध की बात है जो दुनिया की हर स्त्री का दूसरी स्त्री से है। जब भी किसी औरत ने संघर्ष किए तो राह दुनिया की तमाम बेटियों के लिए बनाई। लक्ष्मीबाई की शिक्षा ने जो रौशनी रमाबाई के मस्तिष्क में जगाई, उसका उजाला दुनिया भर में फैला।

मनोरमा का दिया विवरण पढ़कर लगता है कि अनन्त शास्त्री की माँ और पिता भी उनके साथ ही थे। मनोरमाबाई के अलावा एक सूचना पद्मिनी सेनगुप्ता द्वारा लिखी गई जीवनी में यह मिलती है कि बाद में अनन्त शास्त्री के परिवार के बाक़ी रिश्तेदार भी पीछे-पीछे उसी आश्रम में आ गए थे। यह स्वीकारणीय लगता है क्योंकि अनन्त शास्त्री की प्रतिष्ठा, राजाओं द्वारा उनका सम्मान किया जाना और पुरस्कारों के चलते उनकी समृद्धि ने अवश्य ही उन रिश्तेदारों को लुभाया होगा जो पहले भी काशी की तीर्थ यात्रा के लिए उनके पीछे चल दिए थे। दुनिया की रीति यही रही है, सुख-समृद्धि के दिनों में दूर-दूर के सम्बन्धी भी समीप होना चाहते हैं और कोशिश करते हैं कि कुछ लाभांश उन्हें भी मिले। रमाबाई ने भी उल्लेख किया है कि एक समय ऐसा था जब उनके पिता के पास 1,75,000 रुपये थे। चावल और नारियल की खेती[4] भी थी, जिसकी सहायता से गंगामूल के इस निवास में एक बड़े परिवार को उन्होंने पाला। इस आश्रम में फल, फूल

---

* अनन्त शास्त्री की माँ। अनन्त शास्त्री के माता-पिता और कुछ रिश्तेदार भी आश्रम पहुँच गए थे बाद में। देखें, पृ. 32, बिल्डर्स ऑफ़ मॉडर्न इंडिया, पंडिता रमाबाई, पद्मिनी सेनगुप्ता, डिजिटल वर्ज़न, इंडियन कल्चर की सरकारी वेबसाइट पर सुरक्षित।

और सब्ज़ियाँ उगती थीं, सौ से अधिक मवेशी थे, सेवक थे और विद्यार्थी भी। यह एक बड़ा परिवार था।

लक्ष्मीबाई के पास तमाम काम थे, फलों के पेड़, पौधों की और मवेशियों की देखभाल से लेकर पढ़ाना और सेवा करना। उन्हें हज़ारों श्लोक याद थे, किताबें बहुत नहीं हुआ करती थीं। रमाबाई को भी इसी तरह हज़ारों श्लोक याद करवाए लक्ष्मी ने। सब सँभाला। लगभग अकेले और चुपचाप। इतिहास में बहुत-सी स्त्रियाँ ऐसे ही चुपचाप काम करती, बर्दाश्त करती, संघर्ष करती हुई एक शहीद की तरह दर्ज होती हैं।[5] जिस धन की बदौलत नन्ही-सी रमाबाई के साथ तीर्थ यात्राओं की शुरुआत हुई, वह भी धीरे-धीरे ख़त्म हुआ। यूँ तो अनन्त शास्त्री शास्त्रों में बताए तरीक़ों से जीवन-यापन कर रहे थे, लेकिन असल में तो यह शुद्ध मूर्खता थी। जिस धन-सम्पत्ति के इस्तेमाल से वह अपने सन्तानों को आधुनिक सेक्युलर शिक्षा देकर एक बेहतर जीवन दे सकते थे, उसे ब्राह्मणों को दान देने में लुटा दिया। रमाबाई लिखती हैं—

> हमारे माता-पिता के हाथ में कुछ धन तो था। वह हमारे विकास और सेक्युलर शिक्षा के लिए ख़र्च होता तो हम अपनी आजीविका चलाने के योग्य हो जाते, लेकिन ऐसा होने का तो सवाल ही नहीं उठता था। हमारे माता-पिता को पवित्र ग्रंथों में लिखी गई एक-एक बात पर अटूट विश्वास था। उन्होंने हमें सिखाया कि जीवन-यापन के लिए ईश्वर के भरोसे रहो। ये पवित्र ग्रंथ कहते थे कि अगर लोग बताई गई विधि से ईश्वर की पूजा करेंगे, देवताओं का नाम स्मरण करेंगे और उनका प्रशस्तिगान करेंगे, तपस्या और उपवास करेंगे तो देवी-देवता स्वयं उसके सामने प्रकट होकर बात करेंगे और पूछेंगे कि उसकी क्या इच्छा है! दैनिक ज़रूरतों के लिए हमने यही रास्ता चुना। तीन साल तक हमने कुछ नहीं किया इन धार्मिक कृत्यों के अलावा। अन्ततः हमारा सब धन समाप्त हो गया, लेकिन देवताओं ने मदद नहीं की। हमने उस अकाल को झेला, जिसे हम ख़ुद अपने ऊपर ले आए थे।[6]

इन्हीं सालों में कृष्णाबाई (विवाह पूर्व का नाम तुंगभद्रा) की शादी हुई। लड़की को माहवारी शुरू होने से पहले ही ब्याहने की प्रथा थी तो सम्भव है, रमाबाई के जन्म के आसपास ही कृष्णाबाई का विवाह हुआ हो क्योंकि उसी वक़्त वह नौ-दस साल की होती। इसकी कोई विशेष जानकारी नहीं मिलती सिवाय इसके कि जिस लड़के से उसका विवाह किया गया, उसके सामने यह शर्त रखी थी अनन्त शास्त्री ने कि वह भी पढ़ाई-लिखाई करेगा अनन्त शास्त्री के पास रहकर। लेकिन वह लड़का निकम्मा निकला और भाग खड़ा हुआ। यह भी सम्भव है कि वह अनन्त के ही विद्यार्थियों में से कोई ब्राह्मण युवक रहा हो। जो भी हो, अनन्त शास्त्री के

लिए यह घटना सबक की तरह साबित हुई और उन्होंने रमाबाई का बाल-विवाह न करने की ठानी। बाल-विवाह तो श्रीनिवास का भी हुआ था, उसकी पसन्द के ख़िलाफ़[7], लेकिन वह लड़की न कभी उनके पास आई, न वैवाहिक अधिकार का दावा किया, न इस विषय में कोई जानकारी कहीं मिलती है।

1860 से 71 के बीच इस परिवार ने बम्बई की भी यात्राएँ की। ये यात्राएँ तीन दृष्टियों से महत्त्वपूर्ण थीं। पहली, रमाबाई के पूरे परिवार का फ़ोटो जिसमें वृद्ध अनन्त शास्त्री, लगभग तीस की लक्ष्मीबाई, उनकी गोद में सात साल की रमाबाई, श्रीनिवास, कृष्णाबाई और पीछे खड़ा एक और बालक है (जिसके बारे में जानकारी विवादित है या अज्ञात है) यहीं 1864 में खींचा गया।[8] दूसरी, बम्बई जाकर अनन्त शास्त्री ने व्यवसाय करने की भी कोशिश की। यह जानकारी मिलती है कि उन्होंने कपड़ा मिल के शेयर्स खरीदे[9] इसके समर्थन में बम्बई के व्यवसाय में आए उस आर्थिक उत्कर्ष को देख सकते हैं, जिसकी वजह अमरीकी गृह-युद्ध बना और बाज़ार में भारतीय सूत से अंग्रेज़ी मिलों में बननेवाले कपड़े की माँग बढ़ गई। तीसरी वह यात्रा थी जो मालाबार तट से बम्बई तक उन्होंने पानी के जहाज़ में बैठकर की। तीन दिन की इस यात्रा के दौरान उनमें से एक ने भी न कुछ खाया न ही एक घूँट पानी किसी के होंठों को लगा।[10] रमाबाई के बचपन का यह कठोर प्रशिक्षण और अनुभव उसके आनेवाले जीवन और कॅरियर में बेहद महत्त्वपूर्ण होनेवाला था।

शायद साल 1871-72 इस परिवार ने गुजरात में, द्वारका में बिताया। यहाँ समुद्र किनारे खेलने के दृश्य रमाबाई की बचपन की स्मृतियों में दर्ज हुए। बारह-तेरह की किशोरावस्था में द्वारका की नगरी से उसका परिचय हुआ। यदुवंशी कृष्ण की इस नगरी की ही कहानी सुनाती है रमाबाई। लिखती है—

> समुद्र सभी पवित्र नदियों का बृहत् संग्राहक है। इसलिए इसके पानी में नित्य स्नान करने का बड़ा महत्त्व है...तो समुद्र किनारे बारह महीने तक रहने का मतलब है कि तीनों लोकों की पवित्र नदियों में स्नान करके पुण्य कमाना। इसी विश्वास ने हमारे माता-पिता को साल भर तक द्वारका रहने के लिए प्रेरित किया।[11]

मीराँबाई : स्त्री भी हो सकती है संत

मीराँबाई से भी उसका परिचय हुआ, जिसने पति की पूजा नहीं की, कृष्ण से प्रेम किया।[12] मन्दिरों में गाए जानेवाले मीराँ के पद भी रमा ने अवश्य सुने होंगे और मीराँबाई के जीवन के विद्रोही तेवरों ने किशोरी रमा के मन में स्त्री-अस्मिता के लिए एक बेचैनी ज़रूर जगाई होगी। संतन ढिग बैठि-बैठि लोक-लाज खोई...

सन्तत्व स्त्री के लिए भी है, लेकिन दुनिया इसमें भी स्त्री को जीने नहीं देगी, मीराँ के जीवन और कविता ने ऐसे न जाने कितने विचार उस किशोरी के मन में जगाए होंगे! उसने जाना होगा कि एक स्त्री भी स्वयं अपने जीवन के निर्णय ले सकती है और ईश्वर से एकाकार हो सकती है। हिन्दू शास्त्रों के बारे में अपनी किताब 'हिन्दू स्त्री का जीवन' में रमाबाई ने तीखी टिप्पणी भी की है कि शास्त्र स्त्री को मोक्ष की अनुमति नहीं देते। उसके लिए मुक्ति का रास्ता पति की सेवा और पूजा से होकर गुज़रता है। भक्ति की राह पर चलते हुए एक मुक्ति मीराँ की थी। कौन-सी राह पर चलते हुए रमाबाई को अपने लिए मुक्ति के अर्थ तलाशने थे, यह आनेवाला जीवन और उसकी चुनौतियाँ तय करतीं।

इस द्वारका वास की वजह से ही यह बात बाद में फैलाई गई कि रमाबाई के पिता ने उसका यहीं कृष्ण से विवाह कर दिया था। (बिपिन चन्द्र पाल ने तो अपनी आत्मकथा में एक जगह रमाबाई को 'विधवा' कहकर भी सम्बोधित किया है।) बाईस की अवस्था तक अविवाहित रहने की वजह से जाने क्या कुछ रमाबाई के बारे में कहा जाता रहा। तो यहाँ से वे डाकोर गए जहाँ कृष्ण को 'रणछोड़' के नाम से पूजा जाता है। इसके बाद वेल्लोर में घटिकाचला और वेंकटगिरि की यात्राओं का विवरण मिलता है। घटिकाचला में भी साल भर रहे। हनुमान का मन्दिर है वहाँ। जो द्वारका में न हो पाया, वह यहाँ करने की कोशिश की, देवताओं को प्रसन्न करना और कृपा पाना। लेकिन कोई चमत्कार नहीं हुआ। कोई देवता अवतरित नहीं हुआ। किसी ईश्वर की कृपा नहीं बरसी। रमाबाई याद करती हैं कि उसके बचपन में माँ और पिता की यात्राएँ ही यात्राएँ हैं, एक तीर्थ से दूसरे तीर्थ। तीर्थ स्थानों पर मन्दिर के हॉल में, पेड़ के नीचे या नदी किनारे कहीं भी बैठकर परिवार के ये सभी सदस्य पुराणों और मिथकीय कथाओं का वाचन ज़ोर-ज़ोर-से करते थे ताकि श्रोता आकर्षित हों। ज़रूरत भर का सामान भेंट मिल जाया करता था। यही परिवार की आजीविका थी और उपभोग के बाद बचा हुआ ब्राह्मणों, तीर्थ यात्रियों को पिता दान कर दिया करते थे।

वेंकटगिरि में रमाबाई ने, न केवल झूठ बोलकर तीर्थ यात्रियों को मूर्ख बनाते पौराणिक देखे बल्कि संन्यासी और बैरागी भी देखे, जिनकी देह पर नाममात्र का वस्त्र था और बाक़ी शरीर राख से पुता हुआ, कर्कश वाणी, तम्बाकू, गाँजा, अफीम और दूसरे नशे करनेवाले।[13] रमा के माता-पिता कहते थे कि ये अनैतिक और बुरे लोग हैं। हँसते हुए पुरोहितों की चालाकियों पर बात भी करते थे, लेकिन फिर भी उन्हें पूज्य मानते थे क्योंकि शास्त्रों में लिखा है। वहाँ पापनाशिनी झरने में सब स्नान करते थे, लेकिन रमा कहती है, सब मन में जानते होंगे कि पाप कहीं नहीं जाते, वहीं के वहीं रह जाते हैं, अपने ही साथ।

1876-78 बॉम्बे और मद्रास प्रेसिडेंसी, हैदराबाद और मैसूर के लिए भयंकर अकाल का समय था, लेकिन परिवार के लिए भुखमरी का दौर उसके भी तीन साल

पहले शुरू हो चुका था। यह परिवार तीर्थ स्थलों पर पत्थर और धातु की मूर्तियों के आगे दंडवत् होते, व्रत-उपवास करते, पवित्र नदियों में स्नान करते हुए भटक रहा था। 21 साल का मज़बूत युवक, रमाबाई का बड़ा भाई श्रीनिवास, अपनी सेहत और पुष्ट देह को महीनों-महीनों उपवास करके ख़राब कर चुका था। कृष्णाबाई भी अपने परिवार, भाई-बहनों के साथ ही रही। ऐसी सूचनाएँ हैं कि उसका पति बाद में आया था विवाह की पुनर्स्थापना की क़ानूनी अर्ज़ी लेकर। अगर हैज़े से इस दौरान कृष्णाबाई की मृत्यु (1875) न हो गई होती तो कौन जानता है कि रख़्माबाई से भी पहले भारतीय अदालत में 'कंसेंट' का पहला मुक़दमा यही होता[14] क्योंकि अनन्त शास्त्री एक अनपढ़ युवक के साथ अपनी बेटी को भेजने के लिए एकदम तैयार नहीं थे।

माँ के शव का प्रिय भार ढोने वाला चौथा कंधा था रमाबाई का

भूख-प्यास और कष्ट झेलने की आदत तो भाई-बहनों को हो ही चुकी थी, लेकिन बॉम्बे और मद्रास प्रेसिडेंसी के इस अकाल ने इन बच्चों के साथ वह किया, जिसके लिए कोई सन्तान कभी तैयार नहीं होती। उनके और अन्य ग़रीब ब्राह्मण परिवारों के लिए अकाल और भी भीषण था, इसलिए कि उन्हें नहीं पता था कि शास्त्रों के पठन-पाठन के अलावा भी कोई काम करके कमाया-खाया जा सकता है। हाथ से काम करना उन्होंने कभी जाना ही नहीं था। डोंगरे परिवार की सन्तानें हिन्दू ग्रंथों और साहित्य के अलावा बाहर की दुनिया से पूरी तरह अनजान रखकर पाली गई थीं। न ही वे कोई नौकरी कर सकते थे न भीख माँग सकते थे। कोई अपने आप दया करके खाने क़ो कुछ दे देता तो अलग बात थी। इस नस्लीय अहंकार ने उन्हें दर-दर भटकाया। जब धन ख़त्म हुआ तो गहने, कपड़े, ताँबे के बर्तन बेच-बेचकर पाया धन भी कुछ ब्राह्मणों को दान दिया, कुछ परिवार की भूख मिटाने के काम आया। यह सिलसिला तब तक चला जब तक कि थोड़े-से ही ताँबे और चाँदी के सिक्के ही बचे नहीं रह गए। उससे भी मोटा-झोटा अनाज लाया जाता और थोड़ा-थोड़ा, बचा-बचाकर खाया जाता। ऐसे में उनके सामने भूखों मरने की नौबत आ गई। आख़िरी दाना भी ख़त्म हो चुका था। यह शर्म की बात थी। ऐसे में क्या किया जाए?

इंसान अपने जाननेवालों के बीच ही अपने कष्ट सबसे ज़्यादा छिपाता है और शर्मिन्दा होता है। भूखों मरने की नौबत आ जाने पर परिवार ने तय किया कि सबके सामने इस लज्जाजनक स्थिति में आने से अच्छा है कि जंगल में, एकान्त में चलकर प्राण त्यागे जाएँ। वेंकटगिरि की चोटी पर त्रिपथी नाम के जिस तीर्थ स्थान पर जिस घर में रहते थे, उसे छोड़कर घने जंगलों में चल पड़े। रमाबाई लिखती हैं कि 11 दिन और रातें हमने पानी, पत्तों और कुछ जंगली खजूर के सहारे

निकालीं—यह एक बड़ी शारीरिक और मानसिक पीड़ा थी। अनन्त शास्त्री वृद्ध और अशक्त हो चुके थे। भूख, अभाव और यात्राओं ने उन्हें और भी निरीह बना दिया। उन्होंने फ़ैसला किया कि पास ही एक ताल में जल-समाधि* ले लेंगे और इस कष्ट का अन्त करेंगे। बाक़ी सब भी या तो डूब जाएँगे या परिवार से अलग होकर अपने-अपने भाग्य भरोसे अलग राहों पर निकल जाएँगे। जल-समाधि लेने से पहले जब अनन्त घर के सदस्यों से विदा ले रहे थे तो रमाबाई का नम्बर सबसे आख़िर में आया। वह लिखती हैं—

> मैं उनके आख़िरी निर्देश कभी नहीं भूल सकती जो उन्होंने मुझे दिए। उनकी ज्योतिहीन आँखें मेरा चेहरा नहीं देख सकती थीं, लेकिन उन्होंने मुझे अपनी बाँहों में कसकर पकड़ा, मेरे सर और गालों को सहलाते हुए, बहुत कम शब्दों में, जो भावुकता से टूटे-बिखरे थे, कि मैं याद रखूँ कि उन्होंने मुझे कितना प्यार दिया, मुझे हमेशा वही करने की शिक्षा दी जो उचित है और कभी नेकी की राह से अलग न होने की बात की। उनका अन्तिम आदेश था कि अगर मैं ज़िन्दा बच गई, तो हमेशा एक सम्मानपूर्ण जीवन जिऊँ और आजीवन ईश्वर की सेवा करूँ। वह नहीं जानते थे कि एक सच्चा प्रभु कौन है, लेकिन उन्होंने अपनी पूरी सामर्थ्य और हृदय से उस अलक्षित की सेवा की। उनकी यही इच्छा थी कि उनके बच्चे भी उसकी ही सेवा में रत हों। "याद रखना मेरी बच्ची" उन्होंने कहा, "तुम मेरा सबसे छोटा और सबसे प्रिय बच्चा हो। मैं तुम्हें ईश्वर के हाथ सौंपता हूँ; तुम उसी की हो, सिर्फ़ उसी से जुड़ी रहना और आजीवन उसकी सेवा करना।"[15]

इससे अधिक अनन्त शास्त्री बोलने की स्थिति में नहीं थे। एक परिवार के लिए यह कैसा समय होगा, हम कल्पना कर सकते हैं। रमाबाई इस समय सोलह की अवस्था में थी। हल्की सलेटी आँखें और उनमें ढेर सारे आँसू, जिनसे भीगा हुआ उसका गोल चेहरा पिता के अन्तिम शब्द सुनकर कैसे भावों में डूब-उतरा रहा होगा! जो वह सुन रही थी, क्या उसे समझ भी पा रही थी? किंकर्तव्यविमूढ़ थी, कितनी तो अनजान थी वह उस भाव से, जो पिता के उस अन्तिम क्षण में उनकी बातों में था। तुम्हें ईश्वर को सौंपता हूँ, नेकी की राह से कभी न टलना—इन शब्दों का रमाबाई के भविष्य की आँधी में क्या मोल रह जानेवाला था?

---

* किसी पवित्र नदी में जल-समाधि लेना हिन्दुओं में आत्महत्या नहीं माना जाता; तो हम सबने जीवन का अन्त करने के लिए यह तरीक़ा अपनाने के लिए स्वयं को मुक्त मान लिया—देखें, पृ. 19, अ टेस्टीमनी, पंडिता रमाबाई, मुक्ति मिशन, केड़गाँव, 1907

युवक श्रीनिवास का दिल भी लगातार कचोट रहा होगा। पिता को जल-समाधि लेते हुए देखना पड़े, इसके पहले ही उसने कहा कि वह जाति का अभिमान छोड़कर कोई भी नौकरी करेगा, लेकिन इस तरह पिता को, परिवार को मरने नहीं देगा। एक पल को सभी को राहत मिली। वह पिता को उठाकर वह जंगल से नीचे की ओर, गाँव तक ले आया। सब कमज़ोर हो चुके थे और घिसट-घिसटकर चल रहे थे। फ़िलहाल के लिए जल-समाधि का विचार टल गया था। जिस लक्ष्मीबाई ने गंगामूल के घने जंगल में जीवन की शुरुआत करते हुए बाघ की दहाड़ और अँधेरे से बचने के लिए आँख-कान सब ढक लिया था, सहम गई थी, आज वह और उसका परिवार वैसे ही जंगल से गुज़रते हुए सोच रहा था कि कोई शेर, साँप, कोई बड़ा जानवर आए और सबकी जीवन-लीला समाप्त कर दे।[16]

अकाल के अनुभव दर्ज करते हुए रमाबाई बहुत कठोरता से इस बात को रेखांकित करती है कि जाति के गर्व और ज्ञान की श्रेष्ठता के अहंकार ने उस पायदान से नीचे उतरने से रोके रखा वरना हम कोई काम करके अपने माता-पिता की जान बचा लेते।[17] जंगल से गाँव तक आते-आते दो दिन लगे। यहाँ एक मन्दिर में शरण लेनी चाही, लेकिन पुजारी के मन में ग़रीब और कमज़ोर के लिए कोई दया नहीं थी। जिस हालत में यह परिवार था, पुजारी को यह शंका भी हुई होगी कि न जाने किस जाति से हैं ये लोग! अन्तत: एक मन्दिर के खँडहर में जगह मिली जहाँ मनुष्य नहीं, जंगली जानवरों को शरण मिलती थी रात में। एक ब्राह्मण युवक ने दया करके कुछ खाने को दिया, लेकिन अनन्त शास्त्री की स्थिति अब बहुत ख़राब हो चुकी थी। बुख़ार चढ़ गया था। उन्होंने पीने को पानी और थोड़ी चीनी माँगी। पानी तो मिला, लेकिन चीनी नहीं। मोटा अनाज वह नहीं खा सके और तीसरे दिन उनकी मृत्यु हो गई। धन के बिना मृत्यु के बाद के संस्कार करना भी असम्भव था। वही ब्राह्मण जिसने दया करके खाने को दिया था, मदद के लिए आगे आया। लेकिन उसे लगातार सन्देह था कि ये लोग ब्राह्मण ही हैं या नहीं? गाँव से किसी ने मदद नहीं की, यह देखकर उस ब्राह्मण को भी जाति-च्युत होने का डर लगा। उसने बस इतना किया कि शव के लिए एक गड्ढा खोदनेवाले लोग मुहैया करवा दिए नदी के पास। अनन्त शास्त्री संन्यास ले चुके थे तो शास्त्रों के हिसाब से उन्हें दफनाया जाना था। शव को ले जानेवाले चार कन्धे तक नहीं मिले। श्रीनिवास ने शव को अपनी एक धोती में बाँधा और पोटली की तरह उठाकर नदी किनारे तक ले चला। इसी पोटली को नन्हे हाथों से रमाबाई ने भी सहारा दिया।

उस खँडहर में लौटने पर उसी दिन लक्ष्मीबाई को भी बुख़ार आ गया। उसे समझ आ गया कि वह भी अब अधिक नहीं जीनेवाली। इसी खंडहर में रहने से सच में कोई भी जीवित न बचता एक दिन। न कोई काम था, न भोजन, न कोई सहारा, न मनुष्य ही आसपास। भूख और बुख़ार से पीड़ित माँ को पैदल चलाकर

ले जाने के अलावा कोई उपाय न था। रास्ते में किन्हीं भले मनुष्यों ने कुछ खाने को दिया और रायचूड़ तक का किराया भी दे दिया। यहाँ वे कुछ हफ़्तों तक रहे। बहुत कमज़ोर हो जाने से श्रीनिवास भी काम करने के क़ाबिल नहीं बचा था, जैसाकि उसने संकल्प लिया था। रमाबाई लिखती है कि माँ को तरह-तरह की चीज़ें खाने का मन होता था। हम उनमें से बहुत थोड़ा जुटा पाते थे, लेकिन वह खा कुछ भी नहीं पाती थी। एक बार जब लक्ष्मीबाई ने पड़ोस के एक घर से रमा को बाजरी लाने को कहा तो अनिच्छापूर्वक वह उस ब्राह्मण स्त्री के पास गई, लेकिन मुँह से कुछ बोल नहीं पाई—

> अतिमानवीय कोशिश और पक्के इरादे के साथ मैंने अपनी भावनाएँ उस स्त्री से छिपाईं, आँसू रोक लिए, लेकिन वे मेरी आँखों की जगह नाक से निकल आए, मेरे चेहरे के भावों ने सारी कहानी बयान कर दी। उस दयालु ब्राह्मण स्त्री ने अन्दाज़ा लगा लिया और पूछा कि क्या मैं कुछ खाना चाहूँगी? मैंने कहा "हाँ, मुझे बस बाजरी का एक टुकड़ा चाहिए।" जो चाहिए था मुझे मिल गया, मैंने उपकार माना, लेकिन धन्यवाद नहीं कर पाई।[18]

यह बाजरी का टुकड़ा भी लक्ष्मीबाई नहीं खा सकी। पहले पिता और कुछ ही दिनों में माँ को खोकर तीनों बच्चे अनाथ हो गए। लक्ष्मीबाई का शव उठाने के लिए भी पर्याप्त कन्धे नहीं थे। श्रीनिवास के अलावा बस दो ब्राह्मण पुरुष और थे। वह 'प्रिय भार' उस माँ का 'जिसका मधुर प्रभाव और योग्य निर्देशन' आजीवन रमाबाई की राहें रौशन करता रहा' वह प्रिय भार उठानेवाला चौथा कन्धा रमाबाई का था।[19]

सन्दर्भ

1. अनन्त शास्त्री के पिता।
2. कृष्णाबाई, श्रीनिवास और रमाबाई के अलावा और रिश्तेदारों के भी कुछ बच्चे रहे होंगे।
3. देखें, पृ. 5, पंडिता रमाबाई : अ विडोज़ फ्रेंड, मनोरमा बाई, पूना, डिजिटल प्रारूप
4. देखें, पृ. 31, पंडिता रमाबाई सरस्वती : हर लाइफ़ ऐंड वर्क, पद्मिनी सेनगुप्ता, एशिया पब्लिशिंग हाउस, 1970, बम्बई
5. देखें, पृ. 40, पंडिता रमाबाई सरस्वती : हर लाइफ़ ऐंड वर्क, पद्मिनी सेनगुप्ता, एशिया पब्लिशिंग हाउस, बम्बई
6. देखें, पृ. 9, अ टेस्टीमनी, पंडिता रमाबाई, मुक्ति मिशन, केड़गाँव, 1907
7. देखें, पृ. 12, पंडिता रमाबाई : लाइफ़ ऐंड लैंडमार्क राइटिंग्स, मीरा कोसाम्बी, रूटलेज, 2016

8. देखें, पृ. 11, पंडिता रमाबाई : लाइफ़ ऐंड लैंडमार्क राइटिंग्स, मीरा कोसाम्बी, रूटलेज, 2016 और पृ. 15, पंडिता रमाबाई द स्टोरी ऑफ़ हर लाइफ़, हेलेन. एस. डायर, फ़्लेमिंग एच. रेवेल कम्पनी, 1900
9. देखें, पृ. 11, पंडिता रमाबाई : लाइफ़ ऐंड लैंडमार्क राइटिंग्स, मीरा कोसाम्बी, रूटलेज़, 2016
10. देखें, पृ. 15, पंडिता रमाबाई द स्टोरी ऑफ़ हर लाइफ़, हेलेन. एस. डायर, फ़्लेमिंग एच. रेवेल कम्पनी, 1900
11. देखें, पृ. 22, बिल्डर्स ऑफ़ मॉडर्न इंडिया, पंडिता रमाबाई, निकल मैकनिकल, दूसरा संस्करण, एसोसिएशन प्रेस (वाय.एम.सी.ए.) कलकत्ता, 1930
12. देखें, पृ. 20, बिल्डर्स ऑफ़ मॉडर्न इंडिया, पंडिता रमाबाई, निकल मैकनिकल, दूसरा संस्करण, एसोसिएशन प्रेस (वाय.एम.सी.ए.) कलकत्ता, 1930
13. देखें, पृ. 18, बिल्डर्स ऑफ़ मॉडर्न इंडिया, पंडिता रमाबाई, निकल मैकनिकल, दूसरा संस्करण, एसोसिएशन प्रेस (वाय.एम.सी.ए.) कलकत्ता, 1930
14. देखें, पृ. 71-75, दुनिया में औरत, सुजाता, राजपाल ऐंड संस, दिल्ली, 2022
15. देखें, पृ. 20, पंडिता रमाबाई द स्टोरी ऑफ़ हर लाइफ़, हेलेन. एस. डायर, फ़्लेमिंग एच. रेवेल कम्पनी, 1900
16. देखें, पृ. 21, पंडिता रमाबाई द स्टोरी ऑफ़ हर लाइफ़, हेलेन. एस. डायर, फ़्लेमिंग एच. रेवेल कम्पनी, 1900
17. देखें, पृ. 7, पंडिता रमाबाई : द विडोज़ फ्रेंड, मनोरमाबाई, पूना
18. देखें, पृ. 24, पंडिता रमाबाई द स्टोरी ऑफ़ हर लाइफ़, हेलेन. एस. डायर, फ़्लेमिंग एच. रेवेल कम्पनी, 1900
19. देखें, पृ. 2, पंडिता रमाबाई : द विडोज़ फ्रेंड, मनोरमा, पूना

3

दु:खों की पाठशाला, संघर्षों का विश्वविद्यालय

अनन्त शास्त्री एक ऐसे पिता थे जो अन्तर्विरोधों से बने थे। एक ओर स्त्री-शिक्षा के सख़्त हिमायती, दुनिया से इसके लिए लड़ जानेवाले, तो दूसरी ओर शास्त्रों से ऐसे प्रतिबद्ध कि अपनी पाई-पाई धार्मिक कृत्यों और दान-पुण्य में गँवा दी। शिक्षा भी आधुनिक शिक्षा नहीं, जिसका लक्ष्य कोई नौकरी तलाशना हो बल्कि शास्त्रों की, संस्कृत की शिक्षा। रमाबाई की शिक्षा की शुरुआत भी 'भगवद्गीता' के पठन से हुई थी। एक ओर सख़्त अनुशासन वाले और दूसरी ओर इस हद तक उदार कि कभी सोचा ही नहीं कि अपना नुक़सान करके भला कर रहे हैं। अशिक्षित और निकम्मा दामाद बर्दाश्त करने से बेहतर लगा कि बेटी को अपने पास ही रखा जाए। एक ओर शास्त्रों के प्रमाण से यह सिद्ध करनेवाले कि शूद्रों और स्त्रियों को शिक्षा की मनाही नहीं है तो दूसरी ओर जाति नियमों की पालना करनेवाले। बड़ी बेटी के विवाह के अनुभव के बाद छोटी के बाल-विवाह के बारे में सोचा तक नहीं। रूढ़िवादी भी और प्रगतिशील भी। वह एक महान विद्रोही पुत्री के विद्रोही पिता थे।[1] बिना किसी बाहरी सहारे के, सिर्फ़ अपनी कोशिशों से रूढ़िवाद से संघर्ष करता मनुष्य अक्सर ऐसा ही विरोधाभासी होता है।

माँ की मृत्यु ने रमाबाई को अलग तरीक़े से आहत किया। उसके लिए लक्ष्मीबाई एक आदर्श थीं, एक हीरो जिसमें प्रेम, कर्मठता और धैर्य का संगम था। एक शिक्षित माँ, जिसमें वह साहस देखती थी जो एक स्त्री होने के नाते दुनिया भर की चुनौतियों से जूझने के लिए चाहिए। यात्राओं और मृत्यु का चक्र यहीं रुका नहीं। रमा की बड़ी बहन कृष्णाबाई भी भूख और हैज़े से चल बसी। अब श्रीनिवास और रमाबाई ही परिवार के जीवित सदस्य बचे थे। दु:खी मन से दोनों ने यात्राएँ जारी रखीं। दक्षिण में रामेश्वरम् तक जा चुके थे। अब वे उत्तर भारत की ओर निकल चले। कभी यहाँ-वहाँ श्रीनिवास को कोई काम मिल जाता था लेकिन अक्सर कई-कई दिन बिना खाने के बिताने पड़ते थे। तनख़्वाह एक महीने के चार रुपये या उससे भी कम। पानी में भीगा हुआ मुट्ठी भर अनाज नमक के साथ खा लिया करते

थे। वे लगातार भटक रहे थे। नंगे पाँव। चप्पल नहीं, छाता नहीं, कभी सड़क पर कभी पेड़ के नीचे और कभी किसी पुल पर खुले आसमान के नीचे सोए। पंजाब पहुँचे। कश्मीर पहुँचे। झेलम नदी के किनारे की एक रात रमाबाई याद करती है, जब उनके पास ठंड से बचने के लिए कम्बल तक नहीं था। नदी किनारे की रेत में इन्होंने समाधि जैसा गड्ढा खोदा और गर्दन तक ख़ुद को रेत से ढक लिया।[2] भूख से तड़पते हुए जंगली बेर और यहाँ तक कि पत्तों में लपेटकर कंकड़ भी खाए।

भाई-बहन के बीच बराबरी का रिश्ता

लेकिन रमाबाई यह बताते हुए ख़ुद को दयनीय नहीं बनाती बल्कि लिखती है कि—हमने चार साल ऐसे जीवन काटा, लेकिन इसका बुरा नहीं लगता। इस कष्ट को हम झेल सकते थे। दोनों युवा थे। मज़बूत थे। माता-पिता दोनों कमज़ोर हो चुके थे। ईश्वर ने दया करके ही शायद उन्हें हमसे ले लिया, वे इन दिनों के कष्ट नहीं उठा पाते।[3] ऐसे में जबकि विवाह की आयु लड़की के लिए आठ-नौ वर्ष थी, रमाबाई सोलह की होकर भी अविवाहित थी। क्रूर दुनिया के बीच आठ साल बड़े भाई का साथ होना उसके लिए एक वरदान ही था। मैं सोचती हूँ, भाई-बहन के बीच यह कितना लोकतांत्रिक सम्बन्ध रहा होगा कि श्रीनिवास ने रमाबाई को नियंत्रित करने, उसके व्यक्तित्व को दबाने या हावी हो जाने का भाई वाला पारम्परिक 'कर्तव्य' नहीं निभाया। बल्कि यह सूचना मिलती है कि जहाँ भी रमा भाषण देने जाती थीं, श्रीनिवास साथ रहते थे और भाषण के साथ-साथ आम भाषा में उसका तर्जुमा किया करते रहते थे।

एक शिक्षित माँ का भी असर इस लड़के की परवरिश पर रहा होगा जो इसने स्त्री को बराबरी की हैसियत पर देखना सीखा। अपने बच्चों को और आश्रम के छात्रों को भी लक्ष्मी पढ़ाती थी। दुनिया और दुनियादारी से काटकर बच्चों को बड़ा करने का अनन्त शास्त्री का निर्णय इस मानी में कितना महत्त्वपूर्ण साबित हुआ कि जब घरों में लड़के बड़े होते-होते अपनी बहनों को उसी तरह कमतर समझना सीख लेते हैं, जैसे उनके आसपास के पुरुष उन्हें देखते और बर्ताव करते हैं*, श्रीनिवास ने वह सब जाना ही नहीं। बहन भी वैसे ही शिक्षित हुई जैसे वह ख़ुद हुआ।

---

* "ज़्यादातर मामलों में भाई ख़ुद को श्रेष्ठ मानकर अहंकार करते हैं, क्योंकि यही सब वह अपने और अपनी बहनों के साथ होते देखते हैं और अपनी बहनों की विशेषताओं के बारे में सुनते हैं। धीरे-धीरे वे भी अपनी बहनों और औरतों से नफ़रत करना सीख जाते हैं। एक छोटा भाई गम्भीरता से अपनी बड़ी बहन को यह बताते हुए कि वह एक लड़की है और वह ख़ुद एक लड़का है और बहन 'क्या करे, क्या नहीं करे, के बारे में हिदायतें देता हुआ दिखाई→

माता-पिता का न होना बच्चे को समय से पहले परिपक्व बना देता है। उस पर से अभाव, भूख और चुनौतियाँ। इन यात्राओं में दोनों ने नज़दीक से जीवन और मृत्यु को ही नहीं, धर्म के पाखंडों को भी देखा। हालाँकि बीस की उम्र तक रमाबाई देवी-देवताओं की धातु की मूर्तियों की पूजा करती रही थी,[4] लेकिन इन चार सालों में सामाजिक और धार्मिक संरचना को गहराई से जानने-समझने का दोनों को कई बार मौक़ा मिला। माता-पिता थे तो सुरक्षा का एक घेरा था। अब दोनों एक विशाल दुनिया के बीच अरक्षित स्थिति में थे, जूझना सीख रहे थे। चार सौ विद्वज्जनों की सभा में तर्कों से अपने मत को सही सिद्ध करनेवाले पिता की ही प्रेरणा रही होगी कि हिमालय में घूमते हुए एक पवित्र तालाब की वह घटना हुई।

तीर्थों की सच्चाइयाँ

उन्हें बताया गया था कि इस तालाब में सात चट्टानों के रूप में सात ऋषियों के दर्शन उन्हें होते हैं, जिन्होंने कभी पाप नहीं किया। जब पवित्र मन से तीर्थयात्री किनारे पर खड़े होते हैं तो ये ऋषि-महात्मा उनकी तरफ़ बहते हुए आते हैं और उनकी पूजा, चढ़ावा ग्रहण करते हैं। यह जान उन्होंने भी महात्माओं के समक्ष दंडवत् प्रणाम किया, लेकिन कुछ नहीं हुआ। श्रीनिवास द्वारका में सात हफ़्ते पानी पीकर और रोज़ एक चम्मच चीनी खाकर, फिर एक हफ़्ते एक कप दूध और फिर एक हफ़्ते खाना और पानी, दोनों के बिना उपवास कर चुका था, मरने को हो आया, लेकिन अन्तत: कुछ विशेष नहीं हुआ। श्रीनिवास बेहद निराश हुआ।[5] पापरहित होने की ही बात थी तो इन दो प्राणियों से अधिक कौन योग्य होता जिन्होंने दुनियादारी जानी ही नहीं? श्रीनिवास को उत्सुकता जगी कि इसका भेद कुछ तो है! पुरोहित शायद भाँप गया था। उसने स्पष्ट मना किया और डराया कि तालाब में घुसने की सोचना भी मत, वहाँ मगरमच्छ हैं। खा जाएँगे। श्रीनिवास नहीं माना और सुबह पुरोहितों के जागने से पहले, मगरमच्छों की परवाह किए बिना तालाब में कूदा और तैरकर उन महात्मा रूपी चट्टानों तक जा पहुँचा।

भेद खुला। सब महात्मा पत्थर और घास-फूस को मिट्टी से लीपकर बनाए गए थे जो लकड़ी के फट्टों पर टिके थे। इन महात्माओं के पीछे एक नाव बँधी थी। जैसे ही कोई भोला-भाला तीर्थयात्री आकर पुरोहित की हथेली पर पर्याप्त दक्षिणा रखता था, नाव में बैठा व्यक्ति फट्टों को आगे धक्का देता था।[6] तीर्थयात्री

← दे तो यह कोई अनोखी बात नहीं है। यह अपमान झेलते-झेलते लड़कियाँ उदास, रुग्ण और निस्तेज हो जाती हैं।"—देखें, पृ. 20, द लाइफ़ ऑफ़ हाई कास्ट हिन्दू वुमन, पंडिता रमाबाई, फ़िलाडेल्फ़िया, 1888

कृतार्थ होकर हाथ जोड़ता हुआ चला जाता था। धर्म के नाम पर मूर्ख बनानेवाले पुरोहित और मूर्ख बननेवाली जनता आज भी ऐसे ही न जाने कितने भ्रमों के फेर में फँसी हुई है।

रमाबाई के पिता के आख़िरी शब्दों को ही लक्ष्य करके सम्भवत: कुछ लोगों ने यह भी कहा कि रमाबाई का विवाह इसलिए नहीं हुआ था क्योंकि उसके पिता उसे ईश्वर को सौंप चुके थे, देवदासी के रूप में द्वारका में ही कृष्ण के हवाले कर दिया था, लेकिन ख़ुद रमाबाई ने ऐसे दावों को झूठ बताया।[7] असल बात तो यह है कि बरसों माता-पिता के साथ तीर्थ स्थानों की यात्राएँ करते हुए और माता-पिता की मृत्यु के बाद तो और भी अधिक भीषणता से स्त्री-जीवन का सच रमाबाई के सामने आया। जगन्नाथ पुरी, बनारस, गया, इलाहाबाद, मथुरा, बदरीनाथ, द्वारका, पंढरपुर, उडुपी, त्रिपथी और ऐसे ही कई तीर्थ स्थानों पर घूमते हुए रमाबाई ने वह देखा, जो जीवन भर के लिए उसके मन पर छाप छोड़ गया।

रमा के दु:ख निज से निजेतर की यात्रा कर रहे थे। एक बड़े संसार में रहकर अपने घेरे से बाहर आते हुए रमाबाई ने स्त्री-द्वेषी परम्पराओं को रेखांकित किया। इन चार सालों में बहुत-से हिन्दू घरों को उसने क़रीब से देखा और स्त्रियों की वस्तुस्थिति से परिचित हुई। तीर्थों की सच्चाई के बारे में रमाबाई लिखती हैं—

> पवित्र शास्त्रों में पारंगत बहुत-से पुरोहित और पुरुष होते हैं वहाँ, जो हमारे लोगों के पथ-प्रदर्शक और आध्यात्मिक संचालक हैं। वे विधवाओं की उपेक्षा करते हैं और उनकी सम्पत्ति हड़प जाते हैं। ऐसी कई तथाकथित पवित्र जगहों पर गई हूँ मैं, लोगों के बीच रही हूँ और ऐसे पढ़े-लिखे दार्शनिकों और पंडितों को ख़ूब देखा है जो विधवाओं का उत्पीड़न करते हैं। ग़रीब, अबोध, निम्न जाति के लोगों को अपनी एड़ियों तले रौंदते हैं। जीवन को पावनता और ख़ुशी से जीने की इजाज़त जो क़ानून विधवाओं को देता है, ये उससे उन्हें वंचित करते हैं। जवान विधवाओं को ढूँढ़कर लाने के लिए ये अपने भेदिये भेजते हैं और सैकड़ों, हज़ारों की संख्या में विधवाओं को लाते हैं ताकि उनका पैसा और शील, दोनों छीन लें। वे ग़रीब, अज्ञानी महिलाओं को अपना घर छोड़कर क्षेत्र, यानी पवित्र स्थानों में रहने के लिए लुभाते हैं। उसके बाद जब उनका सब कुछ छीन लेते हैं, तब उन्हें अपनी अपवित्र इच्छाओं के आगे झुकने के लिए लालच देते हैं। अपने विशाल मठों में वे इन विधवाओं को बन्द कर देते हैं, पैसे के लिए वे इन्हें बुरे आदमियों के

> हाथ बेच देते हैं, भाड़े पर देते हैं और जब ये ग़रीब दुखी ग़ुलाम अपने क्रूर मालिकों को ख़ुश नहीं कर पाती हैं, तो वे उन्हें सड़कों पर भीख माँगने के लिए छोड़ देते हैं, शर्म के बोझ को ढोने के लिए, पाप के भयानक परिणाम भुगतने के लिए और अन्त में एक क्षुधाकातर गली के कुत्ते से भी बदतर मौत मर जाने के लिए। ये तथाकथित पवित्र स्थान—पृथ्वी पर वास्तविक नरक—अनगिनत विधवाओं और अनाथों के क़ब्रिस्तान बन गए हैं।[8]

'चाँद' पत्रिका के अंकों में धारावाहिक प्रकाशित हुई स्फुरणा देवी की 'अबलाओं का इंसाफ़' नाम की आत्मकथा या कहना चाहिए, आत्मकथात्मक उपन्यास रमाबाई के देखे-लिखे इस सत्य की ही जैसे परतें खोलता है। ब्राह्मण विधवाओं के लिए ऐसे तीर्थ स्थान ही नहीं, घर भी कोई सम्मान और सुरक्षा नहीं देते थे।* यौवन और कामनाओं से रहित तो नहीं होती कोई स्त्री? जिसे मौक़ा मिलता, वह फ़ायदा उठाता। कभी गर्भ ठहर जाते। कभी वेश्यावृत्ति ही एकमात्र उपाय बचता। धर्म की पालना करते हुए, धार्मिक स्थानों पर ऐसी विधवाओं को भेजकर पिंड छुड़ानेवाले अमीर-ग़रीब परिवारों ने कभी नहीं सोचा, या शायद सोचा और महत्त्व नहीं दिया कि ये स्त्रियाँ ऐसे दुष्चक्र में फँस जाएँगी जो किसी समाज के मुँह पर लानत है।

श्रीनिवास शास्त्री और रमाबाई की यात्राएँ चलती रहीं। बचपन से ही पूरा परिवार तीर्थ स्थलों पर बैठकर पुराणों का वाचन किया करता था। रमाबाई अपनी समवयस्क लड़कियों की तुलना में एकदम अलग माहौल में पली थीं जहाँ रूढ़िवादी परिवारों की तरह स्त्रियाँ ज़नाना के एकान्त में नहीं रहती थीं। रमा ने हर प्रकार के श्रोताओं के सामने पुराण-वाचन किया था और संस्कृत के 18,000 श्लोक उसे कंठस्थ थे। यही ख़ूबी काम आई भाई-बहन के। श्रीनिवास और रमा भाषण दिया करते थे। कोई हॉल नहीं, कोई मंच नहीं। अक्सर खुले में, कुछ श्रोताओं को जुटाकर। महिलाएँ, विशेष रूप से सवर्ण जातियों की, घरों के अन्दर ही रहा करती थीं और बाहरी परिवेश में जो कुछ नया घटित होता है, उससे उनको बचाने की कोशिश

---

* देखो, यह गोमती बाल-विधवा है। विवाह होते ही ग्यारह वर्ष की अवस्था में इसका पति मर गया। बेचारी ने उसका मुँह भी न देखा। सिर्फ़ 'पाणिग्रहण' का पाप लग गया। अब इसकी जवानी आई है। यौवन अंगों से फटा पड़ता है। इसका अद्‌भुत रूप-रंग दुश्मन हो रहा है। अनेक दुष्ट इसको बिगाड़ने के लिए पीछे लगे हुए हैं। बाड़ी में सब लोग छेड़-छाड़ करते हैं। गंगा-स्नान को जाती है तो वहाँ लोग घूरते हैं...गुरु-पुरोहित, नौकर-चाकर इसको खाना चाहते हैं। —पृ. 39, 'अबलाओं का इंसाफ़', स्फुरणा देवी, प्रस्तुति—नैया, राधाकृष्ण प्रकाशन, 2013

रहती थी। तो कभी-कभी, निजी रूप से ज़नाने* के भीतर जाकर स्त्रियों को शिक्षा का महत्त्व समझाया करती थी।[9] शास्त्रों, पुराणों का हवाला देना एक युक्ति भी थी ताकि रमा को ज़नाने के भीतर पुरुष-पहरेदारों से इजाज़त मिल सके। नीति कथाएँ थीं, लेकिन भाषणों में उद्‌देश्य बदल रहा था। रमाबाई स्त्री-शिक्षा की हिमायत किया करती थीं, पिता की तरह ही। लेकिन शिक्षा स्त्री को एक व्यक्तित्व और अस्मिता दे सकती है, जिसके बिना वह घर-परिवार यहाँ तक कि देश के भी किसी काम की नहीं साबित होगी, यह समझाना और प्रेरित करना रमा का मक़सद था। स्त्री-जीवन पर शिक्षा के प्रभाव की उदाहरण वह स्वयं थी। तेजस्वी, आत्मविश्वासी, विदुषी स्त्री जो बीस साल की थी और अविवाहित थी। संस्कृत बोलती इस शिक्षित स्त्री की चर्चाएँ होने लगीं।

इंग्लैंड पहुँची रमाबाई की चर्चाएँ

एक बार 1878 में रमाबाई के एक भाषण का सार एक भारतीय अख़बार के माध्यम से डब्ल्यू. डब्ल्यू. हंटर[10] तक भी पहुँचा। इस अख़बार का यह पत्रकार बेहद प्रभावित था और चाहता था कि इंग्लैंड की 'a great audience'[11] तक भी यह बात पहुँचे। 6 अगस्त, 1878 को दोनों कलकत्ता (अब कोलकाता) पहुँचे।[12] कैसे, इसकी कहीं विस्तृत जानकारी नहीं मिलती। एक जगह रमाबाई बताती हैं कि उनके घर में मराठी बोली जाती थी और मराठी अख़बार भी पढ़ा जाता था। कर्नाटक में जन्मी थी, कन्नड़ भी जानती थी, देश घूमते-घूमते कुछ हिन्दी की भी जानकारी हुई होगी स्वाभाविक है, जिसे रमाबाई 'वर्नाकुलर' कहती थीं। तो बहुत सम्भव है कि यात्राओं के सहज प्रवाह में कलकत्ता पहुँच गए हों या कभी किसी अख़बार में कलकत्ता के माहौल के बारे में पढ़ा हो या किसी ने आमंत्रित किया हो। जो भी हो, रमा की चर्चा इंग्लैंड पहुँच चुकी, वह नहीं जानती थी।

साल 1881 में डब्ल्यू. डब्ल्यू. हंटर ने एक किताब लिखी थी 'इंग्लैंड्स वर्क इन इंडिया' जिसमें वह रमाबाई के बारे में एक टिप्पणी करने से पहले

* ज़नाना सवर्ण घरों की वह जगह जहाँ स्त्रियाँ रहती हैं, पुरुषों का प्रवेश निषिद्ध है। अंग्रेज़ अफ़सरों की पत्नियाँ और मिशनरी नन अक्सर ज़नाने में जाकर तथाकथित उच्च कुल की स्त्रियों को शिक्षित किया करती थीं। रमाबाई रानाडे अपनी आत्मकथा में लिखती हैं—"किसी आधुनिक विचार से हमारे घर की लड़कियों की बड़ी सावधानी से रक्षा की जाती थी। घर की औरतों और आठ साल से बड़ी लड़की को पुरुषों के समक्ष आने की मनाही थी, यहाँ तक कि बाहर आने की भी।"—देखें, पृ. 2, हिमसेल्फ़, द बायोग्राफ़ी ऑफ़ अ हिन्दू लेडी, अनुवाद और प्रस्तुति कैथरीन वैन अकिन गेट्स, मूलत: मराठी में रमाबाई रानाडे की लिखी, लांग्मैन्स, ग्रीन ऐंड कम्पनी, न्यूयॉर्क, टोरंटो, 1938

बताते हैं कि कैसे यूरोपीय आधुनिक विचार ज़नाने की चौखट पर दस्तक देने लगे हैं और भारतीय स्त्री-जीवन की मृत्युतुल्य जड़ता टूटने लगी है। आगे वह लिखते हैं—

> पिछले साल अक्टूबर में जब मैं ये पन्ने लिख रहा था, एक सुशिक्षित ब्राह्मण महिला अपने भाई के साथ बंगाल की यात्रा करते हुए, स्त्री-शिक्षा और उद्धार पर जगह-जगह सार्वजनिक सभाएँ कर रही थी। एक हिन्दुस्तानी अख़बार कहता है कि—हिन्दू समाज द्वारा उनका हर जगह स्वागत किया जाता है, जो कि एक स्त्री के होंठों से पवित्र भाषा संस्कृत सुनकर आह्लादित हैं। उन्हें लगता है, जैसे देवी सरस्वती ही साक्षात् उनसे मिलने आ गई हों। यह कोई बन्द कमरा नहीं था, एक विस्तृत बरामदा था, जिसके पीछे गंगा बह रही थी। सभा साढ़े चार बजे होनी थी। तब तक पूर्व से पेड़ और पश्चिम से घरों की वजह से बरामदे में छाया हो गई थी। बरामदे के पूर्वी छोर पर एक संगमरमर की मेज़ थी, जिस पर एक गिलास में फूल रखे हुए थे, कुछ कुर्सियाँ थीं और पूर्व की तरफ़ मुख़ातिब होकर रमा श्रोताओं को सम्बोधित कर रही थी। उसके दाईं तरफ़ गंगा में बड़ी नावें चल रही थीं, जैसे 2000 साल पुरानी हों। आसपास ऐसा कुछ नहीं था जो रमा को यूरोपीय सभ्यता की याद दिलाता। खुला साफ़ आसमान और बनारस से लगकर बहती गंगा हर ही दृश्य पर हावी थी। ऐसी ही जगह रही होगी जहाँ बुद्ध ने अपने अनुयायियों को उपदेश दिया होगा।[13]

कलकत्ता जाना रमाबाई की सोच और व्यक्तित्व में एक बड़ा परिवर्तन लानेवाला था। औपनिवेशिक भारत की इस सांस्कृतिक राजधानी में रमाबाई जैसी प्रखर स्त्री अनजान कैसे रह जाती? अनन्त और श्रीनिवास अगर शास्त्री थे तो रमाबाई को भी पंडिता होना था।

सन्दर्भ

1. पंडिता रमाबाई के निधन (5 अप्रैल, 1922) के बाद बम्बई के विल्सन कॉलेज में 19 अप्रैल को जो शोकसभा रखी गई, उसमें राव साहब मल्लिनाथ ठेंगे ने कहा था यह।—देखें, पृ. 38, पंडिता रमाबाई सरस्वती हर लाइफ़ ऐंड वर्क, पद्मिनी सेनगुप्ता
2. देखें, पृ. 14, पंडिता रमाबाई : अ विडोज़ फ्रेंड, मनोरमाबाई, पूना
3. देखें, पृ. 15, वही
4. देखें, पृ. 25, पंडिता रमाबाई : द स्टोरी ऑफ़ हर लाइफ़, हेलेन एस. डायर, फ़्लेमिंग एच. रेवेल कम्पनी, 1900

5. देखें, पृ. 22-23, निकल मैकेनिकल
6. देखें, पृ. 26, पंडिता रमाबाई : द स्टोरी ऑफ़ हर लाइफ़, हेलेन एस. डायर, फ़्लेमिंग एच. रेवेल कम्पनी, 1900
7. देखें, पृ. 34-35, बिल्डर्स ऑफ़ मॉडर्न इंडिया, पंडिता रमाबाई, निकल मैकेनिकल, दूसरा संस्करण, एसोसिएशन प्रेस (वाय.एम.सी.ए.) कलकत्ता, 1930
8. देखें, पृ. 73, पंडिता रमाबाई : द स्टोरी ऑफ़ हर लाइफ़, हेलेन एस. डायर, फ़्लेमिंग एच. रेवेल कम्पनी, 1900
9. देखें, पृ. 14, पंडिता रमाबाई : लाइफ़ ऐंड लैंडमार्क राइटिंग्स, मीरा कोसाम्बी, रूटलेज, 2016
10. हंटर बाद में शिक्षा सुधारों के लिए भारत आए 'हंटर कमीशन' के चेयरमैन बने।
11. देखें, पृ. 15, पंडिता रमाबाई : लाइफ़ ऐंड लैंडमार्क राइटिंग्स, मीरा कोसाम्बी, रूटलेज, 2016
12. देखें, पृ. 63, पंडिता रमाबाई सरस्वती : हर लाइफ़ ऐंड वर्क, पद्मिनी सेनगुप्ता, एशिया पब्लिशिंग हाउस, बम्बई
13. देखें, पृ. 50-51, इंग्लैंड्स वर्क इन इंडिया, डब्ल्यू. डब्ल्यू हंटर, द क्रिश्चियन वर्नाकुलर सोसायटी, मद्रास, 1888

4

पंडिता रमाबाई सरस्वती

कलकत्ता विश्वविद्यालय का सीनेट हॉल था। कई प्रोफ़ेसर, विद्वान और शिक्षित लोग वहाँ उपस्थित थे। सब रमाबाई को देखने-सुनने के लिए उत्सुक थे। भाई-बहन की हज़ारों मील की यात्राओं को लेकर लोगों में चर्चा हो रही होगी। 'स्टेट्समैन' जैसा अख़बार आए दिन उनकी ख़बरें छापता रहता था। भद्र महिलाओं के बीच भी एक बेचैनी होगी कि यह रमाबाई कौन है, कैसी दिखती है और कैसे बोलती है! संस्कृत के पाश्चात्य विद्वान प्रोफ़ेसर टॉनी, प्रोफ़ेसर गौफ़ व पंडित महेशचन्द्र न्यायरत्न जैसे लोग उस दिन वहाँ मौजूद थे।[1] रमाबाई का इस सभा में सत्कार होनेवाला था, लेकिन उससे पहले होनी वाली थी परीक्षा। एक अविवाहित, शिक्षित स्त्री, जंगल में पली और यूरोपीय चलन की पाठशालाओं से अपरिचित, विद्वानों की भरी सभा में कैसे बोलेगी?

रमा सभा में आई। चार फुट क़द। गोरा रंग। सलेटी आँखें। आत्मविश्वास से भरी हुई। प्रो. टॉनी ने रमाबाई के स्वागत में उसे 'साक्षात् सरस्वती' कहते हुए यह श्लोक पढ़ा[2]—

यया भवत्या चकिता: पंडिता ईदृशा वयम्।
ततो भव्यामहे साक्षात् वर्ततेऽत्र सरस्वती॥ *

इसका उत्तर देते हुए रमाबाई ने कहा, "आप जितनी मेरी प्रशंसा कर रहे हैं मैं उसकी पात्र नहीं हूँ। जैसा आपने कहा, मैं साक्षात् सरस्वती नहीं हूँ, बल्कि सरस्वती के मन्दिर में एक अकिंचन परिचारिका मात्र हूँ[3]—

भवद्भिर्यानि पुष्पानी प्रक्षिप्तानी ममोपरि।
अहं न तत्पात्रभूता, न तथैवास्मि पंडिता॥

---

* भावार्थ—जिस प्रकार आपने हमें अपने पांडित्य से या जिस प्रकार आप जैसी पंडिता ने हमें चकित कर दिया है, उससे लगता है कि यहाँ साक्षात् सरस्वती ही विद्यमान है।

पर्वताकारसदृशा भवद्भिर्मे गुणाः स्मृताः।
परमाणुमास्ते स्युः किंत्वेतद्गुणगौरवम्॥
नाहं सरस्वती साक्षात् मन्ध्यवे माँ न शारदाम्।
किन्तु तस्याः सभामध्ये एकाहं परिचारिका॥

सवाल-जवाब और भी हुए और सभा के अन्त में एक स्वर में रमाबाई को 'सरस्वती' की उपाधि मिली। अनन्त शास्त्री डोंगरे की सन्तानें इससे पहले भी प्रशंसित हो रही थीं अपने संस्कृत ज्ञान के लिए। शॉल, फूलों की माला आदि से सत्कार हुआ, लेकिन इस सभा में रमा ने बड़े-बड़े प्रोफ़ेसरों को चकित कर दिया था। इस दिन वह पंडिता रमाबाई सरस्वती हुई। शास्त्रों के, संस्कृत के प्रकांड पंडितों द्वारा सम्मानित हुई तो 'पंडिता' कहलाई। 'पंडिता' जैसे डॉक्टर रमाबाई, प्रोफ़ेसर रमाबाई ही तो। वह लोकप्रिय ज़रूर हुई इस नाम से, लेकिन जीवन में आगे चलकर इस बात का अपनी आपबीती में रमा ने कभी ज़िक्र नहीं किया और न ही उसके लिए यह कोई महत्त्वपूर्ण बात रह गई थी।[4] लेकिन वह दिन श्रीनिवास और रमा के लिए गर्व का दिन होगा। पिता के विद्वत्सभा में तर्क करने के क़िस्से बचपन से सुने थे उन्होंने, माँ की गोद में दुलार पाते हुए श्लोक याद किए थे। इस सभा में सम्मानित होकर भाई-बहन को पहला स्मरण अपने उन्हीं दिवंगत शिक्षक रूपी अभिभावकों का हुआ होगा।

बंगाली भद्रलोक और ईसाई धर्म से पहला परिचय

कलकत्ता आने के बाद कष्ट के दिन ख़त्म हो गए थे। सम्मान भी मिल रहा था और जगह-जगह भाषण के लिए बुलाया जाता था। बहुत क्रान्तिकारी वैचारिक बदलाव नहीं हुए थे रमा में अभी। जाति और पितृसत्ता कोई स्पष्ट दिखाई देनेवाले शत्रु नहीं है, भूख और अभाव की तरह कि जिससे जूझना अपने आप आ जाए। असल में तो भूख और अभावों से जूझने का भी प्रशिक्षण बचपन में मिला था दोनों को। जाति इतनी आसानी से नहीं जाती। अभी भी दोनों जाति नियमों का पालन करते थे, देवी-देवताओं की उपासना करते थे और पवित्र ग्रंथ पढ़ते थे। लेकिन कुल मिलाकर पिछले सभी अनुभवों ने धर्म में आस्था को हिला दिया था। सेक्युलर शिक्षा और आजीविका का कोई साधन खोजने को लेकर उनका रवैया अब पहले की तरह सख़्त नहीं था।[5] कलकत्ता आना रमाबाई की ज़िन्दगी का बेहद महत्त्वपूर्ण मोड़ था। राजा राममोहन राय की इस भूमि पर पहुँचकर रमाबाई की स्त्री-शिक्षा की टेक को नई राह मिली, नए उद्देश्य मिले। इस सभा के बाद रमाबाई को कई सम्मान-पत्र मिले और वह अचानक एक बड़े दायरे का हिस्सा हो गईं जिसमें ब्रह्म समाज के सदस्य, सामाजिक कार्यकर्ता, वैज्ञानिक, प्रोफ़ेसर, शिक्षित स्त्रियाँ—सभी शामिल थे।

कोलकाता में दोनों एक साल रहे और बहुत-से शिक्षित ब्राह्मणों से परिचित हुए। एक बार रमा और श्रीनिवास को एक ईसाई सामाजिक बैठक में आमंत्रित किया गया। अभी तक वे न ईसाई और न हिन्दू समाज सुधारकों के सम्पर्क में आए थे। इस सभा का अनुभव उनके लिए हैरान करनेवाला था। रमा लिखती हैं—

> वहाँ कुर्सियाँ थीं, सोफ़ा, टेबल, लैम्प, ऐसी चीज़ें थीं जो हमारे लिए एकदम नई थीं। भारतीय लोग अंग्रेज़ औरतों और मर्दों की तरह कपड़े पहने हुए थे। के.एम. बनर्जी, कालीचरण बनर्जी, नाम से तो सब ब्राह्मण सुनाई दे रहे थे, लेकिन उनके 'साहबों' वाले तौर-तरीक़े और कपड़े उत्सुकता जगा रहे थे। वे ब्रेड और बिस्किट खा रहे थे और अंग्रेज़ लोगों के साथ चाय भी पी रहे थे। हमें झटका तो तब लगा जब हमें भी इस खान-पान में हिस्सा लेने को कहा गया। हमें लगा बस, यह दुनिया का आख़िरी पड़ाव, कलियुग, आ गया है। लड़ाइयों, अँधेरों और अधर्म का युग कलकत्ता में अपनी जड़ें जमा चुका, तभी ये ब्राह्मण इतने अधर्मी हैं कि अंग्रेज़ों के साथ खा-पी रहे हैं। इस सभा में आगे क्या होनेवाला है हम उत्सुकता से देख रहे थे, समझ कुछ नहीं आ रहा था। कुछ समय बाद उनमें से एक ने एक किताब खोली और पढ़ना शुरू किया। फिर कुर्सियों के सामने ही घुटने टेककर बैठ गए और आँख बन्द करके कुछ बुदबुदाने लगे। हमें बताया गया कि यह उनका पूजा करने का तरीक़ा है। हमें कोई छवि नहीं दिखाई दी जिसे वे अपनी श्रद्धा अर्पण कर रहे थे, बल्कि ऐसा लगा वे अपनी कुर्सियों को श्रद्धांजलि अर्पित कर रहे हों। ईसाई उपासना पद्धति की एक अनगढ़-सी समझ बनी, जिसने मेरे मन को प्रभावित किया।[6]

इसी सभा से लौटते हुए किसी ने रमाबाई को संस्कृत में लिखी हुई बाइबल दी व कुछ अन्य चीज़ें भेंट कीं। उसी सभा में वे दो लोग थे जिन्होंने वह अनुवाद किया था।* घर आकर रमा ने इसे पढ़ने की कोशिश की, लेकिन कुछ समझ नहीं

---

* 1818 तक ईसाई मिशनरी विलियम कैरी के अनुवाद सामने आ गए थे जो स्थानीय पंडितों के सहयोग से किए गए। लेकिन यह अनुवाद सन्तोषजनक नहीं था। इसके बाद कलकत्ता बैप्टिस्ट मिशनरियों ने ही यह काम फिर आगे बढ़ाया। 1841 में विलियम येट्स का और 1851 में जॉन वेंगर का सुधार किया हुआ संस्करण सामने आया। विलियम की मृत्यु 1845 में हो गई थी। रमाबाई के अनुसार, वे बेहद वृद्ध (grand old men) थे तो इनमें एक जॉन वेंगर हो सकते हैं।

आया। संस्कृत ग्रंथों की भाषा से एकदम अलग भाषा लग रही थी यह। कथ्य भी एकदम अलग था। उसे यह पढ़ना समय की बर्बादी के अलावा कुछ न लगा। वह भले ही उस समय पढ़ी न गई, लेकिन रमा के पास यह बाइबल हमेशा रही। हिन्दू शास्त्र पढ़ना जारी रहा। कभी रमा को कोई स्त्रियों को भाषण देने के लिए बुला लेता था, इस विषय पर कि शास्त्रों के अनुसार स्त्री के कर्तव्य क्या हैं?[7] तो उसे ऐसी किताबें पढ़नी थीं जो भाषणों में काम आ सकें।

पहले ऐसे ही तीर्थों के चक्कर लगाते हुए घूमा करते थे और कुछ हासिल नहीं हो रहा था, लेकिन अब तो बंगाल और असम में जगह-जगह रमा और श्रीनिवास के भाषण हो रहे थे और सत्कार हो रहा था। कभी-कभी रमा के संस्कृत भाषण का श्रीनिवास हिन्दी में अनुवाद किया करता था।[8] एक अख़बार लिखता है—'फ़ैमिली लिटरेरी क्लब' के इस सत्र की आम सभा में एक हिन्दू महिला का भाषण हुआ।[9] एक जानी-मानी मराठी महिला रमाबाई सरस्वती का शिक्षा पर हिन्दू भाषण हुआ। उस समय मुफ़्त में भाषण देने की उम्मीद कोई नहीं करता था वक्ता से। तो यह भी कमाई का एक सम्मानजनक ज़रिया था दोनों के लिए। आज लेखकों से सबको मुफ़्त सामग्री चाहिए और मुफ़्त भाषण भी। इसके बावजूद भी सम्मान मिलेगा या नहीं, कोई गारंटी नहीं है।

मुझे इन शास्त्रों से ज़्यादा कुछ चाहिए, लेकिन क्या?

बचपन में एक दी हुई परिस्थिति और अनुकूलन के साथ पढ़ना अलग है और खुले परिवेश में, खुले दिमाग़ से परिपक्व आयु में पाठ का अनुभव अलग होता है। धर्म शास्त्रों का अध्ययन करते हुए रमा ने पाया कि उनमें तमाम अन्तर्विरोध भरे हुए हैं। स्मृति कुछ कहती है, उपनिषद् कुछ और। ऐसे में 'महाभारत' में कही वह बात उसे सबसे सटीक लगी—महाजनो येन गत: स पंथा:[10] जिस राह पर महान आत्माएँ चलें, उसी मार्ग का अनुशीलन करो।

लेकिन बहुत-सारे अन्तर्विरोधों के बावजूद दो बातें ऐसी थीं जिन पर सभी धर्म शास्त्रों, पवित्र महाकाव्यों, पुराणों, आधुनिक कवि, लोकप्रिय उपदेशक, रूढ़िवादी उच्च जाति के पुरुष सहमत थे—कि स्त्री उच्च जाति की हो या निम्न जाति की, एक वर्ग के रूप में ही वह बुरी है, बहुत बुरी, दानव से भी ख़राब, झूठ जैसी अपावन; उन्हें पुरुष की तरह मोक्ष नहीं मिल सकता। पति ही उसका भगवान है, जिसकी सेवा करके वह स्वर्ग जा सकती है। स्वर्ग में भी वह दास ही रहेगी। सीधी-सी बात है, वह वेद नहीं पढ़ सकती, बिना वेद पढ़े वह ब्रह्म को नहीं जान सकती, बिना ब्रह्म को जाने मोक्ष नहीं मिल सकता।[11]

दूसरी बात, यही नियम शूद्रों पर भी लागू होता है। न वे वेद पढ़ेंगे न मुक्ति होगी। वेद पढ़ें तो कानों में पिघला सीसा डालकर सज़ा दो। उसके लिए एक ही रास्ता है कि वह ऊँची जातियों की सेवा करे, ताकि अगले जन्म में ब्राह्मण बनकर पैदा हो और फिर वेदों का अध्ययन करे, ब्रह्म का ज्ञान हासिल करके मोक्ष प्राप्त करे।[12] इन दो बातों पर सभी धर्म शास्त्रों में सहमति मिलती है।

दलितों के साथ पशुवत् व्यवहार किया जाता है। मन्दिरों में उन्हें प्रवेश की इजाज़त नहीं। उनके घर गाँव या शहर के बाहर हैं ताकि उनके चलने से वह ज़मीन दूषित न हो, जहाँ ब्राह्मण चलते हैं। सब 'पवित्र' बना रहना चाहिए। उनकी छाया तक से भी मनुष्य भागें, ऐसा अमानवीय बर्ताव! यह सब देखते और धर्म शास्त्रों में पढ़ते हुए रमाबाई को लगा—

> धीरे-धीरे मेरी आँखें खुलने लगीं; एक स्त्री के रूप में अपनी असहाय स्थिति के बारे में मुझमें चेतना आ रही थी और यह स्पष्ट होता जा रहा था कि धर्म के पास मेरे लिए कोई आश्वासन नहीं था, मेरा कहीं कोई स्थान नहीं था : मैं अपने आप से काफ़ी असन्तुष्ट हो गई। मुझे इन शास्त्रों से ज़्यादा कुछ चाहिए था, लेकिन मुझे नहीं पता था कि वह क्या है?[13]

एक दिन ब्रह्म समाज के केशवचन्द्र सेन इन भाई-बहन को अपने घर ले गए। बड़े प्रेम और आदर से सत्कार किया दोनों का। अपनी पत्नी जगमोहिनी, अपनी बेटियों सुचारु देवी* और सुनीति देवी (जिसका विवाह कूच बिहार के महाराजा से हुआ) से मिलवाया।[14] केशवचन्द्र सेन ने ब्रह्म समाज को फिर से सक्रिय किया था, लेकिन अपनी एक बेटी, सुनीति देवी की कम उम्र में शादी के बाद वह प्रगतिशील साथियों की आलोचना का ज़बरदस्त शिकार हुए थे क्योंकि यह हर ब्रह्मो[15] के लिए नियम था कि लड़की की शादी 14 से कम उम्र में नहीं करेंगे। बाद में केशवचन्द्र ने ब्रह्म समाज के दायरे में ईसाई मत को भी शामिल किया। ब्रह्म समाज के ये सदस्य भी बंगाली सवर्ण, शिक्षित, उदारवादी पुरुष थे जो स्त्री-शिक्षा में यक़ीन तो करते थे, लेकिन ऐसी शिक्षा जो स्त्री को बेहतर पत्नी और गृहिणी बनाए, भद्र पुरुषों के साथ उठना-बैठना सिखाए, ऐसी पत्नी बनाए जिसे शिक्षित लोगों की सभा में ले जाने से शान में इज़ाफ़ा हो। कुल मिलाकर स्त्री शिक्षा स्त्री के लिए नहीं, पुरुष के लिए। और इसलिए वे इसके हिमायती नहीं थे कि विज्ञान, गणित, बॉटनी जैसे विषयों की स्त्रियों को शिक्षा दी जाए। इस मामले में द्वारकानाथ गांगुली कुछ रेडिकल थे। 1869 से वे महिलाओं के लिए एक पत्रिका 'अबला बान्धव' निकालते थे। प्रख्यात बेथुने स्कूल से जुड़े थे। मिस एनेट एक्रॉयड के साथ

---

* महारानी मयूरभंज, मृत्यु 1961, स्त्री हितों के लिए आजीवन काम किया और बंगाली समाज से श्रद्धा पाई।

मिलकर 1873 में हिन्दू महिला विद्यालय (बाद में बंग महिला विद्यालय) खोला, जो एक आवासीय स्कूल था।[16] यह स्कूल बाद में बेथुने कॉलेज में समाहित हो गया। गांगुली इस बात में यक़ीन करते थे कि लड़कियों को भी वही शिक्षा मिलनी चाहिए जो लड़कों को दी जाती है। वह भारत की शुरुआती स्नातक महिलाओं में से एक और डॉक्टरी की प्रैक्टिस करनेवाली भारत की पहली महिला कादम्बिनी गांगुली* के शिक्षक रहे थे। बाद में उन्हीं से विवाह भी किया। सामान्य रूप से सभी महिलाओं को उच्च शिक्षा हासिल करनी चाहिए और विशिष्ट रूप से उन्हें डॉक्टरी का प्रशिक्षण लेना चाहिए, ऐसा द्वारकानाथ गांगुली का दृढ़ मत था। विवाह के बाद कादम्बिनी और द्वारकानाथ ने कलकत्ता मेडिकल कॉलेज में महिलाओं को प्रवेश देने के लिए क़ानूनी लड़ाई लड़ी और जीती। 1884 में कादम्बिनी को कलकत्ता मेडिकल कॉलेज में दाख़िला मिला।

केशवचन्द्र सेन के यहाँ हुई मुलाक़ात में रमाबाई प्रेसिडेंसी कॉलेज के भौतिकी के प्रोफ़ेसर जगदीश चन्द्र बोस और अबाला बोस (दोनों ने 1887 में विवाह किया) भी मिली।[17] जे.सी बोस बंगाली साइंस फ़िक्शन के जनक माने जाते हैं, लेकिन इससे भी महत्त्वपूर्ण यह है कि वे आइंस्टीन के मुक़ाबले के भारतीय वैज्ञानिक थे। अबाला बोस भी कादम्बिनी बोस (बाद में गांगुली) के साथ बंग महिला विद्यालय में पढ़ी थीं।[18] अबाला 1880 में कलकत्ता मेडिकल कॉलेज से डॉक्टरी में प्रवेश लेने की असफल कोशिश कर चुकी थीं। उस समय महिलाओं के लिए वहाँ प्रवेश नहीं था, लेकिन उन्हें 1882 में बंगाल सरकार की फ़ेलोशिप पर चेन्नई मेडिकल कॉलेज जाकर पढ़ने का मौक़ा मिला। ख़राब सेहत की वजह से यह पूरा नहीं हुआ। अबाला स्त्री-शिक्षा की पैरोकार थीं। सामाजिक कार्यकर्ता थीं। यह वह समाज था, जिससे रमाबाई का बंगाल में परिचय हुआ, जिसके बीच उठना-बैठना हुआ।

कालीचरण बनर्जी ने भी रमा और श्रीनिवास को अपने घर बुलाकर सत्कार किया। बनर्जी ईसाई हो गए थे, कलकत्ता ईसाई समाज की स्थापना की थी और बाद में

* कादम्बिनी को सिर्फ़ एक अंक से अन्तिम परीक्षा में फेल किया गया था जिसका नतीजा यह हुआ कि उन्हें 'बैचलर ऑफ़ मेडिसिन' की डिग्री न देकर बंगाल मेडिकल कॉलेज की 'ग्रेजुएट' डिग्री दी गई। यह साल 1866 था लगभग वही समय जब पेंसिलवेनिया में आनन्दीबाई जोशी को डॉक्टरी की डिग्री दी जा रही थी। बास में लेडी डफ़रिन के भारत आने पर कादम्बिनी को महिला अस्पताल में 300 रुपये तनख़्वाह के साथ प्रैक्टिस करने का मौक़ा मिला। आनन्दीबाई जोशी डिग्री के साथ भारत लौटने के छह महीने के अन्दर काल-कवलित हो गईं। सन्दर्भ—पृ. 38 बेथुने कॉलेज का सेंटेनरी वॉल्यूम और पृ. 86, लेडी डॉक्टर्स, कविता राओ, वेस्टलैंड, 2021

'भारतीय राष्ट्रीय कांग्रेस' के संस्थापक सदस्य भी रहे थे। ऐसे लोगों के बीच नए स्वप्न, भविष्य के लिए नई प्रेरणाएँ रमाबाई को रोज़ाना मिल रही थीं। कुछ और भी था जो उसकी चेतना में धीरे-धीरे बेचैनी लानेवाला था। केशवचन्द्र सेन ने उस दिन घर से चलते हुए रमाबाई को एक सलाह दी थी कि ऋग्वेद और उपनिषदों का भी पठन करे। उन्होंने रमाबाई से पूछा—

> क्या तुमने वेदों का अध्ययन किया है? मैंने नकारात्मक उत्तर दिया और कहा कि स्त्रियाँ वेद पढ़ने के लिए उपयुक्त नहीं हैं, इसलिए उन्हें वेद पढ़ने की मनाही है। अगर मैं ऐसा करूँगी तो यह धर्म के नियम तोड़ना होगा। इस तरह मेरे हिन्दू सिद्धान्त की घोषणा पर वे बस मुस्कुराए, जवाब में कुछ नहीं कहा, लेकिन मुझे वेद और उपनिषद् पढ़ने की सलाह दी।[19]

इतने सारे नए विचार रमा के मन में उत्पात मचा रहे थे। बाइबल का कथ्य और परिवेश एकदम अनजाना होने की वजह से रमा ने उसे नहीं पढ़ा, लेकिन स्त्री-शिक्षा की पैरोकार का यह कहना कि स्त्रियाँ वेद पढ़ने के लिए उपयुक्त नहीं हैं, इस पर वरिष्ठ आयु के केशवचन्द्र सेन का मुस्कुराना रमा के दिमाग़ में अटक गया। उसने ख़ुद से यह सवाल पूछा—क्यों मुझे वेद-वेदान्त नहीं पढ़ने चाहिए? कुछ दिन लगे उसे ख़ुद को ही इस बात के लिए तैयार करने में कि स्त्री होकर वह वेद पढ़ सकती है। शुरुआत उसने उपनिषद् पढ़ने से की, फिर वेदान्त और अन्त में वेद। पढ़ने से उसकी उत्कंठाएँ शान्त नहीं हुईं बल्कि उसकी बेचैनी और बढ़ गई। वह ख़ुद से और अधिक असन्तुष्ट महसूस करने लगी मानो अब तक जो मानती आई, जिसमें आस्था रखी, उसी से छली गई हो।

यात्राएँ, उत्कृष्ट भाषण और दरकती हुई आस्था

रमाबाई की यात्राएँ जारी थीं। 1879 में रमाबाई को असम से बुलावे आने शुरू हुए। धुबरी ज़िले में एक लम्बा पड़ाव किया और 29 मार्च और 5 अप्रैल को दो भाषण दिए, जिनका विषय था—आर्य जाति का उत्थान और पतन और स्त्री मुक्ति।[20] ये भाषण हिन्दी में थे। इन भाषणों के बाद गुवाहाटी जाने के लिए सभा ने यात्रा के पैसे जुटाए और रमाबाई को दिए।

रमाबाई शिलांग पहुँचीं। शिलांग क्लब का एक आयोजन था। अगस्त 1879 के मुम्बई के एक अख़बार 'इन्दु प्रकाश' में रमा ने पढ़ा कि महाराष्ट्र में उसी की तरह एक महिला अनसूया बाई संस्कृत में भाषण देती है और पुराणों की व्याख्या में उत्कृष्टता के लिए नासिक में उसका सत्कार हुआ है। उस वक़्त रमा और श्रीनिवास

शिलांग में थे, जो बंगाल प्रेसिडेंसी का हिस्सा था। अनसूया की ख़बर पढ़कर रमा को लगा मानो एक ही मंज़िल की राह में उसे हमसफ़र मिल गई हो। रमा ने बधाई देते हुए अख़बार को पत्र लिखा—

> भारतवर्ष के प्राचीन आदरणीय निवासियों की पवित्र भाषा संस्कृत को सीखना और समझना बहुत कठिन है। उस भाषा में इस तरह की आश्चर्यजनक शिक्षा का अधिग्रहण चन्द्रमा के उदय के समान है, उस स्त्री-जाति के आसमान में खिला एक स्त्री-चेहरा, जो अज्ञान से दृष्टिहीन हो गई है और अँधेरे के आवरण से ढकी हुई है।[21]

इसके बाद रमा ने सुझाव दिया कि अनसूया को पुराणों से आगे निकलकर स्त्रियों को धर्म और नीति की शिक्षा देनी चाहिए ताकि वे जीवन में सम्पूर्णता और ख़ुशी हासिल कर सकें। अपना एक व्यक्तित्व बना सकें। लेकिन यह पत्र जिस तरह संस्कृत पांडित्य से परिपूर्ण था और धर्म-नीति की बात करता था, वह बताता है कि अभी भी रमा उस ढाँचे में बँधी थी जिसमें उसके पिता ने उसे पाला था।[22] रमाबाई के भाषणों के शीर्षक भी बता रहे थे कि वह स्त्री-शिक्षा की हिमायत करते हुए समाज में किसी बड़े संरचनात्मक बदलाव की बात नहीं कर रही थी। यह पितृसत्तात्मक ढाँचे के भीतर आसानी से आ सकता था। इतने गहरे संस्कार थे और इतने पुराने कि धीरे-धीरे ही जा सकते थे। शायद इसलिए भी कि रमाबाई को तत्कालीन समाज-सुधारकों ने हाथोंहाथ लिया।

गुवाहाटी में शिलांग क्लब की कोशिशों से यह कार्यक्रम हो पाया, जिसमें शहर के महत्त्वपूर्ण अंग्रेज़ अफ़सर भी मौजूद थे। 27 अगस्त, 1879, संस्कृत और हिन्दी, दोनों भाषाओं में रमा ने भाषण दिया और भारतीय स्त्री जिस अज्ञानता और दुर्दशा में पड़ी है, उसका विस्तृत ख़ाका खींचा। पुरुषों से भी स्त्री-उत्थान में मदद का अनुरोध किया। इस सभा में मौजूद एक श्रोता ने 'द स्टेट्समैन' अख़बार में तारीफ़ की—स्पष्ट भाषा, मधुर वाणी, उत्कृष्ट भाषण और जिस विनम्रता से पूरी बात की गई, सब बहुत प्रभावित करनेवाला था।[23] इस सभा के बाद भी शिलांग क्लब ने सदस्यता के ज़रिये रमाबाई को देने के लिए एक सम्मानजनक राशि जुटाई। अब गुवाहाटी से दोनों को सिलहट जाना था क्योंकि वहाँ भी एक भद्र पुरुष[24] ने रमाबाई को आमंत्रित किया हुआ था। एक तरह से रमा पिता का ही पौराणिक वाला काम कर रही थी। अलग यह था कि भाषण सामग्री उन्नीसवीं सदी के पुनरुत्थानवादी सुधारवादियों के अनुसार थी और जीवन तो उसका अब एकदम क्रान्तिकारी होने जा रहा था। वह कुछ ऐसा करनेवाली थी जो उसके ब्राह्मण पिता सोच भी नहीं सकते थे।

बिपिन चन्द्र पाल और बिपिन बिहारी दास 'मेधावी' से मुलाक़ात

सिलहट ज़िला स्कूल के साथ मिलकर रमा के स्वागत के लिए समिति गठित की गई, जिसकी अध्यक्षता बिपिन बिहारी दास मेधावी कर रहे थे। सिलहट ज़िला स्कूल उस वक़्त मोना रे हिल पर स्थित था जहाँ उनके स्वागत अभ्यर्थना के लिए एक समिति गठित की गई थी।[25] 17 दिसम्बर, 1879 को रमा और श्रीनिवास सिलहट पहुँचे। शहर के मुख्य-मुख्य लोग स्वागत के लिए उपस्थित थे। रमा और श्रीनिवास को खदांची हाउस में ठहराया गया जहाँ उनके लिए सब इन्तज़ामात किए गए थे। कई विद्वान, शिक्षित युवक मिलने और सम्मान प्रदर्शित करने यहीं आया करते थे। सभा मणिपुर पैलेस में थी, जिसकी शुरुआत में रमा को संस्कृत में एक अभिनन्दन-पत्र भी प्रदान किया गया, जिसका वाचन ज़िला स्कूल के मुख्य पंडित कालीचरण शर्मा ने किया और रमा ने संस्कृत में ही इसका यथोचित जवाब दिया। इस सभा सिलहट के डिप्टी कमिश्नर मि. जॉनसन भी मौजूद थे।[26] पंडितों की इस सभा में रमाबाई की फिर परीक्षा हुई। उन्हें तीन समस्याएँ पूर्ति करने के लिए दी गईं। रमा ने तीनों को बख़ूबी पूरा किया। इस सभा में एक और ख़ास व्यक्ति मौजूद था। एक युवा वकील, कलकत्ता विश्वविद्यालय का एम.ए. बिपिन बिहारी दास मेधावी। वकील साहब ने अपनी ओजस्वी वाणी में पंडिता रमाबाई का पूर्व जीवन-परिचय श्रोताओं को दिया।[27] इसके बाद बिपिन बिहारी और श्रीनिवास का परिचय दिया गया। श्रीनिवास बिपिन के व्यक्तित्व और गुणों से प्रभावित हुए और यह स्नेह दोस्ती में बदल गया। कहना चाहिए कि तीनों ही मित्र हो गए। इस ओजस्वी और ऊर्जावान वक्ता ने शायद पहली नज़र में युवती रमा के हृदय में भी अपनी जगह बना ली थी।

ज़िला स्कूल के छात्रों और शिक्षकों ने स्कूल आने का भी अनुरोध किया जहाँ रमाबाई का संस्कृत भाषण भी हुआ। इसी आयोजन में रमा को उपहारस्वरूप एक सोने की अँगूठी और एक हस्तिदन्ती पंखा दिया गया।[28] उस हाथी दाँत के पंखे को बनाने की क़ीमत उस समय भी 25 रुपये थी।[29] ऐसा कहा जाता है कि डॉक्टर सुन्दरी मोहन दास ने एक मान-पत्र की रचना की थी जिसे श्री रायबहादुर सीतामोहन दास ने पढ़ा और रमा को भेंट किया। इसका भी रमा ने यथोचित उत्तर दिया। इसी दौरे में गिरीश स्कूल में भी रमा का स्वागत-सम्मान हुआ और भाषण हुआ। यह भी सुन्दरी मोहन दास द्वारा आयोजित किया गया था। स्कूल के मुख्य द्वार पर जो तोरण सजा था उस पर खुदा था—रमा कृपया हमारे स्कूल में पधारें।[30]

बिपिन बिहारी के बारे में बहुत जानकारी रमाबाई नहीं देतीं। बहुत अधिक जानकारी

मिलती भी नहीं। 1876 में उन्होंने कलकत्ता विश्वविद्यालय से डिस्टिंक्शन के साथ रसायनशास्त्र में एम.ए. किया था। बिपिन बिहारी ग़ैर-ब्राह्मण थे। रमाबाई और श्रीनिवास के लिए इसका अर्थ 'शूद्र' ही था।[31] न उन्होंने इसकी गहराई में जाने की कोशिश की न वह मन्तव्य ही था। अशिक्षित और निकम्मे लड़के को अनन्त शास्त्री बड़ी बेटी की ज़िन्दगी से भगा चुके थे। इसलिए महत्त्व इस बात का था कि बिपिन शिक्षित, गुणवान और युवा थे। उनका जन्मदिवस क्या है, यह पता नहीं चलता, पर यह ज़रूर पता चलता है कि वह डॉ. सुन्दरी मोहन दास और बिपिन चन्द्र पाल के समकालीन और क़रीबी दोस्त थे।[32] पाल और मेधावी एक ही गाँव से थे और सहपाठी थे। पाल ने अपने बचपन से युवा दिनों तक का लेखा-जोखा अपनी किताब में दिया है, जिसमें बिपिन बिहारी दास के बारे में कुछ पन्ने लिखे हैं, लेकिन 'मेधावी' नाम कैसे पड़ा इसका वहाँ ज़िक्र नहीं है। पाल बताते हैं कि बिपिन बिहारी दास हमारे ज़िले के विश्वविद्यालय में पढ़नेवाले सबसे सफल छात्र थे। वह 'शाहा' जाति से थे, जिन्हें उच्च जाति के हिन्दुओं द्वारा उन दिनों अछूत माना जाता था।[33] लेकिन पाल इन नियमों को नहीं मानते थे और खुले तौर पर सिलहट से आनेवाले शाहा जाति के छात्रों के साथ खाना खाया करते थे। मेधावी इसके लिए उनकी प्रशंसा भी किया करते थे। किसी ने मेधावी को कायस्थ[38] कहा और किसी ने हरिजन भी। जो भी हो, बिपिन बिहारी दास मेधावी थे। बहुत सम्भव है, इसी वजह से 'मेधावी' उनके नाम के साथ कभी जुड़ गया हो।

युवा ब्रह्म समाजियों के वैचारिक टकराव और प्रेम के बीज

बिपिन चन्द्र पाल भी ब्रह्म समाज से जुड़े हुए थे, लेकिन इधर जो एक हिन्दू पुनरुत्थान की हवा चली थी, उसने कलकत्ता विश्वविद्यालय के छात्रों, युवा ब्रह्मो सदस्यों को भी प्रभावित करना शुरू किया और इसका नेतृत्व कर रहे थे बिपिन बिहारी दास मेधावी। कलकत्ता में मेधावी उदारवादी समूह के प्रशंसक थे तो सिलहट में ब्रह्मो प्रोपेगैंडा के विरोधी। पाल के लिए भी यह हैरानी का विषय था कि जिनके साथ अछूतों की तरह व्यवहार किया जाता है, वे सभी शाहा छात्र जाति पर धर्म को प्रमुखता देकर हिन्दू धर्म के पुनरुत्थान की बातें क्यों करने लगे हैं? वैसे भी कूच विहार की उस शादी (केशवचन्द्र सेन की बेटी की शादी) के बाद से युवा सदस्यों पर से ब्रह्म समाज का प्रभाव तेज़ी से कम होता जा रहा था, जिसकी सामाजिक-धार्मिक प्रतिक्रिया आनी ही थी।[35] इससे भी मज़ेदार यह था कि जब पाल और उनके मित्र जाति और धर्म के बन्धनों को नकार चुके थे और बिपिन बिहारी दास प्रचलित और रूढ़िवादी हिन्दुइज़्म की पैरवी कर रहे थे; उच्च कुलीन हिन्दू समाज की सहानुभूति मेधावी की ओर नहीं पाल और उनके साथियों की ओर ही थी। पाल

और उनके साथी जाति-धर्म को नकार चुके थे, लेकिन बहुत-से उच्च जाति के लोग अभी पूर्वजों के विश्वास और भेदभाव को मानते थे।[36]

बंगाल में ही रमा ब्रह्मो दायरे में आ गई थी। अख़बारों के ज़रिये उसकी ख्याति देश भर में फैल गई थी। शायद मेधावी को लगा कि रमाबाई इस एजेंडे में फ़िट होने के लिए उपयुक्त है। प्राचीन, पवित्र भाषा में शास्त्रों-पुराणों की बेहतरीन बातें बताती हैं, स्त्री-शिक्षा और स्त्री धर्म-नीति के भाषण देती है। रमा के भाषण के बाद मेधावी रमा पर आसक्त हो गया। वह ख़ुद एक प्रभावशाली वक्ता था और उसका व्यक्तित्व स्त्रियों को क्या पुरुषों को भी आकर्षित करता था। पाल लिखते हैं—

> क़द का लम्बा, मज़बूत अंग, सुगठित और अच्छी तरह से सन्तुलित शरीर, उसकी निर्मिति ऐसी थी कि उसमें पुरुषों के लिए भी आकर्षक अपील थी, तब एक महिला को अपील करने की कितनी अधिक सम्भावना थी! इस दैहिक उपस्थिति में बौद्धिक क्षमता को भी जोड़ लीजिए। यह संयोग विद्वान पंडिता रमाबाई की मेधा और इन्द्रियों को अधिकृत करने के लिए एकदम उपयुक्त था।[37]

राजनीति की बहुत-सी परतें होती हैं, देशभक्ति की राजनीति की भी। और अनायास ही रमा इस राजनीति में आ फँसी। एक प्रखर और विद्वान महिला सार्वजनिक वक्ता और एक ओजस्वी, ऊर्जावान, प्रभावशाली व्यक्तित्व का नौजवान वकील। राजनीति की परतें कैसी भी रूखी हों, प्रेम के पलने के लिए नर्म ज़मीन कहीं भी बन सकती हैं। वह अंकुरित होता है तो जड़ें जमाने के लिए रास्ते भी आप खोज लेता है।

सन्दर्भ

1. देखें, पृ. 54, महाराष्ट्राची तेजस्विनी, देवदत्त नारायण तिलक, व्हाइट लाइट पब्लिकेशन, पुणे, 1960
2. वही
3. वही, पृ. 55, महाराष्ट्राची तेजस्विनी, देवदत्त नारायण तिलक, व्हाइट लाइट पब्लिकेशन, पुणे, 1960
4. पृ. 43, बिल्डर्स ऑफ़ मॉडर्न इंडिया, पंडिता रमाबाई, निकल मैकेनिकल, दूसरा संस्करण, एसोसिएशन प्रेस (वाय.एम.सी.ए.) कलकत्ता, 1930
5. देखें, पृ. 10, ए टेस्टीमनी, पंडिता रमाबाई, रमाबाई मुक्ति मिशन, केड़गाँव, 1907
6. देखें, पृ. 11, वही
7. देखें, पृ. 11, ए टेस्टीमनी, पंडिता रमाबाई, रमाबाई मुक्ति मिशन, केड़गाँव, 1907

8. देखें, पृ. 45, पंडिता रमाबाई, निकल मैकेनिकल, दूसरा संस्करण, एसोसिएशन प्रेस (वाय. एम.सी.ए.) कलकत्ता, 1930
9. देखें, पे-68, पंडिता रमाबाई सरस्वती : हर लाइफ़ ऐंड वर्क, पद्मिनी सेनगुप्ता, एशिया पब्लिशिंग हाउस, बम्बई, 1970
10. देखें, पृ. 12, ए टेस्टीमनी, पंडिता रमाबाई, रमाबाई मुक्ति मिशन, केड़गाँव, 1907
11. देखें, वही
12. देखें, पृ. 13, वही
13. देखें, पृ. 15, वही
14. देखें, पृ. 65, पंडिता रमाबाई सरस्वती : हर लाइफ़ ऐंड वर्क, पद्मिनी सेनगुप्ता, एशिया पब्लिशिंग हाउस, बम्बई
15. ब्रह्म समाज का सदस्य
16. देखें, पृ. 33, बेथुने स्कूल ऐंड कॉलेज, सेंटेनरी वॉल्यूम 1849-1949, सं. कालिदास नाग, श्री सरस्वती प्रेस, कलकत्ता, 1951
17. देखें, पृ. 65, पंडिता रमाबाई सरस्वती : हर लाइफ़ ऐंड वर्क, पद्मिनी सेनगुप्ता, एशिया पब्लिशिंग हाउस, बम्बई, 1970
18. देखें, पृ. 34, बेथुने स्कूल ऐंड कॉलेज, सेंटेनरी वॉल्यूम 1849-1949, सं. कालिदास नाग, श्री सरस्वती प्रेस, कलकत्ता, 1951
19. देखें, पृ. 15, ए टेस्टीमनी, पंडिता रमाबाई, रमाबाई मुक्ति मिशन, केड़गाँव, 1907
20. देखें, पृ. 69, पंडिता रमाबाई सरस्वती : हर लाइफ़ ऐंड वर्क, पद्मिनी सेनगुप्ता, एशिया पब्लिशिंग हाउस, बम्बई, 1970
21. देखें, पृ. 15-16, पंडिता रमाबाई : लाइफ़ ऐंड लैंडमार्क राइटिंग्स में मीरा कोसाम्बी द्वारा उद्धृत रूटलेज़, 2016
22. देखें, पृ. 16, वही
23. देखें, पृ. 69, पंडिता रमाबाई सरस्वती : हर लाइफ़ ऐंड वर्क, पद्मिनी सेनगुप्ता, एशिया पब्लिशिंग हाउस, बम्बई
24. बिपिन बिहारी मेधावी
25. देखें, पृ. 71, पंडिता रमाबाई सरस्वती : हर लाइफ़ ऐंड वर्क, पद्मिनी सेनगुप्ता, एशिया पब्लिशिंग हाउस, बम्बई
26. देखें, पृ. 59, महाराष्ट्राची तेजस्विनी, देवदत्त नारायण तिलक, व्हाइट लाइट पब्लिकेशन, पुणे, 1960
27. देखें, पृ. 61, वही
28. देखें, वही
29. देखें, पृ. 71, पंडिता रमाबाई सरस्वती : हर लाइफ़ ऐंड वर्क, पद्मिनी सेनगुप्ता, एशिया पब्लिशिंग हाउस, बम्बई
30. देखें, पेज 61, महाराष्ट्राची तेजस्विनी, देवदत्त नारायण तिलक, व्हाइट लाइट पब्लिकेशन, पुणे, 1960
31. देखें, पृ. 16, ए टेस्टीमनी, पंडिता रमाबाई, रमाबाई मुक्ति मिशन, केड़गाँव, 1907

32. देखें, पृ. 63, महाराष्ट्राची तेजस्विनी, देवदत्त नारायण तिलक, व्हाइट लाइट पब्लिकेशन, पुणे, 1960
33. देखें, पृ. 375, माई लाइफ़ ऐंड टाइम्स इन द डेज़ ऑफ़ माई यूथ (1857-1884) बिपिन चन्द्र पाल, मॉडर्न बुक एजेंसी, कलकत्ता, 1932
34. देखें, पृ. 75, पंडिता रमाबाई सरस्वती : हर लाइफ़ ऐंड वर्क, पद्मिनी सेनगुप्ता, एशिया पब्लिशिंग हाउस, बम्बई
35. देखें, पृ. 374, माई लाइफ़ ऐंड टाइम्स इन द डेज़ ऑफ़ माई यूथ (1857-1884) बिपिन चन्द्र पाल कलकत्ता, मॉडर्न बुक एजेंसी, 1932
36. देखें, पृ. 376, वही
37. देखें, पृ. 376, माई लाइफ़ ऐंङ टाइम्स इन द डेज़ ऑफ़ माई यूथ (1857-1884) बिपिन चन्द्र पाल, कलकत्ता, मॉडर्न बुक एजेंसी, 1932

5

सुख चपला-सा दुःख घन में...

जब ब्रह्मो सदस्यों का यह भीतरी शीत युद्ध चल रहा था, उसी दौरान महाराष्ट्र से एक पंडित के आगमन की सूचना आई। यह पंडित भी शास्त्रों और संस्कृत का जानकार था। यह मौक़ा बिपिन बिहारी दास ऐंड पार्टी ने लपक लिया और उस पंडित का संस्कृत और हिन्दुइज़्म पर सम्बोधन सुनने के लिए सिलहट में एक सार्वजनिक सभा के आयोजन का विज्ञापन निकाल दिया। शहर के अंग्रेज़ीदाँ लोग ही नहीं, वे रूढ़िवादी ब्राह्मण भी जो यूरोपीय विचारों से अनजान थे, इस बात से भी कि हवाओं का रुख़ उनके विरोध में है, ऐसे सभी लोगों में उपस्थित थे और जितनी जगह थी, उससे ज़्यादा भीड़ थी। मेधावी ने श्रीनिवास शास्त्री को अध्यक्षता करने के लिए बुलाया हुआ था। इस सभा का मज़ेदार वर्णन बिपिन चन्द्र पाल करते हैं—

> मैं और मेरे ब्रह्म समाज के मित्र भी इस अज्ञात पंडित को सुनने गए, लेकिन स्वाभाविक रूप से हमने इस रूढ़िवादी प्रदर्शन में पीछे की सीटें लीं। उनके सम्बोधन की शुरुआत से ही उन्होंने जिस तरह सहज होकर सरल संस्कृत में बात की। लगा, एक मृत भाषा कहे जाने की बजाय यह उनके लिए लगभग उतनी ही जीवित थी जितनी कि अपनी मातृभाषा। हम उससे बहुत प्रभावित हुए। यह प्रभाव और अधिक गहरा होता गया क्योंकि जैसे-जैसे वह आगे बढ़ता गया, हमारी यह धारणा और भी गहरी होती गई जब तक कि उसके प्रवचन की विषय-वस्तु ने हमारे हैरान दिमाग़ को यह नहीं बता दिया कि वह बाक़ी पंडितों की तरह सिर्फ़ पंडित नहीं है बल्कि आधुनिक शोध और जाँच का बहुत व्यापक ज्ञान था उसे। वास्तव में, हालाँकि उन्हें हिन्दू धर्म पर व्याख्यान देने के लिए विज्ञापित किया गया था, उन्होंने हमें यह बताना शुरू किया कि कैसे संस्कृत की खोज के माध्यम से पूरी दुनिया के विचार में तेज़ी-से क्रान्ति आ रही थी। उन्होंने शिक्षा के हमारे प्राचीन तरीक़ों की कड़ी आलोचना

करना शुरू कर दिया और हमारी अपनी प्राचीन भाषा और साहित्य के अधिक बुद्धिमान अध्ययन के लिए एक शक्तिशाली दलील पेश की। वास्तव में, उनका व्याख्यान व्यवहार करनेवाला लग रहा था, हिन्दू धर्म के साथ बिलकुल नहीं बल्कि आधुनिक तुलनात्मक भाषाशास्त्र के साथ। इसने बाबू बिपिन बिहारी दास और इस बैठक के अन्य संयोजकों को गम्भीरता से लिया। पंडित श्रीनिवास शास्त्री, पंडिता रमाबाई के भाई को अध्यक्ष की कुर्सी पर बिठाया गया था। जैसे ही व्याख्याता ने अपने विषय को विकसित करना शुरू किया, आयोजक अधिक अधीर हो गए और बार-बार बिपिन बाबू के माध्यम से अध्यक्ष के पास पर्चियाँ भेजी जाने लगीं कि व्याख्याता को हिन्दू धर्म के अपने विषय पर वापस खींचने का आग्रह किया जाए। जब यह सब चल रहा था, तो व्याख्याता ने अचानक अंग्रेज़ी में बात शुरू की, और उनकी भाषा इतनी शुद्ध थी, उच्चारण इतना साफ़ था कि उन्होंने जब अपनी शिक्षा का रहस्योद्घाटन किया तो सचमुच श्रोताओं की साँसें थम गईं।

एक पल का समय बर्बाद किए बिना, उन्होंने कहा : "सज्जनो, मुझे अब अपनी पहचान नहीं छिपानी चाहिए। मेरा नाम श्रीपद बाबाजी ठाकुर है। मैं बॉम्बे सिविल सर्विस से ताल्लुक़ रखता हूँ। मैं सिविल सेवा में प्रवेश के लिए सामान्य प्रतियोगी परीक्षा उत्तीर्ण करने के लिए इंग्लैंड गया था।"[1]

श्रीपद बाबाजी ठाकुर की यह कहानी इसलिए बताना ज़रूरी था कि यह सज्जन 1869 के उस प्रसिद्ध बैच के चार भारतीयों में से एक थे, जिन्होंने इंग्लैंड से सिविल सेवा की परीक्षा उत्तीर्ण की थी। इसलिए बताना और भी ज़रूरी है कि नाम-पहचान छुपाकर यह सिलहट सिर्फ़ रमाबाई के लिए आए थे। रमाबाई को अपनी विद्वत्ता से प्रभावित करके, उससे एक बौद्धिक रिश्ता जोड़ सकें और उसे अपनी पत्नी बना सकें। दु:खद बस यह था कि किसी कारणवश उस सभा में रमाबाई ने आने से मना कर दिया था। जिसे लुभाना था, जब वह आई ही नहीं तो बीच में ही बाबाजी का धैर्य चुक गया और वे धाराप्रवाह अंग्रेज़ी बोलने लगे और तुलनात्मक अध्ययन के गम्भीर विषय की ओर मुड़ गए।

श्रीपद का दिल अभी टूटा नहीं था। वह जब दोबारा सिलहट आए रमाबाई से मिलने, तब तक रमाबाई मेधावी के प्रेम में पूरी तरह क़ैद हो चुकी थी या होनेवाली थी।[2] इस बार श्रीपद बाबाजी का दिल पूरी तरह टूट गया और जिस 'रोमांटिक एडवेंचर' पर वह आए थे, वह ख़त्म हुआ। श्रीपद बम्बई वापस चले गए।

अपना काम करते हुए रमा और श्रीनिवास अब ढाका पहुँच गए थे। मेधावी भी रमा के पीछे-पीछे ढाका चले गए थे। यह साल 1880 था। महाराष्ट्र से समाज-सुधारकों का एक छोटा-सा शिष्टमंडल कलकत्ता और फिर रमाबाई से मिलने ढाका पहुँचा ताकि महाराष्ट्र की इस प्रतिभा को वापस महाराष्ट्र लाया जा सके। उन्होंने बताया कि बम्बई में लड़कियों के लिए खोले गए उनके स्कूल से अभिभावकों ने इसलिए छात्राओं को वापस ले लिया है क्योंकि वहाँ पुरुष अध्यापक है। रमाबाई ने उनके इस अनुरोध के उत्तर में कहा कि वह ज़रूर ध्यान रखेगी इस बात का।[3]

श्रीनिवास की तबीयत बिगड़ रही थी। लगातार उपवासों से उसने अपनी सेहत को नष्ट कर लिया था और एक सुगठित देह जो ढल गई थी, अब मानो मुक्त हो जाना चाहती थी। मृत्यु का भय श्रीनिवास को था भी नहीं, वह तो मोक्ष का बहाना थी, अकेला भय एक ही था कि बहन उसके बाद इस दुनिया में एकदम अकेली रह जानेवाली थी। एक दिन श्रीनिवास ने रमा से कहा—मेरे बाद तुम्हारी रक्षा कौन करेगा? रमा ने उत्तर दिया—ईश्वर, हमेशा की तरह वही मेरी रक्षा करेगा। श्रीनिवास आश्वस्त हुआ कि जब ईश्वर इसके साथ है तो यह अरक्षित कैसे हो सकती है? 15 मई, 1880 को श्रीनिवास ने प्राण त्याग दिए। ज़िन्दगी का नया अध्याय शुरू होने से पहले, ख़ुशियों के दस्तक देने से पहले एक बार फिर मृत्यु का सामना करना पड़ा रमा को।

स्वामी दयानंद सरस्वती का पंडिता रमाबाई को आमंत्रण

इसी समय आर्य समाज के संस्थापक स्वामी दयानन्द सरस्वती भी मेरठ कन्या विद्यालय के लिए एक स्त्री शिक्षक तलाश रहे थे। रमाबाई की ख्याति सुनकर उन्होंने रमा को पत्र[4] लिखा। पहला पत्र 13 जुलाई, 1880 का है,[5] जिसमें रमा की तारीफ़ है। इस पत्र में दयानन्द सरस्वती ने रमा को मेरठ भी आमंत्रित किया और ठहरने के इन्तज़ाम के अलावा मार्ग व्यय देने का प्रस्ताव भी किया। उन्होंने जानना चाहा कि जनश्रुति के अनुसार रमा ब्रह्मचारिणी है या फिर वह स्वयंवर हेतु उपयुक्त वर तलाश रही है? क्या वह विवाह कर गृहस्थी सँभालेगी या लड़कियों को पढ़ाने का उद्देश्य रखती है?[6] 8 जुलाई, 1880 को रमा ने इसके उत्तर में कहा कि वह स्वामी जी जैसे पुरुष के पत्र को पाकर सम्मानित हुई। रमाबाई ने लिखा कि वह ब्रह्मचारिणी है और रहना चाहती है। अपने भाई की मृत्यु की सूचना दी व लिखा कि वह छह हफ़्ते या महीने बाद बंगाल से निकलेगी।[7] 21 जुलाई, 1880 को स्वामी जी ने पत्र लिखा और रमा के भाई की मृत्यु पर शोक व्यक्त किया, साथ ही रमा के परिवार, वंश, घर और शिक्षा आदि की जानकारी भी माँगी। उन्होंने कहा कि वह यहाँ मेरठ में बाबू छेदीलाल गुमास्ते के बँगले में ठहरेंगे अभी पच्चीस दिन,

वह इसी समय आकर मिल सके तो अच्छा। 1 अगस्त को इसके जवाब में रमाबाई ने गंगामूल के अपने जन्मस्थान के बारे में बताया। उम्र बताई 22, और लिखा कि चार-पाँच दिन में ही वह आएगी।[8] वह एक पुरुष और एक स्त्री के साथ मेरठ पहुँची और बाबू छेदीलाल के बँगले में ही उन्हें ठहराने की व्यवस्था की गई। यहाँ पहले से थियोसॉफ़ी समाज के सदस्य श्री ओलकोट और मैडम ब्लावेत्स्की ठहरे हुए थे। सूचना मिलती है कि बाबू बिपिन बिहारी मेधावी भी रमा के पीछे-पीछे यहाँ आ पहुँचे थे और उन्हें भी फिर इसी बँगले में ठहराया गया। मेधावी के इस तरह रमा के पीछे आने से माहौल थोड़ा असहज हो गया था और रमाबाई का आचरण कुछ सन्दिग्ध भी। रमाबाई ने वहाँ कुछ व्याख्यान दिए और शाम को स्वामी जी से कुछ आर्यसमाजियों की उपस्थिति में वैशेषिक दर्शन भी पढ़ने लगी। दयानन्द इस बात में तो यक़ीन रखते थे कि स्त्रियों को धार्मिक शिक्षा मिलनी चाहिए, लेकिन उनका विचार था कि रमाबाई को ब्रह्मचारिणी ही रहकर स्त्री-उत्थान के कार्य में संलग्न होना चाहिए।

रमाबाई को अमीर, नौजवान, शिक्षित पुरुषों की ओर से शादी के प्रस्ताव मिलते ही रहते थे, लेकिन भाई के ज़िन्दा रहने तक न शादी के बारे में रमा सोचती थी न उसे फुर्सत ही मिलती होगी। पीड़ा, अकेलेपन और अभाव के एक लम्बे दौर के बाद उन्हें एक बार फिर सम्मान और महत्त्व मिलना शुरू हुआ था। रमा का अपना व्यक्तित्व बनना शुरू हुआ था। मेधावी के पत्र रमा के पास आते रहते थे। मेधावी अपने प्रेम का इज़हार और शादी की इच्छा कई बार जता चुके थे। रमा ने यही कहा कि अभी शादी का उसका विचार नहीं है और अगर उसका बड़ा भाई इस विवाह के लिए राज़ी हुआ, तभी वह 'हाँ' कहेगी। रमा के ढाका जाने से पहले मेधावी ने रमा से वादा लिया था कि वह वहाँ किसी और को शादी के लिए 'हाँ' नहीं करेगी[9] और जैसे ही भाई अनुमति देगा, वह मेधावी से विवाह करेगी। इधर भी मेधावी के पीछे-पीछे चले आने से रमाबाई पर अलग तरह का दबाव बना होगा। उसने स्वामी जी से कह दिया कि वह उनकी इच्छा पूरी करने में असमर्थ है कि ब्रह्मचारिणी रहकर स्त्री-उत्थान का कार्य करे।[10] मेधावी की उपस्थिति भी बहुत कुछ कह रही थी। दयानन्द सरस्वती ने कहा कि अगर उन्हें पहले यह सब पता होता कि ब्रह्मचारिणी रहने का उसका कोई इरादा नहीं है तो वह अपना नियम नहीं तोड़ते और अपने समीप बैठाकर उसे कभी शिक्षा नहीं देते। अब वह भविष्य में उससे सम्बन्ध नहीं रखेंगे। निश्चित ही आर्यसमाजियों को शाम को रमाबाई का दयानन्द के पास बैठकर पढ़ना अखरा ही होगा। किसी अप्रिय स्थिति से बचने के लिए ही शायद उन्होंने समाजियों से उन्होंने रमा को ससम्मान विदा करने को कहा। रमा को विदा करते हुए 125 रुपये और 10 रुपये क़ीमत का कपड़ा दिया गया और विदा के समय स्वामी ने अपनी किताबें रमा को भेंट कीं।[11] समाज की

लिंग-भेदी संरचना न जाने कितनी सारी सहज स्थितियों को असहज बना देती है। रमा वहाँ रुकना चाहती थी, पढ़ना चाहती थी, लेकिन दो हफ़्ते में ही वह वापस लौट गई। इस छोटे-से वक़्फ़े में भी उस पर स्वामी दयानन्द सरस्वती का प्रभाव पड़ा था, जिसका असर आर्य समाज की तर्ज पर आर्य महिला समाज की शुरुआत में देखा जा सकता है और आगे भी 1903 के एक पत्र में वह दयानन्द सरस्वती का ज़िक्र करती है।

दयानन्द सरस्वती के पत्र का जवाब देते हुए रमाबाई ने यह दु:खद सूचना भी उसमें दी होगी क्योंकि दयानन्द सरस्वती का रमा को 1880 में लिखा दूसरा पत्र[12] इस सूचना पर शोक व्यक्त करता है। इस पत्र में वह अनेक सवाल करते हैं रमा के परिवार, वंश, योजनाओं के बारे में। इसी पत्र से सूचना मिलती है कि रमा उनसे मिलने मेरठ गई थीं इसके बाद। यह भी अख़बार की ख़बर बन गई थी कि रमाबाई की सगाई बिपिन बिहारी दास मेधावी से हो गई है और दोनों जल्द विवाह करनेवाले हैं। (1880 में लिखी जा रही) अपनी किताब 'इंग्लैंड्स वर्क इन इंडिया' (जो 1881 में प्रकाशित हुई) डब्ल्यू.डब्ल्यू. हंटर रमाबाई के बारे में मिली इस सूचना को लिखते हैं कि बाईस साल की एक विद्वान पंडित की बेटी, पतली और लड़कियों जैसी दिखनेवाली, गोरे रंग और हल्के सलेटी रंग की आँखों वाली इस युवती की शादी अब कलकत्ता यूनिवर्सिटी से एम.ए. पास एक बंगाली वकील से होनेवाली है।[13]

बाद में बड़े हो जानेवाले किरदारों को उस वक़्त जब वे अपना लघु, साधारण जीवन जी रहे होते हैं तब अक्सर पता नहीं लगता कि वे कितनी बड़ी दुनिया की नज़रों में लगातार हैं। उधर महाराष्ट्र वालों तक श्रीनिवास के निधन की ख़बर पहुँची तो सबसे पहली चिन्ता उन्हें रमाबाई के अकेले रह जाने की ही हुई। एक क़ाबिल लड़की को अविवाहित देखकर जैसे आज भी रिश्तेदार और अड़ोसी-पड़ोसी उसके ब्याह की फ़िक्र में मुब्तिला हो जाते हैं, वैसे ही महाराष्ट्र से ये चिन्ताएँ कलकत्ता पहुँचने लगीं। रमाबाई को विवाह के कई सुझाव और अनुरोध मिलने लगे। ये अनुरोध तो तभी से आ रहे थे जब रमाबाई ने बंगाल में क़दम रखा और अपनी प्रतिभा का सार्वजनिक प्रदर्शन किया, प्रशंसा पाई। एक अख़बार 18 नवम्बर, 1878 में ही यह लिख रहा था कि—सुलभ समाचार को ज्ञात हुआ है कि सुविख्यात रमाबाई की शादी जल्द ही कलकत्ता विश्वविद्यालय के एक एम.ए. उत्तीर्ण से होनेवाली है जो ढोलीपुर राज की सेवा में कार्यरत है। इसी मक़सद से यह सुशिक्षित महिला कलकत्ता से निकल गई है। अगर यह विवाह होता है तो हमारे समय की एक मज़ेदार निशानी होगी कि पहली बार एक बंगाली लड़का एक मराठी लड़की का प्रेम जीतने में सफल हुआ है।[14] लेकिन यह मेधावी से मिलने के समय से मेल नहीं खाता। न मेधावी ढोलीपुर राज में नौकरी करते थे। बहुत सम्भव

है कि सिर्फ़ अफ़वाह हो, जैसा कि बिना माता-पिता की किसी अविवाहित युवती के लिए समाज में फैलती है जब वह बहुत अधिक सार्वजनिक जीवन में होती है। एक सेलिब्रिटी की तरह ही हो गई थी रमा। बंगाल आने के बाद से रमाबाई जो करती थी और जो नहीं भी करती थी, सब अख़बारों की सामग्री बन जाता था। बहुत मुमकिन है, सेलिब्रिटी जीवन के बारे में जिस तरह मीडिया आज अटकलें लगाता है, किसी से भी जल्दी ही प्रेम और शादी की अटकलें लगाता है, सफल महिलाओं की शादी की चिन्ताओं में व्यस्त रहता है, वैसा ही कुछ उस समय हो रहा हो, लेकिन रमा जगह-जगह घूमने और भाषण देने में व्यस्त थी। मिलना-जुलना बहुत लोगों से होता होगा और बंगाली भद्र-लोक के बीच ऐसी स्त्री एक शिक्षित भद्र पुरुष के लिए एकदम उपयुक्त थी। महाराष्ट्र या बंगाल में से कौन युवक इस स्त्री को पाने में सफल होगा, यह देखना भी कई लोगों की बतकुच्चन का विषय बना होगा।

एक बार फिर ज़िन्दगी जीने की कोशिश की रमा ने। 13 नवम्बर, 1880 को बाँकीपुर में सिविल मैरिज एक्ट 1872 (एक्ट III) के तहत दोनों की शादी कोर्ट में रजिस्टर हुई। यह एक्ट उस समाज सुधार के तहत बना था, जिसके अनुसार कोई भी दो लोग जो अपनी मर्ज़ी से किसी से भी शादी करना चाहते हैं और यह घोषणा करते हैं कि वे किसी धर्म से नहीं हैं, हिन्दू, मुस्लिम, जैन कोई नहीं, इस क़ानून के तहत कोर्ट में शादी रजिस्टर करवा सकते हैं। ब्रह्म समाज के विचारों से प्रभावित मिस्टर बेवेरिज और उनकी पत्नी मिस एक्रॉयड का विवाह भी इसी एक्ट के तहत हुआ था, तो दोनों ने मेधावी और रमा की इस विवाह की परिणति में मदद की। मिस एक्रॉयड इससे पहले हिन्दू महिला विद्यालय खोलने में भी द्वारकानाथ गांगुली आदि की मदद कर चुकी थीं। रमा का कोई परिवार नहीं था, लेकिन मेधावी के परिवार ने इस अन्तर्जातीय, अन्तरप्रदेशीय विवाह पर काफ़ी हंगामा मचाया। बिपिन चन्द्र पाल ने इस शादी को 'पोएटिक जस्टिस'[15] काव्यात्मक न्याय कहा। उधर महाराष्ट्र का ब्राह्मण समुदाय परेशान था इस शादी से, तो असम और बंगाल का कायस्थ समाज। किसी को लगा रमाबाई ने एक ब्रह्मो, मेधावी को फँसा लिया तो किसी को लगा, मेधावी ने रमाबाई की ऊँची जाति और पैसे को देखकर उसे फँसा लिया।[16] किसी ने कहा, भाई की मौत के बाद मजबूर होकर रमा को निम्न जाति के पुरुष से विवाह करना पड़ा। या जैसे रमा ख़ुद बताती है कि कोई भी चितपावन ब्राह्मण ऐसी लड़की से शादी न करता जो बीस-बाईस की उम्र तक अविवाहित हो![17] जिसके सामने बेहतरीन विवाह प्रस्ताव तैयार थे, श्रीपाद बाबाजी, सिविल सर्वेंट ब्राह्मण इन्तज़ार करके निराश हो चुका था, उसके मन की भावनाएँ बिपिन बिहारी दास के लिए समझना मुश्किल था? मज़ेदार है कि बराबरी पर खड़े दो समर्थ, विद्वान युवाओं की कोमल भावनाएँ किसी को नहीं दिखाई दीं, दो

बौद्धिकों का आवेग की उम्र में एक दूसरे से क़रीब आ जाना समझ नहीं आया। कितना मुश्किल था एक 22 साल की लड़की और 27-28 साल के लड़के का प्रेम समझना?

मनोरमा का जन्म

कलकत्ता में प्रशंसा और निन्दा का अजब मेल जो रमाबाई को मिला, वह अलग-अलग वजहों से जीवन भर साथ चला। हालाँकि रमा इन बातों को तवज्जो नहीं देती थी, लेकिन किसी भी युवती को यह परेशान तो करता ही है।[18] इस शादी के बाद जैसे पहली बार रमा के जीवन में ख़ुशियाँ आईं। असम के सिल्चर में दोनों का समय ख़ुशी से बीत रहा था। लिखना-पढ़ना रमा की आदत में शुमार हो गया था। बंगाली भाषा का भी रमा ने अध्ययन किया। इनके घर में एक छोटा-सा पुस्तकालय ही बन गया था। एक दिन रमा को किताबों के बीच दबा हुआ एक छोटा-सा पर्चा मिला। उसने उस पर्चे को ध्यान से पढ़ना शुरू किया। यह सन्त ल्यूक का धर्मोपदेश था बंगाली भाषा में। सिल्चर में ही एक बैप्टिस्ट मिशनरी थे मिस्टर एलेन। वह कभी-कभी आते थे और रमा को उपदेश देते थे। उन्होंने रमा को बुक ऑफ़ जेनेसिस, हिब्रू बाइबल का पहला अध्याय भी समझाया। संसार की उत्पत्ति कैसे हुई, इसके बारे में पुराणादि में जो कुछ रमा ने पढ़ा था, यह उससे बिलकुल अलग था। उसके जिज्ञासु स्वभाव ने उसे इस धर्म को जानने की ओर प्रेरित किया। उसे इस कहानी ने आश्वस्त करना शुरू किया। धर्म-शिक्षण की शुरुआत ऐसे ही होती है, लेकिन बिपिन बिहारी दास को जब यह पता लगा तो वह नाराज़ हुआ। मन से वह सनातनी था और नहीं चाहता था कि इस फिरंगी धर्म का असर रमा पर पड़े। रमा ने कहा भी कि अगर उसे पूरी तरह ईसाइयत ने आश्वस्त कर दिया, उसकी जिज्ञासाओं को शान्त कर दिया तो वह ईसाई धर्म अपना लेगी। मेधावी ख़ुद एक मिशन स्कूल में पढ़े थे, लेकिन ख़ुद को ईसाई कहलाया जाना नापसन्द था उन्हें। पत्नी को कैसे यह करने दे सकते थे? वह क्रोधित हुए और मिस्टर एलेन को घर आने से मना कर दिया। रमाबाई लिखती हैं कि अगर वह और ज़िन्दा रहते तो मैं नहीं जानती कि क्या होता![19] असल में अपनी 'टेस्टीमनी' में रमा ने ऐसे संकेत दिए हैं जिनसे यह निष्कर्ष निकल सकता हो कि ईसाइयत के प्रति उनके मन में शुरू से एक जिज्ञासा थी और उनका जीवन सहज ही इस राह पर ले जा रहा था उन्हें।

इस प्रकरण के आधार पर यह रमा के एक ईसाई जीवनीकार ने लिखा कि मेधावी एक क्रूर पति था।[20] लेकिन रमा के लिखे में कहीं ऐसी कोई छिपी हुई आवाज़ भी नहीं आती, जिससे यह पता चले कि मेधावी एक क्रूर पति था। बहुत

दावे के साथ तो कुछ भी नहीं कहा जा सकता, लेकिन कोई प्रमाण इसका समर्थन करता दिखाई नहीं देता। मेधावी ख़ुद मिशनरी स्कूल में पढ़े थे। वह ईसाई पर्चा जो रमा को अपने घर के पुस्तकालय में मिला, वह भी मेधावी के साथ ही वहाँ पहुँचा होगा। जब रमा ने ओल्ड टेस्टामेंट को समझने की इच्छा ज़ाहिर की तो मेधावी ने ही मिस्टर एलेन को बुलवाया ताकि रमा की वह इच्छा पूरी हो। वह चाहता होगा कि रमा सब जाने, लेकिन इसके बावजूद वह नहीं चाहता होगा कि रमा ईसाई हो जाए। हालाँकि अपने विवाह के समय दोनों समाज के विरुद्ध गए थे और यह घोषित कर चुके थे कि वे किसी भी धर्म से नहीं हैं। बिपिन भी ब्रह्म समाजी था। दूसरे धर्म को लेकर कुछ सन्देह फिर भी मन में रह जाते होंगे। एक घर के भीतर पति-पत्नी के बीच इस मुद्‌दे को लेकर तक़रार का दृश्य क्या होगा, इसकी कल्पना करना मुश्किल नहीं है, न ही यह समझना मुश्किल है कि ऐसे कई दृश्य गृहस्थियों में अक्सर ही बनते रहते हैं। वह 'ज़िन्दा होता तो क्या होता' का बहुत सहज अर्थ है कि मेधावी के रहते या तो रमा ईसाइयत कभी नहीं अपना पाती या दोनों में इसी तरह तक़रार होती रहती, बढ़ती रहती या रमा दुनिया की बहुसंख्य औरतों की तरह अपना पढ़ा-लिखा, सपने और इच्छाएँ भूलकर पूरी तरह गृहस्थी में रम जाती। दो-चार बच्चे और होते और जीवन इसी तरह कटता रहता। हमारे सामने रमा का ख़ुद का लिखा जितना भी है, उसमें वह पति के लिए 'माई डियर हसबैंड' और वैवाहिक जीवन के लिए 'हैप्पी मैरिड लाइफ़' लिखती है।

लेकिन इतना तय है कि रमा हिन्दू धर्म में आस्था खो चुकी थी और बचपन से भक्ति के मार्ग में प्रशिक्षित हुई रमा बिना आस्था के बहुत दिन रह नहीं सकती थी। ब्रह्मो सम्प्रदाय से भी वह सन्तुष्ट नहीं हुई थी। उसे लगा, यह तो मनुष्यों का अपनी सुविधा से बनाया हुआ धर्म है, उन्हें जैसा अच्छा लगा, उसे अपना नियम बना लिया। जो मनभावन हो वह अनुशासन! इसके बावजूद ब्रह्मो धर्म रूढ़िवादी हिन्दू धर्म से तो बेहतर ही था। यह भी सम्भव था कि पति-पत्नी दोनों में एक समय के बाद यह राय बनती कि रमा अपनी पसन्द का धर्म अपना ले या रमा ब्रह्म समाज के खाँचे के भीतर ही अपनी कर्म भूमि और अपनी मुक्ति तलाश लेती और दोनों साथ-साथ रहते, विकसित होते। होने को कुछ भी हो सकता था, जिसके बारे में सोचना किसी काम का नहीं होता।

मृत्यु के हाथों अपना पूरा परिवार को खो चुकने के बाद अब फिर से रमा को अपना परिवार मिल गया था, जिसे उसने बनाया था। उसकी अपनी गृहस्थी जिसे अपनी मीठी बोली से गुलज़ार करने, एक बेटी आई। 16 अप्रैल, 1881 को मनोरमा का जन्म हुआ जिसे रमा 'जॉय ऑफ़ हार्ट' कहती है।[21] ये ख़ुशियों के दिन थे। प्रेम से शुरू की गई नई गृहस्थी, बिटिया का जन्म और एक परिवार का बनना। पढ़ना-लिखना अब भी जारी था। इसी साल रमा ने संस्कृत की दुर्दशा पर एक कविता

संस्कृत में लिखकर बर्लिन में होनेवाली ओरिएंटल कांग्रेस के लिए भेजी। संस्कृत के विद्वान मोनियर-विलियम्स ने इसका अंग्रेज़ी अनुवाद करके रमाबाई के परिचय के साथ सभा में पढ़ा[22] और प्रशंसा की, जैसे कोई अपने कनिष्ठ की या बच्चे की करता है। कविता में भी माँ संस्कृत की दुर्दशा कहती थी, जिसके बच्चे उससे रूठे हुए हैं। राष्ट्रवादी और संस्कृत के माध्यम से राष्ट्र के पुनरुत्थान के भाव कविता में सुने जा सकते थे। संस्कृत का प्रेम रमा के दिल से अभी लम्बे समय तक नहीं गया। शायद कभी नहीं गया, बस अप्रासंगिक हो गया।

इन दोनों की ख़ुशहाल गृहस्थी के बारे में एक सूचना कलकत्ता में मेधावी की मौसी की बेटी कृष्णप्रिया चौधरानी के हेमेन्द्रनाथ दास को लिखे एक पत्र से मिलती है। कृष्णप्रिया ने शादी के समय भी बिपिन का नैतिक समर्थन किया था। कृष्णप्रिया बताती हैं कि—

> जब बिपिन अपनी पत्नी के साथ पालकी से उतरा, मैंने अपने प्रिय भाई और प्रिय रमाबाई को गले से लगाया और अन्दर ले गई। बिपिन मेरे पैरों पर झुका और रमाबाई ने हाथ जोड़कर नमस्कार किया। मेरे पूज्य पति ने मुझे सलाह दी थी कि रमा को नमस्कार करना, लेकिन उसने तुरन्त नमस्कार करके मुझे पहले करने का मौक़ा ही नहीं दिया। वह मुझे 'ठाकुरदीदी' कहा करती थी और मैं उसे 'बधू ठकुरानी'। उस समय उनकी बेटी मनोरमा सात महीने की थी। मेरे पति ने सुनार से मनोरमा के लिए सोने की कंठी, सोने के कंगन, कमर के लिए एक चेन और चाँदी के पायल बनवाए थे और उसके लिए अलग बिस्तर बनाया था गद्दों और तकियों से। अत्तर और गुलाबजल के छिड़काव से उन्होंने दोनों का स्वागत किया। इस तरह स्वागत के बाद रमा ने कहा, "लगता है, हम अमीर हो गए हैं" वे ख़ूब मज़े के दिन थे और हर दिन त्योहार की तरह था।[23]

रमा ने अगले दिन ननद को तैरना सिखाया और ननदोई से कहा कि उनकी शिक्षा का ख़ास ख़याल रखें। पास-पड़ोस की औरतें रमाबाई को देखने के लिए आया करती थीं। अपढ़ औरतें बस उसके दर्शन से ही सन्तुष्ट हो जाती थीं क्योंकि बात करने की हिम्मत उनमें नहीं थी। यह समझकर एक दिन रमा ने ख़ुद ही उनसे बात करना शुरू किया। उनसे व्यवहार करने में रमा बहुत कुशल थीं। उन्हें स्त्री की नैतिक ज़िम्मेदारियाँ भी समझाईं। अच्युत चरण चौधरी के घर भी जाना हुआ। रमा की ठाकुरदीदी लिखती है—वहाँ गहनों से सजी एक विवाहित लड़की को देखकर रमा के मुँह से निकला, "जंगल की चिड़िया पायल जैसी बेड़ियों से नाराज़ है। जैसे पिंजरे में चिड़िया को बन्द रखा जाता है, महिलाओं को उनके घरों की चार

दीवारों के भीतर रखा जाता है जो कि उनका पिंजरा है।"[24] जंगल की यह बेटी रमा स्त्रियों के गिर्द सलाखें और बेड़ियाँ तुरन्त देख देती थी।

एक बार फिर मृत्यु से सामना

लेकिन ख़ुशियाँ जैसे रमाबाई के लिए नहीं थीं। मृत्यु उसके जीवन के अग़ल-बग़ल ही एक ईर्ष्यालु संगिनी बनकर चलती रही। 4 फ़रवरी, 1882 को बिपिन बिहारी दास मेधावी का कॉलरा से निधन हो गया। चौबीस साल की रमा, एक बेटी के साथ फिर अकेली हो गई। जीवन का कोई नक़्शा रमा ने कभी नहीं बनाया था। जो जैसे आता गया, उसे स्वीकार-अस्वीकार करती गई। योजनाएँ नहीं बनाईं। लेकिन अब उसके पास एक नन्हा बच्चा था। उसे तय करना था कि जीवन में आगे क्या करना है? यह तो स्पष्ट था कि रमा को एकल अभिभावक के तौर पर ही मनोरमा को पालना होगा अब, बिना किसी सहायता के। मेधावी का परिवार इन दोनों के विवाह से चिढ़ा हुआ था पहले ही, अब मेधावी की जल्दी मृत्यु का दोष भी रमा के सिर पर था। उसे ही कोसा जाने लगा 'हमें तो पता था' 'हमने तो कहा था' के अन्दाज़ में बहुत कुछ था जो उसे सुनना, बर्दाश्त करना पड़ रहा था। मेधावी का परिवार रमा की मदद नहीं करनेवाला था। चौबीस की उम्र में उसने जीवन के सबसे कठिन निर्णय लिये।

यूँ बिपिन बिहारी की कमाई घर चलाने के लिए ठीक-ठाक थी। फिर भी उस पर कुछ क़र्ज़ थे जो शायद पढ़ाई की वजह से उसने कभी लिये थे। परिवार तो विवाह के समय ही मेधावी का बॉयकॉट कर चुका था तो रमाबाई को ही वे क़र्ज़ चुकाने थे। उसे मेधावी की मृत्यु के बाद एक पत्र मिला जिसमें 250 रुपये क़र्ज़ माधव चरण चौधरी को देने थे रमा को, और रमाबाई ने ये सारे क़र्ज़ चुकाए भी।

आनन्दी बाई जोशी, जो रमाबाई की रिश्ते में बहन लगती थीं, कलकत्ता में ही थीं क्योंकि उनके पति गोपाल जोशी का तबादला वहाँ हो गया था, डाक विभाग का मुख्यालय वहीं था जिसमें गोपाल जोशी की नौकरी थी। गोपाल और आनन्दी को उम्मीद थी कि यहाँ उन्हें बिना मिशनरियों की सहायता के, यूरोपीय लोगों की मदद से आनन्दी बाई को डॉक्टरी के लिए अमेरिका भेजने का मौक़ा मिल पाएगा। कलकत्ता आने के शुरुआती दिन उनके अनुभव अच्छे नहीं रहे लेकिन धीरे-धीरे दिल रमने लगा उनका और वहाँ चितपावन ब्राह्मण परिवारों से भी सहज आना-जाना हो गया। आनन्दी को जैसे ही ख़बर मिली कि रमाबाई के पति की मृत्यु हो गई है, उसने रमा को ख़त लिखा और अपने घर आ जाने को कहा।[25] रमाबाई जिस अवसाद में रही होगी उसका अन्दाज़ा इस बात से लगाया जा सकता है कि उसने इस ख़त का जवाब तक नहीं दिया। रमा की माँ

लक्ष्मीबाई की मृत्यु का वह अन्तिम क्षण याद करना चाहिए जब सोलह बरस की रमा पड़ोस की स्त्री से यह भी नहीं कह पाई थी कि उसे बाजरी का एक टुकड़ा माँ के लिए चाहिए। अपने लिए कुछ माँगना, पैसा या मदद या दया रमा के स्वभाव में ही नहीं था। लेकिन वह जीवन भर यह नहीं भूली कि आनन्दी ने आगे बढ़कर इस तरह मदद देने का प्रस्ताव किया था। आभार तो उस स्त्री का भी बचपन में मन में ही मान लिया था रमा ने जिसने बाजरी दी। लेकिन बस कह नहीं पाई थी। बाद में रमा ने आनन्दी के लिए यह लिखा—

> मैं उसके (आनन्दी बाई) प्रति बेहद कृतज्ञ हूँ क्योंकि इस पूरे देश में वह इकलौती ऐसी व्यक्ति थी जिसने मेरे बारे में सोचा जबकि मेरे अपने लोगों की नज़र में मैं विधर्मी हो चुकी थी। मैं कभी उसकी यह दयालुता भूल नहीं पाऊँगी।[26]

रमाबाई बंगाल आई थीं तो स्वागत-सम्मान हुआ ख़ूब, वह यहीं आकर पंडिता रमाबाई सरस्वती कहलाई। लेकिन अब यहाँ से जाते हुए हालात एकदम अलग थे। वैवाहिक जीवन का सुख उन्नीस महीने की छोटी-सी अवधि में ख़त्म हो गया। रमा ने फ़ैसला किया कि मद्रास जाकर अंग्रेज़ी की पढ़ाई करेंगी। लेकिन मद्रास पहुँचकर उन्हें समझ आया कि यह इतना अपरिचित परिवेश और भाषा है कि शायद उनके लिए यहाँ रहना सम्भव न हो। यह हैरान करता है कि देश भर में घूमते भाषण देते और वहाँ की भाषाएँ सीखते रमा को कभी यह समस्या आड़े नहीं आई तो मद्रास में ऐसा क्यों लगा? पद्मिनी सेनगुप्ता लिखती हैं कि शायद मद्रास में वैसा स्वागत नहीं मिला रमाबाई को जैसा हर जगह उसे मिला था। यह सम्भवत: एक वजह हो सकती है।[27]

रमाबाई ने महाराष्ट्र जाने का निर्णय कर लिया। आसान शब्द रमाबाई के लिए नहीं बना था। बड़ी उम्र तक अविवाहित रहने के लिए सन्देह की उँगलियाँ उठीं, फिर एक ग़ैर-ब्राह्मण से शादी करके विधर्मी कहलाई और फिर जल्दी पति की मृत्यु को उसके कर्मों का फल कहा गया।[28] ऐसी विधर्मी औरत जो कभी नियम, धर्म से बँधकर चलती नहीं, 'लॉ-लेस' है, उसके लिए लोगों का दिल कभी बड़ा नहीं हो सकता था। इस पर भी वह महाराष्ट्र जा रही थी जहाँ उच्च जाति की विधवाओं का जीवन पहले से ही दुष्कर था। कोई रास्ता था जो रमा को चुन रहा था। कोई मंज़िल थी जो उसे पुकार रही थी।

सन्दर्भ

1. देखें, पृ. 377-78, माई लाइफ़ ऐंड टाइम्स इन द डेज़ ऑफ़ माई यूथ (1857-1884) बिपिन चन्द्र पाल कलकत्ता, मॉडर्न बुक एजेंसी, 1932

2. वही, पृ. 379 माई लाइफ़ ऐंड टाइम्स इन द डेज़ ऑफ़ माई यूथ (1857-1884) बिपिन चन्द्र पाल, कलकत्ता, मॉडर्न बुक एजेंसी, 1932
3. देखें, पृ. 17, पंडिता रमाबाई : लाइफ़ ऐंड लैंडमार्क राइटिंग्स, मीरा कोसाम्बी, रूटलेज़, 2016
4. दोनों पत्र परिशिष्ट में
5. तिथि को लेकर संशय व्यक्त किया गया है। सम्भवत: यह पत्र 4 जुलाई, 1880 से पहले का लिखा हुआ है—देखें, पृ. 250, लाइफ़ ऑफ़ दयानन्द सरस्वती, हर बिलास सारदा, वैदिक यंत्रालय, अजमेर, संवत् 1946
6. देखें, पृ. 248-50, महर्षि दयानन्द सरस्वती के कुछ हस्तलिखित पत्र, सं. आचार्य धर्मवीर, आचार्य विरजानन्द दैवकरणि, वैदिक पुस्तकालय, अजमेर, 2017
7. देखें, पृ. 250, लाइफ़ ऑफ़ दयानन्द सरस्वती, हर बिलास सारदा, वैदिक यंत्रालय, अजमेर, संवत् 1946
8. देखें, पृ. 251, लाइफ़ ऑफ़ दयानन्द सरस्वती, हर बिलास सारदा, वैदिक यंत्रालय, अजमेर, संवत् 1946
9. देखें, पृ. 73, पंडिता रमाबाई सरस्वती : हर लाइफ़ ऐंड वर्क, पद्मिनी सेनगुप्ता, एशिया पब्लिशिंग हाउस, बम्बई
10. देखें, पृ. 251, लाइफ़ ऑफ़ दयानन्द सरस्वती, हर बिलास सारदा, वैदिक यंत्रालय, अजमेर, संवत् 1946
11. वही
12. देखें, पृ. 248-50, महर्षि दयानन्द सरस्वती के कुछ हस्तलिखित पत्र, सं. आचार्य धर्मवीर, आचार्य विरजानन्द दैवकरणि, वैदिक पुस्तकालय, अजमेर, 2017
13. देखें, पृ. 51, इंग्लैंड्स वर्क इन इंडिया, डब्ल्यू.डब्ल्यू. हंटर, द क्रिश्चियन वर्नाकुलर सोसायटी मद्रास, 1888
14. देखें, पृ. 68, पंडिता रमाबाई सरस्वती : हर लाइफ़ ऐंड वर्क, पद्मिनी सेनगुप्ता, एशिया पब्लिशिंग हाउस, बम्बई
15. देखें, पृ. 380, माई लाइफ़ ऐंड टाइम्स इन द डेज़ ऑफ़ माई यूथ (1857-1884) बिपिन चन्द्र पाल मॉडर्न बुक एजेंसी, कलकत्ता 1932
16. देखें, पृ. 75, पंडिता रमाबाई सरस्वती : हर लाइफ़ ऐंड वर्क, पद्मिनी सेनगुप्ता, एशिया पब्लिशिंग हाउस, बम्बई
17. सुबोध पत्रिका से पद्मिनी सेनगुप्ता द्वारा उद्धृत, पंडिता रमाबाई सरस्वती : हर लाइफ़ ऐंड वर्क, एशिया पब्लिशिंग हाउस, बम्बई, देखें, पृ. 76
18. देखें, पृ. 76, पंडिता रमाबाई सरस्वती : हर लाइफ़ ऐंड वर्क, पद्मिनी सेनगुप्ता, एशिया पब्लिशिंग हाउस, बम्बई
19. देखें, पृ. 17, ए टेस्टीमनी, पंडिता रमाबाई, रमाबाई मुक्ति मिशन, केड़गाँव, 1907
20. देखें, पृ. 79, पद्मिनी सेनगुप्ता देवदत्त नारायण तिलक की लिखी जीवनी में इस अतिरेकी व्याख्या की चर्चा करती हैं। तिलक स्वयं ईसाई हो गए थे। अजीब है, लेकिन यह हमेशा देखने में आया है कि कुछ अतिरेक हर उस व्यक्ति में मिल सकते हैं जिसकी निष्ठा उसे

सामान्य विवेक की जगह धर्म के हित में खड़ा कर दे।

21. देखें, पृ. XV, द हाई कास्ट हिन्दू वुमन, पंडिता रमाबाई सरस्वती, फ़िलाडेल्फ़िया, 1888
22. देखें, पृ. 17, पंडिता रमाबाई : लाइफ़ ऐंड लैंडमार्क राइटिंग्स, मीरा कोसाम्बी, रूटलेज़, 2016
23. देखें, पृ. 82, ए टेस्टीमनी, पंडिता रमाबाई, रमाबाई मुक्ति मिशन, केड़गाँव, 1907
24. देखें, पृ. 82, वही
25. देखें, पृ. 81, रैडिकल स्पिरिट्स, नन्दिनी पटवर्द्धन, स्टोरी आर्टिसन प्रेस, 2020
26. देखें, पृ. 81, वही
27. देखें, पृ. 84, पंडिता रमाबाई सरस्वती : हर लाइफ़ ऐंड वर्क, पद्मिनी सेनगुप्ता, एशिया पब्लिशिंग हाउस, बम्बई
28. यह कहा जाता था कि पढ़ने-लिखनेवाली स्त्री के पति की मृत्यु हो जाती है। इसका कई जगह उल्लेख मिलता है जैसे बंगाल की राससुन्दरी देवी और रमाबाई रानाडे की मराठी आत्मकथा में भी। "मेरी एक बुआ थी, पिता की बहन, जिनकी शादी एक विशुद्ध ब्राह्मण से हुई थी। उसी ने ख़ुद बुआ को संस्कृत सिखाई थी, लेकिन कुछ समय बाद उनके पति की मृत्यु हो गई, जिसे इसका ही फल बताया गया। इसका परिणाम यह हुआ कि हमारे घर में लड़कियों को शिक्षा के लिए अनुपयुक्त मान लिया गया और हममें से किसी को उसकी गन्ध तक न मिली"—देखें, पृ. 3, हिमसेल्फ़, द बायोग्राफ़ी ऑफ़ अ हिन्दू लेडी, अनुवाद और प्रस्तुति कैथरीन वैन अकिन गेट्स, मूलत: मराठी में रमाबाई रानाडे की लिखी, लॉन्गमैन्स, ग्रीन ऐंड कम्पनी, न्यूयॉर्क, टोरंटो, 1938

6

पैर जमाना पुरखों की ज़मीन पर

30 अप्रैल, 1882
पुणे

गर्दन तक कटे हुए बाल, सफ़ेद साड़ी*, जैसा बंगाल में विधवाओं का पहनावा है, कोई गहना नहीं, सबसे क़ीमती धरोहर की तरह गोद में छोटी-सी बच्ची को लिये चौबीस बरस की रमाबाई पुणे आई। उसके साथ एक ग़रीब-सा बंगाली लड़का[1] था, जिसे रमा भाई मानती थी।[2] भाई की तरह ही वह छोड़ने आया था। ख़ूब स्वागत हुआ रमाबाई का। बम्बई, पुणे से कई बुलावे रमा को पहले भी आते रहे थे, लेकिन यह इसलिए भी ख़ास था कि चितपावन ब्राह्मण समाज को लगा कि यह विदुषी आख़िरश: तो 'हममें से एक' है, आसानी से हममें शामिल हो जाएगी और समाज-सुधार के क्षेत्र में महाराष्ट्र को एक नई दिशा मिलेगी। महाराष्ट्र के सुधारवादी दायरे में 'अपनी' ब्राह्मण लड़की, जो अपनी प्रतिभा का डंका देश भर में बजवा चुकी थी, को 'वापस' पाकर ख़ुशी की लहर दौड़ गई। लेकिन रमाबाई को समझ आ गया था कि न उसके पास दु:ख मनाने का अवसर है न आराम करने की सुविधा। यह सब उसने जाना ही नहीं जैसा उसके जीवन का अब तक प्रवाह रहा। उसके दिमाग़ में लगातार यही चलता कि आत्मनिर्भर होकर, सम्मान से अपनी बेटी के साथ कैसे जीवन निर्वाह भी हो और सामाजिक कार्यों की जो प्रेरणा वह बंगाल से लाई थी, उसे आगे बढ़ाया जाए। वह ऐसे समाज में थी जो विधवाओं के लिए बेहद पिछड़ा हुआ था और यहाँ आने से पहले वह पर्याप्त आलोचनाओं और निन्दा का पात्र बन चुकी थी। उसे शुरुआत सँभलकर करनी थी।

---

* रमाबाई ने केश-मुंडन तो नहीं किया था, लेकिन बालों को छोटा कटा लिया था। वह सफ़ेद साड़ी पहना करती थी और आजीवन इसी लिबास को अपनाए रखा जबकि महाराष्ट्र में विधवाओं को मरून या भगवा कपड़ा पहनना होता था। इतना ही नहीं, रमा ने खान-पान में भी अपने शुरुआती जीवन के सीखे हुए नियमों का ही आजीवन पालन किया।

पुणे में श्री भिड़े और श्री मोदक ने रमा के लिए अभ्यंकर वाड़ा* में एक किराए के घर का इन्तज़ाम किया। यह जगह पंच हौद से बहुत नज़दीक पड़ती थी। पंच हौद, जहाँ कम्युनिटी ऑफ़ सिस्टर्स ऑफ़ सेंट मेरी द वर्जिन चर्च (CSMV) था। पुणे में रमा की सबसे नज़दीकी मित्रता हुई, अपनी ही हमनाम उन्नीस साल की रमाबाई रानाडे से। जस्टिस महादेव गोविन्द रानाडे की पत्नी। रानाडे एक पत्र 'इन्दु-प्रकाश' निकाला करते थे और महाराष्ट्र में सुधारवादियों के बीच एक बड़ा नाम थे। सामाजिक-धार्मिक सुधारकों के इस समूह में कुछ और बड़े नाम थे—आर.जी. भंडारकर, जस्टिस के.पी. तेलंग, एन. जी. चन्द्रावरकर। रमाबाई रानाडे को जैसे ही पता चला कि प्रसिद्ध पंडिता रमाबाई पुणे आई है तो वह इस समाचार की पुष्टि के लिए श्री भिड़े के पास गई।[3] उस दिन पुणे में रमाबाई रानाडे की शुरू की गई महिला सभा में पंडिताबाई ही चर्चा का विषय रही, कहाँ रुकेगी, हमसे मिलेगी या नहीं! श्री मोदक और भिड़े ने रमाबाई रानाडे से कहा—"अरे वह कोई विदेशी थोड़े है? हमारी ही अपनी एक कोंकणी महिला है। हमने ही उसे यहाँ आमंत्रित किया है। वह दुखी और उदास है। आपको उनसे मिलने और स्वागत के लिए आना चाहिए।"[4] रानाडे दम्पती ने तुरन्त रमाबाई को सहारा दिया। उन्हीं के घर पर रमाबाई का पहला वक्तव्य हुआ। रानाडे परिवार से शुरुआत करके 'प्रार्थना समाज' के सभी सदस्यों के यहाँ बारी-बारी उसका व्याख्यान होता रहा। कहानी पुराण की ही, लेकिन उसकी व्याख्या रमा की, प्रगतिशील और महिलाओं की शिक्षा से जुड़ी हुई सीख के साथ। यही काम रमा सबसे बेहतर कर सकती थी, और उसकी पुन: शुरुआत यहाँ से हुई। रमाबाई रानाडे ही नहीं, काशीबाई कानितकर और एक पारसी महिला फ्रैंकीना सोराबजी उसकी मित्र बन गई। इन व्याख्यानों के बदले जो सम्मान-राशि रमा को मिलती, वही फ़िलहाल उसकी आजीविका थी।

इससे ज़्यादा हंगामाखेज़ बात क्या होती उस वक़्त कि एक कोंकणस्थ ब्राह्मण विधवा जिसके अतीत के बारे में भी बातें उड़ती रहती हैं, वह एक कोंकणस्थ ब्राह्मण परिवार की बहू के साथ दोस्ती करे और उनके घर उसका आना-जाना, मेल-जोल हो। बेहद ख़राब बातें करने लगे थे लोग, यहाँ तक कि रमाबाई रानाडे की सास और ननद भी इस बात से क्रोधित थी। पंडिता रमाबाई की शुरू की गई क्लास में जाने की वजह से घर पर उसका किसी अन्य स्त्री को और खाने के बर्तन छूना मना हो गया, उधर पंडिता रमाबाई स्त्रियों को साथ जोड़ने में सफल हो रही थी। उसने यह युक्ति अपनाई कि सभाओं में आनेवाले हर पुरुष के लिए अपने साथ अपने परिवार की कम-से-कम एक महिला को लाना नियम बना दिया।[5] महिलाएँ पुरुषों की सभाओं, बड़े कार्यक्रमों में नहीं आया करती थीं।[6] यह प्रचलन में नहीं था। इस

* अभ्यंकर वाड़ा में आज भी रिहायशी मकान और अपार्टमेंट्स ही हैं।

तरह जो महिलाएँ रमा के सम्पर्क में आईं, उनमें से एक थी काशीबाई कानितकर, जो बाद में चलकर मराठी की पहली उपन्यासकार हुईं। 'प्रार्थना समाज' की हर रविवार महिलाओं के लिए होनेवाली इन सभाओं का ज़िक्र काशीबाई ने किया है, जिनमें ज़्यादातर समाजी पुरुषों की पत्नियाँ ही शामिल होती थीं—काशीबाई स्वयं और डॉ. सखाराम अर्जुन की बेटी रख्माबाई राउत इन दो को छोड़कर।[7] सखाराम मुम्बई के ग्रांट मेडिकल कॉलेज में बॉटनी के प्रोफ़ेसर थे और रख्माबाई पहली महिला थीं जिन्होंने अपने पति द्वारा ब्रिटिश भारतीय अदालत में बचपन में हुए विवाह की पुनर्स्थापना के केस के ख़िलाफ़ क़ानूनी लड़ाई लड़ी थी। ब्रिटिश भारत का कंसेंट का यह पहला केस था। रानाडे ने ज़नाना मिशन के तहत एक अंग्रेज़ महिला द्वारा रमाबाई रानाडे के अंग्रेज़ी शिक्षण का प्रबन्ध किया था। एक दिन बातचीत में पंडिता रमाबाई ने कहा—मैं हॉवर्ड की दूसरी किताब पढ़ रही थी। लेकिन जब से बंगाल से आई हूँ, पढ़ने का मौक़ा ही नहीं मिला। रमाबाई रानाडे ने सुझाव दिया कि वह यहीं उसके साथ पढ़ ले। रमा राज़ी हो गई। रमाबाई रानाडे लिखती है—

> पहले पंडिता रमाबाई के नाम से घर तिरस्कार से भरा हुआ था, अब तो वह ख़ुद घर में आने लगी थी। उसका हँसना, बातें करना, मुझसे प्रेम दिखाना आग में घी का काम कर रहा था।[8] दोनों सहेलियाँ मिस हरफ़ोर्ड से अंग्रेज़ी सीखने लगीं।

रमाबाई सुधारवादी, प्रगतिशील पुरुषों के दायरे में आसानी से शामिल हो गई। वह इलाक़ा जो अब तक पुरुष-प्रधान था, रमाबाई का वहाँ प्रवेश हो चुका था। 'प्रार्थना समाज' का गठन 1867 में किया था डॉक्टर आत्माराम पांडुरंग ने। इसके अलावा सुधारवादी सर्कल में डॉक्टर भंडारकर, जस्टिस तैलंग, गोपाल गणेश अगरकर और बाल गंगाधर तिलक भी थे। तिलक दो अख़बार 'केसरी' और 'महरट्टा' निकालते थे। शुरुआत में गोपाल गणेश अगरकर भी साथ थे। आगे चलकर उन्होंने 'केसरी' से ख़ुद को अलग किया और अपना अख़बार 'सुधारक' निकालने लगे। उस समय अख़बार सामाजिक-राजनीतिक सुधार के लिए एक महत्त्वपूर्ण ज़रिया थे। 'सुधारक' और 'केसरी' के साथ आगे चलकर रमाबाई का एक विचित्र रिश्ता बना।

1 जून, 1882
आर्य महिला समाज

जंगल में जन्मी और ग़ैर-पारम्परिक तरीक़े से बड़ी हुई रमाबाई बंगाल के ब्रह्म समाज और भद्र-लोक के बीच आसानी से उठने-बैठने लगी और सम्मानित हुई। महाराष्ट्र आने पर भी उसे पहला सहारा 'प्रार्थना समाज' का मिला। रमाबाई के

साथ महाराष्ट्र में सुधारवादी गतिविधियों को दूसरा ज़रूरी कोण मिला—जेंडर का। पहला था—जाति, जिसकी अकेले मशाल उठानेवाले थे ज्योतिराव फुले और उनकी जीवनसंगिनी सावित्रीबाई फुले। लेकिन पति के साथ तो ठीक था, तिलक के अनुसार कोई अकेली महिला चाहे जितनी भी पंडिता हो जाए, आनेवाले कई सालों तक वह इस काम में हस्तक्षेप नहीं कर पाएगी जो असल में पुरुषों का काम है, यानी समाज से बुराई को दूर करना।[9] स्त्री पति की छाया में रहे तो बेहतर, उससे बाहर निकलने और राजनीतिक मुद्दों पर बोलने की कोशिश न करे।[10] रमाबाई का दख़ल तिलक को नहीं सुहा रहा था, उनका अख़बार 'केसरी' यह संकेत दे रहा था। यूँ तो ज्योतिराव फुले भी उनके लिए अंग्रेज़ों के भाड़े के टट्टू ही थे,[11] लेकिन यह अब महात्मा फुले के अवसान का समय था। 1890 में उनकी और 1897 में सावित्रीमाई की मृत्यु हो गई।

एक विधवा पंडिता का अपने जीवन के निर्णयों में स्वायत्तता अपनाना जितना खलने लायक था, उससे ज़्यादा सार्वजनिक जीवन में उसका बढ़ता दख़ल चिन्ताजनक था। पुणे आने के दो महीने के भीतर रमाबाई ने महाराष्ट्र का पहला महिला संगठन बना लिया—'आर्य महिला समाज'। 'आर्य महिला समाज' की हर शनिवार की सभा का मुख्य आकर्षण होता था पंडिता रमाबाई का व्याख्यान। रमा के बोलने के कौशल के बारे में रमाबाई रानाडे लिखती है—

> उसके पास बोलने का एक दिलचस्प तरीक़ा था और उसे अपने तर्कों को जीतते हुए देखकर ख़ुशी होती थी मुझे। बोलते समय वह अद्भुत कौशल के साथ दर्शकों का ध्यान पूरी तरह अपनी ओर खींच लेती थी। यही कारण था कि पुरानी और नई विचारधारा के सभी लोग पंडिताबाई को सम्मान के साथ सुनने का आनन्द ले रहे थे और अपने घर की महिलाओं और लड़कियों को प्रत्येक सप्ताह के कार्यक्रम में भाग लेने के लिए कहते थे।[12]

रमा को पुणे में अक्सर 'पंडिताबाई' ही कहा गया। उनकी उपस्थिति बेहद सशक्त थी और वाणी में मधुरता के साथ ज्ञान और आत्मविश्वास। रमाबाई रानाडे ही नहीं, काशीबाई कानितकर भी स्वीकार करती हैं कि सार्वजनिक भाषण की हिम्मत और सीखने का मौक़ा उन्हें पंडिताबाई के साथ मिला। रमा के बोलने की तारीफ़ उनके प्रखर विरोधी तिलक की जीवनी लिखनेवाले, 'केसरी' के ही एक ट्रस्टी, सम्पादक और वकील एन.सी. केलकर ने भी ख़ूब की है—

> रमाबाई के प्रशंसक और निन्दक, दोनों वर्ग के लोग बड़ी संख्या में उसके व्याख्यान में उपस्थित रहते थे। उनकी वाक्पटुता और विद्वत्ता ने पूना

की आबादी पर वांछित प्रभाव डाला और अक्सर ऐसा होता था कि जो लोग उपहास करने के लिए आते हैं, वे प्रार्थना करते रहते हैं। वह बोलने में निर्भीक और हाज़िरजवाब थी। कोई भी उसके आमने-सामने विरोध करने या खुले तौर पर उसकी निन्दा करने की हिम्मत नहीं कर सकता था, लेकिन यह स्वीकार करना पड़ेगा कि उसके पिछले जीवन, पूना में उसकी गतिविधियाँ और भविष्य में उसकी गतिविधियों की काल्पनिक तस्वीर ने पूना समाज में संक्रामक गपशप और व्यस्तताओं का एक विपुल विषय उपलब्ध कराया।[13]

रमाबाई के अतीत की कल्पनाएँ और भविष्य में वह जो करनेवाली थी उसकी आशंकाएँ पुणे में एक अन्तहीन चर्चा का विषय हो गई थीं।

पहली नज़र के प्यार की तरह पहली नज़र की नफ़रत भी होती है

तिलक का सुधारवादी एजेंडा यह मानता था कि समाज सुधार की जगह हमें राजनीतिक सुधारों को प्राथमिकता देनी चाहिए और यह काम अपने जीवन का आदर्श प्रस्तुत करते हुए साफ़ छवि के पुरुष नेताओं को करना चाहिए। इसलिए धार्मिक और सामाजिक परम्पराओं व विश्वासों को छेड़ना उनके हिसाब से ग़लत था। ऐसा नहीं है कि तिलक को ही सब ओर से समर्थन मिल रहा था। समाज का एक रूढ़िवादी धड़ा हमेशा कीचड़ उछालता ही था। समाज सुधारवादी भी प्रगतिशीलता के ख़िलाफ़ उनके व्यवहार और सोच की आलोचना करते थे। तिलक विधवा पुनर्विवाह के ख़िलाफ़ थे, लेकिन वे पुरुषों के भी दोबारा विवाह के विरुद्ध थे। एन.सी. केलकर मज़ेदार बात लिखते हैं कि जब आपको दोनों ओर से गरियाया जा रहा हो तो समझना चाहिए कि आप एकदम ठीक हैं और सही सन्तुलन बनाकर चल रहे हैं।[14] राजनीति के 'ब्रो-कोड' में यह सब चलता है और सही-ग़लत ठहराया जा सकता है, लेकिन जेंडर के कोण से देखते ही समझ आता है वे दोनों कोण भी असल में हैं तो पितृसत्तात्मक ही, भले ही उदारवादी या रूढ़िवादी।

केलकर यह भी स्वीकार करते हैं कि शायद तिलक को रमाबाई की पहली झलक ही नहीं सुहाई थी। वह लिखते हैं कि—

> जैसे पहली नज़र का प्यार होता है, ऐसे ही पहली नज़र की नापसन्दगी भी। शायद रमाबाई को पहली बार देखते ही घृणा जैसा भाव तिलक के मन में उत्पन्न हुआ हो।[15]

ज़्यादा पढ़ी-लिखी लड़कियाँ और उनके छिछोरे व्यवहार का वे वैसे भी मज़ाक़ उड़ाया करते थे।[16] जो परम्पराओं को पैरों तले रौंदें, ऐसी स्त्रियों के लिए

उनके पास ज़रा सब्र नहीं था[17] तो काशीबाई कानितकर और आनन्दी बाई जोशी की तारीफ़ के लिए तिलक की साफ़ वजहें थीं। आनन्दी बाई जोशी की जीवनी लिखते हुए काशीबाई अपने पति रावसाहब गोविन्दराव वसुदेव कानितकर के लिए कहती हैं—अपनी चमड़ी के जूते बनाकर भी उन्हें पहना दूँ तो कम होगा और साथ ही आनन्दी बाई के लिए भी पूरा श्रेय उनके पति गोपालराव जोशी को देती हैं।[18] जबकि एक सवर्ण हिन्दू स्त्री के लिए घर की चारदीवारी में क़ैद, प्रतिबन्धित जीवन बिताने के अलावा कोई चारा नहीं था, कुछ स्त्रियों का अपनी पहचान बनाना इतनी बड़ी बात थी उनके लिए निजी रूप से वे अत्यन्त कृतज्ञ थीं। बचपन में ही बड़ी उम्र के पुरुषों से ब्याही गईं काशीबाई कानितकर, रमाबाई रानाडे, आनन्दी बाई जोशी—सभी को पढ़ने के मौक़े पतियों ने उपलब्ध कराए, परिवार की इच्छा के ख़िलाफ़। जो जीवन बर्बाद कर सकता है, वह जीवन सँवारने के मौक़े दे तो यह कृतज्ञता आ ही जाती होगी, यह समझना मुश्किल नहीं है। पर जब इतनी कृतज्ञता होगी तो पुरुषों की भाषा और विचारों का असर पड़ना भी लाज़िमी है। काशीबाई लिखती हैं—

> पुरुषों को अब इससे ज़्यादा डरने की ज़रूरत नहीं है कि शिक्षा सभी महिलाओं को नौकरी करने के लिए प्रेरित करेगी और न ही वे वास्तव में ऐसा करेंगी। इंग्लैंड में महिलाओं के लिए शिक्षा उपलब्ध है साथ में; लेकिन केवल कुछ महिलाएँ जो रोज़गार में शामिल होती हैं, बाक़ी घरेलू कर्तव्यों में लगी हुई हैं। महिलाओं की शिक्षा राष्ट्र के लिए बहुत उपयोगी होगी, हालाँकि मेरा मतलब यह नहीं है कि महिलाएँ घुड़सवारी शुरू कर देंगी और बन्दूक़ें लेकर युद्ध में जाने की तैयारी करेंगी।[19]

रमाबाई रानाडे 12 साल की थीं जब अपने पिता के मजबूर कर देने पर 35 के एम.जी. रानाडे ने उनसे शादी की। सुधारवादियों के दायरे में इसकी ख़ूब आलोचना हुई। लेकिन जिस तरह से शिक्षित करके रानाडे ने उन्हें महाराष्ट्र में एक नेतृत्व की अवस्था में आने के अवसर दिए, वह क़ाबिले तारीफ़ था। यह जोड़ा एक सफल और ख़ुश जोड़ा था। रमाबाई के घर आने को लेकर परिवार के तमाम हल्ले का उन्होंने सामना किया। काशीबाई और रमाबाई रानाडे, दोनों पंडिता रमाबाई से बहुत प्रभावित थीं और रमाबाई की मित्र हो गई थीं। यह मित्रता एक-दूसरे से सीखकर आगे बढ़ने की प्रेरणा थी, समाज की स्त्रियों के लिए कुछ कर गुज़रने की इच्छा का सूत्रपात थी।

अनन्त शास्त्री जब लक्ष्मीबाई को पढ़ाने की कोशिश करते थे तब भी पहला विरोध घर से उठा था। यह लगभग हर प्रगतिशील पुरुष के घर की कहानी थी। काशीबाई कानितकर की सास भले ही एक शास्त्री की बेटी थी, लेकिन पढ़ना-लिखना तो दूर, स्पष्ट उच्चारण करना तक मानो गुनाह था। काशीबाई लिखती है कि मुम्बई को

वह 'मुमाई' कहती थीं। वह अजीब हालात के बीच फँस गई थी। पढ़ने पर घर के लोग डाँटते थे और न पढ़ने पर राव साहब।[20] अंग्रेज़ी शिक्षा प्राप्त करनेवाले पुरुष चाहते थे कि उनकी पत्नियाँ भी अंग्रेज़ी बोलना-पढ़ना सीखें और दूसरी तरफ़ समाज को यह तक मंज़ूर नहीं था कि औरतें शुद्ध मराठी भी बोलें। घर की नाराज़ स्त्रियाँ बोलचाल बन्द कर देती थीं। ऐसे माहौल में पंडिता रमाबाई स्त्री-शिक्षा के लिए मानो नई उम्मीद बनकर पुणे में आई थीं। आर्य महिला समाज बनने के साथ पंडिताबाई के लक्ष्य और स्त्री-शिक्षा व उन्नति के लिए प्रतिबद्धता स्पष्ट हो गई थी। बंगाल में भी द्वारकानाथ गांगुली ने इस समिति की शाखाएँ खोलने के लिए एक अपील प्रकाशित करवाई, जिसमें रमाबाई के जीवन की एक रूप-रेखा बताते हुए कहा कि—स्त्रियों के उद्धार के लिए प्रतिबद्ध ऐसी महिला को और इस समिति की अन्य शाखाएँ खोलने में देश के जाग्रत पुरुषों का समर्थन मिलेगा और वे अपनी महिला रिश्तेदारों को भी इसमें आगे लेकर आएँगे, ऐसी उम्मीद है।[21] 'आर्य महिला समाज' के उद्देश्य स्पष्ट थे—अतीत से चली आ रही बाल-विवाह की प्रथा का विरोध और अज्ञानता के प्रति स्त्री समाज को सजग करना। धर्म और नैतिकता के नाम पर दयनीय स्थिति में पहुँचा दी गई स्त्री-जाति का उत्थान। 'प्रार्थना समाज' के मुखपत्र 'सुबोध पत्रिका' (4 जून, 1882) में 'आर्य महिला समाज' की सभा में दिए गए रमाबाई के भाषण का एक हिस्सा दर्ज किया गया—

> पुरुष हमें ग़ुलामों के रूप में देखते हैं, हम इस स्थिति से ख़ुद को बचाने के लिए हर सम्भव प्रयास करते हैं। कुछ लोग कहेंगे, यह तो पुरुषों के ख़िलाफ़ विद्रोह है, यह पाप है। असल में पुरुषों के बुरे कामों को प्रतिरोध किए बिना बख़्श देना और उनका ख़ुद पर कोई असर न पड़ने देना पाप है।[22]

भले ही रमा अभी अंग्रेज़ी पढ़ना-बोलना ठीक से नहीं जानती थी, लेकिन यह भाषा का नहीं हिम्मत का मामला था। ये विचार अभी धीरे-धीरे और रैडिकल होनेवाले थे। उसने वह बोलना शुरू कर दिया था जो कोई ब्राह्मणवादी पितृसत्तात्मक सुन नहीं सकता था।

30 जून, 1882
स्त्री धर्म नीति

स्त्री-प्रबोधन के जो भाषण अब तक रमाबाई देती रही थी, उन्हीं का जैसे समाहार था उसकी पहली किताब 'स्त्री धर्म नीति' में। 'स्त्री धर्म नीति' की दो आवृत्तियाँ छपीं। पहली पर 30 जून, 1882 की तारीख़ है और दूसरी शायद उसके छह महीने

बाद प्रकाशित हुई जिसकी एक साथ 500 प्रतियाँ डायरेक्टरेट ऑफ़ एजुकेशन ने दादोबा आत्माराम पांडुरंग तर्खादार की संस्तुति पर ख़रीद लीं। इसकी क़ीमत थी 1 रुपया।[23] यह किताब रमा ने अपने पति बिपिन बिहारी मेधावी की स्मृति में, अपने देश की स्त्रियों को प्रेमपूर्वक समर्पित की।[24] रमा भूमिका में लिखती है कि क्योंकि सभी शास्त्र, धर्म, नीति और दर्शन के ग्रंथ एक मुश्किल भाषा संस्कृत में लिखे गए हैं तो सामान्य, अशिक्षित महिलाओं के लिए उनमें दिए ज्ञान को हासिल करना असम्भव-सा है। इसलिए अपनी सीमित समझ और याददाश्त पर निर्भर करते हुए वह यह लघु पुस्तिका लिख रही है जिसमें कई ग़लतियाँ हो सकती हैं क्योंकि एक तो उसकी मनोदशा अभी ऐसी है और दूसरा, मराठी भाषा में वह पहली बार लिख रही है। समझदार लोग बहुत ज़्यादा आलोचनात्मक नहीं होंगे और जो त्रुटियाँ बताएँगे, उन्हें आगे इस तरह की किताब लिखते हुए उन्हें ध्यान रखा जा सके।[25] यह हुआ भी। अगले संस्करण में, अख़बार में छपी समीक्षाओं के आधार पर रमाबाई ने बहुत कुछ बदला, वाक्य संरचनाएँ, अपरिचित शब्द, कहा गया था कि संस्कृत की अधिकता है।[26]

इस किताब में रमाबाई जिस नई स्त्री का आह्वान करती है, वह वही स्त्री है जिसकी छवि निर्मित करने में सभी समाज सुधारक उस समय जुटे हुए थे। एक शिक्षित और अपने अस्तित्व के प्रति चेतस स्त्री, जो काहिल नहीं, मेहनती है अपनी और अपने परिवार की उन्नति के विषय में। एक बेहतर माँ और एक कुशल गृहिणी है। एक ओर यह मंतव्य यह है कि आलसी और काहिल हुए बिना महिलाओं को अपनी शिक्षा की ओर ध्यान देना चाहिए, लेकिन दुःखद यह है कि वह और कोई अक्षर नहीं पढ़ पाती सिवाय उन अक्षरों के, जो जन्म के छठे दिन विधाता ने उसके माथे पर लिख दिए हैं। सिर्फ़ खाना बनाने, सफ़ाई करने के लिए ज़िन्दग़ी नहीं दी ईश्वर ने। असली ख़ुशी खाने-पीने में नहीं है, असली ख़ुशी है—आज़ादी। वह महाराष्ट्र की स्त्रियों को बहनों के सम्बोधन से बार-बार याद दिलाती हैं कि देश की तरक़्क़ी इसलिए भी नहीं हो पाती कि हम औरतें अपने हिस्से के कर्तव्य नहीं निभातीं। हमें विदेशियों से सामान ख़रीदना पड़ता है। यह निर्भरता तभी ख़त्म होगी जब उद्यमी बनेंगे। भारतवर्ष की सन्त महिलाओं को याद करो, युद्ध क्षेत्र में जानेवाली वीरांगनाओं को याद करो। उठो, बहनो, जागो! धर्म, अन्धविश्वास और अकर्मण्यता को त्यागो, चरित्रवान बनो। असली धर्म क्या है—बहादुरी, क्षमा, मानसिक नियंत्रण, चोरी से बचना। यही असली धर्म दुनिया को बचाने की ताक़त रखता है। हिन्दू, मुस्लिम, ईसाइयत सिद्धान्त हैं, धर्म नहीं।

स्त्रियों का काम है सन्तान को लाड़-प्यार से बिगाड़े बिना अच्छा इनसान बनाना, शिक्षित करना, साफ़-सफ़ाई का महत्त्व समझाना, उन्हें मारना नहीं चाहिए, यह कहते हुए वह अच्छी पत्नी के दायित्व समझाती है तो दूसरी तरफ़ लिखती

हैं कि आदमी को ताक़त इसलिए नहीं दी ईश्वर ने कि औरत को दबाए, इसलिए दी कि औरत को ख़ुश रखे, प्यार करे।[27] स्त्रियाँ मर्दों की चापलूसी न करें, योग्य बनें ताकि पुरुषों का हाथ बँटा सकें और बदले में बचा हुआ समय पुरुष देश की तरक़्क़ी में लगा सकें।[28] इस किताब में वह तीन महत्त्वपूर्ण बातें कहती है—पढ़ने की उम्र में लड़कियों की शादी नहीं होनी चाहिए, उनकी उम्र विवाह के समय कम-से-कम बीस साल हो।[29] विवाह पूरी उम्र का मामला है, इसलिए दोनों को ठीक से जाँच-पड़ताल करने का हक़ है। शिक्षित न हों तो जीवनसाथी का चयन भी ठीक से नहीं कर सकते[30] यानी विवाह में प्रेम और चुनाव महत्त्वपूर्ण है। स्त्रियाँ सब पढ़ें—व्याकरण, इतिहास, सभी धर्मशास्त्र, भौतिकी और भूगोल, नीतिशास्त्र और अर्थशास्त्र और थोड़ा अंकगणित।[31]

इस किताब का कथ्य एक मिला-जुला कथ्य है, थोड़ा आगे बढ़ा हुआ और थोड़ा पुरातन। लगभग वैसा ही जैसा सुधारवादी पुरुषों के यहाँ भी था।

5 सितम्बर, 1882
टाउन हॉल, पुणे, हंटर कमीशन

भारत में शिक्षा सुधारों पर केन्द्रित हंटर कमीशन आया। डब्ल्यू.डब्ल्यू हंटर तक रमाबाई की ख्याति तभी पहुँच चुकी थी, जब वह बंगाल में थीं। टाउन हॉल में रमाबाई की 'आर्य महिला समिति' ने कमीशन का स्वागत किया। अधिकांश किताबों में इस जगह को टाउन हॉल लिखा गया है, लेकिन रमाबाई रानाडे की आत्मकथा में इस सभा का स्थल हीरा बाग़ बताया गया है। असल में हीरा बाग़ का भी अपना इतिहास है। हीरा बाग़, सरस बाग़, पार्वती झील जैसी कई जगहें बनवाकर पेशवा नानासाहेब ने पुणे का लैंडस्केप बदलने की कोशिश की।[32] हीरा बाग़ में एक बँगला था और बाहर बड़ा बाग़ था जिसमें एक फव्वारा था, जिसका पानी पार्वती झील से ही आता था। यह जगह शाही आयोजनों, विवाहों के लिए इस्तेमाल होती थी। अंग्रेज़ अफ़सरों के आने पर उनका स्वागत यहाँ होता था। 1818 में पुणे के अंग्रेज़ों के हाथ आने पर इसका स्वरूप वैसा नहीं रहा। फिर किसी पारसी ने इस पर क़ब्ज़ा किया। कई हाथों से होता हुआ हीरा बाग़ अन्ततः राजाराम भाउ म्हस्के ने ख़रीदा और 1877 में इसे रानाडे जैसे समाज सुधारकों के साथ मिलकर 'हीरा बाग़ टाउन हॉल कमिटी' के नाम से स्थापित किया गया। उन्होंने इसे एक सार्वजनिक मंच की तरह विकसित किया जहाँ हॉल में वाद-विवाद, भाषण, गोष्ठियाँ होती थीं और बाग़ का इस्तेमाल खेल के मैदान की तरह होता था।[33] हीरा बाग़ पुणे के बुद्धिजीवियों का सभा-स्थल बन गया। 1892 में स्वामी विवेकानन्द ने भी यहीं सभा को सम्बोधित किया था।

इसी हीरा बाग़ टाउन में उच्च जाति की 300 महिलाओं की ओर से रमाबाई ने मराठी में एक सम्बोधन दिया। इस पर 50 महिलाओं के हस्ताक्षर थे। इसका अनुवाद अंग्रेज़ी में गोपाल हरि देशमुख ने किया था। सितम्बर अन्त में कमीशन के समक्ष रमाबाई की गवाही को हंटर ने बहुत सराहा और ख़ुद उसका अनुवाद करवाया। कमीशन की ओर से रमाबाई से तीन सवाल पूछे गए थे, जिनके जवाब उन्होंने दिए थे[34]—

1. भारत में शिक्षा के विषय पर राय बनाने के क्या आपको अवसर मिले हैं और आपको ये अनुभव किस प्रान्त में प्राप्त हुए हैं?
   रमाबाई : मैं एक ऐसे व्यक्ति की सन्तान हूँ जिसने स्त्री-शिक्षा का समर्थक होने के कारण बहुत कुछ झेला और व्यापक विरोध के बीच भी उन्होंने इस विषय पर चर्चा की और अपने विचारों का अनुगमन किया। इसलिए यह मेरा दायित्व है कि मैं जीवनपर्यन्त इस उद्देश्य की रक्षा करूँ और इस देश में स्त्रियों के उत्थान की वकालत करूँ।
2. लड़कियों के लिए शिक्षक उपलब्ध कराने का बेहतर तरीक़ा क्या हो सकता है?
   रमाबाई : अपने अब तक के अनुभव के आधार पर मैं यह मानती हूँ कि जो भी स्त्रियाँ दूसरों की शिक्षक बनना चाहती हैं, उन्हें इसके लिए विशिष्ट प्रशिक्षण दिया जाना चाहिए। अपनी मातृभाषा के समुचित ज्ञान के अलावा उन्हें अंग्रेज़ी का भी ज्ञान होना चाहिए। जो महिलाएँ शिक्षण प्रशिक्षण पाना चाहें, भले ही वे विवाहित हों, अविवाहित या विधवा वे अपने आचरण और नैतिक मूल्यों में श्रेष्ठ हों, सम्मानित परिवार से हों। उनके लिए समुचित छात्रवृत्तियाँ हों। लड़कियों की शिक्षिकाओं की तनख़्वाहें लड़कों के शिक्षकों से अधिक हों ताकि वे श्रेष्ठ चरित्र और स्तर को बनाए रख सकें। छात्राओं को कॉलेज परिसर में ही रहना चाहिए ताकि उनके आचरण और आदतें सुधारी जा सकें, एक विशाल भवन होना चाहिए जहाँ शिक्षकों और छात्राओं के लिए सभी सुविधाएँ और व्यवस्था हो। किसी स्थानीय श्रेष्ठ महिला को इसका कार्यभार सौंपना चाहिए। सिर्फ़ पढ़ाना ही काफ़ी नहीं होता, छात्रों के आचरण और नैतिक मूल्यों की शिक्षा पर भी ध्यान देना चाहिए।
3. अभी तक जिस तरह शिक्षा व्यवस्था चल रही है, उसमें आपको मुख्य दोष क्या दिखाई देता है और उसे दूर करने के लिए आप क्या निदान सुझाएँगी?
   रमाबाई : लड़कियों के स्कूल में महिला निरीक्षक होनी चाहिए जिनकी उम्र तीस या उससे अधिक हो, सुशिक्षित और अति उत्कृष्ट वर्ग से हों,

भले भारतीय हों या यूरोपियन। पुरुष निरीक्षक निम्नलिखित कारणों से इसके लिए ठीक नहीं माने जा सकते—

1. इस देश की महिलाएँ बेहद संकोची हैं। अगर एक पुरुष निरीक्षक लड़कियों के स्कूल में जाएगा तो सभी लड़कियाँ उलझन में पड़ जाएँगी और उनकी बोलती बन्द हो जाएगी। ऐसी हालत देखकर पुरुष निरीक्षक स्कूल की और अध्यापकों की ख़राब रिपोर्ट बनाएगा। बहुत सम्भव है, सरकार ऐसे स्कूल के लिए एक पुरुष शिक्षक की ही नियुक्ति करेगी और स्त्री शिक्षक का लाभ उस स्कूल को नहीं मिल पाएगा। क्योंकि लड़कियों का शिक्षण लड़कों से भिन्न होगा, इसलिए सही यही है कि वह स्त्री शिक्षकों के हाथों में हो।
2. दूसरी वजह यह कि सौ में से निन्यानबे मामलों में इस देश का शिक्षित पुरुष स्त्री-शिक्षा और उनकी स्थितियों को सुधारने के ख़िलाफ़ हैं। ऐसे में अगर उन्हें छोटी-सी भी ग़लती दिख जाती है तो वे राई का पहाड़ बना देते हैं और उस महिला के चरित्र पर कीचड़ उछालते हैं। ऐसे में कोई ग़रीब महिला, जिसमें बहुत हिम्मत नहीं है, जो बहुत सजग नहीं है, वह टूट जाती है। ऐसा माना जाता है कि पुरुष सत्ता के क़रीब रहने के लिए अधिक योग्य हैं और औरतें चारदीवारी में रहने के लिए। लेकिन सरकार की नज़र में स्त्री-पुरुष दोनों एक होने चाहिए, जैसे अभिभावकों की नज़र में उनकी सन्तान—दोनों के साथ न्यायपूर्ण व्यवहार होना चाहिए। यह प्रमाणित है कि इस देश की जनसंख्या का आधा हिस्सा, महिलाएँ, बाक़ी आधे हिस्से यानी पुरुषों द्वारा प्रताड़ित हैं। इस गड़बड़ी को रोकना अच्छे प्रशासन के लिए ज़रूरी है।
3. मैं एक और सुझाव देना चाहूँगी महिला डॉक्टरों के सन्दर्भ में। देश में अच्छे डॉक्टर तो हैं, लेकिन कोई महिला इस पेशे में नहीं है। इस देश की औरतें बाक़ी दुनिया की औरतों के मुक़ाबले अधिक संकोची हैं, ज़्यादातर औरतें मर जाना चाहेंगी बजाय इसके कि एक पुरुष से उन्हें बात करनी पड़े। इसलिए हज़ारों-लाखों औरतों की अकाल मृत्यु की वजह महिला डॉक्टरों की कमी है। मैं हमारी सरकार से आग्रह करती हूँ कि वह महिलाओं को मेडिसिन पढ़ने की व्यवस्था करे और जन साधारण की जान की रक्षा करे। भारत में स्त्री-शिक्षा की सबसे बड़ी कमी महिला डॉक्टरों का अभाव है।

इस सभा में रमाबाई रानाडे को भी बोलना था और फ्रैंकीना सोराबजी को भी। पुणे के हीरा बाग़ में पहले भी महिलाओं और पुरुषों की सभा हुई थी, जिसमें लड़कियों की ज़रूरत हाईस्कूल की शिक्षा पर बात के लिए सर जेम्स फ़र्ग्युसन से अनुरोध किया गया था।[35] रमाबाई रानाडे को यहाँ भी बोलने का अवसर दिया गया था। काफ़ी घबराहट के बाद वह अपना तैयार भाषण बोल पाई। रमाबाई रानाडे लिखती है, हीरा बाग़ में हुई थी सभा "जिसमें मुझे और रमाबाई को बोलने के लिए चुना गया था। पंडिता रमाबाई को सभाओं को सम्बोधित करने का बहुत अनुभव था। उसने अपना हिस्सा अच्छे-से बोला, लेकिन मैं संशय में थी; कोई दस, बारह वाक्य बोलने के बाद मैंने एकदम से अपना भाषण समाप्त कर दिया।"[36] स्त्री-शिक्षा पर लगातार बोलते हुए और बंगाल के समाज में रहते हुए रमा ने बहुत-सी चीज़ों को क़रीब से देखा था। पुणे लौटकर उसने भरसक अपने विचारों में सन्तुलन बनाने की कोशिश की थी, लेकिन कमीशन के इन सवालों के जवाब देते हुए रमा के विचार स्पष्टता से, प्रखरता से सामने आ गए। इस सभा में कमीशन को सौंपे गए पत्र से ही रानी विक्टोरिया को पहली बार भारत में महिला डॉक्टरों की ज़रूरत का एहसास हुआ।[37] फलस्वरूप, डचेस डफ़रिन जब 1885 में भारत आईं तो महिला डॉक्टरों की भारत में सप्लाई और शिक्षा के लिए एक डफ़रिन फ़ंड की स्थापना की।

रमाबाई का आर्य महिला समाज धीरे-धीरे बढ़ रहा था। अहमदनगर (7 अक्टूबर), सोलापुर (5 नवम्बर), मुम्बई (30 नवम्बर), ठाणे (3 दिसम्बर) कई जगह रमा स्वयं गई और 'आर्य महिला समाज' की शाखाएँ शुरू कीं।[38] लेकिन 'आर्य महिला समाज' एक सफल उद्यम होता अगर पुरुषों का इसे पूर्ण सहयोग मिलता। मीरा कोसाम्बी लिखती हैं कि ऐसे में यह पश्चिमी भारत में 'फ़र्स्ट वेब फ़ेमिनिज़्म' की शुरुआत होती।[39] लेकिन यह अपने तरह से स्त्रीवाद की पहली लहर तो थी ही। बहुत सफल न हुई हो, लेकिन शताब्दी के अन्तिम दो दशकों में ऐसी कई महिलाएँ थीं लोकवृत्त में जो अपने बूते आगे बढ़ रही थीं और पितृसत्ता को चुनौती दे रही थीं। इतिहास में उन्हें नायिकाओं की तरह कभी नहीं देखा गया।

सन्दर्भ

1. इसका नाम मिलता है बाँके बिहारी शर्मा, देखें, पृ. 20, पंडिता रमाबाई : लाइफ़ ऐंड लैंडमार्क राइटिंग्स, मीरा कोसाम्बी, रूटलेज़, 2016
2. देखें, पृ. 75, हिमसेल्फ़, द ऑटोबायोग्राफ़ी ऑफ़ अ हिन्दू लेडी, मराठी से अनुवाद और रूपान्तरण—कैथरीन वैन अकिन गेट्स, लॉन्गमैंस ग्रीन ऐंड कम्पनी, न्यूयॉर्क, 1938
3. देखें, पृ. 75, हिमसेल्फ़ द ऑटोबायोग्राफ़ी ऑफ़ अ हिन्दू लेडी, मराठी से अनुवाद और

रूपान्तरण—कैथरीन वैन अकिन गेट्स, लॉन्गमैंस ग्रीन ऐंड कम्पनी, न्यूयॉर्क, 1938

वैसे, अपनी मराठी आत्मकथा में रमाबाई रानाडे ने लिखा है कि 1881 में पूना तबादले से पहले तीन महीने जब वे बम्बई में थे, वहीं उनकी मुलाक़ात और दोस्ती पंडिता रमाबाई से हुई थी जब वह वहाँ एक महिलाओं का स्टडी सर्कल चलाती थी। हर शनिवार इसकी बैठक हुआ करती जिसमें र. रानाडे जाती थीं। पंडिता के आने की ख़बर से इसलिए वह प्रफुल्लित हुई (देखें, पृ. 67, हिमसेल्फ़), लेकिन 1882 से पहले बम्बई आने का रमाबाई का कोई विवरण किसी और स्रोत से नहीं मिलता सिवाय इसके कि पंडिता रमाबाई की मराठी जीवनी के लेखक देवदत्त नारायण तिलक ने लिखा है कि महाराष्ट्र आने पर पहले रमाबाई मुम्बई गई, लेकिन तुरन्त ही वहाँ से पुणे आ गई (देखें, पृ. 91, महाराष्ट्राची तेजस्विनी पंडिता रमाबाई, देवदत्त नारयण तिलक), लेकिन रमाबाई रानाडे का संकेत किया हुआ समय और यह समय मेल नहीं खाता।

4. देखें, पृ. 75, हिमसेल्फ़, द ऑटोबायोग्राफ़ी ऑफ़ अ हिन्दू लेडी, मराठी से अनुवाद और रूपान्तरण—कैथरीन वैन अकिन गेट्स, लॉन्गमैंस ग्रीन ऐंड कम्पनी, न्यूयॉर्क, 1938
5. देखें, पृ. 28, पंडिता रमाबाई : लाइफ़ ऐंड लैंडमार्क राइटिंग्स, मीरा कोसाम्बी, रूटलेज़, 2016
6. '1877-78 में महिलाएँ पुरुषों के कार्यक्रमों में नहीं जाया करती थीं'—काशीबाई कानितकर अपने निबन्ध 'मेरी शिक्षा' में देखें, पृ. 53, फ़ेमिनिस्ट विज़न ऑर ट्रीज़न अगेंस्ट मेन, काशीबाई कानितकर, अनुवाद और भूमिका—मीरा कोसाम्बी, पर्मानेंट ब्लैक, 2008
7. देखें, पृ. 54, फ़ेमिनिस्ट विज़न ऑर ट्रीज़न अगेंस्ट मेन, काशीबाई कानितकर, अनुवाद और भूमिका—मीरा कोसाम्बी, परमानेंट ब्लैक, 2008
8. देखें, पृ. 77, हिमसेल्फ़, द ऑटोबायोग्राफ़ी ऑफ़ अ हिन्दू लेडी, मराठी से अनुवाद और रूपान्तरण—कैथरीन वैन अकिन गेट्स, लॉन्गमैंस ग्रीन ऐंड कम्पनी, न्यूयॉर्क, 1938
9. देखें, पृ. 7, 26 नवम्बर, 1889 के 'केसरी' से उद्धृत, फ़ेमिनिस्ट विज़न ऑर ट्रीज़न अगेंस्ट मेन, काशीबाई कानितकर, अनुवाद और भूमिका—मीरा कोसाम्बी, परमानेंट ब्लैक, 2008 मीरा कोसाम्बी की ही एक अन्य किताब में यही उद्धरण 8 अगस्त, 1882 के केसरी से उद्धृत बताया गया है।—देखें, पृ. 29, पंडिता रमाबाई, लाइफ़ ऐंड लैंडमार्क राइटिंग्स, मीरा कोसाम्बी, रूटलेज़, 2016
10. देखें, पृ. 8, फ़ेमिनिस्ट विज़न ऑर ट्रीज़न अगेंस्ट मेन, काशीबाई कानितकर, अनुवाद और भूमिका—मीरा कोसाम्बी, परमानेंट ब्लैक, 2008
11. देखें, पृ. 149, गोपाल गणेश अगरकर, अरविन्द गनाचारी, पॉपुलर प्रकाशन, मुम्बई, 2005
12. देखें, पृ. 77-78, हिमसेल्फ़, द ऑटोबायोग्राफ़ी ऑफ़ अ हिन्दू लेडी, मराठी से अनुवाद और रूपान्तरण—कैथरीन वैन अकिन गेट्स, लॉन्गमैंस ग्रीन ऐंड कम्पनी, न्यूयॉर्क, 1938
13. देखें पृ. 217, लाइफ़ ऐंड टाइम्स ऑफ़ लोकमान्य तिलक, एन.सी. केलकर, अनु. डी.वी. दिवेकर, एस. गनेशन पब्लिशर, मद्रास, 1928
14. देखें, पृ. 204, वही

15. देखें, पृ. 223, वही
16. देखें, पृ. 206 वही
17. देखें, पृ. 223, लाइफ ऐंड टाइम्स ऑफ़ लोकमान्य तिलक, एन.सी. केलकर, अनु. डी.वी. दिवेकर, एस. गनेशन पब्लिशर, मद्रास, 1928
18. देखें, पृ. 61, फ़ेमिनिस्ट विज़न ऑर ट्रीज़न अगेंस्ट मेन, काशीबाई कानितकर, अनुवाद और भूमिका—मीरा कोसाम्बी, परमानेंट ब्लैक, 2008
19. देखें, पृ. 65, फ़ेमिनिस्ट विज़न ऑर ट्रीज़न अगेंस्ट मेन, काशीबाई कानितकर, अनुवाद और भूमिका—मीरा कोसाम्बी, परमानेंट ब्लैक, 2008
20. देखें, पृ. 53, फ़ेमिनिस्ट विज़न ऑर ट्रीज़न अगेंस्ट मेन, काशीबाई कानितकर, अनुवाद और भूमिका—मीरा कोसाम्बी, पर्मानेंट ब्लैक, 2008
21. देखें, पृ. 93-94, पंडिता रमाबाई सरस्वती : हर लाइफ़ ऐंड वर्क, पद्मिनी सेनगुप्ता, एशिया पब्लिशिंग हाउस, बम्बई, 1970
22. देखें, पृ. 55, बिल्डर्स ऑफ़ मॉडर्न इंडिया, पंडिता रमाबाई, निकल मैकेनिकल, दूसरा संस्करण, एसोसिएशन प्रेस (वाय.एम.सी.ए.) कलकत्ता, 1930
23. देखें, पृ. 482, महाराष्ट्राची तेजस्विनी, देवदत्त नारायण तिलक, व्हाइट लाइट पब्लिकेशन, पुणे, 1960
24. This small book, written by the grieving widow of Babu Bipin Behari, M.A., B.L., in memory of her very dear husband, is dedicated to her countrywomen with love. देखें, पृ. 38, पंडिता रमाबाई : लाइफ़ ऐंड लैंडमार्क राइटिंग्स, मीरा कोसाम्बी, रूटलेज़, 2016
25. वही
26. वही
27. देखें, पृ. 59, वही
28. देखें, पृ. 43, वही
29. देखें, पृ. 55-56, पंडिता रमाबाई : लाइफ़ ऐंड लैंडमार्क राइटिंग्स, मीरा कोसाम्बी, रूटलेज़, 2016
30. देखें, पृ. 55-56, पंडिता रमाबाई : लाइफ़ ऐंड लैंडमार्क राइटिंग्स, मीरा कोसाम्बी, रूटलेज़, 2016
31. देखें, पृ. 49, पंडिता रमाबाई : लाइफ़ ऐंड लैंडमार्क राइटिंग्स, मीरा कोसाम्बी, रूटलेज़, 2016
32. देखें, https://timesofindia.indiatimes.com/city/pune/of-leisure-and-history/articleshow/5125267.cms
33. देखें, https://www.hindustantimes.com/cities/pune-news/sutradharas-tales-sarasbaug-and-hirabaug-remind-us-of-visages-of-18th-century-pune-101635332137699.html

34. पंडिता रमाबाई की किताब 'हिन्दू स्त्री का जीवन' की भूमिका से जिसे पेंसिल्वेनिया में महिला मेडिकल कॉलेज की डीन रैचेल बॉड्ले ने लिखा था। देखें, पृ. xvi-xvii, द हाई कास्ट हिन्दू वुमन, पंडिता रमाबाई सरस्वती, फ़िलाडेल्फ़िया, 1888
35. देखें, पृ. 81, हिमसेल्फ़, द ऑटोबायोग्राफ़ी ऑफ़ अ हिन्दू लेडी, मराठी से अनुवाद और रूपान्तरण—कैथरीन वैन अकिन गेट्स, लॉन्गमैंस ग्रीन ऐंड कम्पनी, न्यूयॉर्क, 1938
36. देखें, पृ. 116, हिमसेल्फ़, द ऑटोबायोग्राफ़ी ऑफ़ अ हिन्दू लेडी, मराठी से अनुवाद और रूपान्तरण—कैथरीन वैन अकिन गेट्स, लॉन्गमैंस ग्रीन ऐंड कम्पनी, न्यूयॉर्क, 1938
37. देखें, पृ. 98, पंडिता रमाबाई सरस्वती : हर लाइफ़ ऐंड वर्क, पद्मिनी सेनगुप्ता, एशिया पब्लिशिंग हाउस, बम्बई
38. देखें, पृ. 102, महाराष्ट्राची तेजस्विनी, देवदत्त नारायण तिलक, व्हाइट लाइट पब्लिकेशन, पुणे, 1960
39. देखें, पृ. 29, पंडिता रमाबाई : लाइफ़ ऐंड लैंडमार्क राइटिंग्स, मीरा कोसाम्बी, रूटलेज़, 2016

7

इंग्लैंड की तैयारी

रमाबाई, अभ्यंकरवाड़ा के अपने घर में किताबों के साथ बैठी थी कि दरवाज़े के बाहर किसी के खाँसने की आवाज़ सुनाई दी। शायद कोई अन्दर आना चाहता था। बैठे-बैठे ही रमा ने कहा—"भीतर आ जाओ!" साड़ी में लिपटी हुई एक छोटी-सी डरी-सहमी आकृति प्रविष्ट हुई। यह बारह साल की ठकुबाई थी। मुंडित केश, गहरा रंग, और उदास चेहरा। रमा का स्नेह पाकर उसने अपनी कहानी सुनाना शुरू किया। जब वह सिर्फ़ पाँच साल की थी, उसकी शादी एक छोटे लड़के से कर दी गई थी जो शादी के बाद मर गया और सारा इल्ज़ाम बेकुसूर ठकुबाई पर आ गया। कहा गया कि वह एक राक्षसी है जो पति को खा गई। पति का मर जाना लड़की के पापों का ही फल माना जाता था, जिसकी सज़ा उसे उम्र भर भुगतनी पड़ती थी। ससुराल में सबके दुर्व्यवहार से त्रस्त वह बच्ची रमाबाई के पास आसरा चाहती थी। जिस दिन ठकुबाई रमाबाई के पास पहुँची थी, वह बेहद ख़राब दिन था उसके लिए, गली-मोहल्ले के बुरे लड़कों ने उसका पीछा किया था और उस पर कीचड़ फेंका था।[1] रमाबाई ने उसे अपने पास रख लिया। सुबह-शाम उसका चेहरा रमाबाई के भीतर एक बेचैनी पैदा करता रहा होगा कि ऐसा क्या किया जाए जो भारतीय स्त्री को इस दयनीय दशा से मुक्ति दिला सके। ठकुबाई जैसी न जाने कितनी लड़कियाँ उसके मन में लगातार यह निश्चय मज़बूत कर रही थीं कि हिन्दू कुलीन विधवाओं के लिए कुछ करना चाहिए जिनका जीवन धर्म और परम्पराओं के नाम पर नारकीय बना दिया गया है। बहुत छटपटाहट के बाद भी रमाबाई को कोई आगे की राह नज़र नहीं आ रही थी। वह चाहती थी कि कुछ धन इकट्ठा हो जाए तो ऐसी एक संस्था वह खोल सकेगी, जिसका सुझाव उसने 'हंटर कमीशन' के सामने दिया था, लेकिन अपने व्याख्यानों से फ़िलहाल जो वह कमा रही थी वह अब तीन सदस्यों का जीवन चलाने में ही खप जाता था। कोई योजना क्या ही शुरू होती?

सरकारी कन्या प्रशिक्षण विद्यालय* की प्रिंसिपल मिस हर्फ़ोर्ड जिनसे रमाबाई रानाडे अंग्रेज़ी सीखती थीं, अब पंडिता रमाबाई को भी अंग्रेज़ी सिखाती थीं। रमा के इच्छा जताने के बाद वह उसे बाइबिल भी मराठी में समझाने लगीं। मिस हर्फ़ोर्ड के ज़रिये ही रमाबाई की मुलाक़ात हुई कम्युनिटी ऑफ़ सिस्टर्स ऑफ़ सेंट मेरी द वर्जिन (CSMV) की मिशनरी सिस्टर्स से और पंच हौद मिशन से। इस तरह रमा का पूना मिशन से सम्बन्ध शुरू हुआ और सेंट मेरीज़ की कई सिस्टर्स के साथ रमा की जान-पहचान और मित्रता हो गई। यहीं सिस्टर जेरल्डीन ने रमा को पहली बार देखा था।[2] कौन नहीं जानता था उन दिनों रमा को, कि वह पुणे में व्याख्यान देती है, हीरा बाग़ में बड़ी-बड़ी सभाएँ सम्बोधित करती है! रमा की 'गुड ओल्ड आजीबाई' यानी सिस्टर जेरल्डीन को तब युवती रमा बेहद ऊर्जावान, लेकिन अनुशासित लगी थी, जो किसी भी नए विचार के साथ बह जाती है।[3] मिशन हाउस[4] में रमा अक्सर आया-जाया करती थी। ईसाई मिशनरी सिस्टर्स के अलावा एक और ईसाई महिला थी जो रमा की अच्छी मित्र बन गई थीं फ्रैंकीना सोराबजी। फ्रैंकीना हिन्दू से ईसाई हुई थीं और एक ईसाई जोड़े ने उन्हें गोद लेकर पाला था। बाद में उन्होंने पारसी से ईसाई बने सोराबजी खरदेसजी से विवाह किया। फ्रैंकीना ने पुणे में विक्टोरिया हाईस्कूल फ़ॉर गर्ल्स की स्थापना की थी। उनकी बेटियाँ भी उसी स्कूल से पढ़ीं, जिनमें एक थी कॉर्नेलिया सोराबजी, भारत की पहली महिला वकील। रमाबाई अक्सर फ्रैंकीना से मिलने जाया करती थी। उनसे महिलाओं के लिए कुछ करने की अपनी इच्छा और बेचैनी तो साझा करती ही थी, उनके काम को देखकर प्रेरित भी होती थी। कॉर्नेलिया सोराबजी के अनुसार रमाबाई ने फ्रैंकीना की ही सलाह पर ज़िन्दगी के दो अहम काम किए। एक, इंग्लैंड जाना और दूसरा, विधवाओं के लिए स्कूल के साथ एक आवासीय परिसर की शुरुआत करना।[5] फ्रैंकीना के पास स्त्री-उत्थान के लिए अपनी एक समझदारी थी और मिशनरियों से लगातार सम्पर्क। रमाबाई का कुछ कर गुज़रने का उत्साह और बुद्धिमत्ता देखकर वह अक्सर उसे सलाह दिया करती थीं। उन्होंने समझाया कि अगर सामाजिक कार्यों को आगे बढ़ाना है रमा को, तो सिर्फ़ संस्कृत और पुराणों के शिक्षण से बात नहीं बनेगी। लड़कियों को आधुनिक शिक्षा देनी होगी। जैसे विज्ञान या भूगोल या ऐसे ही विषय, जो एक सामान्य शिक्षा की तरह हो।[6] रमाबाई पूरे सोराबजी परिवार के लिए एक मित्र की तरह थी।[7] कॉर्नेलिया भी हमेशा पंडिता रमाबाई और उसके काम की प्रशंसा करती रही। रमाबाई से प्रभावित भी रही।

---

* उस समय तक लड़कियों के लिए अकेला हाईस्कूल था यह पुणे में। मिस हर्फ़ोर्ड पहले 'पंच हौद मिशन' के साथ ही एक शिक्षक-कार्यकर्ता के रूप में जुड़ी थीं, लेकिन बाद में जब गवर्नमेंट फ़ीमेल ट्रेनिंग कॉलेज खुला तो उन्हें वहाँ प्रिंसिपल बना दिया गया।

सावित्रीबाई फुले और पंडिता रमाबाई : दो विद्रोहिणियों की मुलाक़ात

दुनिया में अपने अस्तित्व को मज़बूत करना, वैचारिक रूप से दृढ़ होना और अपने सामाजिक दायरे का विस्तार करना रमा हर पल सीख रही थी। सावित्रीबाई फुले से भी रमा दो-तीन बार मिलने गई थी। गोविन्द गणपत काले, जो ज्योतिबा फुले के निजी सहायक रहे, उन्हें फुले की मृत्यु (1890) के बाद सावित्रीबाई फुले ने महात्मा की एक जीवनी लिखने को कहा, लेकिन वह लम्बे समय तक संकोच करते रहे। बाद में उन्होंने महात्मा फुले के साथ काम करते हुए लिए अपने पुराने नोट्स और अपनी याददाश्त की मदद से एक संक्षिप्त जीवन-वृत्त लिखा। सावित्रीबाई फुले की दिनचर्या बताते हुए वह लिखते हैं कि कुछ महिलाएँ सावित्रीबाई से मिलने आती थीं—

> ...यह मैडम (कोई मिशनरी महिला जिसका नाम नहीं दिया गया है) पुष्कल वेला सावित्रीबाई के पास बात करने आती थीं। वह मराठी अच्छी तरह बोल सकती थी। पंडिता रमाबाई और डॉ. आनन्दीबाई जोशी दो-तीन बार सावित्रीबाई से मिलने आ चुकी थीं। इसके अलावा कुछ और महिलाएँ भी आती थीं।[8]

लेकिन इन मुलाक़ातों की कोई तफ़सील उपलब्ध नहीं है। जिस समय इतिहास बन रहा होता है, तब शायद उसमें शामिल कोई पात्र नहीं जानता कि सब कुछ दर्ज कर लेना कितना ज़रूरी है। कुछ जीवनियों में कहा गया कि फुले दम्पती से रमा की दूरी का कारण शायद भीतर बचा रह गया जातीय अहंकार हो, लेकिन गोविन्द गणपत काले को पढ़कर लगता नहीं कि इस कारण पर भरोसा कर सकते हैं। सम्भव है कि बहुत कुछ ऐसा हो, अभी जिसका शोध किया जाना बाक़ी है। ऐसे बहुत-से प्रसंग हैं, जिनके बारे में बहुत ब्योरे उपलब्ध नहीं हैं। ऐसे कई व्यक्तित्व हैं जिनसे रमाबाई मिलती-जुलती और सीखती रही। डेबोराह एना लोगन लिखती हैं कि रमाबाई लिखित पुस्तक 'पीपल ऑफ़ यूनाइटेड स्टेट्स' या 'यूनाइटेड स्टेट्सचा लोकवृत्त आणि प्रवास' के एक अध्याय 'घरेलू स्थितियाँ' पढ़कर लगता है कि उसने महात्मा फुले की 'गुलामगीरी' (1869) पढ़ी होगी।[9] इन सबका अक्सर बहुत विस्तार से वर्णन नहीं मिलता। यह एक अहम तथ्य है कि महाराष्ट्र के उन दिनों के सार्वजनिक जीवन के बारे में महत्त्वपूर्ण लोगों की जीवनियों के सहारे ही अधिकतर जानकारी मिलती है, जिसके आधार पर उस समय की पुनर्रचना की गई है।

पंचहौद मिशन और नई राहें

जिनसे रमा की मुलाक़ात हुई, ऐसे ही एक व्यक्ति थे फ़ादर नहेम्याह गोरे, जो ईसाई

होने से पहले नीलकंठ शास्त्री थे, रमाबाई की तरह कोंकणस्थ चितपावन ब्राह्मण। इनसे रमाबाई की मुलाक़ात सितम्बर 1882 में हो चुकी थी। रमाबाई 'पंच हौद मिशन' जाया करती थी। नहेम्याह गोरे ख़ुद मई 1882 में पुणे आए थे और 'पंच हौद मिशन' के साथ उन्हें जोड़ दिया गया था। यह फ़ादर्स ऑफ़ काउली का मिशन था जो वांटेज की सिस्टर्स का भी सहयोग करता था। पंच हौद असल में पुणे में एक बड़ा-सा घर था, जिसकी दीवार के बाहर पानी के पाँच कुंड, हौद या हौज़ थे। इसे बिशप मिलने द्वारा ख़रीदा गया था, जिसके पीछे इरादा यह था कि फ़ादर्स के बीच भाईचारे को विकसित किया जाए, यहाँ सब फ़ादर्स मिलकर रहें और शैक्षणिक व आध्यात्मिक कार्यों में एक-दूसरे को सहयोग करें। यही जगह 'पंच हौद मिशन' कहलाई। फ़ादर गोरे को जब यहाँ भेजा गया उस वक़्त श्री रिमिंगटन यहाँ इंचार्ज थे। यहाँ ख़ूबसूरत सामूहिक गान और उपदेश होते थे। अच्छे-से प्रशिक्षित भारतीय लड़के कैसक (पादरियों का चोग़ा) पहने हुए, दरी पर बैठे मराठी में गीत गा रहे होते।[10] प्रार्थना समाजियों की सभाओं में जाने के दौरान ही जब रमाबाई की फ़ादर गोरे से सितम्बर 1882 में मुलाक़ात हुई तो उन्होंने समझाया कि 'प्रार्थना समाज' में रहकर तुम्हें कभी अपने सवालों के जवाब नहीं मिलेंगे। उसे जो भी समर्थन 'प्रार्थना समाज' से मिल रहा है वह अपुष्ट है, अस्थिर है, बदल सकता है कभी भी।[11] लेकिन ईसाइयत को लेकर रमाबाई के मन में जो पूर्वग्रह थे, उनके चलते उसने इस पर कोई ध्यान नहीं दिया और यहाँ तक कि पंढरपुर में 'प्रार्थना समाज' की सालगिरह के उपलक्ष्य में हुई सभा में उन सभी तर्कों का खंडन कर दिया जो 'प्रार्थना समाज' की अनुपयोगिता के विषय में फ़ादर गोरे ने रमाबाई को दिये थे।[12] लेकिन फ़ादर गोरे यहाँ हार मानकर बैठ नहीं गए थे। उन्हें दिख रहा था कि रमाबाई के भीतर एक आध्यात्मिक बेचैनी है।

जब रमा महिला डॉक्टरों की पुरज़ोर वकालत करती थी तो एक दबी इच्छा रमाबाई के मन में भी डॉक्टरी करने की ज़रूर थी। बंगाल में अबाला घोष और कादम्बिनी गांगुली के प्रयासों से वह परिचित थी। हो सकता है, इस वजह से भी वह असम से पुणे आने से पहले मद्रास गई थी। अबाला घोष को मद्रास मेडिकल कॉलेज में प्रवेश मिला ही था! फ्रैंकीना को स्त्री-शिक्षा के लिए लगातार काम करते देखना, मिशनरियों से सम्पर्क, पुणे का वातावरण जहाँ रमाबाई निरन्तर लोगों की बतकुच्चन का विषय बनी हुई थी और बहुत कुछ करने की चाह से रमाबाई ने ख़ुद को फ्रैंकीना की इंग्लैंड जाने की सलाह मानने के लिए तैयार कर लिया। अपनी हमउम्र स्त्रियों को उसने बंगाल में अपने कैरियर के लिए संघर्ष करते देखा था। द्वारकानाथ गांगुली कादंबिनी गांगुली ने मिलकर मेडिकल में स्त्रियों के प्रवेश के लिए केस लड़ा। परिणामस्वरूप कादंबिनी गांगुली को प्रवेश मिला भी। आनन्दी बाई जोशी की अमेरिका में डॉक्टरी की पढ़ाई के लिए लगातार उसके पति गोपाल जोशी हाथ-पैर

मार रहे थे। बहुत स्वाभाविक है कि रमाबाई जैसी एक बुद्धिमान स्त्री के मन में ज्ञान और शिक्षा की भूख थी, जिसका पालन-पोषण एक बेहद धार्मिक वातावरण में हुआ और जो आधुनिक शिक्षा से हमेशा दूर रखी गई थी, जब इस वास्तविक और बड़े संसार में आई तो हर पल अपने पैर जमाने के लिए उसने संघर्ष किया। आगे-पीछे कोई नहीं था। साथ देने के लिए परिवार के नाम पर कोई बड़ा नाम नहीं था। उसके लिए लड़नेवाला, सहारा देनेवाला कोई और नहीं था। क्या उम्र थी उसकी? चौबीस ही न! स्त्रियों के लिए एक मुश्किल दुनिया में वह ऐसी युवती थी जो एक एकल अभिभावक भी थी, डेढ़ साल की छोटी बच्ची की माँ। महत्त्वाकांक्षाएँ पालने का हक़ उसे भी तो था।

एक कामकाजी, एकल अभिभावक स्त्री की दिक़्क़तें

जैसे हर कामकाजी माँ के सामने आती है, रमाबाई के सामने भी यह समस्या बार-बार आती थी कि बाहर जाते हुए, सभा के काम से या व्याख्यान के लिए, जो उसकी आजीविका थी, बच्ची का क्या करे? ठकुबाई के आ जाने से कुछ हद तक यह चिन्ता दूर हुई थी, लेकिन भावी की काल्पनिक चिन्ताएँ उसे व्याकुल बनाए रहती थीं। संकल्प-विकल्प की किसी घड़ी में उसे कुछ सूझा और वह एक दिन छोटी-सी मनोरमा को लेकर मिशन हाउस जा पहुँची और बोली—मैं इसे आप लोगों को देने आई हूँ। आज से यह आपकी है, आप इसे बड़ा करें या शायद ऐसे ही मंतव्य के कुछ और शब्द। सभी सिस्टर्स ख़ुशी से फूली न समाईं उस वक़्त, यह ख़ुशी का अतिरिक्त भार था, क़ीमती छोटा ख़ज़ाना था[13] लेकिन यह ख़ुशी कुछ पल की थी। थोड़ी देर बाद ही रमा भागती हुई वापस आई और बच्ची को वापस ले गई यह कहते हुए कि मेरी मित्र मनोरमा से मेरा अलग होना बर्दाश्त नहीं कर पाएगी, उसके बिना रह नहीं पाएगी, वह उसके साथ बहुत अच्छी है। सम्भवत: यह मित्र ठकुबाई ही हो। उस घर के ये ही तो तीन प्राणी थे, जिनमें दो बच्चियाँ थीं—एक बारह साल की, एक डेढ़ की। मनोरमा जिसे रमाबाई मनो कहकर बुलाती थी से इस संक्षिप्त वियोग पर ठकुबाई का दिल टूटना समझना कोई मुश्किल बात नहीं। हो सकता है, कोई मित्र न हो, ख़ुद रमा का ही दिल न माना हो। मनो और ठकुबाई ही उसका परिवार थे।

इंग्लैंड जाना लगभग तय कर लिया था उसने मन में। वह जानती थी कि उसके कई मित्र इस बात से सहमत नहीं हैं, लेकिन वे रमा के अकेलेपन को समझने में भी असमर्थ थे। एक हिन्दू विधवा जो बार-बार लीक तोड़ती है, अकेली अभिभावक है, कामकाजी है और जिसके बारे में अख़बार कोई न कोई ख़बर बनाने को तैयार बैठे रहते हैं, जिसके जीवन में एक हमउम्र, हमराज़, हमनफ़स न था। जो था उसे उसने कुछ

समय पहले ही खोया था। कौन सोचता होगा कि वह प्रेम के लिए भी तड़पती है! यह अकेलापन समझना उस टाइम और स्पेस में एकदम अनजाना था। स्त्री की स्वायत्तता का कोई अर्थ नहीं था, भावनाओं का तो क्या ही होता? लेकिन रमा के जीवन को यही सन्देश देना था—स्त्री की स्वायत्तता! अपने निर्णयों पर उसका अपना अधिकार!

इंग्लैंड जाने की एक मुसलसल छटपटाहट थी उसके मन में। यह माना जाता था कि 'हमारी' औरतों के लिए सबसे पहले अच्छी माँ और पत्नी होना ज़रूरी है, जो उपयोगी हो, हिसाब-किताब ही रखना हो तो सिलाई-कढ़ाई और खाना पकाने का रखे और इस सबके लिए शिक्षा घर में होती है न कि पब्लिक स्कूलों में।[14] ऐसे में एक भारतीय औरत के लिए यह एक बड़ा क़दम होता, समुद्र पार करना! एक ऐसा काम जो उसे अपने ही लोगों में अजनबी बना देगा। एक ईसाई क्लर्क से उसने बात की तो वह बोला कि यह ईश्वर की इच्छा नहीं है कि तुम जाओ बल्कि तुम्हारी अन्तरात्मा की आवाज़ है।[15] वह अपने देश की स्त्रियों के लिए कुछ करना चाहती थी जिससे वे बेहतर और स्तरीय जीवन जी सकें। हंटर कमीशन के सामने जो गवाही उसने ख़ुद दी थी, वह उसे बेचैन किए थी कि डॉक्टरी पढ़कर अपने देश की औरतों को उन तमाम दर्दों से मुक्त करूँगी जो वे महिला चिकित्सक की कमी से सहती हैं। वह एक बार पूना मिशन एक पुरस्कार वितरण के लिए गई थी, वहाँ एक महिला से बात की, जिसने रमा को कुछ चीज़ें सिखाई थीं। वह सिस्टर्स को जानती थी और कुछ यूरोपियन महिलाओं को। उनसे पूछा कि इंग्लैंड चली जाऊँ तो मदद मिलेगी?[16] किसी ने कहा, तुम ईसाई होतीं तो कुछ इन्तज़ाम हो सकता था, किसी ने कहा, पहले हमारे साथ एक प्रशिक्षु की तरह काम करो, फिर हम देखेंगे, एक महिला ने लन्दन से लिखा कि अपनी बेटी को छोड़कर अकेली यहाँ आओ। अगर कुछ समय तक टिक पाई तो कुछ हो पाएगा नहीं तो वापस चली जाना।[17] बेटी को भारत में छोड़ना तो एक समस्या थी ही, फिर छह महीने के लिए लन्दन जाना, न इधर की रहेगी न उधर की। कुछ दिनों बाद सिस्टर सुपीरियर (सिस्टर एलिज़ाबेथ) ने कहा कि इंग्लैंड में उन सिस्टर्स को मराठी सिखानेवाली महिला की ज़रूरत है जो भारत आकर देसी लोगों के साथ काम करना चाहती हैं। खाना, रहना और अंग्रेज़ी की शिक्षा उनकी तरफ़ से होगी, आने-जाने का ख़र्च उसे अपना करना पड़ेगा।[18] रमा की उधेड़बुन इस वजह से भी थी (यह भय यहाँ उसके मित्रों, समर्थकों को भी होगा) कि कहीं वह ईसाई तो नहीं हो जाएगी? मिशनरी सिस्टर्स से मदद के बारे में पूछते हुए उसने यह ध्यान रखा कि उन्हें स्पष्ट सन्देश जाए कि रमाबाई ईसाइयत नहीं अपनाएगी।[19] ये संशय और भी स्पष्ट होते हैं CSMV की एक सिस्टर के ख़त से, चूँकि मन-ही-मन वे सभी मना रहे थे कि यह तेज़-तर्रार, शिक्षित, आकर्षक महिला ईसाई हो जाए। सेंट मेरी से सिस्टर एलियनर का एक ख़त

लन्दन की सेंट एनीज़ कॉन्वेंट (CSMV) की एक अनाम सिस्टर के नाम मिलता है, जिसे इस सन्दर्भ में देख सकते हैं—

> वह (रमाबाई) 23 साल की एक विधवा है, बहुत चतुर। अपने लोगों पर उसका बहुत प्रभाव है, दुर्दशा में पड़ी अपनी बहनों का उत्थान उसकी परम इच्छा है, वह एक सुधारक है...अगर वह धर्म-परिवर्तन कर ले तो आप उसका प्रभाव समझ सकते हैं, और हम सब उसके लिए जितना कुछ अच्छा कर सकते हैं, वह सब करने के लिए व्यग्र हैं...अगर आप उसका वहाँ स्वागत करें, और जो उसे बुला रहा है प्रभु, उसे ख़ुद को सौंपने की राह ले जाएँ, तो आप भारत के लिए उससे अधिक कर रहे होंगे, जितना हमने सोचा है।[20]

यह 1882 का ही ख़त है सम्भवत:। रमाबाई की किताब 'स्त्री धर्म नीति' का दूसरा संस्करण स्टेट शिक्षा विभाग द्वारा ख़रीदा गया तो उसकी राशि इंग्लैंड का टिकट ख़रीदने के काम आई।

जब डॉक्टरी पढ़ने के लिए समुद्र पार करने निकली दो बहनें

उधर कलकत्ता में रमाबाई की ही रिश्ते की बहन आनन्दीबाई जोशी डॉक्टरी पढ़ने के लिए अमेरिका जाने की तैयारी कर चुकी थी। अपेक्षा के विपरीत आनन्दीबाई को कलकत्ता के समाज की ही नहीं, उन मराठी परिवारों की भी नाराज़गी झेलनी पड़ी जिनसे अभी तक मेल-जोल रहा था और जिन्होंने बीमारी में आनन्दी की सहायता की थी। गोपाल जोशी आनन्दी के सहारे ही समाज-सुधार के क्षेत्र में अपनी उम्मीदों को पूरा कर लेना चाहता था। पहले तय हुआ था कि पति-पत्नी दोनों अमेरिका जाएँगे, लेकिन अपने परिवार को आर्थिक रूप से सँभालने की ज़िम्मेदारी थी गोपालराव पर और इस बात का क्या मुक़ाबला हो सकता था कि आनन्दी अकेली जाती और एक नज़ीर बनती कि एक ब्राह्मण स्त्री अकेली समुद्र पार करके गई।[21] आनन्दी विदुषी तो थी ही, प्रखर भी थी। उसकी अंग्रेज़ी की तारीफ़ ख़ुद मिस आना थोबर्न करती हैं, जिनके सहारे अमेरिका की यह योजना सफल हो पाई थी।[22] समुद्र पार करने की तैयारी का पता लगते ही समाज में एक रोष फैल गया। लोग उनके घर के बाहर इकट्ठे होकर विरोध करने लगे।[23] आनन्दी ने ठाना कि वह एक ही बार इन सबका जवाब देगी और वह भी सार्वजनिक। 24 फ़रवरी, 1883 को श्रीरामपुर (या सेरामपुर) में एक कॉलेज हॉल में विशाल जनसभा के बीच आनन्दी का भाषण 'मैं अमेरिका क्यों जा रही हूँ?' रखा गया। इस भाषण में उसने अपने अमेरिका जाने को लेकर उठनेवाले सवालों का एक-एक करके जवाब दिया।

यह हैरान होनेवाली बात नहीं है कि आनन्दीबाई ने भी लगभग वही कारण बताए जो 'हंटर कमीशन' के समक्ष रमाबाई ने अपनी गवाही में दिये थे। उसने कहा कि भारतीय महिलाएँ पुरुष डॉक्टरों के सामने अपनी बात कहने में हिचकती हैं और इस वजह से उन्हें इलाज नहीं मिल पाता। उसने बताया कि भारत में सिर्फ़ एक मेडिकल कॉलेज है महिलाओं के लिए मद्रास में और इसके अलावा सिर्फ़ दाई बनने के कोर्स हैं जो कि नाकाफ़ी है। इस स्त्री-शिक्षा का पूरा विचार दोषपूर्ण है। भारत में महिला डॉक्टरों का अभाव एक हक़ीक़त है और मैं स्वेच्छा से इस सेवा-कार्य में ख़ुद को समर्पित करना चाहती हूँ। लेकिन सबसे मज़ेदार था कि आनन्दी ने उसी तरह शिक्षा में पुरुष ईर्ष्या और पितृसत्ता को रेखांकित किया, जैसे कि रमाबाई ने हंटर कमीशन को दिये अपने जवाबों में निर्भय होकर लक्षित किया था। आनन्दी कहती हैं—

> साथ ही, इनमें जानेवाली ग़ैर-ईसाई और ग़ैर-ब्रह्मो महिलाओं का उत्पीड़न भी काफ़ी होता है। और वह (पुरुष) प्रशिक्षक जो पढ़ाते हैं, रूढ़िवादी और कुछ हद तक ईर्ष्यालु होते हैं।...यह पुरुष लिंग की विशेषता है। हमें इस असुविधा को सहना होगा जब तक कि हमारे पास इन पुरुषों को इस भार से मुक्त करने के लिए शिक्षित महिलाओं का एक वर्ग तैयार नहीं हो जाता।[24]

रमाबाई ने हंटर कमीशन के सामने स्कूलों में आनेवाले पुरुष निरीक्षकों की ईर्ष्या और स्त्रियों के प्रति उनके विद्वेष की बात की थी। यह समझना क़तई मुश्किल नहीं कि शिक्षण, प्रशिक्षण, समाज सुधार, स्वास्थ्य, चिकित्सा, राजनीति सब पुरुषों के इलाक़े थे और ये स्त्रियाँ जो कर रही थीं, वह इसी एकच्छत्र राज में सेंधमारी की तरह था। स्वाभाविक है कि इन स्त्रियों ने पुरुष ईर्ष्या (या आज जो हमारे पास एक बेहतर शब्द है—मिसोजिनी, स्त्री-द्वेष) को महसूस किया था।

अप्रैल 1883 के महीने में ही ये दोनों स्त्रियाँ डॉक्टरी की पढ़ाई करने समुद्र पार की यात्रा पर अलग-अलग दिन अलग-अलग बन्दरगाह से अलग-अलग गंतव्य के लिए निकल पड़ीं। 7 अप्रैल को आनन्दी बाई जोशी कलकत्ता से अमेरिका और 20 अप्रैल, 1883 को रमाबाई इंग्लैंड के लिए मुम्बई से रवाना हुई।

सन्दर्भ

1. देखें, पृ. 74, पंडिता रमाबाई अ ग्रेट लाइफ़ इन इंडियन मिशन, हेलेन एस. डायर, पिकरिंग ऐंड इंगलिश, लन्दन, ग्लासगो (प्रकाशन वर्ष मुद्रित नहीं)

2. मैं पूना में थी 1882 में जब मैंने पहली बार पंडिता रमाबाई को देखा—सिस्टर गेराल्डाइन, पृ. 7, द लेटर्स ऐंड कॉरेस्पॉन्डेंस ऑफ़ पंडिता रमाबाई, संयोजन—सिस्टर गेराल्डाइन, सम्पादक—ए.बी. शाह, महाराष्ट्र स्टेट बोर्ड फ़ॉर लिटरेचर ऐंड कल्चर, बॉम्बे, 1977
3. देखें, पृ. 8, वही
4. मिशन हाउस यानी कॉन्वेंट ऑफ़ सेंट मेरीज़, जो पुणे के गुरुवार पेठ में स्थित था।
5. देखें, पृ. 31, ओपनिंग डोर्स, द अनटोल्ड स्टोरी ऑफ़ कॉर्नेलिया सोराबजी, रिचर्ड सोराबजी, आई.बी.टॉरिस कं. प्रा.लि., लन्दन, 2010
6. देखें, पृ. 118, पंडिता रमाबाई सरस्वती : हर लाइफ़ ऐंड वर्क, पद्मिनी सेनगुप्ता, एशिया पब्लिशिंग हाउस, बम्बई
7. देखें, पृ. 61, वही
8. देखें, पृ. 14, 'आम्ही पाहिलेले फुले' नामक मराठी किताब में संकलित गोपाल गणपत काले का लेख 'दांडगे वाचन करणारे तात्यासाहेब', सं. प्रो. हरि नरके, महात्मा जोतीराव फुले चरित्र साधने प्रकाशन समिति, महाराष्ट्र शासन, मुम्बई, 11वाँ संस्करण, 2018
9. देखें, पृ. 208, ऐंड नोट संख्या-35, इंडियन लेडीज़ मैगज़ीन, 1901-1938, डेबोराह आना लोगन, ली-हाई यूनिवर्सिटी प्रेस, 2017
10. देखें, पृ. 117, पंडिता रमाबाई सरस्वती : हर लाइफ़ ऐंड वर्क, पद्मिनी सेनगुप्ता, एशिया पब्लिशिंग हाउस, बम्बई
11. देखें, पृ. 275, लाइफ़ ऑफ़ फ़ादर गोरे, सी.ई. गार्डनर, लॉन्गमैन ग्रीन ऐंड कम्पनी, लन्दन, 1900
12. देखें, पृ. 275, लाइफ़ ऑफ़ फ़ादर गोरे, सी.ई. गार्डनर, लॉन्गमैन ग्रीन ऐंड कम्पनी, लन्दन, 1900
13. देखें, पृ. 8, द लेटर्स ऐंड कॉरेस्पॉन्डेंस ऑफ़ पंडिता रमाबाई, संयोजन—सिस्टर गेराल्डाइन, सम्पादक—ए.बी. शाह, महाराष्ट्र स्टेट बोर्ड फ़ॉर लिटरेचर ऐंड कल्चर, बॉम्बे, 1977
14. देखें, पृ. 204, मल्टिपल कंटेस्टेशंस : पंडिता रमाबाईज़ एजुकेशनल ऐंड मिशनरीज़ एक्टिविटीज़ इन लेट नाइंटींथ सेंचुरी, मीरा कोसाम्बी, विमेस हिस्ट्री रिव्यू, रूटलेज़, ऑनलाइन प्रकाशन, 19 दिसम्बर 2006
15. देखें, पृ. 131, लेट द अर्थ हियर हर वॉइस, कीथ जे. व्हाइट, WTL पब्लिकेशन, यू.के. 2022
16. देखें, पृ. 131, लेट द अर्थ हियर हर वॉइस, कीथ जे. व्हाइट, WTL पब्लिकेशन, यू.के. 2022
17. देखें, पृ. 103, इंग्लैंड्चा प्रवास, पंडिता रमाबाई : लाइफ़ ऐंड लैंडमार्क राइटिंग्स, मीरा कोसाम्बी, रूटलेज़, 2016
18. वही
19. देखें, पृ. xiii, लेटर्स ऐंड कॉरेस्पॉन्डेंस
20. देखें, पृ. 133, लेट द अर्थ हियर हर वॉइस, कीथ जे. व्हाइट, WTL पब्लिकेशन, यू.के. 2022
21. देखें, पृ. 85, अ फ्रैगमेंटेड फ़ेमिनिज़्म द लाइफ़ ऐंड लेटर्स ऑफ़ आनन्दी बाई जोशी, मीरा

कोसाम्बी, सं. राम रामास्वामी, माधवी कोल्हत्कर, अबन मुखर्जी, रूटलेज़, 2020

22. देखें, पृ. 88, अ फ्रैगमेंटेड फ़ेमिनिज़्म द लाइफ़ ऐंड लेटर्स ऑफ़ आनन्दी बाई जोशी, मीरा कोसाम्बी, सं. राम रामास्वामी, माधवी कोल्हत्कर, अबन मुखर्जी, रूटलेज़, 2020
23. देखें, पृ. 91, अ फ्रैगमेंटेड फ़ेमिनिज़्म द लाइफ़ ऐंड लेटर्स ऑफ़ आनन्दी बाई जोशी, मीरा कोसाम्बी, सं. राम रामास्वामी, माधवी कोल्हत्कर, अबन मुखर्जी, रूटलेज़, 2020
24. देखें, पृ. 91, अ फ्रैगमेंटेड फ़ेमिनिज़्म द लाइफ़ ऐंड लेटर्स ऑफ़ आनन्दी बाई जोशी, मीरा कोसाम्बी, सं. राम रामास्वामी, माधवी कोल्हत्कर, अबन मुखर्जी, रूटलेज़, 2020

8

मैं दृढ़ प्रतिज्ञ थी, कोई भी ख़तरा उठाने को तैयार

इनसान की ज़िन्दगी एक नाटक है, वह भी असली। रंगमंच पर तो स्वाँग होता है, प्रामाणिकता नहीं होती उसमें। जो लोग थियेटर देखने के शौक़ीन हैं उन्हें ध्यान से अपनी ज़िन्दगी को देखना चाहिए।[1]

—पंडिता रमाबाई

'बुख़ारा' नाम के स्टीमर से इंग्लैंड की ओर तीन प्राणी चल पड़े रमाबाई, उसकी दो साल की बेटी मनोरमा और मिशनरियों के स्कूल में पढ़ानेवाली उसकी एक मित्र आनन्दीबाई भगत। आनन्दीबाई भगत के बारे में कुछ परिचय उन्हीं के मराठी में लिखे एक ख़त से मिलता है, जिसे उन्होंने अपने मास्टर को सम्बोधित किया है और सिस्टर स्टुडेंट्स से बिछड़ने का दु:ख जताते हुए उन्हें व श्रीमती मिशेल को धन्यवाद कहा।[2] इन तीनों को जहाज़ तक छोड़ने के लिए कई लोग आए थे। कई लोग ऊपर चढ़े और फिर मिलकर नीचे किनारे पर चले गए। कोई मित्र थे जिन्होंने सीढ़ियों पर क़दम रखा ही था कि स्टीमर चल पड़ा और उन्हें वापस जाना पड़ा। चलने के दो घंटे बाद तक रमाबाई को मातृभूमि दिखाई देती रही। उस समय के भाव अभिव्यक्त करते हुए वह लिखती हैं—

> स्वाभाविक है कि मैं बेहद दुखी हूँ अपनी जन्मभूमि और अपने देश के लोगों से इतने लम्बे अन्तराल के लिए बिछुड़ते हुए। लेकिन मैं लगातार याद कर रही हूँ वे अश्रुधाराएँ जो मेरे नि:स्वार्थ प्रेम में मेरे कई भाई-बहनों ने बहाईं। यह सच है कि उस समय मुझे बड़ा अवसाद हुआ जो अब अवर्णनीय है और एक अपूर्व ख़ुशी अब उसमें से ही जन्म ले रही है... इनसान का दिल कमज़ोर होता है, मेरा भी है। मुझे लगा था कि इस दुनिया में बहुत कम लोग हैं जो मुझे सच में प्यार करते हैं। मैं किसी के काम नहीं आ सकती, फिर उन्हें मुझे प्यार क्यों करना चाहिए? मैं ख़ुद

> से पूछती थी कि जब कोई तुम्हें प्यार नहीं करता तो तुम्हीं क्यों प्यार चाह रही हो? और वही जवाब मिलता था 'मुझे नहीं पता, मैं क्यों ऐसा चाहती हूँ।' यह मनुष्य का स्वभाव है (कम-से-कम मेरा है) दूसरों को प्यार करना और बदले में प्यार चाहना। और मनुष्य के इस स्वभाव का कोई इलाज नहीं है। जब मैं उन सब नि:स्वार्थ दोस्तों के बारे में सोचती हूँ तो एक अनिर्वचनीय ख़ुशी महसूस करती हूँ। सिर्फ़ वे लोग जो बिना किसी मतलब के, बिना किसी रिश्ते के दूसरों से प्यार करते हैं, सच में सौभाग्यशाली हैं और सच में ख़ुश हैं। ये वो लोग हैं जिन्हें मैं ईश्वर की जगह रखती हूँ।[3]

स्टीमर ज़्यादातर यूरोपियन लोगों से भरा हुआ था और इन तीनों को स्टीमर के तल में एक छोटा-सा केबिन मिला था, जिसमें 6 सीटें थीं। बाक़ी तीन लोग आए ही नहीं तो पूरी जगह इन तीनों की हो गई। वे आ जाते तो शायद यह सफ़र और भी मुश्किल होता। इन देसी लोगों के साथ गन्दे हो जाने, छू जाने के ख़तरे से डरकर कोई यूरोपियन महिला वहाँ नहीं आई। स्टीमर के उस हिस्से में हवा भी कम आती थी। दिन में और ख़ासकर रात में गर्मी बहुत लगती थी। लाल सागर पार करने के बाद स्वेज कैनाल में ऐसा लगा मारवाड़ या मद्रास प्रेसिडेंसी की ग्रीष्म ऋतु से भी भयंकर गर्मी है।[4] उबले आलू, चावल, ब्रेड, जैम, नमक, काली मिर्च, बच्चे के लिए सूखा दूध पाउडर जैसी चीज़ें उन्हें अक्सर खाने में मिलती थीं, साथ में ख़ुद के लाए अचार थे जो उस भोजन को खाने लायक बना देते थे। यही सब इंग्लैंड में रहते हुए भी उनका सहारा था। एक आदमी को उन्होंने 6 रुपये दिये थे और वह केबिन में इन्हें यह सब दे जाता था जिसे आँख बन्द करके ये लोग खा लेते थे। जगह बहुत कम थी और हर जगह बहुत गन्दगी थी। ख़ुद खाना बनाने का प्रश्न ही नहीं उठता था। रमा की यह पहली समुद्र यात्रा नहीं थी। मैंगलोर से मुम्बई, वहाँ से द्वारका, फिर वापस मुम्बई समुद्र के रास्ते ही आया-गया था अनन्त शास्त्री का परिवार। इसलिए रमा को गर्मी से दो बार उल्टी होने के अलावा समुद्र ने कोई विशेष परेशानी नहीं दी, लेकिन आनन्दीबाई और बाक़ी कुछ लोगों की हालत ख़राब थी। स्टीमर पर भारतीयों में इन तीन के अलावा एक ब्रह्मो, बाबू बाँके बिहारी शर्मा[5] और एक पारसी वृद्ध थे।

कवि और दार्शनिक रमाबाई

यात्राएँ बहुत कुछ सिखाती हैं और रमाबाई कुछ भी सीखने से कभी नहीं घबराई बल्कि हर नई, कठिन परिस्थिति, चुनौतियाँ उसे और ऊर्जा देती थीं। ठस्स हो जाना

उसका स्वभाव ही न था। वह एक जगह लिखती भी हैं—

> मैं तो जीवन-भर देश-निकाले में रही (अभिधा में, जंगल में रही), बहुत दु:ख देखा, शायद इसलिए ईश्वर ने मुझे हर छोटी ख़ुशी को भी शिद्दत से महसूस करने की कुव्वत बख़्शी। इसलिए मैं हमेशा ऐसी ही विपरीत परिस्थितियों में रहना चाहती हूँ, हर जगह। इसी से मेरे पास ख़ुशी आती है।[6]

ऐसी दार्शनिकता! महादेवी वर्मा याद आती हैं। तुझको पीड़ा में ढूँढ़ा...मिलन का मत नाम ले, मैं विरह में थिर हूँ। अपने एकान्त और पीड़ा का उत्सव मनाती हुई महादेवी। आप नास्तिक हो जाएँ भले ही, भाषा अपने मूल संस्कारों से देर तक मुक्त नहीं हो पाती। अगाध समुद्र और अनन्त आसमान को निहारते हुए उसके भीतर का कवि अभिव्यक्ति के लिए बेचैन हो जाता है। अस्त होते सूर्य की स्वर्णिम किरणें जब बादलों पर पड़तीं तो वह पुराणों के स्वर्ण पर्वत मेरू की कल्पना उसमें करती, जो अपना सर उठाकर आसमान को चूमना चाहता है या जैसे वह कृष्ण की द्वारका नगरी हो या रावण की सोने की लंका। जब समुद्र की लहरों में घर्षण से फ़ॉस्फ़ोरस की चिंगारियाँ निकलतीं तो वह उसमें आदि कवियों की कल्पना बड़वाग्नि को देखती[7] लहरें अक्सर उसे बीच रात में उठा दिया करतीं और वह पोर्टहोल में से उन्हें झाँका करतीं। दस बजे के बाद केबिन में बत्ती नहीं जला सकते थे। सब सो रहे होते थे और रमा अक्सर ही तारों से भरे आसमान को ताकती कुछ सोच रही होतीं। अक्सर वही जो इस हाल में कोई मनुष्य सोचेगा, विराट् प्रकृति के समक्ष अपनी क्षुद्रता और लघुता के बारे में। क्यों मैं इतनी दूर जा रही हूँ अपने देश से? क्या करनेवाली हूँ भविष्य में? कैसे अपनी मातृभूमि की सेवा करूँ? किसी पल अगर यह जहाज़ डूब गया तो मेरे सारे सपने इसके साथ डूब जाएँगे।[8] रमाबाई, पंडिता रमाबाई न बनती तो कवि ही होती शायद, लेकिन उसकी नियति में नेतृत्व का भार और पीड़ा बदी थी, कविताएँ या साहित्य नहीं। कुछ औरतों के हाथों में हमेशा परचम ही लहराते रहे ताकि कुछ और औरतें निर्द्वंद्व कविताएँ लिख सकें।

यूरोपीय लोगों से वे अलग ही रहते थे, लेकिन एक वृद्ध व्यवसायी थे मैनचेस्टर से, जो इनके साथ अच्छा बर्ताव करते थे। उन्होंने अपने युवा दिनों में ख़ूब पैसा कमाया था और वे उस पैसे से ख़ूब घूमना चाहते थे। रमाबाई लिखती है—

> बुढ़ापे में उन्होंने व्यवसाय छोड़ दिया और उनकी योजना थी, बाक़ी का जीवन अपने घर पर बेपरवाह होकर बिताने की। लेकिन ख़ुशी की उनकी अवधारणा बिस्तर में ख़ाली पड़े रहना और सोकर वक़्त गुज़ारना नहीं

थी। वे उन्नीस महीने से दुनिया घूम रहे थे। स्थानीय जानकारी इकट्ठा करते थे और उसे नोटबुक में दर्ज किया करते थे। मशहूर जगहों के उनके पास 7,000 फ़ोटो थे। मुझे उन्होंने भारत के 160 फ़ोटो दिखाए भी थे; वे बहुत मज़ेदार थे और असलियत बयान करते थे।[9]

लेकिन एक अंग्रेज़ आदमी जो कोई भारतीय भाषा नहीं जानता और एक ऐसी भारतीय महिला जो अंग्रेज़ी के मामले में अभी नवजात थी, उनके बीच इतनी बात होती कैसे थी? रमा को समझ आ जाता था जो वह सज्जन कहते थे, लेकिन वह इतनी अंग्रेज़ी बोलना नहीं जानती थी कि समुचित जवाब दे पाए। रमा के कुछ शब्दों और इशारों को जोड़कर वह अर्थ ग्रहण करते थे। ऐसे समय रमा चाहती कि कोई और यूरोपियन उन्हें न ही देखे, वरना अपनी बात समझाने के लिए रमा को ऐसे ज़ोर लगाते देख वे ख़ूब मज़ाक़ उड़ाते।

26 अप्रैल को ये लोग अरब में अडेन बन्दरगाह (अरब) पहुँचे। 6 दिन बाद ज़मीन दिखाई दी थी। यहाँ जहाज़ 6 घंटे के लिए रुका तो तीनों थोड़ा-सा शहर घूम आए। लाल सागर पार करने के बाद मौसम ठंडा होने लगा और भूमध्यसागर में लहरें इतनी ऊँची हो गईं कि पोर्टहोल को बन्द रखने के बावजूद लगभग रोज़ समुद्र के पानी से स्नान हो जाता। 6 मई को माल्टा पहुँचे। पहली बार रमा ने कोई यूरोपीय शहर देखा था। सब स्त्री-पुरुष काले कपड़े और हैट पहने थे। सिर्फ़ चेहरा और हाथ बाहर थे। जब ये लोग अपनी सफ़ेद साड़ी और स्वेटर पहन के निकले तो सब देख रहे थे इनकी तरफ़। रमा को लगा, ये लोग सोच रहे होंगे सफ़ेद कपड़ों में लिपटे इन नमूनों को किसने यहाँ भेजा और इनकी प्रदर्शनी कहाँ लगनेवाली है![10] चर्च, सरकारी बँगले, बाज़ार देखते हुए स्टीमर पर वापस लौट आए। स्पेन पार कर जब अटलांटिक सागर पहुँचे तो बड़ा बदलाव हुआ। समुद्र का मिज़ाज ख़राब था। दो रात लगी बिस्के खाड़ी पार करने में और इन दो दिनों में हालत ख़राब हो गई। 'जब स्टीमर हिलता था तो लगता था, बस अब बिस्तर से नीचे एक-दूसरे के ऊपर गिर पड़ेंगे। हम खड़े भी नहीं हो पा रहे थे केबिन में। अगर हम खड़े होते तो हिलते हुए स्टीमर की वजह से केबिन की दीवार से सर टकराता।' 13 मई को आख़िर उस बन्दरगाह पर पहुँच गए जहाँ से बहुत-से यात्री रेल से लन्दन या और जगहों पर जाने के लिए उतर गए। 16 को जिस बन्दरगाह पर पहुँचे, उसका ज़िक्र एक सिस्टर को भेजे ख़त में रमा ने पहले ही कर दिया था। उसका भाई, एक सज्जन और लन्दन के सेंट मेरी की किसी शाखा की दो सिस्टर्स भी उन्हें लेने पहुँचीं। रेल से ये सब लन्दन आए। बाबू बाँके बिहारी शर्मा रेलवे स्टेशन से ही विदा लेकर चले गए। रमा तुलना करती है, जैसे मुम्बई में आने-जाने के लिए ट्राम्स हैं, ऐसे ही लन्दन में ही घूमने के लिए रेलवे का इस्तेमाल करते हैं सब। घोड़ागाड़ी बहुत

महँगी पड़ती है। वे ऐसी जगह ठहरे थे जो लन्दन के एक छोर पर थी। वहाँ से शहर की तरफ़ आने में ट्रेन से दो घंटे लगते थे, जिसके दौरान एक शहर के नीचे बनाई सुरंग से ट्रेन गुज़रती थी।

'इंग्लैंडचा प्रवास' रमाबाई की प्रखरता, तार्किकता और व्यंग्य-बोध का नमूना

रमाबाई के इंग्लैंड जाने की मंशा और तैयारियों के बारे में ख़बर फैल चुकी थी और आमने-सामने या पत्रों में लोग अपनी शंकाएँ जता रहे थे, सवाल पूछ रहे थे, जिनका जवाब देने का रमा के पास वक़्त नहीं था। वह इस सब चीज़ों को लगभग नज़रअन्दाज़ करती हुई यह पक्का कर लेना चाहती थी निकलने से पहले कि इंग्लैंड जाकर कोई मुश्किल न हो। यह विदेश का मामला था और अब उसके साथ एक बच्ची भी थी तो वह बचपन में की जानेवाली तीर्थ यात्राओं की तरह निरुद्देश्य नहीं भटक सकती थी। बातों को उसने कान नहीं दिये और यह लगभग अचानक हुआ कि वह मुम्बई में कुछ दिन रहकर निकल गई और बहुत-से लोगों को पता नहीं चला।[11] जो काम आनन्दीबाई जोशी ने एक सार्वजनिक भाषण देकर किया, वह रमा ने इंग्लैंड पहुँचकर एक चिट्ठी लिखकर किया। दोस्तों और हितचिन्तकों के कुछ सवाल थे, जिनके जवाब वह पत्र में लिखकर भेज रही थी मराठी में। सबसे अहम सवाल थे कि वह—

> देह से कमज़ोर दिखती है और उसके पास एक बहुत छोटी बच्ची है। अंग्रेज़ी नहीं बोल सकती। उसके जाने के बाद 'आर्य महिला समाज' का क्या होगा? ईसाइयों के बीच रहना ठीक नहीं। आनन्द प्रिय देश में इस युवा आयु में रहना ठीक नहीं है। उसे इस देश का कुछ पता नहीं, धोखे खा सकती है। उस देश की अमीरी से चकाचौंध होकर वह अपना देश भूल जाएगी। शिक्षित, विदुषी महिलाओं के सामने क्या कहेगी वह, इतनी अंग्रेज़ी नहीं आती उसे। डॉक्टरी ही पढ़ना है तो पहले यहाँ रहकर मैट्रिकुलेशन पास करे।

इसके जवाब में वह लिखती है—"उतनी मज़बूत नहीं हूँ जितना होना चाहिए लेकिन इतनी कमज़ोर भी नहीं हूँ। कोई बीमारी नहीं है मुझे। एक यूरोपीय वृद्ध डॉक्टर को दिखाया था, जिसने इस बात की पुष्टि की कि मेरी दैहिक निर्मिति मूलत: मज़बूत है।" यूँ भी भूखे-प्यासे रहकर मीलों यात्रा करने में रमाबाई का बचपन बीता था। जब 6 महीने की थी जब माता-पिता के साथ यात्राओं पर निकल गई और अब तक भी लगातार यात्राएँ उसके जीवन का हिस्सा थीं। जंगल की वह

बेटी कमज़ोर कैसे हो सकती थी? मनोरमा भी इसी माँ की बेटी थी। 8 महीने की थी मनो जब उसने अपनी माँ के साथ असम से मद्रास, मद्रास से पुणे और फिर मुम्बई की यात्रा की। 'आर्य महिला समाज' किसी एक जगह नहीं था और वहाँ रहती तब भी हर जगह रमा उपस्थित नहीं हो सकती थी। ईसाइयों के बीच रहने की बात को लेकर उसने कहा—

> जो समुद्र में कूदना चाहता है उसे ठंड से डरना नहीं चाहिए! और धरती का कोई ऐसा हिस्सा बता दें जहाँ ईसाई नहीं है?

वह ईसाइयों जैसी हो जाएगी, इस बात पर रमा लिखती है कि चिन्ता मत करो, जैसे भारत में हिन्दू अनेक मतों में विभाजित हैं और सबमें आपस में तक़रार है, ऐसे ही यहाँ ईसाई भी न जाने कितने सम्प्रदायों में विभक्त हैं—रोमन कैथोलिक, प्रोटेस्टेंट, चर्च ऑफ़ इंग्लैंड, चर्च ऑफ़ स्कॉटलैंड, मेथडिस्ट, यूनिटेरियंस। सबकी अपनी आदतें और सबके आपसी विरोध। इस मामले में कोई धर्म अलग नहीं। मसखरेपन से लिखती है कि हाँ, रोज़ नहाने की आदत ये अपने रिवाज़ों में शामिल नहीं कर सकते थे। जनाब, यह ठंडा देश है। ऐसे घड़ी-घड़ी नहाओगे तो ज़िन्दगी के बीच से ही जीज़स क्राइस्ट के पास रवानगी हो जाएगी!

कहा गया रमाबाई वहाँ के रंग में रँग जाएगी, लेकिन इस बात पर रमा मुतमइन थी कि अगर कोई न चाहे तो दूसरा ज़बरदस्ती उसे बदल नहीं सकता। और अगर ऐन्द्रिक सुखों की ही बात है तो उम्र का कोई फ़र्क़ नहीं होता, क्या जवान क्या बूढ़ा! हमारे देश में ऐसे बूढ़ों की कमी है क्या, जिनकी हालत यह है कि शायद अगले ही दिन अन्तिम संस्कार हो जाए, वे पैसे-रुपये की बदौलत 8-9 साल की लड़कियों से शादी कर लेते हैं![12] मज़बूत व्यक्ति की परीक्षा विपरीत परिस्थितियों में ही होती है और मैं अपनी हिम्मत आज़माना चाहती हूँ।[13] वह दिलासा देती है कि अच्छे लोग सभी जगह होते हैं, मैं यहाँ सिस्टर्स के बीच में हूँ और सुरक्षित हूँ। अभी तक मेरे भीतर ऐसी दानवी सोच नहीं आई है, आए भी न कभी, कि मैं अपने देश को भूल जाऊँ। जिन्हें सभ्य महिलाओं के बीच मेरे अंग्रेज़ी न जानने से हीन महसूस करने का भय है, वे जान लें कि भाषण देना, शिक्षित अंग्रेज़ महिलाओं के बीच उठना-बैठना, मेरे उद्देश्य इस सबसे बहुत बड़े और आगे के हैं। और भारत में मैट्रिकुलेशन करने का फ़ायदा क्या जब यहाँ दोबारा करना पड़े! विस्तार से समझाती है कि मद्रास जाकर क्यों उसका लक्ष्य पूरा नहीं हो सकता।

इस तरह सब आशंकाओं और सवालों का रमा तार्किक जवाब देती है, वह भी तसल्ली से, मज़े लेते हुए। आहत होते हुए नहीं। भारत की ज़मीन छोड़ते ही रमा की अभिव्यक्तियों में एक हास्य और खुलापन झलकने लगता है। सबसे मज़ेदार सवाल जो उससे किया गया था वह यह था कि अभी वह जवान है, इंग्लैंड ही

जाना है तो उसे कम-से-कम 10 या 12 साल बाद जाना चाहिए। उस उम्र तक व्यक्ति ठीक-ठाक वज़नदार हो जाता है। इसके जवाब में रमा का मसखरापन और व्यंग्य क्षमता झलकती है—

> हाँ, यह ठीक बात है कि उम्र के साथ व्यक्ति में 'वज़न' आता है! यह तो मिसेज़ मिशेल को देखकर ही समझा जा सकता है। एक दिन यह महिला और मैं कहीं जा रहे थे। उनके गाड़ी में चढते ही मुझे डर लगा कि कहीं गाड़ी टूट न जाए! लेकिन ईश्वर की दया से ऐसा नहीं हुआ। सच यह है कि एक व्यक्ति के बढ़ते 'वज़न' के लिए उम्र नहीं, ज्ञान ज़िम्मेदार है।[14]

मिसेज़ मुरे मिशेल साठ की उम्र पार कर चुकी थीं। विदुषी थीं, भारत की यात्राएँ की थीं और कई किताबें लिख चुकी थीं। रमा की यह व्यंग्य-भंगिमा लम्बे समय तक बनी रही।

लेकिन जीवन तो एक असली नाटक है

वांटेज होम पहुँचकर रमाबाई को सिस्टर गेराल्डाइन के संरक्षण में सौंप दिया गया। इन्हें दो कमरे मिले। हवा साफ़ थी और बहुत शान्ति थी यहाँ। कमरों की खिड़कियाँ जिस बग़ीचे में खुलती थीं, वह बेहद ख़ूबसूरत था। वह आनन्दीबाई को पुणे के बंड गार्डन जैसा लगा।[15] तीनों की एक दिनचर्या शुरू हुई। चाय-कॉफ़ी ये नहीं पीते थे। खाना भी लगभग वैसा ही था, उबला आलू, ब्रेड, दूध वग़ैरह। रमाबाई आनन्दी को मनो की तरह ही प्यार करती थी।[16] गर्मियों में भी ऐसी ठंड रहती थी जैसी प्रयाग में माघ में रहती है।[17] बिना जुराब के ज़मीन पर पैर नहीं रख सकते थे। जैसे रॉबिंसन क्रूसो कपड़ों के अभाव में चमड़े से कुछ अजीब-सा परिधान अपने लिए डिज़ाइन कर लेता है और अजीब लगता है, वैसे ही ये लोग अजीब लगते थे। आधा सूती कपड़ा और आधा ऊनी।[18] लेकिन उत्साह में कमी न थी।

इस सारे उत्साह पर जल्दी ही पानी फिर गया। मेडिसिन पढ़ने के लिए रमाबाई को उपयुक्त नहीं पाया गया। जाँच में पता चला कि रमा को सुनने में भारी दिक़्क़त है और डॉक्टरी के पेशे के लिए यह उसे अनुपयुक्त बनाता है। 1 जून, 1883 को सिस्टर जेरल्डीन ने सेंट मेरी समुदाय के अन्य सहयोगियों को चिट्ठी लिखकर बताया कि सुनने की मशीन देने के बावजूद डॉक्टर और ऑरिस्ट (कान की बीमारियों के जानकार) दोनों इस बात पर सहमत हैं कि यह असाध्य है।[19] तय किया गया कि उसे शिक्षण-प्रशिक्षण दिया जाएगा। लौटकर वह देश की महिलाओं के लिए स्कूल खोल सकती है। रमा ने फिर से अपने को नए लक्ष्य के लिए तैयार किया। वह बेहद लगन से पढ़ती थी।

लेकिन जीवन तो एक असली नाटक है। उस पर भी रमाबाई का जीवन, जो कभी विवादों से परे रहा ही नहीं। आनन्दीबाई भगत की आत्महत्या ऐसा ही विवाद बनी। सितम्बर के एक ख़त में सिस्टर जेरल्डीन ने लिखा कि मदर सुपीरियर (यानी मदर हैरियट) ने ख़ुद को ख़ास तौर से आनन्दी को पढ़ाने के लिए समर्पित कर दिया है। वह उसकी शाम को पढ़ाई में मदद करती हैं। उनका मानना था कि आनन्दी का यहाँ आने का फ़ैसला शायद ग़लत था, शायद वह इसके लिए एक उपयुक्त केस नहीं थी क्योंकि वह मानसिक रूप से पीड़ित है और अपने और पंडिता के बीच उसे जाति-भेद[20] महसूस होता है। रमाबाई अपनी पढ़ाई में इस तरह डूबी हुई है कि आनन्दी को जिस तरह की सांत्वना और सब्र चाहिए, वह देने में असमर्थ है।[21] दूसरी बात तो समझ आने योग्य है, लेकिन जाति-भेद महसूस करना एक ऐसी बात थी, जिससे क्या मंतव्य था मदर सुपीरियर का, स्पष्ट नहीं होता। लगभग एक महीना जहाज़ में तीनों साथ थे, साथ खाते थे और साथ सोते थे, साथ घूमते थे। अपने एकमात्र पत्र में आनन्दी लिखती है कि रमाबाई उसे मनोरमा जैसा ही मानती है, तब अचानक इस भेद को महसूस करने के क्या माने थे? सिस्टर ने इसे रमाबाई की कमी बताकर इस प्रकरण से मुक्ति पा ली। उधर एक कोण मैक्समूलर की किताब 'माई इंडियन फ्रेंड्स' में मिलता है, जिसके अनुसार आनन्दीबाई इस बात से भयभीत थी कि उन्हें ज़बरदस्ती ईसाई बना दिया जाएगा। इससे ख़ुद को बचाने के लिए पहले उसने एक रात सोते हुए रमा का गला घोंटने की कोशिश की इसमें नाकाम रहने पर उसने (शर्मिन्दगी से) ख़ुद आत्महत्या कर ली।[22]

रमा का स्वभाव आदेश मानने और सर झुकाने का नहीं था। क्या कहीं वांटेज में सेंट मेरी होम में रमाबाई के प्रति कोई पूर्वग्रह भी था?

1 सितम्बर, 1883 के अपने ख़त के साथ आनन्दीबाई की आत्महत्या की ख़बर सिस्टर जेरल्डीन को दी मदर सुपीरियर ने। देह के बाहर इस्तेमाल करनेवाली कोई ज़हरीली चीज़ उसने खा ली थी। सिस्टर जेरल्डीन लिखती हैं—सम्भव है, क्षणिक पागलपन में उसने ऐसा कर लिया हो, लेकिन वह बारह घंटे तड़पने के बाद मर गई। रमाबाई और उसकी बच्ची ठीक हैं और रमाबाई अभी भी लगन के साथ पढ़ रही है और अपने बप्तिस्मा का बेचैनी से इन्तज़ार कर रही है।[23] जबकि मैक्समूलर के अनुसार इस भयावह घटना से घबराई हुई रमा कुछ दिन उनके घर पर आ गई थी। वह इतना घबराती थी कि रोज़ रात को उसके कमरे में एक गृह-सहायिका को सुलाना पड़ता था।[24] मैक्समूलर के अनुसार ही इस घटना के बाद रमाबाई की सुनने की शक्ति अचानक इतनी ज़्यादा प्रभावित हुई कि मेडिकल की पढ़ाई का इरादा उसे छोड़ना पड़ा।[25] रमाबाई ने अपने सामने अपने कई प्रियजनों की मृत्यु देखी थी, लेकिन इस तरह का हादसा और मौत शायद पहली बार। यह अनसुलझा ही है कि जब आनन्दी बप्तिस्मा के लिए अपनी सहमति दे चुकी थी[26] तो फिर उससे

भयभीत होकर ऐसा क़दम क्यों उठाया? आनन्दी अपने ख़त में लिखती है कि रमा उसे बहुत प्यार करती है। वह लिखती है—

> मैट्रिक की परीक्षा यहाँ हमारे देश से ज़्यादा मुश्किल है। वह (रमाबाई) रोज़ बहुत पढ़ाई करती है। वह दिन में लगभग 12 घंटे काम करती है। अब वह पहले से बेहतर अंग्रेज़ी बोलती है। उसकी प्रगति निरन्तर है और एक दिन वह अंग्रेज़ी में भाषण देने में भी नहीं हिचकिचाएगी।[27]

बहुत-सी कल्पनाएँ की जा सकती हैं। कोई भय, अकेलापन या बप्तिस्मा के लिए पहले 'हाँ' करने के बाद भी बहुत सोचने की वजह से हुई घबराहट में उसने ऐसा क़दम उठाया हो। यह भी सम्भव है कि ग़लती से लगाने की चीज़ को वह निगल गई हो। जो भी रहा, बेहद दु:खद था। इस मृत्यु के बाद रमाबाई अपने बप्तिस्मा को लेकर और दृढ़ हो गई। सम्भवत: उसे आस्था का कोई सहारा चाहिए था।

रमाबाई ईसाई का चर्च की सत्ता से विद्रोह

29 सितम्बर, 1883 को रमाबाई और मनोरमाबाई का बप्तिस्मा वांटेज के पेरिश चर्च में CSMV के संस्थापक कैनन बटलर की उपस्थिति में हो गया। रमा का नाम हुआ मेरी रमा और मनोरमा का मनोरमा मेरी, लेकिन इस नाम का इस्तेमाल दोनों ने शायद ही कभी किया हो। इसकी सूचना तुरन्त टेलीग्राम की गई पूना और मुम्बई मिशन को। इधर आरे अख़बार इस समाचार पर प्रतिक्रिया दे रहे थे। किसी को लगा, यह उपनिवेशवादी वर्चस्व का एक और नमूना है, किसी ने कहा, बस, इसलिए औरतों को आज़ादी और पढ़ने के अवसर नहीं देने चाहिए, किसी ने लिखा, अगर भारत में रहते हुए रमा का बप्तिस्मा हुआ होता तो उसकी जान ख़तरे में पड़ सकती थी।[28]

उधर 'इंग्लैंडचा प्रवास' रमाबाई ने भेजा 15 मई को लेकिन 'सुबोध पत्रिका' में छपा वह तीन महीने बाद। तब तक यहाँ स्थितियाँ बहुत बदल चुकी थीं। मीरा कोसाम्बी लिखती हैं—बहुत पानी टेम्स (लन्दन की प्रमुख नदी) में बह गया था।[29] 'सुबोध पत्रिका' ने रमाबाई के जीवन-वृत्त के साथ इसे एक अलग बुकलेट की तरह छापा। जब 'केसरी' में 'इंग्लैंडचा प्रवास' की समीक्षा छपी, जिसमें रमाबाई की भाषा, साहस और बुद्धिमत्ता की तारीफ़ की गई थी, तब तक रमा के बप्तिस्मा की अफ़वाहें उड़ने लगी थीं।[30] सच भी सामने आना ही था। वह रमाबाई जो इरादा और घोषणा करके चली थी कि कोई उसे ईसाई नहीं बना सकता अगर उसकी मर्ज़ी न हो तो, ईसाई हो गई थी। उसकी मर्ज़ी रही ही होगी।

हिन्दू धर्म से ब्रह्मो होकर नास्तिक हो जाना और फिर ईसाई हो जाना। पुणे

में उसके बाद के समय में इतनी निन्दाएँ और आलोचनाएँ होती रहीं रमा की कि उन्हें न सुनना ही ठीक था ताकि एकाग्र होकर काम किया जा सके। रमा की श्रवण शक्ति का क्षीण हो जाना भी समझो भला ही हुआ।

सिस्टर जेरल्डीन रमाबाई की गॉडमदर थी। रमा और मनोरमा को बहुत प्यार करती थी। रमा और मनोरमा दोनों उन्हें 'आजीबाई' (नानी) कहते थे, लेकिन वह रमा को क़ब्ज़े में रखना चाहती थी, यह दिखाई देता है एक मिशनरी अनुशासन में, जहाँ न स्वतंत्र सोच हो और न स्वतंत्र जीवन। नैतिक आचरण की उनकी परिभाषाओं में ही नहीं, उनकी सोच-समझ की सीमाओं में भी रमा समा नहीं सकती थी। फिर भी उनकी कोशिश बरक़रार थी। कुछ महीने वांटेज में रहकर रमा ने अपनी अंग्रेज़ी की पढ़ाई की और उसके बाद 1884 में चेल्टेनहेम में महिला कॉलेज चली गई विद्यार्थी और शिक्षक, दोनों बनकर। संस्कृत पढ़ाती थी और अंग्रेज़ी साहित्य, विज्ञान और गणित पढ़ती थी। यहाँ प्रधानाचार्या मिस बील से रमाबाई बहुत प्रभावित हुई। मिस बील भी रमाबाई को पसन्द करती थीं। रमाबाई को सुनने में मदद करने के लिए एक ऑरोफ़ोन दिया गया था। उसे कान पर लगाती थी तो उसके दाँतों तक आता था वह। मिस बील की कक्षा में उनके बग़ल में बैठा करती थी, स्टूल पर, हमेशा की तरह अपनी सफ़ेद साड़ी में। जब दार्शनिक अन्दाज़ में मिस बील धार्मिक ग्रंथों की व्याख्या किया करती थीं, रमा पूरी एकाग्रता से सुना करती थी। उसके मन में कई शंकाएँ पैदा होती थीं धर्म को लेकर, जिन्हें वह सुलझा लेती थी तो विजयी भाव से मिस बील से आकर मिला करती थी। इस दौरान मनो वांटेज में ही थी, आजीबाई के पास।

दूर रहकर भी आजीबाई का सारा ध्यान मानो रमा के आचरण की निगरानी करने पर था। उन्हें यह बात बेहद ख़राब लगी कि चेल्टेनहेम में रहते हुए रमा का एक ब्राह्मण मित्र आया और रमाबाई उससे मिलने चली गई। यह मित्र वही बाँके बिहारी शर्मा था। वह लिखती हैं, यह हमारे लिए शर्मिन्दगी का पल था कि वह रमाबाई के साथ एक 'अटैची' की तरह आया था।[31] आजीबाई इस बात से चिढ़ती थी कि रमा कभी अकेले सफर नहीं करती, हमेशा उसके साथ कोई मित्र 'एस्कॉर्ट' या 'कूरियर' की तरह होता था और आनन्दीबाई भगत की मृत्यु के बाद उसे अकेले यात्राएँ न करनी पड़ें। शायद इसलिए उसे बुलाया हो। आख़िरकार रमा के चरित्र-रक्षण के लिए सोसायटी ऑफ़ सेंट जॉन एवांजलिस्ट सामने आई, उन्होंने अपने मिशन हाउस में बाँके राव को आमंत्रित किया, निर्देश देकर बप्तिस्मा किया और भारत वापस भेज दिया, जहाँ किसी मिशन से उसे जोड़ दिया गया था। ऐसा नहीं कि रमा को यह सब समझ नहीं आता था। दूसरों को ख़त में सिस्टर क्या लिखती हैं, यह भले ही रमा को पता नहीं था, लेकिन अपने साथ होनेवाले घटना-क्रम और व्यवहार से अन्दाज़ा था उसे।

सिस्टर जेरल्डीन को लगातार यह लगता था कि रमाबाई में आज्ञाकारिता की कमी है और चर्च की सत्ता में उसका विश्वास डाँवाँडोल है। कोई आसन्न ख़तरा उन्हें रहता था, हाथ से छूट न जाए रमा। आख़िर वे सभी मिलकर रमाबाई के पढ़ने और रहने के ख़र्चे का इन्तज़ाम कर रहे थे। एक बार किसी पादरी ने सिस्टर से कहा था कि भारत से आनेवाली महिलाएँ अपने देश के किसी काम की नहीं हैं और यह बात रमा को बताते हुए सिस्टर ने इस बात से सहमति भी जताई थी। यह बात रमा भूली नहीं थी। जुलाई 1884 के एक ख़त में वह आजीबाई को यह बात याद दिलाती है और कहती है कि हम अपने देश में पढ़ सकते हैं और उसके काम भी आ सकते हैं लेकिन हम यहाँ अंग्रेज़ी पढ़ने आते हैं क्योंकि श्रेष्ठ वैज्ञानिक किताबें अंग्रेज़ी में लिखी गई हैं। तमाम चीज़ें जो रमाबाई के आसपास हो रही थीं, उनमें सबसे ख़राब था एक स्त्री को स्वतंत्र, स्वायत्त और बालिग व्यक्ति न माना जाना। वह लिखती है—

> अगले ही पल हमारे साथ क्या होगा, यह हमें नहीं पता, लेकिन हमारे पास प्रभु की दी एक अनमोल भेंट है—हमारी स्वतंत्र इच्छा।...मैं उन लोगों से बहस कर रही हूँ जो मेरे बारे में राय दे रहे हैं और मेरी मर्ज़ी जाने बिना फ़ैसला कर रहे हैं, इसलिए न मुझे आपका सर खाना चाहिए न अपना खपाना चाहिए। मुझे मिस बील का एक ख़त मिला है जो मैं आपको भेज रही हूँ। मुझे हमेशा हैरानी होती है उन लोगों को देखकर या सुनकर, जो मेरा भविष्य तय करने की चिन्ता में घुले जा रहे हैं जबकि सर्व शक्तिमान तो प्रभु है जो जानता है कि मेरे लिए क्या अच्छा है और वही करेगा।[32]

लगभग ऐसा ही जवाब मीराँ ने दिया था जब वह जीव गोस्वामी से मिलने पहुँची थीं। कहा जाता है उन्हें द्वार पर रोक दिया गया था यह कहकर कि गोस्वामी जी स्त्रियों से नहीं मिलते। मीराँ ने कहा—मैंने तो सुना था, परमात्मा ही एकमात्र पुरुष है! मुझे नहीं पता था कि यहाँ वृन्दावन में कृष्ण के अलावा कोई दूसरा पुरुष भी है।

बिशप को जवाब देने के साथ-साथ रमाबाई का यह जवाब डियर ओल्ड आजीबाई को भी था। इंग्लैंड के चर्च के साथ रमा के रिश्ते लगभग ऐसे ही चले।

एक बहुत वृद्ध संस्कृत सीखना चाहते थे जिन्हें रमा पसन्द करती थी। श्रीमती और श्री हिल व उनके चचेरे-ममेरे भाई-बहनों को रमा हिन्दी सिखा रही थी। कोई पाठ सामग्री तो थी नहीं, वह ख़ुद ही कुछ अल्ल-बल्ल लिखकर बना लेती थी। चेल्टेनहैम में संस्कृत तो पढ़ा ही रही थी और इस तरह ख़र्चों का कुछ पैसा भी

कमा लेती थी। आनन्दीबाई भगत का कहा सच होनेवाला था, रमा अंग्रेज़ी में भाषण देने लायक हो गई थी।

लेकिन इंग्लैंड में रमाबाई के व्याख्यान ही नहीं, अभी बहुत कुछ होनेवाला था।

सन्दर्भ

1. देखें, पृ. 102, पंडिता रमाबाई : लाइफ़ ऐंड लैंडमार्क राइटिंग्स, मीरा कोसाम्बी, रूटलेज़, 2016
2. द चर्च ऑफ़ स्कॉटलैंड मिशन स्कूल पूना की संस्थापक जूलियट मिशेल और मास्टर यानी उसके किसी अध्यापक या हेड मास्टर, देखें, पृ. 13, लेटर्स ऐंड कॉरेस्पॉन्डेंस
3. देखें, पृ. 110, पंडिता रमाबाई : लाइफ़ ऐंड लैंडमार्क राइटिंग्स, मीरा कोसाम्बी, रूटलेज़, 2016
4. देखें, पृ. 110-11, पंडिता रमाबाई : लाइफ़ ऐंड लैंडमार्क राइटिंग्स, मीरा कोसाम्बी, रूटलेज़, 2016
5. रमा को पुणे छोड़ने भी साथ आए थे।
6. देखें, पृ. 102, पंडिता रमाबाई : लाइफ़ ऐंड लैंडमार्क राइटिंग्स, मीरा कोसाम्बी, रूटलेज़, 2016
7. देखें, पृ. 113, वही
8. वही
9. देखें, पृ. 112, वही
10. देखें, पृ. 116, पंडिता रमाबाई : लाइफ़ ऐंड लैंडमार्क राइटिंग्स, मीरा कोसाम्बी, रूटलेज़, 2016
11. मुझे खेद है कि मैं अचानक निकल गई और बहुत-से दोस्तों से मिलने का मौक़ा नहीं मिला—रमाबाई, इंग्लैंडचा प्रवास, देखें, पृ. 109, पंडिता रमाबाई : लाइफ़ ऐंड लैंडमार्क राइटिंग्स, मीरा कोसाम्बी, रूटलेज़, 2016
12. देखें, पृ. 107, पंडिता रमाबाई : लाइफ़ ऐंड लैंडमार्क राइटिंग्स, मीरा कोसाम्बी, रूटलेज़, 2016
13. वही
14. देखें, पृ. 108, वही
15. देखें, पृ. 13, द लेटर्स ऐंड कॉरेस्पॉन्डेंस ऑफ़ पंडिता रमाबाई, सिस्टर जेरल्डीन द्वारा संकलित, सं. ए.बी. शाह, महाराष्ट्र स्टेटबोर्ड फ़ॉर लिटरेचर ऐंड कल्चर, बॉम्बे, 1977
16. देखें, पृ. 13, वही, लेटर्स
17. देखें, पृ. 115, पंडिता रमाबाई : लाइफ़ ऐंड लैंडमार्क राइटिंग्स, मीरा कोसाम्बी, रूटलेज़, 2016
18. देखें, पृ. 115, पंडिता रमाबाई : लाइफ़ ऐंड लैंडमार्क राइटिंग्स, मीरा कोसाम्बी, रूटलेज़, 2016

19. देखें, पृ. 9, द लेटर्स ऐंड कॉरेस्पॉन्डेंस ऑफ़ पंडिता रमाबाई, सिस्टर जेरल्डीन द्वारा संकलित, सं. ए.बी. शाह, महाराष्ट्र स्टेटबोर्ड फ़ॉर लिटरेचर ऐंड कल्चर, बॉम्बे, 1977
20. आनन्दीबाई भगत मराठा थीं।
21. देखें, पृ. 9, द लेटर्स ऐंड कॉरेस्पॉन्डेंस ऑफ़ पंडिता रमाबाई, सिस्टर जेरल्डीन द्वारा संकलित, सं. ए.बी. शाह, महाराष्ट्र स्टेटबोर्ड फ़ॉर लिटरेचर ऐंड कल्चर, बॉम्बे, 1977
22. देखें, पृ. 127, माई इंडियन फ्रेंड्स, मैक्समूलर, लॉन्गमैंस, ग्रीन ऐंड कम्पनी, लन्दन, बॉम्बे, 1899
23. देखें, पृ. 11, द लेटर्स ऐंड कॉरेस्पॉन्डेंस ऑफ़ पंडिता रमाबाई, सिस्टर जेरल्डीन द्वारा संकलित, सं. ए.बी. शाह, महाराष्ट्र स्टेटबोर्ड फ़ॉर लिटरेचर ऐंड कल्चर, बॉम्बे, 1977
24. देखें, पृ. 127, माई इंडियन फ्रेंड्स, मैक्समूलर, लॉन्गमैंस, ग्रीन ऐंड कम्पनी, लन्दन, बॉम्बे, 1899
25. देखें, पृ. 128, माई इंडियन फ्रेंड्स, मैक्समूलर, लॉन्गमैंस, ग्रीन ऐंड कम्पनी, लन्दन, बॉम्बे, 1899
26. कहा गया है कि बप्तिस्मा की उसकी इच्छा का सम्मान करते हुए मृत्युशैय्या पर ही उसका बप्तिस्मा किया गया, जिसमें उसे आनन्दी नाम मिला। अपने एकमात्र ख़त में वह इसी आनन्द और ख़ुशी से सराबोर और कृतज्ञ है।
27. देखें, पृ. 14, लेटर्स
28. देखें, पृ. 2, ऑफ़ वॉटर ऐंड ऑफ़ स्पिरिट, द बैप्टिज़्म ऑफ़ पंडिता रमाबाई सरस्वती, सुसैन ली ग्लोवर, पी-एच.डी. थीसिस, स्कूल ऑफ़ स्टडीज़ इन रिलिज़न, यूनिवर्सिटी ऑफ़ सिडनी, नवम्बर 1995
29. देखें, पृ. 82, पंडिता रमाबाई : लाइफ़ ऐंड लैंडमार्क राइटिंग्स, मीरा कोसाम्बी, रूटलेज़, 2016
30. देखें, वही
31. देखें, पृ. 20, द लेटर्स ऐंड कॉरेस्पॉन्डेंस ऑफ़ पंडिता रमाबाई, सिस्टर जेरल्डीन द्वारा संकलित, सं. ए.बी. शाह, महाराष्ट्र स्टेटबोर्ड फ़ॉर लिटरेचर ऐंड कल्चर, बॉम्बे, 1977
32. देखें, पृ. 25, वही, लेटर्स

9

आपकी शरारती, रमाबाई

> आस्था के मुद्दे पर रमाबाई एक मुश्किल दौर से गुज़र रही है। मुझे लगता है, उसके जैसे दिमाग़ वाले व्यक्ति के लिए यह अपरिहार्य है।[1]
>
> **—सिस्टर जेरल्डीन**

रमा का दिमाग़ स्वभावत: तार्किकता की ओर झुका हुआ था। जो परेशानियाँ उसे हिन्दू धर्म से हुआ करती थीं, उनका एक बड़ा कारण था कि स्त्री होने के नाते वह अपने लिए वहाँ वह आध्यात्मिक सन्तुष्टि नहीं पाती थी क्योंकि अधिकतर शास्त्र स्त्रियों के प्रति द्वेषपूर्ण थे। यही समाज के दलित वर्ग के लिए भी सच था जो उसे बहुत अमानवीय प्रतीत होता था। रमाबाई के अधिकांश ईसाई जीवनीकारों ने यह बताने की कोशिश की है कि इंग्लैंड आने से पहले ही रमा का हिन्दू धर्म में विश्वास पूर्णत: ख़त्म हो गया था।[2] ईसाई जीवनीकारों का ऐसा लिखना स्वाभाविक था, समझ आता है, लेकिन धर्म के सभी संस्कार इतनी शीघ्रता से नहीं छूटते। अक्सर वे भाषा में बचे रह जाते हैं। भाषा भी संस्कृत, जिसकी प्राचीनता और सुन्दरता पर रमा मुग्ध थी। संस्कृत यानी कोई धर्म नहीं बल्कि वह भाषा जो रमा के ज्ञानात्मक विकास (Cognitive development) का माध्यम बनी थी। जब बहुत-से लोगों ने कहा था कि विदेश में रहने का ख़र्चा रमा कैसे उठाएगी तो विनोद भाव से ही वह लिखती है—मैं लक्ष्मी की बेटी हूँ और मेरा नाम रमा है। मुझे पैसों की क्या दिक़्क़त हो सकती है?[3] नाम लक्ष्मी या रमा होने से हाथ में पैसा नहीं आ जाता, वह भी जानती थी, लेकिन अपने लक्ष्य में बाधाएँ पैदा करनेवालों को चुप तो कराना था न! भाषा से ऐसे खेल सकनेवाला ही शास्त्रार्थ जीत सकता है। भाषा से ऐसे वही खेल सकता है, जिसने उसका गहन अध्ययन किया हो। अध्ययन और शास्त्रार्थ उसे पालन-पोषण में मिला था।

इस दौर में रमा का संस्कृत से प्रेम अद्भुत है। एक पत्र में वह फ़ादर नेहम्याह गोरे के इस सुझाव पर आपत्ति करती है कि भारतीय सिस्टर्स को वैसा ही लैटिन में

लिखा क्रॉस पहनना चाहिए जैसा कि बाक़ी सब सिस्टर्स पहनती हैं। सिस्टर जेरल्डीन को लिखे एक पत्र में व्यंग्य करते हुए वह कहती है—

> मैं फ़ादर गोरे को दोष नहीं दूँगी क्योंकि मैं अच्छी तरह उन लोगों की भावनाएँ समझती हूँ जो, जब अपने धर्म से जुड़े बुरे रिवाज़ों को छोड़ना चाहते हैं तो नये माहौल के असर में पूरी तरह अन्धे हो जाते हैं। आपने ख़ुद मुझे बताया है, कई बार और मैंने किताबों में पढ़ा है कि जब सुधारकों ने झूठे सिद्धान्तों को त्यागना शुरू किया तो अफ़सोस, अच्छी चीज़ों पर भी झाड़ू फेर दिया।... दूसरों की राय का मुझे नहीं पता, लेकिन कुछ अच्छी पुरानी चीज़ें मुझे बहुत प्रिय हैं और अगर मुझे उन चीज़ों में ऐसा कुछ नहीं मिलता जो नये धर्म से टकराव रखता हो तो मुझे उन्हें नहीं छोड़ना चाहिए।... जहाँ तक क्रॉस की बात है, आप समझ सकती हैं कि मैं वह महान चिह्न क्यों नहीं पहनना चाहती। आपके साथ यह ठीक है, आप पीढ़ियों से ईसाई हैं, फ़ादर गोरे के साथ भी क्योंकि उन्हें तो भारतीय भावनाओं से कोई सहानुभूति नहीं है, लेकिन मैं अभी-अभी हिन्दू धर्म और ब्रह्मोइज़्म की डाल से तोड़ी गई हूँ (I am just plucked down) इसलिए मैं अच्छी तरह उनकी (भारतीयों की) भावनाएँ जानती हूँ और उनके प्रति संवेदना रखती हूँ।[4]

वह पूछती है कि क्रॉस पर लैटिन की जगह संस्कृत में उत्कीर्ण क्यों नहीं हो सकता? आप मुझे रूढ़िवादी मान सकते हैं, लेकिन क्या आपको लगता है कि लैटिन में संस्कृत से कुछ बेहतर है? या आपको भी ब्राह्मणों की तरह लगता है कि संस्कृत देवों की भाषा है? मैं संस्कृत ही चुनूँगी इसलिए नहीं कि वह देवों की पवित्र भाषा है बल्कि इसलिए कि यह एक सुन्दर भाषा है और मेरी मातृभूमि की प्राचीन भाषा है।[5] वह स्पष्ट कहती है कि अगर मुझे क्रॉस पहनना ही है तो मुझे उस पर संस्कृत में लिखा हुआ चाहिए। लैटिन न मुझे समझ आती है न मेरे देश की औरतों को। रमा का यह संस्कृत प्रेम लम्बे समय तक चला और ईसाई बनने के बाद भी वह लगातार यह कोशिश करती रही कि कम-से-कम अपने आचरण और आदतों में वह भारतीय रह सके। क्योंकि इंग्लैंड में वह जो भी करती, वह भारत में उस समुदाय को एक सन्देश होता जिनके बीच उसे अन्ततः काम करना था।

ईसाइयत के प्रति उसके आकर्षण की असल वजह क्या होगी, यह कहना मुश्किल है, लेकिन इतने बड़े फ़ैसले के पीछे कोई एक मामूली वजह हो भी नहीं सकती। निश्चित रूप से रमा को ईसाई धर्म के मूल में सभी प्राणियों, विशेष रूप से पतितों के लिए, करुणा और प्रेम की अवधारणा ने लुभाया। इस बात ने भी कि स्त्री के लिए वही

जगह है जो पुरुष के लिए। मुक्ति सम्भव है। पतित से पतित व्यक्ति को भी ईश्वर के प्रेम का अधिकार है और मुक्ति उसके लिए भी है। एक सपोर्ट-सिस्टम चाहने की मंशा से भी इनकार नहीं किया जा सकता। लेकिन नये धर्म को अपनाने के बाद वह दो बातों से सन्तुष्ट नहीं हो पाती—मनुष्य और ईश्वर के बीच एक सत्ता के रूप में चर्च की अवस्थिति, जिसका प्रतिनिधि बिशप होगा। दूसरा, नियंत्रण। ईश्वर से अलग कोई सत्ता जो ईश्वर और मनुष्य के बीच आकर खड़ी हो, यह रमाबाई को हमेशा प्रश्नेय लगा।[6] वह ईश्वर के प्रति पूर्णत: समर्पित हो सकती थी, उस सत्ता के नहीं।

विद्रोही स्वभाव की वजह से इंग्लैंड से रमा को चलता करने की तरकीबें

आस्था और विश्वास के सवाल रमा की ज़िन्दगी में चल ही रहे थे, साथ दो नये विवाद फिर जन्म लेने लगे। चेल्टेनहेम लेडीज़ कॉलेज की प्रिंसिपल मिस डोरोथी बील रमाबाई की मदद करना चाहती थी। उन्होंने साल भर के लिए रमा को यहाँ संस्कृत पढ़ाने का प्रस्ताव दिया था, जिसे रमा ने स्वीकार भी कर लिया था। उन्हें लगा था कि रमा को यहाँ रहकर भारत के अख़बारों के लिए लेख लिखने चाहिए जो उसके देश की जनता तक पहुँचें, भारतीय भाषाओं में अनुवाद करे जो उसके देश की स्त्रियों के काम आए, वर्किंग मेन हॉस्टल में भाषण दे और इन सब कामों को करते हुए अपने लिए कुछ कमा भी ले ताकि उसे यह आश्वस्ति मिले कि वह किसी पर बोझ नहीं है और साथ ही उसका भारत के लिए सोचा हुआ लक्ष्य भी पीछे न छूट जाए। अख़बार में चेल्टेनहेम में रमाबाई के भाषण की सूचना पढ़कर बॉम्बे और लाहौर के बिशप (दोनों उस समय लन्दन में थे) ने आपत्तियाँ कीं और मिस बील को चिट्ठियाँ लिखीं कि यह तुरन्त बन्द हो।

9 मई, 1884 की चिट्ठी में लाहौर के बिशप ने लिखा कि यह एक सुधारक के रूप में उसके काम का अन्त होगा, वह ख़ुशी से यहाँ बस जाएगी[7] और एक अंग्रेज़ औरत बन जाएगी। 21 मई, 1884 'बिशप ऑफ़ बॉम्बे' ने लिखा कि जो मैं कह रहा हूँ, सभी बिशप उसका समर्थन करेंगे कि लोकप्रियता रमाबाई के लिए घातक है, देसी ईसाई नष्ट हो जाते हैं इससे और भविष्य के लिए, अपने देश के लिए उपयोगिता खो देते हैं। रमाबाई पर उसके देश की औरतों का हक़ है। मैं अनुरोध करता हूँ कि यह व्यवस्था ख़त्म कीजिए। बिशप ने यह भी कहा कि इस केस में जो अनुभवी थे (निश्चित रूप से वे अपनी और अन्य बिशप की बात कर रहे थे) उनसे पूछा तक नहीं गया यह इन्तज़ाम करने से पहले, यह सब कितना घातक हो सकता है, मैं पहले ही चेता देता।[8] इन दोनों को मिस बील ने अच्छा जवाब दिया रमा की ओर से। उन्हें बताया कि रमा वापस जाकर काम करने को तत्पर है। जैसे ही उसे हिन्दू विधवाओं की शिक्षा के लिए कोई समुचित व्यवस्था खड़ा करने का सूत्र मिलेगा, वह

चली जाएगी। फ़िलहाल जबकि उसके लिए वांटेज में रहकर आराम करना ज़रूरी है, उसकी तबीयत ख़राब रहती है, दिमाग़ी थकान है। नर्वस सिस्टम प्रभावित हो रहा है, वह फिर भी काम कर रही है। वह ऐसी है ही नहीं कि दूसरों पर निर्भर रहते हुए एक निष्क्रिय जीवन जिये।[9] लेकिन अभी उसका जाने का समय नहीं आया। मिस बील ने इस बात का भी प्रतिवाद किया कि रमाबाई का लड़कों को पढ़ाना ग़लत है।

लेकिन पत्र इसके बाद भी आए। बिशप ऑफ़ लाहौर ने कहा, ऐसे देसी ईसाई राष्ट्र-विमुख हो जाते हैं। बॉम्बे के बिशप ने कहा, अगर वह युवा लड़कों को पढ़ाएगी तो उसका असर भारत में भी पड़ेगा और उसका प्रभाव वहाँ ख़त्म हो जाएगा।[10] उधर डॉ. मिलने लिख रहे थे कि उसे जल्दी वापस भेजो। वहाँ किसी अंग्रेज़ संस्था के साथ वह काम कर लेगी या शिमला में मिस रिडल उसे अपने संरक्षण में लेने को पहले ही तैयार हैं। कैनन बटलर भी लिख रहे थे कि रमाबाई को जनता में नहीं लाना चाहिए न विज्ञापित करना चाहिए।[11] यह सब उसे बिगाड़ देगा और उसका प्रभाव एक अंग्रेज़ महिला से ज़्यादा नहीं रह जाएगा भारत में।

चरित्र की पहरेदारी : धर्म की सत्ता भी पुरुष है

अप्रैल 1885 को सिस्टर को मिस बील लिखती हैं यह रमा के साथ नाइंसाफ़ी है अगर उसे पुरुष विद्यार्थियों को न पढ़ाने दिया जाए। लेकिन सिस्टर जेरल्डीन इस बात से मुतमईन थी कि चर्च की सत्ता और ये बिशप जो कह रहे हैं, रमाबाई को उसे मानना चाहिए। वह लिखती हैं—

> रमाबाई की निराशा को मैं समझती हूँ, लेकिन मुझे उसे देने के लिए कोई समुचित वजह समझ नहीं आ रही। उसे सीखना होगा कि एक ईसाई होकर उसे उनकी बात माननी होगी जो चर्च में उसके ऊपर हैं। वह स्वतंत्र रूप से चलने को हमेशा तैयार रहती है, और हालाँकि यह एक तात्कालिक समस्या है, फिर भी उसे उनकी राय स्वीकार करने के लिए तैयार रहना चाहिए जो अपने अनुभव और भारत में अपने ओहदे की वजह से बोलने का हक़ रखते हैं।[12]

मिस बील इस बात को समझ रही थीं कि रमाबाई ने सीखा था कि ईसाइयत में उसे पूरी आज़ादी है और यह कि क्राइस्ट न स्त्री है न पुरुष है। अब उसे अपने सामने यह स्पष्ट दिख रहा था कि क्राइस्ट के अतिरिक्त एक सत्ता है जिसकी अधीनता उसे स्वीकार करने को कहा जा रहा है और वह सत्ता पुरुष है। रमाबाई न झुकती है न कोई झूठी नैतिकता ख़ुद पर लादने देती है। उसे यह कहकर मजबूर किया जाता है कि रमाबाई को उनकी राय स्वीकार करनी चाहिए जो भारत में अपने

ओहदे और अनुभव की वजह से बोलने का हक़ रखते हैं। लेकिन वह आजीबाई को ख़त में लिखती है कि यह न सोचें कि उसे पैसे बनाने हैं। बात पैसों की ही होती तो और भी तरीक़े हैं जिसने वह समाज में सम्मान से पैसा कमा सकती थी—

> इसका साफ़ मतलब है कि जो लोग उस देश के नहीं हैं वे मुझसे, जो भारत में पैदा हुई है, पली-बढ़ी है, ज़्यादा भारत के बारे में जानते हैं। आप और आपके जो भी सलाहकार हैं, उन्हें न मुझ पर भरोसा है न मेरा सम्मान, और उन्हें मेरे बारे में कुछ भी फ़ैसला लेने का हक़ है और मैं उनके फ़ैसलों के ख़िलाफ़ बोल भी नहीं सकती। ऐसा ही नहीं है। मेरी प्रिय आजीबाई, आप भी जानती हैं कि इन शब्दों को लिखते हुए मेरी मंशा आपको या किसी और कोई पीड़ा पहुँचाने की नहीं है, क्योंकि मैं जानती हूँ मानसिक पीड़ा क्या होती है, लेकिन इसी के साथ मुझे स्पष्ट बोलना चाहिए कि मैं क्या महसूस करती हूँ, ऐसा करना मेरा कर्तव्य है। ...अगर आप और आपके देश के लोग भारत के लोगों पर विश्वास नहीं करते तो कोई ख़ास फ़र्क़ पड़ता भी नहीं। जहाँ तक मेरा सवाल है, मैं विश्वास करती हूँ और पूरे दिल से अपने देश को प्यार करती हूँ। मैं अच्छे-से जानती हूँ कि भरोसा भरोसे को पैदा करता है और प्यार प्यार को। जब लोग दूसरों पर अविश्वास करते हैं तो वे उन्हें भी ख़ुद पर अविश्वास करने का मौक़ा देते हैं। आपके सलाहकार, वे जो भी हैं, उन्हें मेरे बारे में फ़ैसला लेने का कोई हक़ नहीं है। यह कहने के लिए वे मुझे माफ़ करें, लेकिन वे बहुत आगे बढ़ गए हैं। आपको मेरा यह सब कहना अच्छा नहीं लग रहा होगा, ऐसे में मैं भी आपको अपनी बातों से परेशान नहीं करना चाहूँगी। आपकी दयालुता है कि आपने मुझे इस देश में एक घर दिया, जिसके लिए ताउम्र मैं आपकी एहसानमन्द रहूँगी, लेकिन साथ ही यह भी कहना होगा कि आप और आपके मित्रों ने मुझ पर विश्वास नहीं किया, प्रत्यक्ष या प्रकारान्तर से मेरी निजी आज़ादी में दख़ल दिया, मुझे आपको 'गुडबाय' कहना होगा और अपने रास्ते जाना होगा, जिसके लिए ईश्वर मुझे निर्देशित करेगा। बहुत पहले मैंने अपने जीवन के फ़ैसलों को अपने अधिकार में ले लिया था और अब मैं किसी को अपनी इस आज़ादी को अपने हाथ में लेने नहीं दूँगी।[13]

सिस्टर जेरल्डीन शिकायत करती है लगातार कि—बाँके राव से मिलने गई, ब्रिस्टल में अपने पति के एक मित्र एलेन* से मिलने गई, एक प्रोटेस्टेंट श्रीमती गिलमोर

---

* फ़ादर एलेन वही हैं जिनसे सिलचर में रमा बाइबल का शिक्षण ले रही थी, जिसे लेकर रमा और उसके पति बिपिन बिहारी मेधावी के बीच झगड़ा भी हुआ थ।

से मिलने गई, अपने ब्रह्मो मित्रों से पत्र-व्यवहार करती है, आस्था डाँवाँडोल है, बिना ईशु के उसकी ईसाइयत ख़तरे में है[14], इन सभी बातों को हिन्दू रीति-रिवाज़ों के ख़िलाफ़ बताते हुए सिस्टर जेरल्डीन ने मिस बील को पत्र लिखा और समझाने की कोशिश की कि अगर हमें ज़बरन उसे ऐसे लोगों से मिलने से बचाना पड़ रहा है, जिनके बारे में हमें लगता है कि उसके ईसाइयत में विश्वास को हिला देंगे तो यह अपने आप में समस्यापूर्ण है। वह लिखती हैं—

> अगर हम चाहते हैं कि ईसाइयत में रमाबाई अपने विश्वास को दृढ़ कर पाए और दूसरों को प्रभावित कर पाए तो इसके लिए उसे ईसाइयत को दर्शन की तरह पढ़ाना होगा, ऐतिहासिक रहस्योद्घाटन की तरह नहीं। उसकी चेतना भी इससे प्रभावित होनी चाहिए। जैसे कि हम कहते हैं (हम जो ईसाई की तरह पले-बढ़े हैं)—ऐसी बातें थीं, इनसे ऐसा और ऐसा सत्य प्रकट होता है। लेकिन वह सिर्फ़ यह कह सकती है कि—यह और यह पराभौतिक आवश्यकताएँ हैं और इसलिए मैं प्रमाणों को जानने के लिए प्रस्तुत हूँ। ईसाई हुए ग्रीक लोगों से इसलिए सेंट पॉल यह कहते थे। "यह अवश्यंभावी था।" यह उनकी ज़बान पर हमेशा रहता था जैसा कि हमारा ईश्वर भी अपने शिष्यों से कहता है। अगर उसे खुलकर बात करनेवाला कोई न मिला तो वह शान्त हो जाएगी और आसानी से एकेश्वरवाद की ओर चली जाएगी।[15]

अपनी स्वायत्तता, अपने सम्मान और अपने देश को लेकर रमाबाई बेहद संवेदनशील थी। अनथक परिश्रम कर सकती थी अपने लक्ष्य को पाने के लिए, भले ही स्वास्थ्य को इसके लिए ताक पर रखना पड़े। मिस बील के अनुसार, वह शानदार बुद्धि और चरित्र की मालकिन थी[16] और मिस बील जानती थीं कि ऐसी 'बेचैन आत्मा'[17] निर्देशित करने के लिए कितना धैर्य और बुद्धिमत्ता चाहिए थी। ब्रह्म समाज के प्रशिक्षण के चलते चमत्कारों में उसका विश्वास ख़त्म हो गया और मिस बील को उसे समझाना था कि एक चमत्कारिक जीवन के लिए एक चमत्कारिक जन्म कितना ज़रूरी है वरना वह क्राइस्ट के जन्म को कैसे स्वीकार करेगी? उन्हें लगा, रमा को ईसाइयत के सत्य को पूरी तरह अपनाने के लिए वक़्त चाहिए ताकि वह आस्था की ज़मीन पर मज़बूती से खड़ी हो सके।

मैं अनुशासन विहीन औरत नहीं हूँ लेकिन पादरियों की बात नहीं मानूँगी

सिस्टर जेरल्डीन रमाबाई की स्पष्टवादिता से आहत भी होती थीं, लेकिन रमा के व्यवहार को नियंत्रित करने के इरादे में वह जितनी पक्की थीं, उतनी ही रमा भी

विद्रोह करने के लिए हर वक़्त आतुर। वह स्पष्ट कहती है कि मैं महन्तों और बिशप की बात मानने के लिए बाध्य नहीं।[18] यूँ भी जिस स्त्री ने पुरुष पंडितों की भरी सभा में अपने ज्ञान की परीक्षा दी, हमेशा स्त्री-पुरुषों से भरी सभा में व्याख्यान दिये, उसे यह कहना कि युवकों को पढ़ाना उसके लिए ठीक नहीं, यह हास्यास्पद था। यह हैरानी की ही बात है कि उसके पिता और पति ने तो कभी इसके लिए न उसकी माँ को रोका न उसे रोका गया और यहाँ अंग्रेज़ उसे इसके लिए टोक रहे हैं ! वह क़हती है मैं 'अनुशासन-विहीन औरत' नहीं हूँ, न मैं लड़कों को पढ़ाने के लिए बेचैन हूँ। मेरी बेचैनी है वह भेदभाव, जिसकी वजह से औरत को समाज में उसकी जायज़ जगह नहीं मिलती।[19] रमा ने स्पष्ट कहा कि मिस बील नहीं चाहेंगी तो मैं उनकी इच्छा के विरुद्ध नहीं जाऊँगी, लेकिन मैं उन पादरियों की बात नहीं मानूँगी जिनके पास आप अभी फिर सलाह लेने जाएँगी।

रमाबाई ब्रिटिश उपनिवेश की दयनीय प्रजा मात्र नहीं थी। रमाबाई के चेहरे पर लिखा था, जैसे—आप मुझे हल्के में नहीं ले सकते! हालाँकि सिस्टर जेरल्डीन मिस बील को एक बार लिखती हैं कि आपसे उसे अपने अन्य विद्यार्थियों की तरह व्यवहार करने को कहा गया था न कि विशेष महत्त्व देने को। फिर भी यह सब जानते थे कि रमाबाई उनके लिए एक महत्त्वपूर्ण मिल्कियत है। वे उसे खो देंगे तो वह किसी और मत को अपना लेगी। रमा के सामने नये धर्म के साथ, पितृसत्ता नये रूप में आकर खड़ी थी और आजीबाई उपनिवेशवादियों की सहयोगी अंग्रेज़ महिला की तरह, जिसे लगता था कि भारतीय औरतों को नर्क से निकालने की ज़िम्मेदारी उन्हीं की है। सिस्टर जेरल्डीन का त्वचा के रंग से ज़्यादा नस्लवाद संस्कृति और धर्म में स्थित था, क्योंकि गौर वर्णी, भूरी आँखों वाली रमाबाई उनके लिए देसी थी (यानी कमतर थी) और गहरेरंग वाली मनोरमा एक ईसाई बच्चा थी, जिसे सिस्टर दिल से प्यार करती थीं।[20] मनोरमा के लिए वांटेज होम सच में नानी के घर जैसा था जहाँ वह दो साल रही, जब रमाबाई चेल्टेनहेम में पढ़ रही थी।

एक माँ का अपराधबोध मुक्त होना समाज को विचलन लगता है

सिस्टर जेरल्डीन की एक शिकायत रमाबाई से यह भी रहती थी कि वह अपनी बेटी की अच्छी माँ नहीं है। इसमें अजीब कुछ नहीं था। आज भी कॅरियर को समय देनेवाली माँओं को अक्सर बुरी माँ का ही तमग़ा मिलता है। अपने कामों में लगी हैं, बच्चे पर ध्यान नहीं देतीं जैसी शिकायतें वृद्धाओं के मुँह से सुनने को मिल जाती हैं। सिस्टर जेरल्डीन को यह तो लगता ही था कि रमा को लोकप्रियता पसन्द है, यह भी ज़रूर लगता होगा कि बच्चे को यहाँ छोड़कर वह और स्वतंत्र हो गई है। रमा अक्सर चिट्ठियों में यह लिखती थी कि मनो के बारे में मुझे कोई नहीं लिखता। वह

उसकी सारी सूचनाएँ पाना चाहती थी, लेकिन वह हमेशा हैरान-परेशान रहनेवाली माँ नहीं थी। उसकी बहुत-सी चिट्ठियाँ बिना मनो की बात किए ही ख़त्म हो जाती हैं या सिर्फ़ एक पंक्ति उसके बारे में आती है। एक माँ का अपराधबोध मुक्त होना भी समाज को विचलन लगता है और उनसे बहुत कुछ सुनना पड़ता है जो बच्चे को सँभालते हैं। रमा को भी लिखना पड़ता है सिस्टर जेरल्डीन को कि जब तक मैं ज़िन्दा हूँ, मनो अनाथाश्रम नहीं जाएगी।[21] बच्चे के पालन-पोषण को लेकर रमा की चिन्ताएँ अलग तरह की थीं। मनो के नहाने-खाने-खेलने के बारे वह पूछताछ करती, शिकायत करती, नाराज़ होती कहीं नज़र नहीं आती किसी चिट्ठी में लेकिन हाँ, वह इसे लेकर बेहद सावधान थी कि उसके पीछे से मनो को क्या शिक्षाएँ दी जा रही हैं। उसे पता चलता है कि मनो को दैवी रहस्यों के बारे में उसे पढ़ाया जा रहा है तो वह आपत्ति करती है। कुछ समय के लिए वांटेज लौटने पर रमा ने मनो से प्रार्थना सुनाने के लिए कहा। पहले तो वह मना करती रही कि आजीबाई ने कहा है, सोने से पहले ही इसे बोलना है। रमा को उसे समझाना पड़ा कि यह माँ की ज़िम्मेदारी है कि तुम्हें सुने, इसलिए सुनाओ। वह मना करती रही तो रमा को कहना पड़ा, "माँ हूँ तुम्हारी और माँ की जगह कोई नहीं ले सकता। तुम्हें पहले माँ का अनुरोध सुनना चाहिए फिर आजीबाई का।"[22] वह इस बारे में आजीबाई से बात करना चाहती थी। अपने कमरे में वह उनका इन्तज़ार भी करती रही, लेकिन वह नहीं आई। रमा को लगता है, इन मुद्दों पर अपने कमरे के अलावा वह कहीं और बात नहीं कर सकती तो वह 20 सितम्बर, 1885, रविवार की रात एक चिट्ठी लिखती है, इस घटना का ज़िक्र करते हुए।

वह लिखती है कि जो मेरे साथ दयालु हैं और मेरी भलाई चाहते हैं, ऐसे मित्रों के साथ किसी झगड़े की कल्पना भी मुझे डरा देती है, लेकिन स्पष्ट बोलना मेरा कर्तव्य है, भले ही मित्रों को वह बात पसन्द न आए। वह कहती है कि 'अपने बच्चे की धार्मिक शिक्षा की निगरानी करना एक माँ होने के नाते ज़रूरी है। आप और यहाँ अन्य मित्रों से चाहती हूँ कि मेरे बच्चे को ऐसी रहस्यमयी बातों के बारे में न बताएँ जिनके बारे में यह निश्चित नहीं कि वे बाइबल में हैं, और जब तक कि उन सिद्धान्तों के सच होने के बारे में मुझे आश्वस्त न कर दें'।[23] प्रार्थना, गीत और धार्मिक किताबें जहाँ से भी मनो को पढ़ाया जाता है, रमा उनमें उन हिस्सों पर निशान लगा देती थी जिन्हें मनो को नहीं पढ़ाया जाना चाहिए तब तक कि वह इस क़ाबिल न हो जाए कि ख़ुद समझ सके और फ़ैसला ले सके उन बातों के बारे में।[24] सिस्टर जेरल्डीन और रमा का यह रिश्ता विचित्र था। प्यार और तक़रार, दोनों साथ-साथ चलती हुई। सिस्टर जेरल्डीन भी अक्सर लिखती है—तुम तैश में आकर सोचती हो, दूसरों की राय को महत्त्व देती हो, मनो की पढ़ाई के बारे में रमा की बात सुनकर नाराज़ भी हो जाती हैं कि दो साल से पाल रही हूँ...कभी

उनकी किताबों पर विस्तार में बातें होती हैं, कभी अपनी वाली कहकर रमाबाई बात ही बदल देती है और खिलंदड़ होकर ख़र्च का हिसाब देने लगती है—इतने की किताब ख़रीदी और इतने के स्टाम्प।

> मेरी जेब में पैसे हों तो मेरा कोई भरोसा नहीं, मैं किताब ख़रीद लेती हूँ। इसलिए आपको मेरा किताबें ख़रीदना बुरा न लगता हो तो आप ज़्यादा पैसे भेज सकती हैं, क्योंकि यह पक्का है कि मेरी आँखों के सामने ऐसी कोई किताब पड़ ही जाएगी जिसे ख़रीदने से मैं ख़ुद को रोक नहीं सकूँगी।[25]

रमा का यह स्वभाव था कि खरी-खरी बात करती थी, स्पष्ट और सपाट भी बोल देती थी अक्सर लेकिन 'छमा बड़न को चाहिए छोटन को उत्पात' वाले अन्दाज़ में। उस क्षण तक अपनी बात बार-बार कहती जाती थी जब तक कि प्रतिवादी को यह न समझ आ जाए कि रमा को बदला नहीं जा सकता। कभी बातों को ऐसे घुमाती थी कि बहस का ही अन्त हो जाए। मनो की धार्मिक शिक्षा को लेकर ही जो पत्र लिखा उसने, उसमें एक पंक्ति में कहती है—मान लो आप मेरी जगह होतीं, आप दूसरों को अपने बच्चे को वह सब सिखाने देतीं जिनसे वे सहमत हों, आप नहीं? मैं तब तक ख़ुश नहीं होऊँगी जब तक मेरा बच्चा वह न पढ़े जो मैं चाहती हूँ और आप जानती हैं मेरा विश्वास क्या है?[26] सिस्टर जेरल्डीन से इन ख़तों में बार-बार उलझते हुए रमा को देखा जा सकता है। एकदम अगिया बैताल, लेकिन साथ-साथ यह कहते जाना कि मुझे प्रिय लोगों से झगड़ने का ख़याल भी डराता है। मुझे पता है आप समझती हैं, कृपया मुझसे नाराज़ न होना, मुझ पर विश्वास कीजिए। ख़त का अन्त होता था, आपकी विनम्र विद्यार्थी, सिर्फ़ आपकी, आदर, प्यार और चुम्बन आपको, हमेशा आपकी, आपकी आज्ञाकारी। सिस्टर जेरल्डीन लिखती थीं—तुम्हारी प्यार करनेवाली, आजीबाई!

कभी-कभी यह जानते हुए कि जो वह कह रही है, उससे सिस्टर जेरल्डीन पक्का चिढ़नेवाली हैं, पत्र समाप्त करते हुए रमाबाई लिख देती थी—

योर्स मिसचीवियस,
मेरी रमा

एक शरारती और था यहाँ भारत में, जो उस समय रमाबाई के ईसाई हो जाने से बेहद ख़ुश था। यह थे महात्मा ज्योतिबा फुले, जिन्होंने खुलकर रमाबाई के हिन्दू धर्म को त्यागने का समर्थन किया उस समय, जब महाराष्ट्र में रमा के ईसाई हो जाने को लेकर रूढ़िवादी ब्राह्मण वर्ग चिल्ला रहा था। 'सत्सार' के अंक-1 का आरम्भ ही फुले इस कटाव के साथ करते हैं[27]—

धूर्त आर्याची मती खुंटली।
रमा पंडिता बरी बाटली[*] *॥*
मद्य पिउशी आता बाटली।
दे ब्रांडीची मला बाटली॥
ज्ञान गेले, चक्षु थिजले।
आता कैचें वैभव मेले॥
दास तुकाचे चेले बनती।
शुद्र शिवाचे गळी लागती॥[**]

बहुत अच्छा हुआ जो दुष्ट ब्राह्मणों के धर्म का रमाबाई ने त्याग कर दिया। 'सत्सार' के इस अंक में रमाबाई पर चर्चा मिलती है। चर्चा में शूद्र कहता है कि पहले तो रमाबाई हिन्दू धर्म के समर्थन में व्याख्यान देती थी। बड़ी भोली थी वह। क्या जानती थी कि स्त्री, शूद्र-अतिशूद्र के बारे में हिन्दू धर्म के निर्माताओं ने किस-किस प्रकार आग उगली है, उन पर कितने कठोर प्रतिबन्ध लगाए हैं? लेकिन जब उसने इंग्लैंड जाकर ईसाई और हिन्दू धर्म का तुलनात्मक अध्ययन किया तब उसे हिन्दू धर्म का घमंडी और पक्षपाती स्वरूप पता लगा। अब आप उसे हिन्दुस्थान वापस बुला लें ताकि सभी लोगों के भ्रम दूर हो जाएँ। ऐसी खोजी साध्वी को देखने की बड़ी इच्छा है।[28] इस पूरे अंक में यह चर्चा बनी रहती है। ज्योतिबा कहते हैं कि सद्शील विदुषी रमाबाई के माथे पर ख्रिस्ती आचार्य ने जल की बूँदें क्या छिड़क दीं, भट्ट ब्राह्मणों ने चिल्लाना शुरू कर दिया—"विदुषी रमाबाई अपवित्र हो गई, भ्रष्ट हो गई!" लेकिन इसमें नया क्या है! उन्हें यह बर्दाश्त नहीं होगा। हम तो ख़ुश हैं, इतना कि मद्यपान की इच्छा कर रही है। फुले शराब सेवन नहीं करते थे, लेकिन यह उन्होंने व्यंग्य करते हुए लिखा।

शोषक व्यवस्था में तोड़-फोड़ करनेवाले, बराबरी की नींव पर नया निर्माण करनेवालों के लिए कोई भी जीत साझा जीत होती है जिसके संघर्ष के हर पड़ाव तक हँसते-हँसते ही चला जा सकता है।

---

* ग्रामीण मराठी समाज में बोलचाल में कहा जाता है—वह फलाना बाटला आहे। यानी वह व्यक्ति शुद्ध बीज का नहीं रहा। विचार के अर्थ में इसी के लिए 'बाटली' शब्द इस्तेमाल हुआ है।

** धूर्त आर्यों की अक्ल निकम्मी।
विदुषी रमा का ब्राह्मन धर्म ठुकराना अच्छा हुआ॥
आज तो मद्यपान की इच्छा हो रही है।
ज्ञान चला गया, आँखें जम गईं।
महिमा भी चली गई॥
दास तुका के शिष्य बन गए।
शुद्र शिवाजी के गले लगते॥

सन्दर्भ

1. देखें, पृ. 28, द लेटर्स ऐंड कॉरेस्पॉन्डेंस ऑफ़ पंडिता रमाबाई, सिस्टर जेरल्डीन द्वारा संकलित, सं. ए.बी. शाह, महाराष्ट्र स्टेटबोर्ड फ़ॉर लिटरेचर ऐंड कल्चर, बॉम्बे, 1977
2. देखें, पृ. 18, डिवोटीज़ ऑफ़ क्राइस्ट, सम विमेन पायनियर्स ऑफ़ द इंडियन चर्च, डी.एस. बैटली, लन्दन, ज़नाना मिशनरी सोसायटी, 1937
3. देखें, पृ. 103, पंडिता रमाबाई : लाइफ़ ऐंड लैंडमार्क राइटिंग्स, मीरा कोसाम्बी, रूटलेज़, 2016
4. देखें, पृ. 28, द लेटर्स ऐंड कॉरेस्पॉन्डेंस ऑफ़ पंडिता रमाबाई, सिस्टर जेरल्डीन द्वारा संकलित, सं. ए.बी. शाह, महाराष्ट्र स्टेटबोर्ड फ़ॉर लिटरेचर ऐंड कल्चर, बॉम्बे, 1977
5. देखें, पृ. 28, वही
6. अपनी प्रसिद्ध किताब 'हिन्दू स्त्री का जीवन' में वह उस सत्ता को चिह्नित करती हैं और सवाल उठाती हैं, जिसने वेदों के अर्थ बदल दिये और अपने स्वार्थ, लाभ के लिए उन्हें स्त्री व दलित के विरुद्ध इस्तेमाल किया।
7. देखें, पृ. 38, द लेटर्स ऐंड कॉरेस्पॉन्डेंस ऑफ़ पंडिता रमाबाई, सिस्टर जेरल्डीन द्वारा संकलित, सं. ए.बी. शाह, महाराष्ट्र स्टेटबोर्ड फ़ॉर लिटरेचर ऐंड कल्चर, बॉम्बे, 1977
8. देखें, पृ. 39, वही
9. देखें, पृ. 40, वही
10. देखें, पृ. 44, वही
11. देखें, पृ. 45, द लेटर्स ऐंड कॉरेस्पॉन्डेंस ऑफ़ पंडिता रमाबाई, सिस्टर जेरल्डीन द्वारा संकलित, सं. ए.बी. शाह, महाराष्ट्र स्टेटबोर्ड फ़ॉर लिटरेचर ऐंड कल्चर, बॉम्बे, 1977
12. देखें, पृ. 47, वही
13. देखें, पृ. 50, वही
14. देखें, पृ. 82, द लेटर्स ऐंड कॉरेस्पॉन्डेंस ऑफ़ पंडिता रमाबाई, सिस्टर जेरल्डीन द्वारा संकलित, सं. ए.बी. शाह, महाराष्ट्र स्टेटबोर्ड फ़ॉर लिटरेचर ऐंड कल्चर, बॉम्बे, 1977
15. देखें, पृ. 32, द लेटर्स ऐंड कॉरेस्पॉन्डेंस ऑफ़ पंडिता रमाबाई, सिस्टर जेरल्डीन द्वारा संकलित, सं. ए.बी. शाह, महाराष्ट्र स्टेटबोर्ड फ़ॉर लिटरेचर ऐंड कल्चर, बॉम्बे, 1977
16. देखें, पृ. 63, वही
17. देखें, पृ. 33, वही
18. देखें, पृ. 59, वही
19. देखें, पृ. 60, वही
20. देखें, पृ. 92, पंडिता रमाबाई : लाइफ़ ऐंड लैंडमार्क राइटिंग्स, मीरा कोसाम्बी, रूटलेज़, 2016
21. देखें, पृ. 198, द लेटर्स ऐंड कॉरेस्पॉन्डेंस ऑफ़ पंडिता रमाबाई, सिस्टर जेरल्डीन द्वारा संकलित, सं. ए.बी. शाह, महाराष्ट्र स्टेटबोर्ड फ़ॉर लिटरेचर ऐंड कल्चर, बॉम्बे, 1977
22. देखें, पृ. 85, द लेटर्स ऐंड कॉरेस्पॉन्डेंस ऑफ़ पंडिता रमाबाई, सिस्टर जेरल्डीन द्वारा संकलित, सं. ए.बी. शाह, महाराष्ट्र स्टेटबोर्ड फ़ॉर लिटरेचर ऐंड कल्चर, बॉम्बे, 1977

23. देखें, पृ. 86, वही
24. देखें, पृ. 87, वही
25. देखें, पृ. 36, वही
26. देखें, पृ. 87, द लेटर्स ऐंड कॉरेस्पॉन्डेंस ऑफ़ पंडिता रमाबाई, सिस्टर जेरल्डीन द्वारा संकलित, सं. ए.बी. शाह, महाराष्ट्र स्टेटबोर्ड फ़ॉर लिटरेचर ऐंड कल्चर, बॉम्बे, 1977
27. देखें, पृ. 393, महात्मा जोतीराव फुले यांचे समग्र वाङ्मय, सं. डॉ. सुभाष खरे, सुधीर प्रकाशन, वर्धा, महाराष्ट्र, 2020
28. देखें, पृ. 25, महात्मा जोतिबा फुले रचनावली, सं. एल.जी.मेश्राम विमलकीर्ति, राधाकृष्ण पेपरबैक्स, 2019

10

वह पुरुष जाति के प्रति ज़्यादा ही सख़्त है

[अमेरिका प्रवास]

आपको 1886 के शुरुआती दिनों में अमेरिका बुलाने की मेरी मंशा यह है कि जब भारत यह ख़बर पहुँचेगी कि आपने भीषण सर्दी में समुद्र पार किया और आनन्दीबाई के डॉक्टर की डिग्री लेने की गवाह बनीं तो इसका मतलब होगा कि आपने उसके काम को मान्यता दी और अपनी भावी योजनाओं में शामिल कर लिया।[1]

—रैचेल एल. बॉडले
डीन, विमेंस मेडिकल कॉलेज
पेंसिलवेनिया
28 दिसम्बर, 1885

वांटेज में जो भी चल रहा था, उसके बावजूद रमा के लिए वह एक सपोर्ट-सिस्टम था। नियंत्रण और विद्रोह, दोनों साथ चल रहे थे और यह क़िस्मत ही थी कि ठीक उस समय जब कैनन बटलर और बाक़ी सब बिशप भी सोच रहे थे कि इसे जल्दी से भारत भेजा जाए, किसी न किसी मिशन के साथ इसे जोड़ देंगे और यह सारी उम्र वहीं काम करती रहेगी, ठीक उसी वक़्त अमेरिका से रमाबाई को ऐसा न्योता मिला, जिसने उसे ऐसे मुहाने पर ला खड़ा किया कि उसके सपनों के रास्ते खुल गए थे। वह ऐसे ही किसी मौक़े का इन्तज़ार कर रही थी। वह कोई छोटा-सा काम करके या सारी उम्र किसी की अधीनता में बिताकर सन्तुष्ट नहीं हो सकती थी। जो एक बार आज़ादी चख लेता है, उसके लिए खाँचों में बँधकर रहना असम्भव ही नहीं, पीड़ादायी होता है। रमा को अपने लक्ष्य के मुताबिक़ अपना काम खड़ा करना था और वह कोई मौक़ा छोड़ने में यक़ीन नहीं करती थी, भले ही उसके लिए उसे कितनी ही कुर्बानियाँ देनी पड़ें! उसके भीतर से आवाज़ आ रही थी कि यह उसके लिए सुनहरा अवसर हो सकता है जो शायद ज़िन्दगी में दोबारा न मिले।

उसने मिस बॉडले का निमंत्रण ख़ुशी से स्वीकार किया। इस बीच ऐसे भी प्रयास हुए कि रमा को अमेरिका जाने से रोका जाए। 13 जनवरी, 1886 को मिस बील को वह लिखती है—

> मैं ईश्वर से प्रार्थना करती रही कि मुझे मेरा रास्ता दिखाएँ, और जवाब में मेरी अन्तरात्मा की आवाज़ कहती है कि अमेरिका जाना ही मेरा कर्तव्य है इस समय और कुछ नहीं। मुझे इस आवाज़ को सुनना होगा किसी भी बलिदान की क़ीमत पर। अगर मैं अपनी देश की महिलाओं के बलिदान को अनदेखा कर, अपने हितों को सुरक्षित करने के लिए इस आह्वान का पालन नहीं करती तो मुझे ख़ुशी नहीं होगी। इसलिए आप मिस्टर फिट्ज़राल्ड से कह दीजिए कि अमेरिका न जाने की शर्त पर मैं उनकी मदद का प्रस्ताव स्वीकार नहीं कर सकती।[2]

मिस बॉडले अपनी चिट्ठी में इशारा कर चुकी थीं कि वह अमेरिका में रमाबाई को कुछ शानदार देने नहीं जा रही हैं, लेकिन उन्हें लगता कि आनन्दीबाई जोशी के दीक्षान्त समारोह से बड़ा और बेहतर कोई ऐसा अवसर नहीं मिल सकता जब वे रमाबाई को अमेरिकी महिलाओं के बीच परिचित करा सकें और उसके भाषण उन महिलाओं के बीच करवा सकें जिनकी रुचि भारतीय स्त्रियों में है। उन्होंने रमा को 1 जून तक रुकने का प्रस्ताव दिया।

आनन्दीबाई जोशी और रमाबाई की पहली भेंट

आनन्दीबाई होशियार विद्यार्थी थी। सफलतापूर्वक उसने डॉक्टरी की पढ़ाई पूरी की और परिणाम आने से पहले ही दो भारतीय राज्यों से उसे नौकरी के प्रस्ताव मिल गए थे। कोल्हापुर के नवाब ने तीन सौ रुपये महीना और रहने के इन्तज़ाम के साथ यह प्रस्ताव भेजा था, जिसमें समय-समय पर उसकी तनख़्वाह बढ़ाने का आश्वासन भी था। बस, शर्त यही थी कि वह राज परिवार की महिलाओं को देखने की फ़ीस नहीं लेगी। इस पर आनन्दीबाई ने जवाब लिखा कि सारी शर्तें मंज़ूर हैं, लेकिन यह करना मेरे लिए मुश्किल है क्योंकि मेरे शास्त्र इसकी इजाज़त नहीं देते कि मैं ग़रीबों से फ़ीस लूँ और अमीरों को मुफ़्त देखूँ। आनन्दीबाई एक प्रखर महिला थीं, लेकिन उनके पति गोपाल जोशी निरन्तर एक एहसास-ए-कमतरी से जूझ रहे थे। इसी एहसास और ज़िद के चलते लगातार ख़राब स्वास्थ्य में भी आनन्दीबाई ने अकेले अमेरिका की यात्रा की और इसी अवस्था में चार साल पढ़ाई भी। रमाबाई की तरह आनन्दीबाई के दीक्षान्त समारोह के लिए गोपाल जोशी भी अमेरिका आ गए थे।

रमाबाई के आने का आनन्दी ने बेसब्री से इन्तज़ार किया था। ख़राब मौसम की वजह से दो दिन उसका जहाज़ तट पर नहीं आ पाया था, लेकिन जब वे मिलीं तो एक-दूसरे के लिए सम्मान और प्यार के साथ। अद्‌भुत रहा होगा रिश्ते की इन दो प्रखर बहनों का पहली बार अमेरिका में मिलना, जब दोनों ही अपने क्षेत्र में ख्याति पा चुकी थीं। आनन्दी रमाबाई का परिचय देते हुए एक ख़त में लिखती है—

> वह सूरज की तरह रौशन है और गुलाब की कली की तरह ताज़ा और मधुर। उसने अपनी माँ को ज़रूर बहुत सुख पहुँचाया होगा, वह स्त्री जिसने बहुत कुछ सहा इस दुनिया में। उसे पालने-पोसनेवालों के दिल संवेदनशील थे और प्यार से भरे थे। वह ऐसी महिला है जिसकी भावनाएँ कोमल हैं, इतनी कोमल जैसे फूल, पीड़ा से अधीर, लेकिन इस कठोर और सबसे बहादुर योद्धा का साहस उस पीड़ा पर भारी है। उसने मेरे दिल को सच्ची ख़ुशी से भर दिया है। मैं यक़ीन से कह सकती हूँ कि आप उसे पसन्द करेंगी जब उससे मिलेंगी।[3]

फिर भी दोनों में बड़ा अन्तर था। आनन्दीबाई ऊँची जाति के हिन्दुओं की भावनाओं को एक हद के बाद आहत करने का सोच भी नहीं सकती थी। वह इस इरादे के साथ गई थी कि 'हिन्दू जा रही हूँ हिन्दू ही लौटूँगी' यहाँ तक कि भारत में बाल-विवाह पर टिप्पणी करने से भी वह बचीं।[4] मनु का नाम वह अपने प्रिय कवि की तरह लेती है।[5] शायद वह विदेशियों के बीच हिन्दू धर्म की बुराई के बारे में बात करने से बचना चाहती थी। इस बात का भी मिस बॉडले के मन में सम्मान था। इस बात के लिए गोपाल जोशी का सख़्त स्वभाव भी एक वजह रही होगी क्योंकि अमेरिका आने पर वह लगातार होनेवाली बैठकों, आयोजनों में आनन्दी के अमेरिकी मित्रों के सामने ही उनके रिवाज़ों के ख़िलाफ़ बोला करता था, जिससे ख़ुद आनन्दी असहज हो जाती थी।[6] अपने धर्म और रिवाज़ों पर टिप्पणी को लेकर अगर कोई इतना गम्भीर हो तो उसे भी दूसरों पर ऐसी टिप्पणियाँ करने से बचना चाहिए या फिर सुनने के लिए तैयार रहना चाहिए। वह लगातार हमलावर था और यह नहीं देख पा रहा था कि मिस बॉडले की वजह से आनन्दी अब तक भी जीवित थी।[7] आनन्दी को वह ख़ूब सब्ज़ियाँ और फल उपलब्ध करवाती थीं और जबकि हर डॉक्टर ने कह दिया था कि उसे मांसाहार और सूप की ज़रूरत है, आनन्दी शाकाहार की ज़िद का पालन करना चाहती थी।

7 मार्च को ही मिस बॉडले ने 'द न्यूयॉर्क टाइम्स' में रमाबाई के भाषण का इश्तिहार दे दिया था। 11 मार्च को संगीत अकादमी के हॉल में आनन्दी का दीक्षान्त समारोह होना था जहाँ तीन हज़ार लोग उपस्थित थे। लोग सीढ़ियों पर बैठे थे, दीवारों से

लगकर खड़े थे। आनन्दीबाई, रमाबाई और उसकी चार साल की बेटी स्टेज के एकदम पास ही बैठे थे कि सबको दिख जाएँ। आनन्दी ने सुनहरे बॉर्डर की सफ़ेद साड़ी पहनी थी और उसका स्त्रियोचित सौन्दर्य उभरकर आ रहा था[8] मंच से सम्बोधन के बीच बार-बार आनन्दी का नाम आ रहा था। सबकी निगाहें उस पर टिकी थीं। आनन्दी को बहुत-सा धन, किताबें, फूल, क़ीमती तोहफ़े मिले जिनसे वह आगे अपना काम जारी रख सके। रमाबाई अपनी सफ़ेद साड़ी में थी। उस कार्यक्रम में उपस्थित कैरोलीन हेली डाल लिखती हैं—

> मैंने आनन्दीबाई, रमाबाई और उसकी बच्ची को देखा। रमाबाई बेहद ख़ूबसूरत है। उसका चेहरा स्पष्ट अंडाकार है; आँखें बड़ी और गहरी। वह ब्रूनेट है,[9] लेकिन उसके गाल रंग से भरे हुए हैं। उसकी सफ़ेद विधवाओं वाली साड़ी उसके सिर के ऊपर खींचकर उसकी ठुड्डी के नीचे बाँधी जाती है। इसके अलावा ऐसा कुछ नहीं उसमें जिससे वह हिन्दू लगे। मैंने आनन्दीबाई से बारीकी से पूछताछ की कि क्या मिश्रित रक्त होने की भी सम्भावना है? उसने हामी भरी कि मराठा रक्त में कश्मीरी रक्त का मेल होता रहा है।[10]

ख़ामियों, ख़राबियों पर चुप्पी साध लेना रमा का देश-प्रेम नहीं था

एंटोयनेट बर्टन भी बेहरामजी मालाबारी, कॉर्नेलिया सोराबजी और रमाबाई के लिए अपनी किताब 'एट द हार्ट ऑफ़ अम्पायर' में लिखती हैं—'इन तीनों में से शायद ही कोई उन्नीसवीं सदी के भारतीय का प्रतिनिधि था। उनकी भारतीयता कहीं से परम्परागत या रूढ़िवादी नहीं थी।'[11] आम भारतीय लड़कियों की तरह रमाबाई का पालन-पोषण हुआ भी नहीं था। उसका पूरा जीवन ही ग़ैर-परम्परागत और जेंडर-रूढ़ियों से बनी स्त्री-छवि से मेल नहीं खाता था। बुराई के ख़िलाफ़ उसकी निर्भयता में न कमी थी, न अपने देश-प्रेम में। उसके देश-प्रेम में यह शर्त शामिल नहीं थी कि वह उसकी ख़ामियों पर चुप्पी साध ले।

असल में भारत की संकल्पना में स्त्री-दृष्टि को महत्त्व दिया ही नहीं गया। एक औरत का देश क्या होगा? कैसा होगा? उसके लिए वहाँ क्या भविष्य होगा? एक नागरिक के रूप में उसे क्या जगह मिलेगी? अगर इन सवालों को जो रमाबाई के मानस की निर्मिति में अहम थे, समय रहते ही महत्त्व दिया गया होता तो आज़ादी के बाद बना 'हिन्दू कोड बिल' विवाद पहले ही सुलझ गया होता, लेकिन रमाबाई जैसी स्त्रियाँ कभी मुख्यधारा में नहीं आ पाईं।

अगले ही दिन रमाबाई का पहला सार्वजनिक भाषण था अमेरिका में। भाषण से पहले मिस बॉडले ने उसे क़रीबन 80 अमेरिकी महिलाओं से मिलवाया। हॉल

लगभग 600 लोगों से भरा हुआ था। कैरोलीन डेली हाल ने सुना और लिखा—वह अंग्रेज़ी ऐसे बोलती थी जैसे उसकी मातृभाषा हो, लेकिन एक उत्तेजकता और मौलिकता के साथ, जो कहीं और नहीं मिलेगी।[12] 13 मार्च को 'फ़िलाडेल्फ़िया इवनिंग बुलेटिन' में छपा—

> अपने हाथों को अपने सामने डेस्क पर टिकाए हुए रमाबाई सहज तरीक़े से खड़ी थी और संगीतमय मिठास और स्पष्ट आवाज़ के साथ बोल रही थी, और एक ईमानदार सादगी से बिना शर्मिन्दगी के, उसने अपने अमेरिकी श्रोताओं को हिन्दू नारीत्व की कहानी सुनाई। एक अन्दाज़ में जिसने सभी का दिल जीत लिया और सभी का ध्यान आकर्षित किया... उसने ख़ुद को एक ऐसी महिला साबित किया जो किसी भी देश के लिए उल्लेखनीय होगी...और जब उस छोटी-सी महिला ने अचानक अपना सम्बोधन बन्द कर दिया और शिक्षित और परिष्कृत अमेरिकी पुरुषों और महिलाओं का आह्वान किया कि उसके साथ पृथ्वी के सभी राष्ट्रों के महान पिता के लिए एक पल की मौन प्रार्थना में शामिल हों, उनकी लाखों हिन्दू बहनों की ओर से, जिनके लिए रमा ने अपना जीवन समर्पित कर दिया है, उस समय एक निराली स्थिति बन गई जिसकी विचित्रता में लगभग सब कुछ चौंकानेवाला था।[13]

दुनिया को देखने का रमाबाई का नज़रिया उससे बिलकुल अलग था जैसा भारत में समाज-सुधारक पुरुषों का था। पुरुष समाज-सुधारकों के लिए स्त्री-शिक्षा पश्चिमी देशों के सामने भारत की छवि दुरुस्त करने का मामला ज़्यादा था। उनकी चिन्ताओं में औरतों का स्वायत्तता और रोज़गार हासिल करना नहीं था। ऐसे सजावटी समाज-सुधारों से दूर तक कोई ख़ास भला नहीं होना था। रमाबाई का अमेरिका को देखना एक अबोध बाहरी के नज़रिये से देखना था, जिसमें अमेरिका के वर्णन प्रकारान्तर से भारतीय समाज में व्याप्त परम्पराओं की आलोचना ही थी, विशेष रूप से जातिगत भेदभाव और स्त्रियों के साथ व्यवहार के सन्दर्भ में।[14] निश्चित रूप से उसे महिलाओं का अपेक्षाकृत आज़ाद रूप बहुत प्रभावित करता था। इसके बावजूद वह अपने संस्कृत प्रशिक्षण, अपने खान-पान, परिधान और लक्ष्यों में भारतीय थी।

ताराबाई शिंदे भी पितृसत्ता की कड़ी आलोचक थीं

ऐसा नहीं कि सिर्फ़ रमाबाई पितृसत्ता की ऐसी सख़्त आलोचना करती थी। 1882 में ताराबाई शिन्दे का एक निबन्ध 'स्त्री-पुरुष तुलना' और रख्माबाई का 'कंसेंट'

का मुक़दमा इस बात का उदाहरण है कि कुछ औरतें थीं जो औरत की राह में पितृसत्ता के बिछाए काँटों को उखाड़ फेंकने को उद्यत थीं। ताराबाई शिन्दे को 1880 की उस घटना ने बहुत उद्वेलित किया था—गुजरात के सूरत के पास एक गाँव ओलपाड में एक ब्राह्मण विधवा के गर्भवती होने की सूचना एक स्थानीय पुलिसमैन को मिली। उसने जाकर देखा और इसे सच पाया। यह सूचना आगे मैजिस्ट्रेट तक पहुँचा दी। कुछ महीने बाद 1881 में कूड़े के ढेर पर एक शिशु का शव पाया गया। उस महिला को सूरत लाया गया, जहाँ उसने द्वितीय श्रेणी के मैजिस्ट्रेट के सामने अपना गुनाह कबूला। कुछ समय बाद लोकल सेशन जज ने उसे फाँसी की सज़ा दी। बाद में उसकी सज़ा को कम कर दिया गया जब केस को बम्बई कोर्ट में सुना गया, लेकिन ब्राह्मण विधवा विजयलक्ष्मी का यह केस अख़बार और चर्चाओं का विषय बन चुका था।[15] इसे ताराबाई शिन्दे ने सुना और लगभग आक्रोशित होकर वह निबन्ध लिखा। विजयलक्ष्मी जैसी न जाने कितनी लड़कियाँ थीं उस सदी में जो बचपन में विधवा हो गईं, यौवन आया तो छिपकर प्रेम किया या किसी की गन्दी नज़र का शिकार हो गईं। अक्सर उनका फ़ायदा उठाया जाता था। रमाबाई यह सब अपनी यात्राओं के दौरान देख चुकी थी। ताराबाई शिन्दे ने अपने निबन्ध में उन तमाम भारतीय पुरुषों को उनके दोगलेपन के लिए फटकार लगाई है जो ख़ुद तो अंग्रेज़ी शिक्षा और चाल-चलन अपना लेते हैं, लेकिन स्त्री-अधिकारों की बात आते ही वे रूढ़िवादी हो जाते हैं और स्त्री-अधिकारों की बात विदेशी बात हो जाती है। इस निबन्ध की शुरुआत ही इस वाक्य से होती है—"आजकल सभी अख़बारों में अबलाओं के बारे में बहुत कुछ लिखा जाता है, फिर भी यह महाअनर्थ मिटाने के लिए आप में से कोई प्रयास नहीं कर रहा है, इसका क्या कारण होगा?"[16]

क्या कारण होगा? यह कोई मामूली सवाल नहीं है। इसमें उस पितृसत्तात्मक और सामन्ती परम्परा की ओर स्पष्ट इशारा है जिसके भीतर स्त्री को यथास्थिति में बनाए रखने के लिए तमाम प्रपंच किए गए। शिक्षा से दूर रखने से लेकर आधुनिक शिक्षा के नाम पर उसे महज़ एक महिमामंडित घरेलू स्त्री बनाकर रखने की मर्दाना इच्छा की अभिव्यक्ति तक।

ताराबाई सभी शास्त्रों और पौराणिक आख्यानों रामायण, महाभारत, सावित्री की आलोचना करती हैं। उनकी स्वाभाविक जिज्ञासा है कि स्त्री का चरित्र इतनी आलोचनाओं का शिकार बनता है, पतिव्रता की सीख उसे दी जाती है, लेकिन क्या वजह है कि वेद व्यास लिखें तो द्रौपदी या अहल्या या बाली राज की पत्नी भी सती सावित्री हो जाती है?[17] मतलब साफ़ है कि सर्टिफ़िकेट बाँटने का काम पितृसत्ता का है, इसलिए उन्हीं के नियमों से चलना चाहिए। शास्त्रों की असलियत

भी वे समझ रही हैं कि शास्त्रों और पुराणों के उदाहरण देकर नारी को किस प्रकार झुकाया जा रहा है।[18] ताराबाई ज्योतिबा और सावित्री फुले से प्रभावित तो थी हीं, उनके साथ काम भी किया उन्होंने। इस लेख में ताराबाई ने नये-नये आधुनिक हुए और अंग्रेज़ी शिक्षा पाए भारतीय भद्र पुरुष समाज की कड़े शब्दों में आलोचना की है और स्त्रियों के प्रति उनकी दोगली और विद्वेषभरी नीति की पोल भी खोली।

भाषण, यात्राएँ, थकान और मनोरमा की आँखों की समस्या : मातृत्व और कॅरियर के द्वंद्व

एक-दो दिन बाद रमाबाई और आनन्दीबाई को सेंचुरी क्लब में न्योता दिया गया और यह मेल-जोल, मनोरंजन कई दिन तक चला। कई जगह से इसी तरह के न्योते आते थे शहर और शहर से बाहर से। गोपाल जोशी की उपस्थिति में आनन्दी का बदलाव, असहज होना स्पष्ट दिखता था।[19] इसके पहले भी जब एक बार गोपाल राव जोशी अमेरिका आया था तब इस बात से ख़फ़ा हो गया था कि आनन्दी अब पहले की तरह मराठी नहीं बोल पा रही थी। वह इतना क्रोधित था कि उसने आनन्दी को कहा कि अब तुम्हें भारत लौटने का कोई हक़ नहीं। तुम अपने देश से प्यार नहीं करतीं।[20] अपमानित आनन्दी घुटती थी, चुप रह जाती थी। उसका साड़ियाँ, ब्लाउज़, तोहफ़े लाना और आम तौर पर पत्नियों को जो जगह दी जाती है, उससे बेहतर पायदान पर आनन्दी को लाकर खड़ा करना मानो ऐसे एहसान थे जिनके आगे वह बोलना नहीं चाहती थी। इससे सिर्फ़ यह समझ आता है कि जिस वर्ग का आप उत्थान देखना चाहते हैं, उसका रिंग मास्टर नहीं, सहायक होना ज़रूरी होता है। निश्चित ही गोपाल ने एक ज़मीन दी आनन्दी को विकास के लिए, लेकिन उसके विकास के ज़रिये अपनी टोपी में पंख जोड़ने की इच्छा का अधिक प्रबल होना उसके बार-बार फ़ैसलाकुन और क्रूर होने की वजह बनता है। क्या यह काव्य-न्याय था कि यही गोपाल जोशी 1891 में ख़ुद ईसाई बन गया?

अमेरिका में रमाबाई के 'अनगढ़ भाषण' भी पसन्द किए जा रहे थे।[21] भीषण सर्दी की यात्रा ने मनो और रमा को थकाया भी था। मनो को तो मलेरिया भी हुआ था, लेकिन वह ठीक हो रही थी। मिस बील को पत्र लिखते हुए वह अपने और मनो के स्वास्थ्य का ज़िक्र बस दो पंक्तियों में करती है। बाक़ी की चिट्ठी में किताबों का ज़िक्र है, जैसा अक्सर उसके पत्रों में होता था और आगे की योजनाओं का। अपना किराया देने के बाद भी उसके हाथ में 50 डॉलर बच गए थे। वह पूछती है मिस बील से कि आपको 'ओरिएंटल क्राइस्ट' भेजूँ प्यार से तो आप स्वीकार करेंगी? फ़िलाडेल्फ़िया में ही रमा का परिचय मिस हैलोवेल से

हुआ, जिन्होंने वादा किया कि नेशनल किंडरगार्टन ट्रेनिंग स्कूल में रमा को कुछ कक्षाएँ करवाने की व्यवस्था करेंगी, और क्योंकि वह कक्षाओं में सुन नहीं सकती तो उसकी भी कुछ व्यवस्था करेंगी। रमा ने चेल्टेनहेम लौटने का विचार त्याग दिया और अमेरिका में रहकर अपने भावी स्कूल के लिए अनुभव और सामग्री जुटाई, आर्थिक मदद जुटाई।

मलेरिया के बाद से मनो की आँखों में परेशानी थी। डॉक्टर को दिखाने पर पता चला कि दूर की नज़र कमज़ोर होने से वह दबाव देकर चीज़ें देखने की कोशिश करती है। मनो को चश्मा लगवाया गया और डॉक्टर ने आश्वस्त किया कि अगर चश्मा लगाए रखे तो एकाध साल बाद आँखें ख़ुद ठीक होंगी । रमाबाई को आगे बहुत सम्भावनाएँ दिख रही थीं कि कैसे अमेरिका में रहकर भावी योजनाओं को शक्ल दी जा सकती है। वह आधे-अधूरे काम के साथ नहीं, एक पूरी कंक्रीट योजना के साथ लौटना चाहती थी। अपने अमेरिकी मित्रों की सलाह पर उसने तय किया कि मनो को वापस वांटेज भेज दिया जाए। पहले योजना थी कि आनन्दीबाई और गोपाल जोशी के साथ वह इंग्लैंड तक चली जाए, उन्हें भारत जाना ही था वापस इंग्लैंड होते हुए और अगर वांटेज में मनो को रखना सम्भव नहीं हुआ तो उन्हीं के साथ वापस भारत चली जाएगी। लेकिन आनन्दी अक्टूबर 1886 में रवाना हुई और उसका स्वास्थ्य लगातार ख़राब हो रहा था। मनो अगस्त 1886 में एक जहाज़ की एक परिचारिका के साथ इंग्लैंड पहुँच चुकी थी। रमाबाई के पत्रों का संकलन करते हुए सिस्टर जेरल्डीन लिखती है—

> अमेरिका में मनो का स्वास्थ्य और नैतिक शिक्षा नज़रअन्दाज़ हुई थी क्योंकि रमाबाई ने अमेरिकियों का ध्यान अपनी योजनाओं और अपने देश की महिलाओं की तरफ़ खींचने में ख़ुद को पूरी तरह झोंक दिया। मनो अगस्त 1886 में वांटेज लौट आई। उसे सिखाने-पढ़ाने का काम जहाँ से छूटा था वहाँ से फिर शुरू करने से पहले और उसका चरित्र निर्मित करने के लिए बहुत कुछ पूर्ववत् करने को था (there was much to undo)[22]

वांटेज एक तरह से रमा का मायका ही हो गया था। और जैसे सास क्या, ख़ुद की माँ भी कह देती है लड़कियों को कि बच्चों का भविष्य बनाने का वक़्त है और ये अपने कॅरियर में लगी हैं! ऐसे ही आज भी कोई सुनकर कह सकता है—कैसी माँ थी, लापरवाह! बच्चे को भेज दिया और ख़ुद घूम रही है। लेकिन रमा अपने समय से बहुत आगे थी। वह जानती थी कि वह अपने आपको मज़बूत बना लेगी तो मनो के लिए बहुत कुछ कर पाएगी। रमा का लक्ष्य सिर्फ़ अपने-अपने तक सीमित था भी नहीं। एक बड़े सामुदायिक उद्देश्य के लिए क़ुर्बानियाँ देनी पड़ती

हैं। वह तैयार थी। खाँचों में नहीं अँट सकनेवाली ऐसी ज़िन्दगियाँ इतिहास की अनमोल धरोहर होती हैं।

सितम्बर 1886 में रमाबाई और आनन्दीबाई, दोनों बहनें नायग्रा फ़ॉल्स देखने गईं। प्रकृति के साथ एकान्त मिलते ही रमा का कवि हृदय जाग जाता था। नायग्रा झरने की ख़ूबसूरती का बखान करते हुए वह कहती है—

> मैंने दुनिया का सबसे ख़ूबसूरत और सबसे भव्य नज़ारा देखा। इसकी ख़ूबसूरती और भव्यता का वर्णन करने के लिए शब्द नाकाफ़ी हैं। तब मैंने आपके और अन्य दोस्तों के बारे में सोचा जो इस झरने को देखकर आह्लादित होते। एक सुबह मैं गोट आयलैंड, जो नायग्रा नदी के बीच में है, पर अकेले घूमी। इस द्वीप से झरने का बड़ा अच्छा नज़ारा मिलता है। जिस चट्टान से झरना गिरता है, मैं उसकी तलहटी के पास गई और वहाँ खड़ी हुई और सोचा कितना बोदा है मनुष्य! मुझे कोई हैरानी नहीं है कि प्राचीन लोग ऐसी ही चीज़ों के रूप में ईश्वर की आराधना किया करते थे। वहाँ मैं आश्चर्य से स्तब्ध रह गई। मृत्यु, जीवन और अनश्वरता मेरे आगे खड़ी थी।[23]

अक्टूबर 1886 में रमाबाई आनन्दी और गोपाल के भारत लौटने की तैयारियों में व्यस्त थी। आनन्दी की तबीयत अब लगातार ख़राब रहती थी। खाँसी, साँस फूलना, अनियंत्रित सिरदर्द, ज़ुकाम और कमज़ोरी से वह पीली पड़ गई थी। 9 अक्टूबर, 1886 को जब वह वापसी के लिए चली तो रमाबाई उसे छोड़ने स्टेशन तक गई थी। 17 नवम्बर, 1886 को आनन्दी भारत पहुँची और 26 फ़रवरी, 1887 को पुणे में उसकी मृत्यु हो गई। 2 मार्च, 1887 को रमाबाई ने आनन्दीबाई पर 'ज्ञान चक्षु' के लिए एक लेख लिखा। उसका एक अंश है—

> हालाँकि आनन्दीबाई इतनी छोटी थीं, उनकी दृढ़ता, उनके अदम्य साहस और अपने पति के प्रति समर्पण अद्वितीय थे। हमें उसके जैसी महिला को देखने में बहुत समय लगेगा। उसने जो शिक्षा प्राप्त की थी, उसने उसके स्वभाव को बहुत ऊँचा कर दिया था और उसके मन को वश में कर लिया था। यद्यपि वह शब्दों से अधिक पीड़ित थी उसकी नश्वर बीमारी से, जो खपत थी, उसके होंठों से सहानुभूति या अधीरता का एक शब्द भी नहीं बच पाया। महीनों की भयानक पीड़ा के बाद वह इतनी कमज़ोर हो गई थी कि कोई भी उसे बिना दर्द के नहीं देख सकता था; यह बताना अद्भुत है, आनन्दीबाई ने चुपचाप और ख़ुशी से पीड़ित होना अपना वर्तमान कर्तव्य समझा।[24]

रख्माबाई के समर्थन में खड़ी हुई रमाबाई

मृत्यु के समय उसकी उम्र थी 21 साल 11 महीना। वह रमाबाई से सात साल छोटी थी। इसी समय भारत में रख्माबाई का प्रसिद्ध मुक़दमा चल रहा था। 1884 को रख्माबाई राउत के पति ने एक भारतीय अदालत में अपनी पत्नी को वापस घर ले जाने के लिए केस किया था जबकि रख्माबाई ने यह कहकर आने से मना कर दिया था कि इस विवाह के समय वह बच्ची थी और उसकी सहमति से यह विवाह नहीं हुआ, इसलिए वह पति के घर नहीं जाएगी। रूढ़िवादी पुरुष समाज रख्माबाई के विरोध में उसके पति के साथ खड़ा था। रख्माबाई राउत से रमा पहले आर्य महिला समाज की बैठकों में मिल चुकी थी बल्कि आर्य महिला समाज की सेक्रेटरी भी थी। उमा चक्रवर्ती लिखती हैं कि यह रमाबाई के शुरू किए गए 'आर्य महिला समाज' का अन्तर्जातीय स्वरूप था।[25] रख़्माबाई इस मुक़दमे ने रमा को बहुत उद्वेलित किया। जैसे ही यह ज़रा-सी सम्भावना दिखी कि अदालत रख्माबाई के पक्ष में कोई फ़ैसला कर सकती है तो वही हुआ—कुछ अख़बार हिन्दू धर्म पर ख़तरे का सायरन बजाने लगे। 'हिन्दी प्रदीप' ने तो यहाँ तक लिख दिया कि शासकों को अब यह बात खुलकर स्वीकार कर लेनी चाहिए कि वे हिन्दुओं का यूरोपीयकरण करने और उनके धर्म को मिटा देने पर तुल गए हैं।[26] मिस बील को अपने एक पत्र में वह इस केस का विवरण देते हुए लिखती है कि मुझे नहीं लगता कि अंग्रेज़ सरकार हिन्दू विवाह क़ानून में कोई परिवर्तन करेगी। वह पुरुषों की भावनाओं को आहत करने से बुरी तरह डरी हुई है कि कहीं ऐसा न हो कि भारत में उनका फ़ायदा और शासन ख़तरे में पड़ जाए। अंग्रेज़ तो सती-प्रथा को भी चलने देते अगर राजा राममोहन राय ने इसे प्रतिबन्धित करने के लिए कोशिशें न की होतीं। अंग्रेज़ सरकार तो देसी लोगों से भी ज़्यादा दुश्मनी निकाल रही है उस महिला से। एक ओर तो सरकार स्त्री-मुक्ति और स्त्री-शिक्षा की पैरोकारी करती है और दूसरी तरफ़ अगर एक औरत अपनी देह और अपनी आत्मा से किसी पुरुष का ग़ुलाम होना अस्वीकार करती है तब अंग्रेज़ सरकार उस पुरुष की रक्षक बनकर आगे आ जाती है। रमाबाई लिखती है—

> मुझे उम्मीद है, आप बुरा नहीं मानेंगी, मैंने सच कहा है और मुझे इसके लिए अफ़सोस नहीं है। मैं ऐसे अन्याय का हमेशा विरोध करूँगी; हर ठीक-ठाक व्यक्ति ऐसा करेगा और उसे करना चाहिए।[27]

मनुस्मृति की धज्जियाँ उड़ाती 'हिन्दू स्त्री का जीवन'

भगोड़ी पत्नियों का इलाज खोजने वाले समाज के पहरेदार और रूढ़िवादी अख़बार

सभी रख्माबाई के ख़िलाफ़ एकजुट हो गए। अन्तत: रख्माबाई के पति को एक धनराशि लेकर अदालत के बाहर ख़त्म किया। कुछ समय बाद वह डॉक्टरी पढ़ने इंग्लैंड गईं। उन्हें डफ़रिन फ़ंड से सहायता मिली थी। लौटकर सारा जीवन रख्माबाई ने अपने काम को दिया।

मिस हैलोवेल के साथ रमाबाई ने कई प्राथमिक स्कूल देखे और उनकी पद्धति समझने की कोशिश की। किंडरगार्टन प्रणाली में वह एक साल के प्रशिक्षण के लिए रुक गई। प्राथमिक कक्षा से छठी कक्षा तक की कई किताबें इकट्ठी कीं और उनका अनुवाद मराठी में किया। ये सब अमेरिका में छप नहीं सकती थीं। यह बम्बई में भी सम्भव था। तो रमा ने प्रिंटिंग तकनीक भी सीखी ताकि वहाँ जाकर अपने आप प्रिंटिंग शुरू की जा सके। जैसे स्त्री-धर्म-नीति लिखकर रमा ने इंग्लैंड जाने के पैसे जुटाए थे, वैसे ही एक और किताब लिखकर उसने अपने भावी स्कूल और लौटने के पैसे जुटाने का प्रयास किया। यह समय रमाबाई की वैचारिक विकास यात्रा के अलग और परिपक्व ढंग से सामने आने का था। गणपत राव अमृतेश्वर और गंगाबाई जोशी की बेटी, अपनी प्रिय छोटी बहन आनन्दीबाई जोशी की याद में रमाबाई ने एक नई किताब 'लाइफ़ ऑफ़ द हाई कास्ट हिन्दू वुमेन' लिखी और उसे अपनी माँ को समर्पित किया—

मेरी प्यारी माँ
लक्ष्मीबाई डोंगरे की स्मृति को
जिनका मधुर प्रभाव और योग्य निर्देशन
मेरे जीवन का रास्ता रौशन करता रहा।
उन्हें यह किताब श्रद्धापूर्वक समर्पित करती हूँ।

इस किताब को छपवाने का श्रेय मिस बॉडले को दिया जा सकता है। उन्होंने इस किताब की भूमिका भी लिखी, जिसकी शुरुआत में वह कहती हैं—हज़ारों सालों की चुप्पी टूटी है...इस किताब ने अमेरिकी सभ्य समाज में हलचल मचा दी। असल में यह किताब तथाकथित उच्च जाति की हिन्दू स्त्री के जीवन के प्रतिबन्धों, कष्टों, मानसिकता और समाज में उसकी स्थिति को एक सैद्धान्तिक नज़रिये से देखने की कोशिश थी जो प्राचीन हिन्दू ग्रंथों के उद्धरणों और सरकारी आँकड़ों का इस्तेमाल करके यह सिद्ध करती है कि ब्राह्मणवादी पितृसत्ता सवर्ण हिन्दू औरत के जीवन को दुष्कर बनाती है। यह स्त्री के जेंडर-प्रशिक्षण की प्रक्रिया को समझने की कोशिश थी। यह किताब 'भोगे गए अनुभव' और 'सिद्धान्त' के मेल द्वारा रचित स्त्रीवादी टेक्स्ट का बेहतरीन उदाहरण है। अपनी माँ, बहन, रख्माबाई, आनन्दीबाई (का नाम लिये बिना) की ओर भी बीच-बीच में इशारा करती है। 'धर्म व समाज में स्त्रियों की स्थिति' शीर्षक अध्याय में वह उस पत्र को उद्धृत करती हैं जो उसे

प्रिय सखी रख्माबाई ने 18 मार्च, 1887 को लिखा कि इस सभ्य युग में भी जजों की बेंच हज़ार साल पुराने बर्बर क़ानूनों का पालन कर रही है। वे न केवल मुझे उस पुरुष के पास जाकर रहने का आदेश दे चुके हैं बल्कि इस मुक़दमे का ख़र्च वहन करने के लिए दबाव बना रहे हैं—

> भारत में स्त्रियों के लिए कोई उम्मीद नहीं है, चाहे वे हिन्दू नियम हों या ब्रिटिश शासन।[28]

किताब के शुरुआती पन्नों में ही वह भारतीय समाज की उस विशेषता का वर्णन करती है जो मनुष्यों की ग़ैर-बराबरी के लिए बड़े स्तर पर ज़िम्मेदार है—जाति-व्यवस्था। वह उल्लेख करते हैं इस बात का कि बुद्ध, नानक, चैतन्य जैसे विचारवान पुरुषों ने मनुष्यता के लिए काम किया, उपदेश दिये, लेकिन उनके अनुयायी सबसे ज़्यादा जाति-भेद समर्थक सिद्ध हुए। यही नहीं, इस बीमारी से न मुस्लिम बच पाए हैं न ही भारतीय ईसाई कैथोलिक। धर्म-परिवर्तन करके ईसाई बने हज़ारों हिन्दू, जो रोमन कैथोलिक चर्च के सदस्य हैं, कमोबेश जाति नियमों को मानते हैं।[29] स्त्रीवादी लेंस से वेदों, अन्य ग्रंथों और 'मनुस्मृति' को पढ़ते हुए रमाबाई ने पाया कि सभी मतों में भले ही पर्याप्त भिन्नता हो, लेकिन स्त्री के प्रति दृष्टिकोण को लेकर सभी सहमत हैं। 'धर्म और समाज' नामक अध्याय में रमा ने 'मनुस्मृति' से बड़े पैमाने पर उद्धरण दिये हैं और ऐसे ही ग्रंथों की वजह से स्त्री के बारे में इस दुष्प्रचार और धारणा की आलोचना की है जो उसे हमेशा विश्वास के अयोग्य, नगण्य, सम्पत्ति-तुल्य, चरित्र की कमज़ोर सिद्ध करती है। वह लिखती हैं—

> जो व्यक्ति मूल संस्कृत साहित्य को कठिन परिश्रम व निष्पक्षता से पढ़ते हैं, यह पहचानने में कभी धोखा नहीं खा सकते कि आचार-संहिता निर्माता मनु उन कई सौ लोगों में से एक है, जिसने दुनिया की नज़रों में स्त्रियों को घृणास्पद जीव बनाने में अपना सारा ज़ोर लगा दिया।[30]

संस्कृत ब्राह्मण ग्रंथों का रमाबाई का अध्ययन सूक्ष्म था। उसने लिखा कि वह पूरी सच्चाई और ईमानदारी से कह सकती है कि उसे एक भी ऐसा पवित्र संस्कृत ग्रंथ नहीं मिला जो स्त्रियों के बारे में द्वेषपूर्ण विचार न रखता हो।[31] वे मैक्समूलर के अनुवादों को सामने रखकर साफ़ करती हैं कि कैसे ब्राह्मणों ने 'ऋग्वेद' के श्लोकों के साथ खेल किया।[32] वह सप्रमाण बताती हैं कि कैसे दुष्ट पुरोहितों ने सती-प्रथा को वेद-सम्मत बताने के लिए 'ऋग्वेद' के पद्यांश को ग़लत अर्थ दिया और स्त्री-विरोधी बनाया।[33] स्त्रियों के जीवन को नियंत्रित करनेवाली उस व्यवस्था की ओर इशारा करते हुए वह 'सत्ता' शब्द का इस्तेमाल करती है—

> यहाँ एक सत्ता है, मनु या किसी भी नियम-प्रवर्तक से बड़ी, जिसकी अवहेलना नहीं की जा सकती थी।[34]

'मनुस्मृति' के स्त्री-विरोधी श्लोकों को ख़ूब तसल्ली से रमाबाई सामने रखती हैं और बताती हैं कि सभी पुरुष कम-ज़्यादा इन्हीं बातों में यक़ीन करते हैं कि स्त्री का चरित्र विश्वासयोग्य नहीं है। घरेलू स्त्री से सभी तरह की स्वतंत्रता छीन लेनी चाहिए, स्त्री पुरुष की सम्पत्ति होगी, स्त्रियाँ काम तथा क्रोध के वशीभूत मूर्ख या विद्वान पुरुष को भी कुमार्ग पर प्रवृत्त कर सकती हैं, पति की सेवा से ही स्वर्गलोक में वह पूजित होती है। मनु के ही विचारों पर आधारित कहावतों, लोकाचार-संहिता व अन्य क़िस्म के साहित्य में भी स्त्री-द्वेष को लक्षित किया रमाबाई ने। वे ऊँची साहित्यिक प्रतिष्ठा रखनेवाले एक हिन्दू सज्जन की नैतिक विषयों पर लिखी प्रश्नोत्तरी को उद्धृत करती हैं—

> प्रश्न—नरक का मुख्य द्वार क्या है?
> उत्तर—स्त्री
> प्रश्न—शराब की भाँति सम्मोहक कौन है?
> उत्तर—स्त्री
> प्रश्न—बुद्धिमानों में सर्वोत्तम कौन है?
> उत्तर—वह जो कि औरतों द्वारा छला नहीं गया है
> प्रश्न—पुरुष के लिए बन्धन क्या है?
> उत्तर—स्त्री
> प्रश्न—वह कौन-सा ज़हर है जो अमृत की भाँति प्रतीत होता है?
> उत्तर—स्त्री[35]

इस किताब और मक़सद में मदद करनेवाली पेंसिल्वेनिया के महिला मेडिकल कॉलेज की डीन रैचेल एल. बॉडले भूमिका में लिखती हैं—

> रमाबाई ने उद्धरणों में शुद्धता बनाए रखने के लिए एक से ज़्यादा अनुवाद उपलब्ध होने पर उनकी तुलना करने में और कुछ मामलों में संस्कृत से ख़ुद अनुवाद करने में काफ़ी कड़ी मेहनत की। पूरी किताब में कही गई बातें सटीकता से हैं। जब यह किताब भारत पहुँचेगी तो इन कथनों को नि:सन्देह झूठे और अधार्मिक बताकर इन पर आक्रमण किया जाएगा और यह भी सम्भव है कि यूनाइटेड स्टेट्स में भी कुछ व्यक्ति इस तरह के प्रभाव को पैदा करने का प्रयास करें।[36]

किताब के अन्त में रमाबाई पाठकों से अपील करती है कि—

> आप सभी जो इस किताब को पढ़ रहे हैं मेरे देश की स्त्रियों के बारे में सोचिए और जागिए, आजीवन दासता और नारकीय जीवन से उन्हें मुक्त कराने के लिए आगे आइए; क्या आप नहीं आएँगे?[37]

देखते ही देखते किताब की 10,000 प्रतियाँ बिक गईं। 'लाइफ़ ऑफ़ द हाई कास्ट हिन्दू वुमन' भारतीय समाज में पितृसत्ता की शिनाख़्त का पहला सैद्धान्तिक दस्तावेज़ था जो रमाबाई के स्त्रीवादी तेवर को सबसे परिपक्व और प्रखर रूप में सामने लाता है। रमाबाई जो जीवन में कर रही थी, उसका वैचारिक आधार वह इस किताब में सामने ला पाई। वह उन स्त्री-द्वेषों को लक्ष्य करती है जो समाज की मानसिकता में परम्पराओं और शास्त्रों के ज़रिये गहरे बैठा दिये गए हैं। मिस बील को कनाडा से एक पत्र में सेसिल मॉड केयली लिखती हैं—

> पिछले हफ़्ते मुझे रमाबाई का साक्षात्कार करने का सुखद अवसर मिला और उसका भाषण सुनने के बाद मैंने तय किया कि आपको लिखूँगी कि मैंने उसे देखा। वह अच्छी दिख रही थी और उसने हमें एक बहुत दिलचस्प भाषण दिया, ज्ञानपूर्ण और मनोरंजक। वह पुरुष जाति के प्रति बेहद सख़्त है और महिला अधिकारों के मुद्दों पर वह काफ़ी उग्र है।
>
> हम सब उसके काम 'द लाइफ़ ऑफ़ द हाई कास्ट हिन्दू वुमन' में बेहद दिलचस्पी रखते हैं और यह किताब ख़ूब पढ़ी जा रही है। यह सोचना सुखद है कि उसके पास अभी से 30,000 डॉलर हो गए हैं और अमेरिका छोड़ने से पहले इतने ही और आने की उम्मीद है।[38]

अमेरिका की प्रमुख स्त्रीवादियों के बीच भाषण

न्यूयॉर्क, मैसाच्युसेट्स, आइओवा, नेब्रास्का, लेकोय होते हुए 1887 के अन्त तक केंटुकी होती हुई नैशविले, टेनेसी पहुँची जहाँ उसे WCTU (Women's Christian Temperance Movement) की बैठक में शिरकत करनी थी। यह ईसाई महिलाओं का शराब-विरोधी आन्दोलन था जो अमेरिका में 1870 के दशक में पनपा। अमेरिकी समाज में शराब कोई ख़राब चीज़ नहीं मानी जाती थी, लेकिन इसके बेलगाम सेवन से घरों में पुरुषों द्वारा की जानेवाली हिंसा एक बड़ी समस्या बनती जा रही थी। उनके अनुसार, शराब बहुत-सी सामाजिक समस्याओं की जड़ थी। यह महिलाओं का एक धार्मिक संगठन था जो सामाजिक मुद्दों में भी दख़ल रखता था। WCTU ने स्त्री-मताधिकार आन्दोलन में भी भूमिका निभाई थी और दास-प्रथा विरोधी आन्दोलन में भी। इसकी अध्यक्ष फ्रांसिस विलर्ड से रमा की

अच्छी मित्रता हो गई थी और रमा के कई भाषण इनकी मदद से हुए। फ्रांसिस की वजह से रमाबाई दुनिया भर के सुधारकों के एक बड़े नेटवर्क से जुड़ गई थी। फ्रांसिस ख़ुद रमा से इतनी प्रभावित थी कि उसकी तस्वीर अपने डेस्क पर रखा करती थी।[39] इस संगठन के ज़रिये रमाबाई अमेरिकी स्त्रीवादियों के एक बड़े दायरे में, जिसमें स्त्री-मताधिकार की पैरोकार लूसी स्टोन, सूसन बी. एंथनी[40] एलिज़ाबेथ कैडी स्टैंटन, मेरी लिवरमोर शामिल हो गई। जब मार्च-अप्रैल 1888 में रमाबाई ने वाशिंगटन डी. सी. में अन्तरराष्ट्रीय महिला काउंसिल में भाषण दिया, उसमें ये सभी स्त्रीवादी उपस्थित थीं।[41] अमेरिका प्रवास ने असल मायनों में रमाबाई को एक अन्तरराष्ट्रीय शख़्सियत बना दिया था।

1887 के मई में जब बोस्टन में रमाबाई ने भाषण दिया तो उसकी वाक्पटुता, हास्य-बोध और हौसले से प्रभावित होकर दर्शक न सिर्फ़ हँसे बल्कि रोए भी। यहीं एक समिति बनाई गई महिलाओं की, जो इस बात पर विचार करनेवाली थी कि कैसे रमाबाई की योजनाओं में मदद की जा सकती है। कुछ महीने बाद दिसम्बर में एक सार्वजनिक सभा में इस समिति की रिपोर्ट प्रस्तुत की गई और नतीजतन 'अमेरिकन रमाबाई एसोसिएशन' की स्थापना हुई, जिसकी अध्यक्ष बनीं फ्रांसिस विलर्ड। उस रात रमा अपने कमरे में ख़ूब रोई। ये ख़ुशी के आँसू थे, सालों का सपना पूरा होने की ख़ुशी।[42]

'महिला ईसाई संयताचार आन्दोलन' (WCTU) से रमाबाई प्रभावित हुई। अपने एक पत्र में न सिर्फ़ वह आजीबाई को अपने विचार शराब-सेवन पर लिखती है बल्कि उनसे अपेक्षा करती है कि मनो को भी तंत्रियों और मस्तिष्क पर उसके ख़राब असर के बारे में बताएँगी।[43] उसे इस बात पर भी हैरानी होती है कि कैसे भारत में एक आमफ़हमी है कि ईसाइयत का शराब और वेश्यावृत्ति से क़रीब का नाता है और इन्हें क़ानूनी स्वीकृति है। बड़े भोलेपन से वह पूछती है कि अगर शराब के ख़िलाफ़ हैं तो क्या तम्बाकू और अफ़ीम सही हैं? मनो के हाथों उसने अपनी किताब 'द लाइफ़...' की कुछ प्रतियाँ अपने और मनो के मित्रों के लिए भेजी थीं और स्पष्ट लिखा कि ये उपहार हैं, ये मेरी लेखकीय प्रतियाँ थीं। एक और जगह वह अपनी किताब की प्रतियों को बेचने से मिला पैसा सिस्टर जेरल्डीन से बेहिचक माँग भी लेती है। गोल-मोल बात नहीं, काम की बात बेहद स्पष्टता के साथ करती थी रमाबाई। मिस बील के लिए भी उसने किताब भेजी थी जो रास्ते में ही कहीं ग़ुम हो गई। इस बार उसने सिस्टर जेरल्डीन को किताबें बिना डाक ख़र्च चुका भेजीं चिट्ठी में, यह लिखते हुए कि किताब मिलने पर पैसे चुकाना बेहतर है, इससे किताबें ज़्यादा सुरक्षित रहेंगी। एक तरह से यह भी 'कैश ऑन डिलिवरी' वाली ही व्यवस्था तो थी!

दास-प्रथा विरोधी अमरीकी-अफ़्रीकी समाज सुधारक हैरियट टबमैन से प्रभावित होना

1888 तक मनो 6 साल की हो गई थी। रमा उसे भी ख़त लिखती थी इस निर्देश के साथ कि किसी बड़े से वह पढ़वा लेगी। अपने नाम से आए माँ के ख़त की अलग अहमियत होती है। मनो उसे मनोयोग से सुनेगी, इसलिए रमा उसमें बहुत-सी ऐसी बातें लिखा करती थी जिससे न सिर्फ़ मनो का ज्ञान बढ़े बल्कि वह एक संवेदनशील मनुष्य की तरह बड़ी हो। अपने अनुभवों का वर्णन करके वह उससे बराबरी के स्तर पर एक अनूठा रिश्ता विकसित कर रही थी। एक ख़त में वह बताती है मनो को कि कैसे अमेरिका में काले लोगों को 'नीग्रो' कहा जाता है और कुछ साल पहले तक यहाँ उन्हें ख़रीदा-बेचा जाता था जैसे वे मनुष्य नहीं, कुत्ते-बिल्ली हों। फिर वह उसे अबॉलिशनिस्ट लोगों के बारे में बताती है जो श्वेत हैं, लेकिन वे काले लोगों की मुक्ति के लिए प्रयासरत हैं। वह एक ऐसी काली महिला की कहानी सुनाती है जिसने हिम्मत की और अपने साथ तीन सौ ग़ुलामों को मुक्त कराकर अपने देश लौटी। यह काली महिला थी हैरियट टबमैन, जिसके साथ रमा अपनी मुलाक़ात का वर्णन इस तरह करती है—

> मैंने उसे दो बार ऑबन (Auburn) आमंत्रित किया। वह बहुत प्यारी और दयालु है, पर आकर्षक नहीं है। लेकिन जानती हो, हैरियट की तरह जिनके दिल ख़ूबसूरत होते हैं, वे उन लोगों से कई गुना बेहतर हैं जिनके चेहरे सुन्दर हैं, लेकिन वे बुरे लोग हैं। हैरियट विशाल है और बहुत मज़बूत है। उसने एक भालू की तरह मुझे आलिंगन में बाँध लिया और हाथ मिलाया, जब तक कि मेरा बेचारा छोटा-सा हाथ दर्द नहीं होने लगा। लेकिन, ओह! कितना अच्छा है ऐसे लोगों से मिलना। ये ईश्वर की योग्य सन्तानें हैं और हमें हमेशा उनके साथ अच्छा, बहुत अच्छा होने की कोशिश करनी चाहिए। मेरी प्यारी बच्ची, तुम्हें पता है, तुम्हारी और मेरी तरह के हज़ारों बच्चे और औरतें हैं भारत में, जिनके साथ उतना ही बुरा बर्ताव किया जाता है जैसा पुराने समय में दासों के साथ किया जाता था। मुझे उम्मीद है, मेरी बच्ची हैरियट की कहानी याद रखेगी और हैरियट की तरह अपने देश की औरतों के लिए वैसे ही मददगार साबित होगी जैसे हैरियट अपने लोगों के लिए है। अगली बार मैं एक और इसी तरह के एक भले पुरुष के बारे में बताऊँगी, जिसने दासों के लिए काम करते हुए अपनी जान गँवाई।[44]

जैसे-जैसे रमाबाई की दुनिया बड़ी हो रही थी अपने उद्देश्य के प्रति वह और

समर्पित हो रही थी। हर अनुभव और भावना वह बेटी से साझा करना चाहती थी ताकि उसकी दुनिया भी ऐसे ही विस्तृत होती रहे। उसके भी लक्ष्य बड़े हों।

रमाबाई ने यात्राएँ कीं और लगभग पूरा अमेरिका नाप डाला। अब यह लगभग तय हो गया था कि रमा को भारत जाकर हिन्दू विधवाओं के लिए एक बोर्डिंग स्कूल खोलना है जहाँ उन्हें शिक्षा मिले और रोज़गार भी ताकि वे किसी की दया पर आश्रित न रहें। पैसा जमा करना कोई आसान काम नहीं था। जब तक रमा वहाँ ख़ुद जाकर भाषण न दे, मदद की उम्मीद कम होती थी। एक बार सेन फ्रांसिस्को से उसने मनो को संक्षिप्त चिट्ठी लिखी, जिसमें वह कहती है—

> क्या सोचती हो मैं इस वक़्त क्या कर रही हूँ? मैं हर एक क्षण जो सम्भव हो, छीन लेना चाहती हूँ कहानियों की किताबों के लिए, जो हमारे देश के बच्चों के लिए मैं तैयार कर रही हूँ। पन्नों पर सजाने के लिए मेरे पास बहुत-सारी सुन्दर तसवीरें हैं और सुन्दर डिज़ाइन। काश, तुम और आजीबाई भी यहाँ होतीं तो मुझे बतातीं कि ये कैसे लग रहे हैं! आज मैं बहुत थकी हूँ। कल मैंने चार बार भाषण दिया, लोगों से अलग से बात करने के अलावा।[45]

अमेरिका के कई शहरों में रमाबाई सर्कल्स बन गए। 1887 से 1888 तक उसने 113 जगह भाषण दिये। छापाख़ाना शुरू करने के लिए इलेक्ट्रोटाइप्स ख़रीदे। एक समय पर दिमाग़ कई जगह चलता था। एक साथ कई सारे काम, मल्टीटास्क करना उसकी ख़ूबी थी। बर्बाद करने के लिए समय नहीं था उसके पास। यह सब करते हुए वह मनो के भारत लौटने का इन्तज़ाम और तैयारी भी देख रही थी। पहले सोचा कि कोई इंग्लैंड से मनो को ले आए रमा के पास और फिर दोनों भारत जाएँ। मनो को लेने जाने के लिए रमा के पास बिलकुल वक़्त नहीं था। अमेरिका का पश्चिमी भाग अभी यात्राओं से छूटा हुआ था। तभी वांटेज से उसे ख़बर मिली कि सिस्टर एलियनर भारत जाएँगी और मनो उन्हीं के साथ पुणे CSMV मिशन चली जाएगी। रमा के भारत लौटने तक वह वहीं रहेगी।

अप्रैल 1888 में रमा ने इस योजना के बारे में आजीबाई को लिखा और साथ ही 300 पाउंड का एक चेक भी भेजा। इंग्लैंड में रहने का जो भी ख़र्चा उसका और मनो का हुआ था, वह पूरा तो नहीं चुकाया जा सकता था, लेकिन जितना वह कर सकती थी, उसने भेजा और मनो को भारत भेजने में जो पैसे लगनेवाले थे, उसके बारे में भी पूछा ताकि उतना धन अगली बार भेज सके। इस ख़त में रमा बार-बार एहसानमन्द होती है आजीबाई के प्रति। आभार और कृतज्ञता के भाव वह अक्सर नहीं दिखा पाती थी,[46] शायद इसलिए कि वह कहीं से दयनीय नहीं लगना चाहती थी। मनो के लौटने के पैसे का इन्तज़ाम इंग्लैंड में 'हाई कास्ट हिन्दू वुमन'

के छपने से हो जाएगा, उसे ऐसी उम्मीद थी। प्रकाशन की यह ज़िम्मेदारी उसने आजीबाई को ही सौंप दी थी।

28 नवम्बर, 1888 को सेन फ्रांसिस्को से ओशिएनिक (Oceanic) नाम के जहाज़ से वापस भारत की ओर रवाना हुई।

सन्दर्भ

1. देखें, पृ. 165, द लेटर्स ऐंड कॉरेस्पॉन्डेंस ऑफ़ पंडिता रमाबाई, सिस्टर जेरल्डीन द्वारा संकलित, सं. ए.बी. शाह, महाराष्ट्र स्टेटबोर्ड फ़ॉर लिटरेचर ऐंड कल्चर, बॉम्बे, 1977
2. देखें, पृ. 167, वही
3. देखें, पृ. 129, लाइफ़ ऑफ़ आनन्दीबाई जोशी, कैरोलीन हेली डाल, रॉबर्ट्स ब्रदर्स, बॉस्टन, 1888
4. देखें, पृ. iv, पंडिता रमाबाई की किताब 'द हाई कास्ट हिन्दू वुमन' की मिस बॉडले द्वारा लिखित भूमिका
5. पोप, मनु और कालिदास—देखें, पृ. xi, लाइफ़ ऑफ़ आनन्दीबाई जोशी, कैरोलीन हेली डाल, रॉबर्ट्स ब्रदर्स, बॉस्टन, 1888
6. वह ग़लत दरवाज़े से अमेरिका आ गया था। उसने बहुत कम देखा था और सोचता था कि सब जानता है—कैरोलीन हेली डाल, देखें, पृ. 139, लाइफ़ ऑफ़ आनन्दीबाई जोशी, रॉबर्ट्स ब्रदर्स, बॉस्टन, 1888
7. देखें, पृ. 139, लाइफ़ ऑफ़ आनन्दीबाई जोशी, कैरोलीन हेली डाल, रॉबर्ट्स ब्रदर्स, बॉस्टन, 1888
8. देखें, पृ. 134, लाइफ़ ऑफ़ आनन्दीबाई जोशी, कैरोलीन हेली डाल, रॉबर्ट्स ब्रदर्स, बॉस्टन, 1888
9. श्वेत महिला, जिसके बाल काले हों
10. देखें, पृ. 130, लाइफ़ ऑफ़ आनन्दीबाई जोशी, कैरोलीन हेली डाल, रॉबर्ट्स ब्रदर्स, बॉस्टन, 1888
11. देखें, पृ. 9, एंटोयनेट बर्टन, एट द हार्ट ऑफ़ एम्पायर, यूनिवर्सिटी ऑफ़ कैलिफोर्निया प्रेस, 1998
12. देखें, पृ. 135, लाइफ़ ऑफ़ आनन्दीबाई जोशी, कैरोलीन हेली डाल, रॉबर्ट्स ब्रदर्स, बॉस्टन, 1888
13. देखें, पृ. 124, मीरा कोसाम्बी
14. देखें, पृ. 53-54, अमरदीप सिंह, वेल्ड स्ट्रेंजर्स, रवीन्द्रनाथ टैगोर्स अमेरिका इन ट्रेवल एंद लेटर्स, जर्नीज़, इंटरनेशनल जर्नल ऑफ़ ट्रेवल ऐंड ट्रेवल राइटिंग, वॉल्यूम-10, अंक-1
15. देखें, पृ. 1-2, रोज़ालिंड ओ'हैनलोन, अ कम्पैरिज़न बिटवीन वुमन ऐंड मैन, ताराबाई शिन्दे ऐंड द क्रिटीक ऑफ़ जेंडर रिलेशंस इन कलोनियल इंडिया, ऑक्सफोर्ड यूनिवर्सिटी प्रेस, 1994

16. देखें, पृ. 19, ताराबाई शिन्दे, स्त्री-पुरुष तुलना, मराठी से अनु. जुई पालेकर, संवाद प्रकाशन, 2015
17. देखें, वही, पृ. 21-22
18. देखें, वही, पृ. 23
19. मैं उसके बारे में बहुत पीड़ा से बता रही हूँ क्योंकि आनन्दी उसे बहुत प्यार करती है, लेकिन उसके जीवन के बारे में सच्चाई से लिखना असम्भव है उस उलझन का संकेत दिये बिना, जो उसकी (गोपाल जोशी की) उपस्थिति की वजह से आनन्दी के दैनिक जीवन में आ गई थी—देखें, पृ. 137, लाइफ़ ऑफ़ आनन्दीबाई जोशी, कैरोलीन हेली डाल, रॉबर्ट्स ब्रदर्स, बॉस्टन, 1888
20. देखें, पृ. 192-193, रैडिकल स्पिरिट्स, इंडियाज़ फ़र्स्ट वुमेन डॉक्टर ऐंड हर अमेरिकन चैम्पियंस, स्टोरी आर्टिसन प्रेस, 2020
21. देखें, पृ. 171, द लेटर्स ऐंड कॉरेस्पॉन्डेंस ऑफ़ पंडिता रमाबाई, सिस्टर जेरल्डीन द्वारा संकलित, सं. ए.बी. शाह, महाराष्ट्र स्टेटबोर्ड फ़ॉर लिटरेचर ऐंड कल्चर, बॉम्बे, 1977
22. देखें, पृ. 193, द लेटर्स ऐंड कॉरेस्पॉन्डेंस ऑफ़ पंडिता रमाबाई, सिस्टर जेरल्डीन द्वारा संकलित, सं. ए.बी. शाह, महाराष्ट्र स्टेटबोर्ड फ़ॉर लिटरेचर ऐंड कल्चर, बॉम्बे, 1977
23. देखें, पृ. 174, वही
24. देखें, पृ. 184-185, लाइफ़ ऑफ़ आनन्दीबाई जोशी, कैरोलीन हेली डाल, रॉबर्ट्स ब्रदर्स, बॉस्टन, 1888
25. देखें, पृ. 158, रीराइटिंग हिस्ट्री द लाइफ़ ऐंड टाइम्स ऑफ़ पंडिता रमाबाई, उमा चक्रवर्ती, ज़ुबान बुक्स, काली फ़ॉर वुमन, 1998
26. देखें, पृ. 127, रख्माबाई, स्त्री अधिकार और क़ानून, सुधीर चन्द्र, राजकमल प्रकाशन, 2012
27. देखें, पृ. 178, द लेटर्स ऐंड कॉरेस्पॉन्डेंस ऑफ़ पंडिता रमाबाई, सिस्टर जेरल्डीन द्वारा संकलित, सं. ए.बी. शाह, महाराष्ट्र स्टेटबोर्ड फ़ॉर लिटरेचर ऐंड कल्चर, बॉम्बे, 1977
28. देखें, पृ. 66, द लाइफ़ ऑफ़ हाई कास्ट हिन्दू वुमन, पंडिता रमाबाई, फ़िलाडेल्फ़िया, 1888
29. देखें, पृ. 10, वही
30. देखें, वही
31. देखें, पृ. 56, वही
32. देखें, वही, पृ. 74
33. देखें, वही, पृ. 79-80
34. देखें, पृ. 75, वही
35. देखें, पृ. 57, द हाई कास्ट हिन्दू वुमन, पंडिता रमाबाई सरस्वती, फ़िलाडेल्फ़िया, 1888
36. देखें, वही, भूमिका, पृ. ix
37. देखें, पृ. 119, वही
38. देखें, पृ. 181, द लेटर्स ऐंड कॉरेस्पॉन्डेंस ऑफ़ पंडिता रमाबाई, सिस्टर जेरल्डीन द्वारा संकलित, सं. ए.बी. शाह, महाराष्ट्र स्टेटबोर्ड फ़ॉर लिटरेचर ऐंड कल्चर, बॉम्बे, 1977
39. देखें, पृ. 126, पंडिता रमाबाई : लाइफ़ ऐंड लैंडमार्क राइटिंग्स, मीरा कोसाम्बी, रूटलेज़, 2016

40. देखें, पृ. , दुनिया में औरत, सुजाता, राजपाल ऐंड संस, नई दिल्ली, 2022
41. देखें, पृ. 126, पंडिता रमाबाई : लाइफ़ ऐंड लैंडमार्क राइटिंग्स, मीरा कोसाम्बी, रूटलेज़, 2016
42. देखें, पृ. 40, पंडिता रमाबाई द स्टोरी ऑफ़ हर लाइफ़, हेलेन एस. डायर, फ़्लेमिंग एच. रेवेल कम्पनी, 1900
43. देखें, पृ. 201-02, द लेटर्स ऐंड कॉरेस्पॉन्डेंस ऑफ़ पंडिता रमाबाई, सिस्टर जेरल्डीन द्वारा संकलित, सं. ए.बी. शाह, महाराष्ट्र स्टेटबोर्ड फ़ॉर लिटरेचर ऐंड कल्चर, बॉम्बे, 1977
44. देखें, पृ. 208, द लेटर्स ऐंड कॉरेस्पॉन्डेंस ऑफ़ पंडिता रमाबाई, सिस्टर जेरल्डीन द्वारा संकलित, सं. ए.बी. शाह, महाराष्ट्र स्टेटबोर्ड फ़ॉर लिटरेचर ऐंड कल्चर, बॉम्बे, 1977
45. देखें, पृ. 219, वही, लेटर्स
46. I am not a demonstrating woman—देखें, पृ. 199, वही, लेटर्स

11

प्रशान्त सागर नहीं ख़ौफ़नाक सागर है यह

जापान तक की यात्रा बेहद कठोर रही; लगभग रोज़ ही बारिश हुई, लेकिन जब-तब आसमान साफ़ हो जाता था और हमें प्रशान्त महासागर में शानदार सूर्योदय और सूर्यास्त देखने को मिलता था। वैसे, जिस आदमी ने इस महासागर का नाम 'प्रशान्त' रखा होगा, उसने ज़रूर इसे किसी ख़ूबसूरत दिन में, उष्णकटिबन्धीय पर्वत की चोटी पर बैठकर देखा होगा। ऐसे दिनों में समुद्र चमकती हुई घास की विशाल और सपाट चादर-सा लगता है तो उसने तब ठीक ही नाम दिया होगा। लेकिन सर्दी के मौसम के बीच इसमें यात्रा करते हुए हमें तो यह लग रहा है भीषण![1]

—रमाबाई

अमेरिका से लौटते हुए जहाज़ 19 दिसम्बर, 1888 को जापान में रुका। यहाँ रमाबाई ने 13 दिन बिताए और इस प्रभाव के साथ भारत लौटी कि जापान प्यारे, देशभक्त लोगों का ख़ूबसूरत देश है। जहाँ भी जाती, वहाँ का इतिहास (मिकाडो वंश का इतिहास, अमेरिका का दख़ल, बौद्ध धर्म का प्रवेश[2]), प्रकृति (फ़्यूजियामा पर्वत पहली ही नज़र में मुझे भा गया[3]) और रहन-सहन (सम्राज्ञी स्त्री-शिक्षा के कार्यों में स्वयं रुचि लेती है। यहाँ न परदा है न जाति-व्यवस्था[4]) रमा अपने ख़तों में लिखती ही थी। उल्लेखनीय है कि वह किसी समाज को जेंडर-लेंस से देखने से नहीं चूकती थी।

जापान में WCTU के सौजन्य से रमाबाई के भाषण रखे गए थे। उसने कम-से-कम आठ बैठकों में तो बोला ही, साथ ही उन महिला व्याख्याताओं से भी प्रभावित हुई जो उसके भाषण का तुरन्त अनुवाद कर रही थीं। किसी बैठक, आयोजन का ऐसा व्यवस्थित ढंग तो उसने अमेरिका में भी नहीं देखा था जो यहाँ मिला। यह सब देखकर, जापान की प्रगति को लेकर वह बहुत आश्वस्त हुई। उसे यह अच्छा लगा कि किसी बर्बर प्रथा से, गहनों के बोझ से महिलाएँ वहाँ मुक्त थीं, लेकिन

एक ख़राब बात थी जो वह दर्ज करने से न रह सकी कि महिलाओं में दाँत काले करने[5] और भौंहें मिटा देने का रिवाज़ था।

अख़बार रमाबाई के जापान आगमन की सूचना और उसके भाषणों के सारांश दे रहे थे, उसके जीवन के ब्योरों के साथ। 23 दिसम्बर, 1888 को टोक्यो में रमाबाई का भाषण हुआ तो दर्शक दीर्घाएँ लगभग समान संख्या में उपस्थित स्त्री-पुरुषों से अटी पड़ी थीं।[6] यहाँ भी अख़बार वैसे ही नस्लीय क़िस्म के वर्णन करते थे रमा के, जैसा कि अमेरिका में—क़द में छोटी, शुद्ध आर्य जाति की तरह बेहद बुद्धिमान और तेजस्वी चेहरा।[7] डॉक्टर एमा ब्रेनर्ड रायडर भी रमाबाई के साथ पुणे आने के लिए सान फ्रांसिस्को से चली थीं। शायद काम करके बहुत थक गई थीं और भारत आना उनके लिए छुट्टी बिताने जैसा था, लेकिन इरादा था रमाबाई के साथ मिलकर एक अस्पताल की स्थापना करना। टोक्यो में रमा के भाषण के बाद इनका भी छोटा-सा भाषण हुआ और फिर रमाबाई के मिशन के लिए चन्दा इकट्ठा किया गया। 'द जापान मेल समरी' ने 28 दिसम्बर को रमा के दूसरे भाषण के सन्दर्भ में लिखा 'जेंडर बराबरी के स्वर्ण युग के सपने पर यक़ीन करना बहुत मुश्किल है' राजकुमार ने इस भाषण के बाद रमाबाई का सत्कार किया।

15 जनवरी, 1889 को वह हांगकांग पहुँची। यहाँ एक भारतीय सज्जन के यहाँ उसके स्वागत में बहुत-से भारतीय व्यापारी और यूरोपीय लोग उपस्थित थे। यहाँ भी अख़बार उसके गोरे रंग, काले बालों और धाराप्रवाह अंग्रेज़ी बोलने की तारीफ़ कर रहे थे।[8] जब अनजान विदेशी अमेरिका में आर्थिक मदद कर सकते हैं, ऐसे में अपने देश के लोगों को तो इस योजना में सहायता करनी ही चाहिए, यह कहते हुए इस सभा में भी रमाबाई ने स्त्री-शिक्षा और भारत में पश्चिमी तर्ज़ पर लड़कियों का स्कूल खोलने की ज़रूरत पर बल दिया। एमा रायडर ने भी उस हॉस्पिटल की योजना के बारे में बताया, जिसमें वह रमाबाई की मदद करने साथ आई थी। 22 जनवरी को यहाँ से विदा लेकर रमाबाई और एमा रायडर भारत के लिए रवाना हुए।

आख़िर पाँच साल बाद बूटों से छुटकारा मिला

6 साल की अनुपस्थिति। मुम्बई से चली थी रमा तो इंग्लैंड पहुँची। वहाँ से फ़िलाडेल्फ़िया, फिर सान फ्रांसिस्को से चली। जापान, हांगकांग से कलकत्ता।[9] पृथ्वी की एक परिक्रमा पूर्ण करते हुए जब वह भारत पहुँची तो उत्साह और उम्मीदों से भरी हुई। पंच हौद में जब 2 फ़रवरी, 1889 की शाम क़रीब 6:30 बजे जब सब लोग आराम से बैठे हुए थे तभी एक तार आया सिस्टर सुपीरियर के नाम। यह तार रमाबाई का था। वह 7 बजे पुणे स्टेशन पहुँचनेवाली थी। फटाफट किसी को वनवारी भेजा गया मनो को लाने के लिए और फिर सिस्टर सुपीरियर के साथ वह

स्टेशन गई। लगभग दो साल बाद वह माँ से मिलनेवाली थी। स्टेशन पर रमाबाई को ढूँढ़ने में कोई दिक़्क़त नहीं हुई क्योंकि रमा ख़ुद खिड़की से झाँक रही थी। मिलने की बेचैनी उसे भी थी। उतरकर रमा सबसे मिली और सबका परिचय एमा रायडर से करवाया। फिर अपना सामान वग़ैरह सब एक तरफ़ छोड़कर बेटी की बाँह थामी, झुकी और उसे अपने घुटनों पर बैठा लिया। उसके बाद एक पल के लिए माँ को नहीं छोड़ा मनो ने। उसकी ख़ुशी का पारावार न था। उस रात मनो का बिस्तर रमाबाई के साथ ही लगाया गया सेंट मेरी होम में ही। माँ-बेटी देर रात तक बातें करते रहे, कभी ख़ुश होते, कभी रोते, कभी पुरानी बातें और कभी आजीबाई को याद करते। उस रात दोनों 11:30 बजे सोये।[10] कुछ भी रमा को निश्चय से डिगा नहीं सकता था। बह उठते ही रमाबाई अपने मिशन के लिए तैयार थी। रविवार था तो 10 बजे नाश्ता करते ही वे चैपल में सर्विस के लिए गए। रमा ने देर तक सिस्टर सुपीरियर से बातें कीं। वह जोश से भरी हुई थी, "चलो, चलो गाड़ी बुलाओ!" वह एक भी मिनट बर्बाद नहीं करना चाहती थी। अपने स्कूल के बारे में बात करने के लिए उसे अपने मित्रों से मिलने जाना था।

लेकिन चलते हुए जब उसने अपने यूरोपियन बूटों की तरफ़ देखा तो बोली—"ओह! ये मेरे जूते!" सिस्टर गर्ट्यूड ने कहा, "क्या तुम्हें देसी चप्पल चाहिए?" बूटों को एक तरफ़ फेंकते हुए उसने कहा, "पाँच साल से मेरे पैर इनके बन्दी थे। कितनी ख़ुशी होगी मुझे इनसे छुटकारा पाकर।" और गाड़ी के आने से पहले मिस्टर रिविंगटन और फ़ादर गोरे उससे मिलने आए। इसके बाद रमाबाई और एमा रायडर कुछ लोगों से मिलने चली गईं। सब उसे मुम्बई में स्कूल खोलने की सलाह दे रहे थे। उसने तुरन्त निर्णय लिया और रात 10 बजे की ट्रेन से मुम्बई जाना तय किया। मनो अभी-अभी तो माँ से मिली थी। इतनी जल्दी बिछड़ना होगा यह सोचकर वह रोने लगी, लेकिन फिर बहादुर बच्ची की तरह सिस्टर एलियनर ग्रेस के साथ अगले दिन स्कूल चली गई।[11] रमा और डॉ. रायडर रवाना हो गईं। मुम्बई में डॉ. रायडर ने भारत में महिलाओं के पहले साहित्यिक क्लब 'द बॉम्बे सोरोसिस क्लब'* की शुरुआत की ताकि महिलाओं को एक जगह मिले जहाँ वे अपने मन की बात, अपने विचार कह सकें।

पुणे और तांटेज में सभी सिस्टर्स की चिन्ता यह थी कि रमा के स्कूल में जो स्त्रियाँ या लड़कियाँ पढ़ने आएँगी। वे उम्र में बड़ी, निष्प्रभ और अपरिष्कृत होंगी ऐसे में मनो की शिक्षा पर असर पड़ सकता है। रमा उन्हें आश्वस्त करती है कि

* बॉम्बे सोरोसिस क्लब भारत में महिलाओं की पहली साहित्यिक सभा थी। इस क्लब का मोटो था—'यह दुनिया औरतों की भी है' क्लब के विभिन्न अनुभव एमा रायडर ने अपनी किताब 'द लिटल वाइव्स ऑफ इंडिया' में दर्ज किए।

जब तक मनो के लिए स्कूल का इन्तज़ाम नहीं होगा, उसे कोई यूरोपियन महिला घर पर ही शिक्षा देगी। बाद में मनो रमा के साथ ही मुम्बई में रहने लगी।

रमाबाई की सफलता बहुत बड़ी थी। उसे ऐसे देखा जा रहा था कि एक भारतीय महिला, जिसका कोई सहारा नहीं था, अबला, वह उन लोगों से धन जुटा लाई जो विदेशी थे और जिन्हें इस देश और धर्म का कोई परिचय नहीं। मर्दों से बेहतर है यह स्त्री, जिसने यह कमाल किया।[12] तिलक का अख़बार 'केसरी' ही नहीं, ऐसी तारीफ़ें बहुत लोग कर रहे थे। इस सफलता के आगे रमा का धर्म-परिवर्तन कुछ समय के लिए फीका पड़ गया था।

'शारदा सदन' के उद्घाटन समारोह की अध्यक्षता भी एक महिला ने ही की

मुम्बई में रमा की कोशिश रंग लाई। 11 अप्रैल, 1889 को जुहू के एक बँगले में 'शारदा सदन' की शुरुआत हुई दो विद्यार्थियों के साथ, जिनमें एक थी गोडूबाई जिसका चार वर्ष बाद विवाह हुआ ढोंडो केशव कर्वे से।[13] स्कूल का नाम उसकी पहली विद्यार्थी शारदा के नाम पर था जो श्री गंगाधर गडरे की बेटी थी। 'शारदा सदन' के उद्घाटन समारोह की विशेष बात यह थी कि इसकी अध्यक्षता रमा ने किसी मशहूर या बड़े ओहदे वाले पुरुष या यूरोपियन या अंग्रेज़ से नहीं बल्कि काशीबाई कानितकर से करवाई। उस समय काशीबाई एक उभरती हुई मराठी लेखिका थीं। काशीबाई ने पहले से तैयार अपना भाषण पढ़ा। इस समारोह में रमाबाई ने स्कूल के सेक्युलर उद्देश्यों और लक्ष्यों के बारे में एक भाषण दिया। जज के.टी. तेलंग, राव साहब गोविन्द वसुदेव कानितकर और श्री मोदक ने भी भाषण दिया। 28 मई, 1889 को 'केसरी' में छपा कि समाज को पंडिताबाई जैसी महिलाओं की बहुत ज़रूरत है। वह परिपक्व है, शुद्ध आचरण वाली है और स्त्री-उद्धार के प्रति जी-जान से समर्पित है। लेकिन यह दुःखद है कि उसने अपना धर्म बदल लिया। इस वजह से उससे नाता नहीं तोड़ना चाहिए क्योंकि देशभक्ति से उसने अपना नाता नहीं तोड़ा है। इसलिए उससे दूर रहना, उसकी मदद न करना आत्मघाती होगा।[14] रमा को समर्थन मिल रहा था, यह सशर्त था कि रमा अपना व्यवहार ऐसा ही बनाए रखेगी यानी किसी को ईसाई बनाने की कोशिश नहीं करेगी।

अमेरिकन रमाबाई एसोसिएशन का आग्रह भी यही था कि यह स्कूल एक पंथनिरपेक्ष, सेक्युलर स्कूल होगा। भारत में शिक्षा और धर्म के घाल-मेल से वे कोई बवाल की शुरुआत नहीं करना चाहते थे क्योंकि वास्तव में यह भारत में एक संवेदनशील मसला था। अमेरिकी ईसाई भारत में मिशन-कार्यों में इंग्लैंड का एकाधिकार समाप्त करना चाहते थे, लेकिन ऐसी किसी शर्त पर नहीं। इसलिए 'शारदा

सदन' के लिए एक सलाहकार मंडल नियुक्त किया गया। रमाबाई एसोसिएशन में फ्रांसिस विलर्ड के अलावा जुडिथ ऐंड्रूज़ और सारा हैमलिन भी थी। मुम्बई से इसके सलाहकार मंडल में सात सदस्य थे—डॉ. आत्माराम पांडुरंग तर्खड, डॉ. ए.वी. मोदक, जस्टिस के.टी तेलंग, एन.जी. चन्द्रावरकर, डॉ. एस.वी. काने, एस.पी. केलकर और आर.वी. मडगाँवकर। पुणे के सलाहकार मंडल में थे—डॉ. आर.जी. भंडारकर, एम.जी. रानाडे, और लोकहितवादी गोपालहरि देशमुख। प्रिंसिपल बनी पंडिता रमाबाई। शुरुआत में अंग्रेज़ी, लेखन, पठन, भूगोल, इतिहास, सिलाई का काम पाठ्यक्रम में शामिल थे।

पहली विधवा विद्यार्थी को स्कूल में रोके रखना आसान न था

जिस समय गोडूबाई अपने भाई नरपत जोशी के साथ रहने मुम्बई आई थी उसकी उम्र चौबीस साल थी। जोशी ढोंडो केशव कर्वे के साथ चौथी मंज़िल पर रहते थे। जोशी की पत्नी की मृत्यु के बाद 13-14 लोग जो एक साथ तब वहाँ रहते थे, उनका खाना बनाने का काम अकेले कर्वे की पत्नी नहीं कर पाती थीं। जोशी का एक छोटा बेटा भी था, तो मदद के लिए गोडूबाई को बुलाया गया था। यहीं एक दिन जोशी ने 'शारदा सदन' के बारे में अख़बार में एक विज्ञापन देखा और गोडूबाई को रमाबाई के पास भर्ती करवा दिया। वह वहीं से रोज़ 'शारदा सदन' जाती थी। एक विधवा जिसका सुबह-सुबह दर्शन भी अपशकुन लगता हो समाज को, वहाँ गोडूबाई मुंडित सर पर विधवाओं की लाल साड़ी का पल्ला लपेटे, पैरों में जूते पहनकर, छतरी लेकर, बच्चागाड़ी में भाई के बेटे को लेकर सदन के चपरासी के साथ रास्ते पर से आती-जाती थी तो सब इस नज़ारे को बालकनियों से उचक-उचककर देखते थे।[15] यह बिलकुल वैसा ही था जैसा आनन्दीबाई के साथ होता था दस बरस पहले। आनन्दीबाई को आते-जाते लोगों का तंज़ और उपहास सहना पड़ता था। आनन्दीबाई कहती हैं कि 'ईसाई दिखनेवाली महिलाओं के साथ यह नहीं होता था।[16] हालाँकि रमाबाई ने इससे बचने के लिए गोडूबाई को 'शारदा सदन' में ही रहने के लिए बुलाया, लेकिन उसके भाई ने मना कर दिया। बाद में रमाबाई ने एक चपरासी के साथ एक छत वाली बैलगाड़ी से लड़कियों के आने का प्रबन्ध किया।

इस पहली विधवा विद्यार्थी को स्कूल में रोकने के लिए बड़ी मुश्किलें पेश आईं। कुछ समय बाद गोडूबाई के अभिभावकों ने उसे देवसुख वापस बुलाना शुरू कर दिया क्योंकि वहाँ भी काम करने के लिए कोई नहीं था। रमाबाई ने गोडू के पिता को हर महीने पचास रुपये देने का प्रस्ताव किया ताकि वे लोग काम करने के लिए नौकर रख लें, जिसे उन्होंने स्वीकार कर लिया।[17] जून 1889 तक 'शारदा सदन' में 6 लड़कियाँ हो गई थीं और अक्टूबर तक 14, जिनमें से 8 विधवा थीं।

पढ़ने में गोडू बहुत अच्छी नहीं थी, विशेष रूप से गणित और विज्ञान में। लेकिन वह रमा की क़रीबी बन गई और क्योंकि वहाँ सबमें बड़ी थी और रमा उससे अपने दिल का हाल कह सकती थी। बड़े होने की वजह से 'शारदा सदन' में बहुत-सी ज़िम्मेदारियाँ भी उसके कन्धे पर आ गईं। वह आई थी तो मुंडित केश थी, लेकिन रमा ने उसे केश मुँड़वाने से मना किया और सर के पल्लू के नीचे छिपाकर ही बालों को बढ़ने दिया।

इधर रमाबाई के इंग्लैंड चले जाने के बाद ठकुबाई भी दर-ब-दर हुई। पहले तो समुदाय के ही किसी व्यक्ति ने उसे सहारा दिया, लेकिन उसकी मृत्यु के बाद वह फिर दुनिया में बेसहारा हो गई। किसी ने उसे प्राइमरी स्कूल में भर्ती करा दिया, लेकिन सब मानते थे कि पढ़ने के लिए वह बेहद मूर्ख है। कुछ समय उसने एक स्कूल शिक्षक के यहाँ नौकरी की। फिर उसे रमाबाई के इंग्लैंड से मुम्बई लौटने की ख़बर मिली। रमाबाई ने एक पत्र लिखा और कुछ ही समय में ठकुबाई 'शारदा सदन' की छात्रा बन गई।[18] 13 साल की एक लड़की जो विधवा हो गई थी और ससुराल में दुर्व्यवहार का शिकार थी, उसे उसका पिता स्वयं रमाबाई के पास लाया था। यह काशीबाई थी, जो एक अस्थिपिंजर के अलावा कुछ नहीं लगती थी।

मनो एक सूअर के बच्चे की तरह गन्दी रहती है

रमाबाई का ध्यान स्कूल को, उसकी साख को खड़ा करने में लगा था। उसे भरोसा अर्जित करना था और आश्रित लड़कियों को पढ़ा-लिखाकर आत्मनिर्भर बनाना था। उधर सेंट मेरी से लेकर वांटेज में आजीबाई तक की चिन्ता 'अपने' ईसाई बच्चे, मनो को लेकर थी। सिस्टर एलियनर सिस्टर जेरल्डीन को ख़त लिखती है—"मनो एक सूअर के बच्चे की तरह गन्दी रहती है। बाल छोटे कटे हुए, सिर्फ़ एक कपड़ा, एक फ्रॉक वह भी पीछे से हमेशा खुली रहती है, ज़मीन पर बैठती है और हाथों से खाती है। रमाबाई को लगता है कि वह अपने बच्चे को सामान्य हिन्दुओं की तरह बनाकर एकदम ठीक कर रही है।"[19] सम्भवत: इसी वजह से आजीबाई मनो के लिए फ़लालेन के बने अन्तर्वस्त्र और कुछ फ्रॉक भेजती हैं, जिनके लिए रमा शुक्रगुज़ार होती है, साथ ही कहती है अब और कपड़े मत भेजना। इस डिज़ाइन से यहाँ कपड़े बन जाएँगे।[20] लेकिन मुम्बई से मनो की इस तरह की ख़बर पुणे कैसे पहुँची? डॉ. एमा रायडर किसी काम से पुणे गई थी दो-तीन दिन के लिए। सिस्टर एलियनर अपने ख़त में लिखती भी है कि उन्हें (रमा और मनो को) यह पता नहीं चलना चाहिए कि डॉ. रायडर ने यह सब बताया है।

एक तरफ़ मुम्बई, पुणे के लोगों का ध्यान इस पर था कि ईसाई बन गई रमाबाई स्कूल का सेक्युलर स्वरूप बनाए रखती है या नहीं तो दूसरी तरफ़ सिस्टर्स की चिन्ता

थी कि मनो एक ईसाई बच्चे की जगह हिन्दू बच्चा न बन जाए अपनी परवरिश में। उसकी शिक्षा, पहनावा और उसके तौर-तरीक़े कम-से-कम उतने यूरोपीय बने रहें कि वह बाक़ी बच्चों से अलग दिखे।

जब शारदा सदन पर पहली गाज गिरी

असल समस्या शुरू हुई जून में तब—जब रमा की पहली विद्यार्थी गोडूबाई ने ईसाई होने की इच्छा मनो के सामने जताई और एक शिम्पी (दर्ज़ी) जाति के पिता ने अपनी पुत्री को रमा को देते हुए कहा कि इसे एक ईसाई की तरह बड़ा करे। बहुत-से विरोधी आँख गड़ाए हुए थे कि कब सामने आएगा रमाबाई का असली एजेंडा? उन्हें अवसर मिल गया। सारा हैमलिन ('शारदा सदन' का सलाहकार मंडल चुनने में उनकी अहम भूमिका थी) ने 'न्यूयॉर्क क्रिश्चियन वीकली' के लिए जो भी लिखा, उसका अमेरिका में हंगामा हुआ और भारत में 'केसरी' अख़बार में यह छप गया और दोगुना हंगामा हो गया। पूरी बात को ग़लत समझा गया। इसके जवाब में सफ़ाई देते हुए रमा ने अख़बार में छपवाया कि उसका ऐसा कोई एजेंडा नहीं था कभी, लेकिन वह विद्यार्थियों को धर्म के मामले में पूरी आज़ादी देती है। कुछ भी छिपा हुआ नहीं है, भले ही वे ईसाई धर्म के बारे में कुछ जानना चाहें या अपने पूर्वजों के धर्म के बारे में। उसने सिर्फ़ इतना कहा था कि दो-तीन लड़कियों ने ईसाई धर्म में रुचि प्रदर्शित की, और क्योंकि रमा ख़ुद धार्मिक शिक्षा नहीं दे सकती तो स्कूल के बाहर एक ज़नाना मिशनरी मित्र के पास उन्हें भेजा। ऐसा वह किसी भी धर्म की शिक्षा के लिए अपने अभिभावकों से पूछकर कर सकती हैं। वे लड़कियाँ भी इस उम्र की थीं कि अपने बारे में स्वयं फ़ैसला ले सकती थीं। उसने कहा कि अगर वे चाहती हैं तो स्कूल के बाहर उनके लिए बाइबल शिक्षा की व्यवस्था की जा सकती है। इस पूरी बात का बतंगड़ बन गया। उसने स्पष्ट कहा कि मेरे स्कूल में कोई भी लड़की ईसाई नहीं हुई है।

'शारदा सदन' का जीवन सीधा-सादा था। हर कोई अपनी जाति की प्रथाओं के अनुसार पूजा कर सके, इसकी व्यवस्था की गई थी। उन अभिभावकों के लिए यह आश्वस्ति थी जिन्हें लगता था कि एक ईसाई औरत के पास जाकर उनकी लड़कियाँ जात खोकर धर्म-भ्रष्ट हो जाएँगी। उनके पास अपना भोजन बनाने के लिए अलग व्यवस्था थी, लेकिन समाज के अनुसार धार्मिक आज़ादी का मतलब था, अपने ही धर्म में रहने की आज़ादी, धर्म बदलने की आज़ादी नहीं।[21] इसी के बाद हुई एक के बाद एक ऐसी घटनाएँ जो लगभग षड्यंत्र की ही तरह थीं और जिन्होंने रमाबाई और उसके काम को लोगों की नज़रों में सन्देहास्पद बना दिया।

जल्द ही मुम्बई के सलाहकार मंडल ने इन सब मामलों में एक बैठक की, जिसके सामने रमाबाई को सफ़ाई देनी पड़ी। लेकिन बातचीत के बीच में अनावश्यक रूप से सारा हैमलिन ने कहा कि 'अगर लड़कियाँ रमाबाई के कमरे में जाकर उसकी प्रार्थना में शामिल होती हैं तो इसे धार्मिक शिक्षा तो नहीं कहेंगे! यह पूरी समिति को आइडिया देने जैसा था।'[22] सलाहकार बोर्ड को तो फिर कहना ही था कि हाँ, यह धार्मिक शिक्षा देना ही है। इसके बाद सारा हैमलिन ने कहा कि क्राइस्ट का आदेश है कि प्रार्थना अपने कमरे में दरवाज़ा बन्द करके की जाए, भक्ति एकदम एकान्त में हो। मिस सारा के अनुसार, रमाबाई का अपने कमरे के दरवाज़े खोलकर पूजा करना धर्म-परिवर्तन का प्रभावी तरीक़ा था।[23] इतना सुनने के बाद ज़ाहिर था कि सलाहकार मंडल को आपत्ति होनी ही थी। अब रमाबाई के पास दो ही रास्ते थे—या तो प्रार्थना करते हुए दरवाज़े बन्द करे या स्कूल ही बन्द कर दे।

इस बोर्ड मीटिंग में रमाबाई से पूछा गया कि क्या लड़कियों ने उसकी निजी प्रार्थनाओं में भाग लिया है? अपना-अपना पक्ष सामने रखते हुए रमा ने कहा कि हाँ, हम कुछ भी छिपाकर नहीं करते। सब अभिभावकों को पता है कि मैं ईसाई हूँ। और जब दिन के चौबीस घंटे मेरे कमरे के दरवाज़े लड़कियों के लिए खुले हैं तो सिर्फ़ पूजा के वक़्त उन्हें क्यों बन्द कर दूँ? पहले कुछ लड़कियाँ उसके कमरे में झाँकने आई थीं, फिर कुछ लड़कियाँ पीछे बैठने लगीं। यह संख्या धीरे-धीरे बीस हो गई। न रमा ने उन्हें कभी कमरे में बुलाया, न उन्हें अपनी तरह से पूजा करने से कभी रोका। वह इसे अपने कमरे में करती थी, स्कूल के हॉल में नहीं! लेकिन 'शारदा सदन' को सेक्युलर सदन से पूर्णत: हिन्दू सदन बनाने की कोशिशें होने लगीं। रमाबाई को लड़कियों के खाना खाने की जगह और रसोई में जाने से सलाहकार मंडल ने मना कर दिया। धार्मिक आज़ादी का यह भी तो मतलब था कि सब अपने धर्म और रीति-रिवाज़ का बिना किसी दबाव या भय के पालन कर सकें। जैसे शारदा सदन की ब्राह्मण लड़कियों को आज़ादी थी या धार्मिक आज़ादी का मतलब सिर्फ़ एक धर्म की आज़ादी से था, सारा हैमलिन की भूमिका पर सन्देह किया जा सकता है, लेकिन उस ओरिएंटल नज़रिये को भी समझना ज़रूरी है जो भारत की जाति-संरचना से उलझा हुआ था। ब्राह्मण-वर्ग से मिशनरी उलझना भी नहीं चाहते थे और उनके प्रभुत्व को समझते भी थे। विदेशी महिलाएँ भारतीय स्त्रियों की मसीहा भी बनना चाहती थीं, लेकिन उपनिवेशवादी एजेंडे की वाहक भी थीं। इधर ब्राह्मण-वर्ग को स्त्री-शिक्षा से उतनी समस्या नहीं थी जितनी कि जाति-संरचना और जेंडर-संरचना के हिलने से थी। आख़िर जातिवाद के क़िले की द्वारपाल तो महिलाओं को ही बनाया जाना था। वहाँ दख़लंदाज़ी कैसे बर्दाश्त होती! इस सन्दर्भ में सिस्टर जेरल्डीन को सारा हैमलिन के लिखे एक ख़त से समझा जा सकता है, जिसमें वह लिखती है—

> रमाबाई के ईसाई हो जाने की वजह से यहाँ का उच्च वर्ग उसके प्रति बेहद कठोर है। मुझे लगता है, अगर वह मिशनरियों की तरह मुख्यत: निचले तबके के साथ मेहनत करती तो उनका रवैया फ़र्क़ होता।[24]

भारतीय समाज की जाति-संरचना के बारे में एक और महत्त्वपूर्ण कोण निकलकर आता है जब मिशनरी के तौर पर फ़ादर नेहेम्याह गोरे का डब्ल्यू. आर. चर्टन (किंग्स कॉलेज, केम्ब्रिज) से पत्राचार पढ़ा जाए। नेहेम्याह लिखते हैं कि सन्थालों और निम्न जातियों के बीच तो धर्म-परिवर्तन हो रहा है, लेकिन उच्च जाति के पुरुषों का धर्म-परिवर्तन बहुत धीमा है। वे पढ़-लिखकर आते हैं और फिर उन्हें लगता है कि उनका ही नहीं, हर धर्म झूठा है। इससे उनके बीच अनास्था भर जाती है, यह नुक़सान अंग्रेज़ी शिक्षा ने किया है। इनके साथ अलग से काम करना पड़ेगा ताकि ये ईश्वर की पुकार सुन पाएँ। अगर ये उच्च जाति के हिन्दू पुरुष ईसाई हो जाएँगे तो इनके प्रभाव से निम्न जातियाँ अपने-आप उनका अनुगमन करती हुई ईसाई हो जाएँगी।[25] लेकिन अंग्रेज़ शायद भारतीय समाज को ज़्यादा बेहतर समझता था। ब्राह्मण-वर्ग के पुरुष जिनके पास पहले से समाज में विशेषाधिकार हैं, वे ईसाइयत क्यों अपनाएँगे? और अगर अपनाएँगे तो ईसाइयों में भी एक अलग क्लास बन जाएगा और वे कभी नहीं चाहेंगे कि तथाकथित निम्न जातियाँ कभी ईसाई हों और समाज में यह ऊँच-नीच बनी रहे।[26] एक अख़बार ने ख़बर छापी थी कि दक्षिण भारत में कुछ निम्न जाति के लोग ईसाई बनकर ख़ुद को पारसी समझने लगे हैं और अगर उच्च जाति के पुरुषों ने उनसे बेहतर नहीं किया जीवन में तो वे उनसे पिछड़ जाएँगे।[27] ऐसे में ब्राह्मण विधवाओं को 'चयन की आज़ादी' के साथ शिक्षा और स्वावलम्बन की ज़मीन देकर असल में रमाबाई सब छिन्न-भिन्न कर देनेवाली थी।

समाज-सुधार की मर्दाना ज़मीन पर दम ठोककर खड़े हो जाने का हरजाना रमा ने कई तरह से दिया। महाराष्ट्र में समाज-सेवा के कार्यों में लगा हुआ एक तबका भारतीय ईसाइयों का भी था, जिसे अनदेखा करके नहीं चला जा सकता। ये भारतीय ईसाई थे, जिन्हें लग रहा था कि रमाबाई उनकी उपेक्षा कर रही है। इंग्लैंड से लौटने के बाद रमाबाई ने उनसे कोई सम्पर्क नहीं किया, साथ ही अपने स्कूल के लिए सिर्फ़ हिन्दू कुलीन लड़कियों, बाल-विधवाओं का ही आह्वान किया, ईसाई बालिकाओं का नहीं।

मन्दिर और मस्जिद के द्वार तो खुलवाइए मेरे लिए, पुराण ही नहीं क़ुरान भी पढ़ दूँगी

जुलाई 1889 में ही सोलापुर में एक भाषण के लिए उसे जाना था जहाँ स्वर्णकुमारी देवी (रवीन्द्रनाथ टैगोर की बहन) ने एक गोष्ठी रखी थी एक मन्दिर में। सोलापुर

के सेशन जज सत्येन्द्रनाथ टैगोर भी यहाँ मौजूद थे। भाषण देते हुए रमा ने पुराणों के आख्यानों से बात शुरू की ताकि ऐसे वक्तव्य सुनने की जो महिलाएँ आदी नहीं हैं, उन्हें थोड़ा सहज किया जा सके। भारतीय ईसाइयों के मुख-पत्र 'ज्ञानोदय' में ख्रिस्तदास (क्राइस्ट का दास) के नाम से लिखनेवाले हिन्दू से ईसाई हुए बाबा पद्मनजी रमाबाई के रुख़ से बेहद ख़फ़ा थे। उन्होंने 'ज्ञानोदय' में लिखकर रमा का उपहास किया—

> यह दु:खद है कि इंग्लैंड और अमेरिका में इतने साल बिताने के बाद रमाबाई अपने साथ धर्म का ऐसा निचुड़ा हुआ अवशेष लेकर आई हैं। पंडिताबाई ने अमृत फेंक दिया और नाली का पानी जमा किया, पारस पत्थर फेंककर अपने झोले में एक साधारण पत्थर रख लिया।[28]

इस बात की भी पर्याप्त आलोचना हुई कि रमा मन्दिर में जाकर पुराण पढ़ रही है तो कल को यह मस्जिद में जाकर नमाज़ भी पढ़ेगी। रमाबाई ने व्यंग्यात्मक उत्तर दिया—मन्दिर और मस्जिद के द्वार तो खुलवाइए मेरे लिए पुराण ही नहीं क़ुरान भी पढ़ दूँगी। रमा के इस व्यंग्य से पद्मनजी और भड़क गए और मामला अधिक व्यक्तिगत हो गया। पद्मनजी ने शिकायत की कि रमाबाई ने उनके और अन्य लोगों के साथ धृष्टतापूर्ण व्यवहार किया है, जो दिखाता है कि उसमें ईसाई सिद्धान्तों और सलीक़े की कमी है। और पद्मनजी की राय में, रमाबाई की ईसाइयत एक ज़रिया थी जिसने उसकी सेलिब्रिटी की स्थिति को मज़बूत किया।[29] हिन्दू ब्राह्मण समाज ईसाई होने की वजह से रमा पर शक़ कर रहा था और भारतीय ईसाई समाज उसे एक नाकाफ़ी ईसाई मानकर लगातार आलोचना कर रहा था। पद्मनजी अपने समय के प्रभावी धर्मान्तरित ईसाई सुधारक थे, लेकिन ईसाइयत को सुधार कार्यों के लिए इस्तेमाल करने के ख़िलाफ़ थे और असल में एक ईसाई पितृसत्ताक जो संरक्षणवादी स्त्रीवादी था।[30] स्त्रियों का उद्धार कितना और कैसा हो इसे तय करने का अधिकार भी पुरुष सुधारक अपने पास ही रखना चाहते थे।

तुम्हें औरतों की बात सुनाई नहीं देती

'शारदा सदन' के उद्घाटन समारोह में भाषण देते हुए रमाबाई ने कहा था—

> जैसे ब्रिटिश संसद में कोई भारतीय प्रतिनिधि नहीं है, इसलिए वे हमारी असल स्थिति के प्रति उपेक्षापूर्ण हैं, ठीक उसी तरह हम औरतों को कभी यह मौक़ा नहीं दिया गया कि भारतीय पार्लियामेंट में अपना प्रतिनिधित्व रख सकें। नतीजतन, आप पुरुषों को हमारी असल स्थिति की कोई जानकारी नहीं है...[31]

शारदा सदन के उद्घाटन समारोह की तफ़सील के साथ अख़बारों ने यह बात भी छापी और राजनीतिक माहौल में स्त्रियों को अपनी बात रखने का पहली बार मौक़ा मिला दिसम्बर 1889 में 'नेशनल कांग्रेस' के अधिवेशन में, जो मुम्बई में होना था। द्वारकानाथ गांगुली ने इसमें भाग लेने के लिए पंडिता रमाबाई का नाम सुझाया था। बंगाल से स्वर्णकुमारी देवी (रवीन्द्रनाथ टैगोर की बहन), कादम्बिनी गांगुली और रमाबाई रानाडे भी इस अधिवेशन के महिला प्रतिनिधियों में शामिल हुईं। कुल दस महिलाएँ थीं जिनके डेलीगेशन की अध्यक्षता रमाबाई ने की। चार्ल्स ब्रेडलाफ़ ने कहा कि मुझे ख़ुशी है कि महिलाएँ भी यहाँ उपस्थित हैं। हालाँकि वे संख्या में कम हैं, लेकिन वे आपकी माताएँ हैं, आपके बच्चों की शिक्षक हैं, पत्नियाँ हैं जिनसे अपनी मुसीबत के वक़्त पति सलाह लेता है और इस तरह स्त्री को पुरुष से भी शक्तिशाली बना देता है।[32] जब रमा की बारी आई बोलने की, उस वक़्त भी हॉल खचाखच भरा हुआ था। माइक नहीं हुआ करते थे। रमाबाई ने बोलना शुरू किया तो पीछे बैठे पुरुषों में हलचल शुरू हुई कि आवाज़ नहीं आ रही। रमाबाई मुस्कुराई और सोचा कि इसमें भला क्या हैरानी नहीं कि ये लोग मुझे नहीं सुन पा रहे? सदियों से क्या पुरुषों ने स्त्री को ध्यान से सुनने की कोशिश की भी? यहीं से बात शुरू करते हुए रमाबाई ने कहा—

> भाइयो, मुझे कोई हैरानी नहीं कि मेरी आवाज़ कमज़ोर है, क्योंकि आपने कभी किसी स्त्री को यह मौक़ा दिया ही नहीं कि उसकी आवाज़ मज़बूत हो सके![33]

महादेवी वर्मा मंचों पर कविता-पाठ करने नहीं जाया करती थीं। ऐसा नहीं कि उन्हें पुरुषों के बीच कोई भय था या उनके पास भाषा और अभिव्यक्ति नहीं थी या उनकी आवाज़ क्षीण थी। मीरा हो या पंडिता रमाबाई जैसी पुरखिनें या महादेवी वर्मा, वे जानती थीं कि स्त्री-मन को सुनने का धैर्य पुरुषों की भीड़ को नहीं है। यह जो स्त्री को न समझ पाने की त्रासदी है, असल में वह स्त्री को न सुन पाने का अधैर्य है। पूर्वग्रह है। क्या ही होगा किसी दो अंगुल* प्रतिभा वाली स्त्री के पास

* दो अँगुलियों से यह देखनेवाली कि चावल पका है या नहीं। अर्थात् स्त्री की प्रतिभा केवल घरेलू कामों को ठीक से करने जितनी ही है। ज्ञान-विज्ञान, शिक्षा, साहित्य, राजनीति उसका इलाक़ा नहीं है। प्रगतिशील होते हुए भी जस्टिस एम.जी. रानाडे मानते थे कि स्त्रियों को राजनीति में नहीं आना चाहिए। रूढ़िवादी तबका तो इसके ख़िलाफ़ था ही। 1895 में तो बाल गंगाधर तिलक ने यह धमकी तक दे डाली थी कि अगर कांग्रेस अधिवेशन में अब समाज सुधार पर चर्चा करने के लिए लगनेवाला अलग पंडाल, जिसे 'सोशल कॉन्फ्रेंस' कहा जाता था, लगाया गया तो उसमें आग लगा दी जाएगी। सामाजिक सुधार हमारा मक़सद नहीं है।

कहने के लिए? रमाबाई ने भी व्यंग्य किया इस अधैर्य के बहाने उस मानसिकता पर, जिसने कभी स्त्री को शिक्षित होकर मज़बूत होने और अपनी बात रखने का मौक़ा नहीं दिया। अपने इस वक्तव्य में रमाबाई ने विधवाओं के ज़बरन केश मुंडन के ख़िलाफ़ बोला। दिसम्बर 1889 में ही रमाबाई की अमेरिका यात्रा और प्रवास का संस्मरण 'यूनाइटेड स्टेट्सचा प्रवास' प्रकाशित हुआ ताकि उसे कांग्रेस अधिवेशन में आए प्रतिनिधियों को उपलब्ध कराया जा सके।[34] यह अधुनिक स्त्रीवादी चेतना का दस्तावेज़ था।

एज ऑफ़ कन्सेंट बिल की प्रखर रूप से पक्षधरता

'आर्य महिला समाज' बन्द नहीं हुआ था, सक्रिय था और उसकी सभाएँ हो रही थीं अभी मुम्बई में। यही समय था जब 'एज ऑफ़ कन्सेंट बिल' पर लगातार बहस छिड़ी हुई थी। फूलमणि दासी के केस ने पूरे भारत को हिलाकर रख दिया था। फूलमणि 11 साल की लड़की थी जिसका विवाह 30 साल के हरि मोहन मैती से किया गया। विवाह की रात ज़बरन सम्भोग करने से अत्यधिक रक्त-स्राव से बच्ची की मौत हो गई। 1890 में कलकत्ता हाईकोर्ट के सामने यह केस आया और लड़की की माँ ने हरि मोहन के ख़िलाफ़ गवाही दी। बाल-विवाह की भयावहता को इस केस ने उघाड़कर सबके सामने रख दिया और बहस छिड़ गई कि सहमति से यौन सम्बन्ध बनाने की लड़की की उम्र को क़ानूनी रूप से 10 से 12 साल किया जाए। इस बिल के विरोध में बहुत लोग निकल आए, जिन्हें लगता था कि शास्त्रों के हिसाब से यह प्रथा ठीक है। बहुत लोग इस बिल के पक्ष में थे। एक पारसी बहरामजी मालाबारी बाल-विवाह के विरुद्ध क़ानून बनवाने के लिए मदद माँगने इंग्लैंड तक की यात्रा कर आए थे। रमाबाई ने भी 'आर्य महिला समाज' की ओर से इस बिल के पक्ष में कई हस्ताक्षर इकट्ठे किए और कलकत्ता में वायसरॉय काउंसिल के सामने प्रस्तुत किया। नवम्बर 1890 को लियोनल एश्बर्नर, जो गवर्नर की एक्ज़ीक्यूटिव काउंसिल का सदस्य था, ने 'नेशनल रिव्यू' में एक लेख में हिन्दू शास्त्रों की असलियत उघाड़ते हुए हिन्दू विधवाओं के लिए 'भाड़े पर मिलनेवाली व्यभिचारिणियाँ' (chartered libertines)[35] कहा, जिसका विरोध गोपाल गणेश अगरकर ने किया। सुधारक के सम्पादक के नाम के.के. तैलंग ने छद्मनाम 'शंकित' से एक पत्र लिखा और पहले तो एश्बर्नर को जवाब देने के लिए बधाई दी फिर पूछा कि क्या 'मनुस्मृति' और 'गोहिल गुहाशास्त्र' की असलियत को सबके सामने लाने की ज़रूरत है? और क्या विवाह की न्यूनतम आयु (Age of Consent) बिल के विरोधी विधवाओं, ब्याहताओं के लिए अपमानजनक शब्दों के बारे में यह मत स्वीकार करेंगे?

रमाबाई ने 'सुधारक' में लिखा कि इसमें कोई सन्देह नहीं कि हिन्दू शास्त्रों ने स्त्री के लिए अपमानजनक बातें लिखी हैं। रमाबाई ने 'मनुस्मृति', 'ऋग्वेद', 'महाभारत', 'भागवत पुराण', 'बृहत् पराशर संहिता', 'दक्ष स्मृति' से उद्धरण दर उद्धरण देते हुए सिद्ध किया कि वे स्त्री को ख़ारिज करते हैं और हैरानी की बात यह है कि आधुनिक महर्षि, महामहोपाध्याय तिलक, रामशास्त्री आप्टे, के. आर. कीर्तिकरण शास्त्रों को स्वीकृत करते हैं।

और यह पत्र रमाबाई ने शंकित के जवाब में 'निश्शंक' नाम से लिखा।

यह पूरा लेख तीखी भंगिमा लिये है और कटाक्ष करता है स्त्री-द्वेषी सोच पर। रमाबाई ने तिलक, महामहोपाध्याय रामशास्त्री आप्टे, के.आर.कीर्तिकरण का नाम लेकर उन्हें 'आधुनिक महर्षि' कहा। 'ऋग्वेद' संहिता (अध्याय-8, सूक्त, 95, ऋचा-15) से उद्धरण दिया—'उनका (स्त्रियों का) साथ क्रूर शत्रु की तरह है जो भेड़ियों की तरह छल से भरी हुई हैं' और लिखा कि क्रूर स्वभाव वाली महिलाओं के इस विवरण से आधुनिक महर्षि कैसे भिन्न हो सकते हैं?[36] पुणे में 'सहमति की आयु' के बिल पर सार्वजनिक सभा में इसके ख़िलाफ़ बोले लोग तो रमाबाई जानती थी कि यह होना ही था। वह लिखती है कि जब पुरुष लोग पंचचूड़ा जैसे स्त्री पात्र का सृजन कर सकते हैं, जिसके मुँह से औरतों के लिए ही अपमानजनक बातें कहलाई जा सकती हैं, यह न तब मुश्किल था न अब मुश्किल है कि उसी क़िस्म के पुरुष औरतों से ही लिखित आवेदन भेजें इस बिल के ख़िलाफ़। ऐसे संकट के समय हिन्दू रूढ़िवादिता के रखवाले नेता 'स्त्री गौरव' की रक्षा के लिए स्त्रियों के ही मुँह में उन्हीं को नीचा दिखानेवाली अभिव्यक्तियाँ ठूँसने से नहीं कतराएँगे।[37] सब जानते थे कि कौन है जो 'निश्शंक' ऐसी खरी बातें कह सकती है! रमाबाई के इस तार्किक हमले के जवाब में 'केसरी' या अन्य कोई भी अख़बार सामने नहीं आया। सीधी-सी बात थी, वे तार्किक बहस नहीं करना चाहते थे। यह साबित करता है कि जो पहले हल्के में लेते हैं, फिर मज़ाक़ उड़ाते हैं, वे जानते हैं कि लड़ने पर हार जाएँगे। इसलिए तार्किक बहस की कोई सम्भावना नहीं होती।

पंचचूड़ा कौन थी? 'महाभारत' में इस नाम की एक स्त्री पात्र आती है, जिससे नारद पूछते हैं कि स्त्री का सत्य क्या है? जवाब में वह लगभग वही सब दोहराती है जो 'मनुस्मृति' में लिखा है, स्त्री पर यक़ीन नहीं किया जा सकता। वह न उम्र देखती है, न रूप-रंग। उसे कितना भी सुख-वैभव मिले, अगर पति पास नहीं और ससुराल वालों का भय नहीं तो वह किसी के साथ भी सम्बन्ध बना सकती है। अन्तत: तमाम विरोध और बहसों के बाद (जिनका संकलन दयाराम गिडुमल की 'अ हैंडबुक ऑन स्टेटस ऑफ़ विमेन' में है) 1891 में यह बिल पास हो गया।

नफ़रत और निन्दा के बीच गरिमापूर्ण रहना

बाहर-भीतर सब जगह हलचल। इसी के बीच शारदा सदन भी चल रहा था और रमा का जीवन भी। मई 1890 में रमा कुछ दिनों के लिए अपनी जन्मभूमि, दक्षिण कर्नाटक गई, जहाँ से उसके माता-पिता अनन्त शास्त्री और लक्ष्मीबाई डोंगरे के साथ उसकी जीवन-यात्रा शुरू हुई थी। रमा की बुआ की बेटी साल भर पहले मुम्बई में उसे मिलने आई थी और कर्नाटक लौटकर अनन्त शास्त्री की बेटी और बेटे (पहली पत्नी से उत्पन्न सन्तानें जिनकी उम्र अब 60 और 58 साल की थी।) को बताया। वे रमा से मिलना चाहते थे। रमा अपने इन भाई-बहन से मिलने कर्नाटक गई। इस भाई को उसने तब देखा था जब वह साढ़े तीन साल की थी और बहन को शायद पहली ही बार साठ पार की उम्र में देखा था। पश्चिमी घाट पर घूमते हुए उसे अपना बचपन याद आया। खँडहर देखकर उसने याद किया कि कैसे उसके पिता ने बीस हज़ार रुपये ख़र्च करके रास्ता बनवाया था ऊपर पहाड़ तक जाने का जो अब नष्ट हो चुका। टूटी-फूटी दीवारों के पास बैठकर वह आजीबाई को याद करती है। काश! वह होतीं तो उन्हें यह जगह दिखाती जिसे मैं इतना प्यार करती हूँ। सूर्य के ताप से नदी को बचाने के लिए उस पर छाए हुए पेड़ देखकर, वह ऊँचाई, प्रकृति का सौन्दर्य और भव्यता देखकर वह अत्यन्त ख़ुश और सन्तुष्ट थी। नाहक ही एक हूक उसके मन में उठी—

> हमारे पास अपना घर नहीं है। वह एक और किराए का घर है, जिसके बारे में मनो ने अपने पत्र में लिखा था। बॉम्बे में अपना घर और अपनी ज़मीन होना कोई आसान चीज़ नहीं है। यहाँ एकड़ पर एकड़ हैं मेरे पिता के नाम। काश, मैं यहाँ से दो-तीन एकड़ उठाकर बॉम्बे ले जा पाती स्कूल बनाने के लिए।[38]

भले ही भाई-भाभी ने मिलने बुलाया था रमा को, लेकिन वहाँ उसे यह ध्यान रखना पड़ता था कि वह अपनी ईसाई होने का ध्यान रखे यानी खाने के बाद अपनी थाली ख़ुद धोए, जहाँ बैठी है उस जगह को साफ़ करे, उससे ग़लती से छू जाने पर भाई-भाभी अपने कपड़े बदलते थे।[39] लेकिन चलते हुए रमा ने वादा लिया कि अपनी दो विधवा बेटियों को वे शारदा सदन भेजेंगे। लौटते हुए वह मैंगलोर और उडुपी रुकी। उडुपी एक तीर्थ स्थान था जहाँ मद्रास और अन्य प्रदेशों से विधवाएँ इकट्ठा होती थीं। उसकी मंशा थी कि वहाँ से ऐसी कुछ विधवाओं को साथ ले चले जो शारदा सदन आना चाहती हों। रमाबाई मुश्किल से ही अपने पत्रों में अपनी निजी सफलता और प्रभाव का वर्णन करती थी जो उसे अपनी मेहनत से मिली हो और उन कष्टों के बारे में भी कोई ब्यौरा नहीं होता था जो उसे मिल रहे थे। वार्षिक

रिपोर्ट में भी उसने मिस हैमलिन के बारे में बहुत अच्छा ही लिखा था। दक्षिण के इस दौरे के बारे में मद्रास के एक अख़बार की कतरन मिस हैमलिन ने ही समिति को भेजी थी। यह ख़बर बताती थी कि अपने ही देशवासियों से उसे जो नफ़रत और निन्दा मिली, उसका कितनी गरिमा से रमाबाई ने सामना किया और उस पर विजय भी पाई। इसके अनुसार—

> रमाबाई के व्यक्तित्व में एक ऐसा संयोग है जो भारतीय पुरुषों में भी मुश्किल से मिलेगा—हिन्दू शास्त्रों का गहरा ज्ञान और आध्यात्मिक तारतम्य और पश्चिम के सबसे सभ्य और विकसित देशों की वाणी। अमेरिका और इंग्लैंड की लम्बी यात्राओं के बाद अपनी मातृभूमि पर वापस लौटकर आधी आबादी को पतन और मानसिक ग़ुलामी से बाहर निकालने के अपने अभियान (crusade शब्द इस्तेमाल किया गया) के चलते वह समाज-सुधार के भीतर सन्देहास्पद हो गई। सदियों से स्त्री-जाति में रमाबाई जैसी कोई संन्यासिन भारत की भूमि पर अवतरित नहीं हुई जो इतनी विद्वान हो और स्त्री-जाति के उत्थान के प्रति समर्पित हो।[40]

शारदा सदन को पुणे ले जाना

इसी समय रमाबाई को शारदा सदन को पुणे ले जाना पड़ा क्योंकि मुम्बई में ख़र्चे सँभल नहीं रहे थे और वैसे भी पुणे में रूढ़िवादी समाज के दायरे में बेबस लड़कियों को शारदा सदन की अधिक आवश्यकता थी। मिस हैमलिन यही चाहती थीं कि शारदा सदन पुणे चला जाए।[41] वह कर्नाटक से लौटी तो मिस हैमलिन ने पुणे में शारदा सदन को रूप-रंग-आकार दे दिया था और रुचिकर ढंग से 'शारदा सदन की दिल और धड़कन' रमाबाई का प्राचार्या का कमरा सजाया था। इसके छह महीने बाद ही यानी नवम्बर 1890 में रमा को फिर से कर्नाटक जाना पड़ा। इस बार भाई की मृत्यु की ख़बर आई थी। रमा ने मनो को फ्रैंकीना सोराबजी के विक्टोरिया हाई स्कूल में छोड़ा क्योंकि जल्दबाज़ी में कोई और व्यवस्था नहीं हो पाई थी। वहाँ से लौटते हुए रमाबाई अपने सौतेले भाई की एक विधवा, राधा को साथ ले आई थी, जिनके पास सात साल की शुभद्रा नामक बच्ची थी।[42] शुभद्रा जब शिशु ही थी, उसे अवांछित मानकर अपने ही लोगों ने मरने के लिए छोड़ दिया था। तब राधा ने उसे अपना लिया था। ये दोनों अब शारदा सदन का हिस्सा हो गए। राधा मनोरमा की मामी थी तो सभी उसे 'मामी' कहने लगे।

लेकिन यहाँ भी रमाबाई को लग रहा था कि सारा हैमलिन सलाहकार मंडल के अति रूढ़िवादी पुरुषों को ख़ुश करने में इतना व्यस्त हैं कि उन्होंने स्कूल को एक तरह से उन्हीं के हाथों में सौंप दिया है कि वे ही वहाँ बच्चियों के बारे में निर्णय

ले रहे हैं। रमाबाई ने अमेरिका में एक मित्र को पत्र में लिखा कि पुणे में प्रबन्धक मंडल बाहर के कामों, जैसे सम्पत्ति की ख़रीद वग़ैरह के मामले में सलाह देने के लिए बनाया गया था, लेकिन अब उसका दख़ल बढ़ता जा रहा था। मार्च 1891 को आजीबाई को एक पत्र में रमाबाई लिखती है कि नई समिति और नये प्रबन्धों में लगे होने की वजह से वह पत्र नहीं लिख पाई—

> जो कुछ बॉम्बे में किया था, वह सब यहाँ आकर मटियामेट हो गया, लेकिन मैं अपने मित्रों को ख़ुश नहीं कर पाई। कभी-कभी मन करता है कि मुझे मेरे मित्रों से कोई बचा ले। मुझ पर बड़ी मुश्किलें आ पड़ीं, लेकिन शान्ति और धैर्य से उनमें से अधिकांश पर मैं नियंत्रण पा सकी। मुझे लगता है, अब काम ठीक से चलेगा। मिस हैमलिन पूना छोड़कर अमेरिका के लिए निकल गई हैं वाया चीन और जापान। स्कूल अब मान्यता-प्राप्त है और अब 30 युवा विधवाएँ और 13 लड़कियाँ शारदा सदन में हैं।[43]

अन्तत: पुरुषों की समिति ही निर्णायक थी। रमा ने लिखा कि ऐसे में मैं काम नहीं कर सकती। मैं इस्तीफ़ा दूँगी और जब मुझे इस स्कूल से मुक्त कर दिया जाएगा, मैं ऐसा ही अलग काम खड़ा करूँगी अपने बूते पर। उसने लिखा—

> मैं इस स्कूल में अपने आधिपत्य और सत्ता के विचार से कोसों दूर हूँ। ईश्वर की बनाई इस दुनिया में हर काम करनेवाले के पास बहुत कुछ है। मेरे सामने एक बड़ी दुनिया खुली हुई है काम करने के लिए।[44]

भारत के सुधारवादी पुरुष हों या उनका समर्थन करनेवाले अंग्रेज़ या आधुनिक शिक्षा प्राप्त भारतीय पुरुषों का पुनरुत्थानवादी धड़ा, किसी के लिए भी क्या सच में 'स्त्री' की अस्मिता, स्वायत्तता और आज़ादी केन्द्र में थी? वे उसे व्यक्ति की तरह देख रहे थे या सिर्फ़ एक मुद्दे की तरह, जिसे जीतने का प्रयास दोनों ओर से किया जा रहा था?

1891 को 'अमेरिकन रमाबाई एसोसिएशन' को भेजी रिपोर्ट में रमा लिखती है काशीबाई की कहानी, जो अब विवाह करके अपनी गृहस्थी की मालकिन हो गई है। वह चाहती है कि सब लड़कियाँ ऐसे या और किसी बेहतर तरीक़े से अपने जीवन में बस जाएँ। वह लिखती है—

> आप जानते हैं कि हमारा स्कूल रूढ़िवादी हिन्दुओं के बीच कैसे शुरू से ही अलोकप्रिय रहा है। हम पूर्णत: निहत्थे हैं और लगभग अकेले हैं अपनी इस प्रिय धरती पर, लेकिन ईश्वर हमारी रक्षा करेगा और हमें बचाएगा।[45]

'चोखेरबाली' के लेखक को भी चुभ गईं रमाबाई

पुणे में 1891 में रमा का एक भाषण हुआ था, जिसे सुनने रवीन्द्रनाथ टैगोर पहुँचे थे। रमा तैंतीस बरस की थी और रवीन्द्रनाथ भी तीस के रहे होंगे। श्वेत वस्त्रों में तेजस्वी रमा को सभा में वह अनदेखा नहीं कर पाए थे, लेकिन इस युवा कवि-लेखक की स्त्री-दृष्टि अभी अपरिपक्व ही थी उसके मुक़ाबले, जैसी बाद के उनके उपन्यासों में देखने को मिलती है। रमा ने अपने भाषण में यहाँ एक बात कही थी कि स्त्रियाँ हर बात में पुरुषों की बराबरी कर सकती हैं, मद्यपान को छोड़कर। रवीन्द्रनाथ के विचार स्त्री के महिमामंडन वाले थे। वह रमा के इस भाषण की प्रतिक्रिया स्वरूप एक लेख लिखते हैं एक बांग्ला पत्रिका 'भारती' में, जिसमें कहते हैं कि स्त्री पुरुष के बराबर नहीं, उससे बेहतर है। अगर प्रकृति चाहती कि स्त्री भी बाहर का काम करे तो उसे कमज़ोर बनाकर पैदा नहीं करती। बराबरी की बात को पुरुष के साथ स्त्री की होड़ की तरह जैसे आज भी लिया जाता है, रवीन्द्रनाथ ने भी वैसे ही देखा इसे। 'चोखेरबाली' जैसे उपन्यास का रचयिता युवक होकर ऐसी सोच रखता था, यह हैरान करनेवाला नहीं क्योंकि हम सब असल में ऐसे ही वैचारिक रूप से परिपक्व होते हैं समय के साथ। रमाबाई के विचार भी समय के साथ ही विकसित हुए। वह भी स्त्रीवादी नहीं थी जन्म से। हर मनुष्य की एक वैचारिक विकास यात्रा होती है।

मार्च 1891 में महाराजा ऑफ़ मैसूर स्कूल देखने आए और 500 रुपये दान दे गए। क्षेत्रीय जज दयाराम गिडुमल ने भी 120 रुपये देकर शारदा सदन की सदस्यता ली। लड़खड़ाते-लड़ते-सँभलते सब चल रहा था। इसी बीच 'पुणे वैभव' ने यह अफ़वाह उड़ा दी कि गोपाल राव जोशी (आनन्दीबाई जोशी के पति) ईसाई हो गया है और रमाबाई और वह विवाह करनेवाले हैं।[46] इस अख़बार के ख़िलाफ़ रमाबाई ने मानहानि का मुक़दमा किया। इस मुक़दमे में रमाबाई की ओर से गवाह थे—सी.एन. भट, आर.जी.भंडारकर, मिस्टर फॉक्स, श्री किरखम और गोपाल गणेश अगरकर। प्रसिद्ध वकीलों ने यह मुक़दमा लड़ा और अदालत की फटकार पर 'पुणे वैभव' को बिना शर्त सार्वजनिक माफ़ी माँगनी पड़ी।[47] जुलाई 1891 के जिस ख़त में रमा ने सिस्टर जेरल्डीन को यह सूचना दी थी कि गोपाल विनायक जोशी का बप्तिस्मा हो गया है और उम्मीद की थी कि वह एक अच्छे ईसाई बनेंगे हालाँकि सुना है कि वह अभी भी यज्ञोपवीत धारण करते हैं; उसी ख़त के नीचे रमाबाई की चिट्ठियों का संकलन करते हुए सिस्टर जेरल्डीन ने लिखा—वह नीच निकला।[48] इन तमाम अफ़वाहों की जड़ में वह ख़ुद था।

रमाबाई ने स्त्रियों के प्रति उदार होना सीखा था, समर्थक पुरुषों को मित्र बनाना भी सीखा था लेकिन पितृसत्ता को बर्दाश्त करना नहीं।

सन्दर्भ

1. देखें, पृ. 226, द लेटर्स ऐंड कॉरेस्पॉन्डेंस ऑफ़ पंडिता रमाबाई, सिस्टर जेरल्डीन द्वारा संकलित, सं. ए.बी. शाह, महाराष्ट्र स्टेटबोर्ड फ़ॉर लिटरेचर ऐंड कल्चर, बॉम्बे, 1977
2. देखें, पृ. 227, वही लेटर्स
3. देखें, पृ. 229, वही लेटर्स
4. देखें, पृ. 228, वही लेटर्स
5. इस प्राचीन प्रथा को 1870 में प्रतिबन्धित किया गया। कुछ साल बाद जाकर यह ख़त्म हुआ और सिर्फ़ कहानियों, नाटकों में रह गया।
6. देखें, पृ. 138, पंडिता रमाबाई : लाइफ़ ऐंड लैंडमार्क राइटिंग्स, मीरा कोसाम्बी, रूटलेज़, 2016
7. देखें, पृ. 138, वही
8. देखें, पृ. 138, वही
9. देखें, पृ. 230, द लेटर्स ऐंड कॉरेस्पॉन्डेंस ऑफ़ पंडिता रमाबाई, सिस्टर जेरल्डीन द्वारा संकलित, सं. ए.बी. शाह, महाराष्ट्र स्टेटबोर्ड फ़ॉर लिटरेचर ऐंड कल्चर, बॉम्बे, 1977
10. देखें, पृ. 233, वही लेटर्स
11. देखें, पृ. 236, वही लेटर्स
12. देखें, पृ. 177, पंडिता रमाबाई : लाइफ़ ऐंड लैंडमार्क राइटिंग्स, मीरा कोसाम्बी, रूटलेज़, 2016
13. देखें, पृ. 41, द न्यू ब्राह्मंस : फ़ाइव महाराष्ट्रियन फ़ैमिलीज़, चयन और अनुवाद—डी.डी. कर्वे, यूनिवर्सिटी ऑफ़ कैलोफोर्निया प्रेस, 1963

15\. देखें, पृ. 178, पंडिता रमाबाई : लाइफ़ ऐंड लैंडमार्क राइटिंग्स, मीरा कोसाम्बी, रूटलेज़, 2016

15\. देखें, पृ. 68, द न्यू ब्राह्मंस : फाइव महाराष्ट्रियन फ़ैमिलीज़, चयन और अनुवाद—डी.डी. करवे, यूनिवर्सिटी ऑफ़ कैलोफोर्निया प्रेस, 1963

16\. देखें, पेज -85 लाइफ़ ऑफ़ आनन्दीबाई जोशी, कैरोलीन हेली डाल, रॉबर्ट्स ब्रदर्स, बॉस्टन, 1888

17\. देखें, पृ. 69, द न्यू ब्राह्मंस : फाइव महाराष्ट्रियन फ़ैमिलीज़, चयन और अनुवाद—डी.डी. कर्वे, यूनिवर्सिटी ऑफ़ कैलीफोर्निया प्रेस, 1963

18\. देखें, पृ. 75, पंडिता रमाबाई : अ ग्रेट लाइफ़ इन इंडियन मिशन, हेलेन एस. डायर, पिकरिंग ऐंड इंग्लिस, लन्दन

19\. देखें, पृ. 240, द लेटर्स ऐंड कॉरेस्पॉन्डेंस ऑफ़ पंडिता रमाबाई, सिस्टर जेरल्डीन द्वारा संकलित, सं. ए.बी. शाह, महाराष्ट्र स्टेटबोर्ड फ़ॉर लिटरेचर ऐंड कल्चर, बॉम्बे, 1977

20\. देखें, पृ. 241, वही

21\. देखें, पृ. 78, बिल्डर्स ऑफ़ मॉडर्न इंडिया, पंडिता रमाबाई, निकल मैकनिकल, दूसरा संस्करण, एसोसिएशन प्रेस (वाय.एम.सी.ए.) कलकत्ता, 1930

22\. देखें, पृ. 265, द लेटर्स ऐंड कॉरेस्पॉन्डेंस ऑफ़ पंडिता रमाबाई, सिस्टर जेरल्डीन द्वारा संकलित,

सं. ए.बी. शाह, महाराष्ट्र स्टेटबोर्ड फ़ॉर लिटरेचर ऐंड कल्चर, बॉम्बे, 1977

23. देखें, पृ. 265, वही, लेटर्स
24. देखें, पृ. 257, द लेटर्स ऐंड कॉरेस्पॉन्डेंस ऑफ़ पंडिता रमाबाई, सिस्टर जेरल्डीन द्वारा संकलित, सं. ए.बी. शाह, महाराष्ट्र स्टेटबोर्ड फ़ॉर लिटरेचर ऐंड कल्चर, बॉम्बे, 1977
25. देखें, पृ. 238, लाइफ़ ऑफ़ फ़ादर गोरे, सी.ई. गार्डनर, लॉन्गमैन ग्रीन ऐंड कम्पनी, लन्दन, 1900
26. देखें, पृ. 239, वही
27. देखें, पृ. 240, लाइफ़ ऑफ़ फ़ादर गोरे, सी.ई. गार्डनर, लॉन्गमैन ग्रीन ऐंड कम्पनी, लन्दन, 1900
28. देखें, पृ. 185, पंडिता रमाबाई : लाइफ़ ऐंड लैंडमार्क राइटिंग्स, मीरा कोसाम्बी, रूटलेज़, 2016
29. देखें, पृ. 41, बाबा पद्मनजी, वर्नाकुलर क्रिस्चिएनिटी इन कोलोनियल इंडिया, दीप्रा दांडेकर, रूटलेज, लन्दन, न्यूयॉर्क, 2021
30. देखें, पृ. 96, वही
31. देखें, पृ. 183, पंडिता रमाबाई सरस्वती : हर लाइफ़ ऐंड वर्क्स, पद्मिनी सेनगुप्ता, एशिया पब्लिशिंग हाउस, बॉम्बे, 1970
32. देखें, पृ. 88, पाँचवीं नेशनल कांग्रेस की रिपोर्ट, 1889, https://dspace.gipe.ac.in/xmlui/handle/10973/17954
33. देखें, पृ. 193, पंडिता रमाबाई सरस्वती : हर लाइफ़ ऐंड वर्क्स, पद्मिनी सेनगुप्ता, एशिया पब्लिशिंग हाउस, बॉम्बे, 1970
34. देखें, पृ. 183, पंडिता रमाबाई : लाइफ़ ऐंड लैंडमार्क राइटिंग्स, मीरा कोसाम्बी, रूटलेज़, 2016
35. देखें, पृ. 153, द रेशनल रिफ़ॉर्मर गोपाल गणेश अगरकर, अरविन्द गनाचारी, पॉपुलर प्रकाशन, मुम्बई, 2005
36. देखें, पृ. 209, नेशनल ऐंड सोशल रिफ़ॉर्म इन कोलोनियल सिचुएशन, अरविन्द गनाचारी, कल्पाज़ पब्लिकेशन, नई दिल्ली, 2005
37. देखें, पृ. 211, वही
38. देखें, पृ. 254, द लेटर्स ऐंड कॉरेस्पॉन्डेंस ऑफ़ पंडिता रमाबाई, सिस्टर जेरल्डीन द्वारा संकलित, सं. ए.बी. शाह, महाराष्ट्र स्टेटबोर्ड फ़ॉर लिटरेचर ऐंड कल्चर, बॉम्बे, 1977
39. देखें, पृ. 23, 1891 की वार्षिक रिपोर्ट, अमेरिकन रमाबाई एसोसिएशन
40. देखें, पृ. 24, वही
41. देखें, पृ. 26, 1891 की वार्षिक रिपोर्ट, अमेरिकन रमाबाई एसोसिएशन https://collections.library.yale.edu/catalog/16919727
42. देखें, पृ. 76, पंडिता रमाबाई : अ ग्रेट लाइफ़ इन इंडियन मिशन, हेलेन एस. डायर, पिकरिंग ऐंड इंग्लिश, लन्दन, ग्लासगो, (प्रकाशन वर्ष मुद्रित नहीं)
43. देखें, पृ. 261, द लेटर्स ऐंड कॉरेस्पॉन्डेंस ऑफ़ पंडिता रमाबाई, सिस्टर जेरल्डीन द्वारा संकलित, सं. ए.बी. शाह, महाराष्ट्र स्टेटबोर्ड फ़ॉर लिटरेचर ऐंड कल्चर, बॉम्बे, 1977

44. देखें, पृ. 273, वही, लेटर्स
45. 1891 की अमेरिकन रमाबाई एसोसिएशन की रिपोर्ट से
46. देखें, पृ. 184, पंडिता रमाबाई : लाइफ़ ऐंड लैंडमार्क राइटिंग्स, मीरा कोसाम्बी, रूटलेज़, 2016
47. इन्दु प्रकाश, 3 अगस्त, 1891 से पंडिता रमाबाई : लाइफ़ ऐंड लैंडमार्क राइटिंग्स, मीरा कोसाम्बी, रूटलेज़, 2016 से उद्धृत पृ. 184 पर
48. देखें, पृ. 263, द लेटर्स ऐंड कॉरेस्पॉन्डेंस ऑफ़ पंडिता रमाबाई, सिस्टर जेरल्डीन द्वारा संकलित, सं. ए.बी. शाह, महाराष्ट्र स्टेटबोर्ड फ़ॉर लिटरेचर ऐंड कल्चर, बॉम्बे, 1977

12

काश, मेरे बारह हाथ होते

दीवाली के त्योहार का आख़िरी दिन था। 24 नवम्बर, 1891 की शाम थी जब रमा दिन भर की थकान के बाद सुस्ताते हुए बरामदे में एक कुर्सी पर बैठी थीं। वह अपनी सब परेशानियाँ भूल जाती थी जब अपने बच्चों की खनकती हुई हँसी सुनती थी और उनके चेहरों पर ख़ुशी और सुकून के भाव देखती थीं कि बाल-विधवाएँ! उसे लगा, उनकी ख़ुशी और आज़ादी, उनके विकास और उत्थान की क़ीमत उन इम्तिहानों और परेशानियों से कम है जो इसके बदले में वह झेलती हैं। गोधूलि वेला थी। गेट पर एक गाड़ी आकर रुकी। उसमें से कोई उतरा। जब तक उसकी काया पास नहीं आई, पता नहीं लगा कौन है? यह रमाबाई रानाडे थीं। दोनों सहेलियाँ लम्बे अरसे बाद मिल रही थीं।

किसी काल्पनिक वजह को लेकर शारदा सदन पर समाज का आक्रोश फूटने के बाद से कोई यहाँ नहीं आता था, तब दीवाली की शाम, जब कोई विधवाओं, विशेष रूप से बाल-विधवाओं का चेहरा भी देखना नहीं चाहता, रमाबाई रानाडे वहाँ आई थीं और बच्चों के लिए मिठाइयाँ भी लाई थीं। सब लड़कियाँ बगीचे में इकट्ठा हो गईं और रमाबाई ने सबको मिठाई और फल दिये, प्यार से बात की। रमा को लगा, पहली बार समाज में उन्हें स्वीकृति मिली है,[1] लेकिन ख़ुशख़बरी अभी बाक़ी थी। रमाबाई रानाडे ख़बर लाई थीं कि एक युवा विधवा रमाबाई के स्कूल में आना चाहती थी। श्रीमती रानाडे ने कहा कि एक दिन सूर्यास्त के बाद रमा उनके साथ चले और उसे ले आए। निश्चित दिन, अँधेरा होने के बाद वे गए। मुश्किल से अठारह साल की एक लड़की जो जीवन की मार खाई थी और तीस की लगती थी, बाहर निकलकर आई। उसकी गोद में चार महीने का एक बच्चा था। उस लड़की के इरादे को फिर से जाँचने के लिए रमाबाई रानाडे ने पूछा—सच में चलेगी या वापस जाकर एक और रात सोचना चाहती हो? कुछ लेना तो नहीं घर से? इरादा पक्का है? वह लड़की बस अब वहाँ से निकलना चाहती थी। उसने कहा—नहीं, मुझे यहाँ से कुछ नहीं चाहिए। बस,

अब मुझे स्कूल ले चलो। रमा ने बच्चे को गोद लिया और लड़की को सदन ले आईं।

सदन की लड़कियों ने उसका अपनी बहन की तरह स्वागत किया और बच्चे को तो रमा की गोद से झटपट ले लिया। हर कोई बच्चे से खेलने लगा। सब ख़ुश थे। वह लड़की भी ख़ुशी और राहत महसूस कर रही थी। सब बच्चे के कपड़े बनाने में जुट गए। हैरानी की बात थी कि रमाबाई रानाडे की सास और ननद जो एक समय इन दोनों की दोस्ती से चिढ़ती थीं, रमा के साथ बैठने पर रमाबाई रानाडे के कपड़े बदलवाती थीं और रसोई छूने नहीं देती थीं, इस बार उस युवा विधवा के शारदा सदन पहुँच जाने पर सुकून महसूस कर रही थीं। यह विधवा युवती कौन थी? कोई जानकारी नहीं मिलती लेकिन यह आभास मिलता है कि वह रानाडे परिवार से ही किसी तरह सम्बन्धित थी।

वह ब्राह्मणवादी पितृसत्ता से सीधा भिड़ गई थी

परामर्श समिति के नियंत्रण में बहुत कुछ आ गया था और अब वे लड़कियों के प्रवेश को लेकर भी फ़ैसले लेते थे। 1890 के बाद अपने कई पत्रों में रमा लिख चुकी थी कि अगर ऐसे ही चला तो वह इस्तीफ़ा दे देंगी। श्रीमती एंड्रयूज़ को भी उसने लिखा था, हालाँकि वह तैयार नहीं थीं रमा के इस्तीफ़े के लिए। एक लड़की लक्ष्मी, जिसके माता-पिता ही चाहते थे कि उसे ईसाई शिक्षा दी जाए और जिसकी पढ़ाई का ख़र्च अमेरिका की एक महिला उठा रही थी, उसे लेकर बोर्ड और रमा के बीच में मतभेद हुआ। बोर्ड नहीं चाहता था कि स्कूल के बाहर भी कोई विद्यार्थी ईसाई शिक्षा पाए और अन्ततः मिस हैमलिन के परामर्श समिति की तरफ़ झुकाव से ऐसा उपाय निकाला गया कि लक्ष्मी को किसी मिशनरी स्कूल में डाल दिया जाए और शारदा सदन को जो पैसा लक्ष्मी की शिक्षा के लिए अमेरिका से भेजा जाता है, वह रमा मिशनरी स्कूल को दे दे। रमाबाई को लगा मानो वह सिर्फ़ एक कठपुतली है। स्कूल के बाहर किसी को उसके अभिभावकों की मर्ज़ी से भी ईसाई धर्म के बारे में शिक्षा नहीं लेने दी जाएगी, इसका मतलब यही था कि 'हिन्दू धर्म की रक्षा के लिए ईसाइयत की शिक्षा को रोका जाए'[2] मिस हैमलिन के इस आश्वासन पर कि इसे चलने दिया जाए और अमेरिका जाकर वह सब ठीक कर देगी, रमा ने यह सब वार्षिक रिपोर्ट में नहीं लिखा।[3] लक्ष्मी को तो 'पंच हौद मिशन' भेज दिया गया, लेकिन रमा ने इस शर्त को अस्वीकार कर दिया कि अभिभावकों की आज्ञा के बावजूद कोई लड़की स्कूल से बाहर ईसाइयत के अध्ययन के लिए नहीं जा सकती। जो जिस धर्म की शिक्षा लेना चाहे स्कूल के बाहर, वह रोकेगी नहीं, लेकिन ईसाई प्रायोजकों की क़ीमत पर वह सदन में मूर्ति पूजा को तो बढ़ावा नहीं दे सकती!

गोपाल गणेश अगरकर ने इससे सहमति जताई[4] और परामर्श समिति को रमाबाई के प्रति संरक्षणात्मक रुख़ अपनाने को कहा। आख़िर वहाँ वही किताबें पढ़ाई जा रही थीं जो सरकार द्वारा किसी भी और स्कूल में पढ़ाई जाती थीं, इसलिए कोई भी उदार शिक्षा पद्धति हिन्दूइज़्म में निहित धार्मिक अन्धविश्वास, कट्टरता और जातिगत भेदभाव के ख़िलाफ़ ही जाती।[5] यह स्वाभाविक था।

ऐसे ही कुछ लड़कियाँ रमा के पास आई थीं, जिन्हें स्कूल में भी नहीं डाला जा सकता था। किसी पुरुष से धोखा खाई उन्नीस साल की लड़की, जिसे बर्बादी के रास्ते पर ठेल दिया गया था। रमा को लगा कि उस लड़की को शिक्षा और आध्यात्मिक शान्ति की ज़रूरत है और वह लम्बे समय तक अपने निजी संरक्षण में उसे नहीं रख सकती अगर बोर्ड उसे स्कूल में प्रवेश लेने की आज्ञा न दे या उस आध्यात्मिक शिक्षा से दूर रखना चाहे जो उसकी मदद कर सकती है। रमा ने साफ़ लिखा कि परामर्श समिति के पास इस लड़की को देने के लिए कुछ नहीं है।[6] इसमें कोई सन्देह नहीं कि रमा को लगता था कि हिन्दू धर्म इन लड़कियों के पतन और अवनति का कारण है और उससे मुक्त होकर लड़कियाँ पैरों की बेड़ियाँ काट सकेंगी। जो हिन्दू धर्म का ज्ञान चाहती थीं, उन्हें और उनके अभिभावकों को शारदा सदन रोकता नहीं था, न ही ईसाई धर्म का ज्ञान चाहनेवाली लड़कियों को रोका जाए यही रमा का विचार था। उसने आजीबाई को एक पत्र में लिखा कि हम एक शेल्फ़ पर हिन्दू धार्मिक किताबें और बाइबल साथ-साथ रखेंगे। कोई कह सकता है कि धर्म को उसे स्कूल से बिलकुल ही बाहर रखना था तो बेहतर होता। लेकिन पहला, जिस तरह का समाज था, कम-से-कम हिन्दू धर्म तो बाहर नहीं ही रहता क्योंकि सदन में ब्राह्मण परिवारों की लड़कियाँ आती थीं जो अपने साथ तमाम धार्मिक रूढ़ियाँ लेकर आई थीं और उनका पालन करने को अनुकूलित थीं, और इस तरह का अनुकूलन अपने ही पतन के कारण समझने नहीं देता। दूसरा, धर्म का चुनाव करना उन्हें यह बताना था कि अपनी स्थितियाँ और हालात बदले जा सकते हैं। परामर्श समिति के लिए धार्मिक आज़ादी का मतलब यह बिलकुल नहीं था। वे स्पष्टत: नहीं चाहते थे कि शारदा सदन के भीतर लड़कियों को ईसाई धर्म के बारे में कुछ भी पता लगे जो उन्हें प्रभावित करता हो और इस तरह धर्म-परिवर्तन की ओर ले जाए।

वह ब्राह्मणवादी पितृसत्ता से सीधा भिड़ गई थीं। उसके रास्ते की आलोचना हो सकती है, लेकिन उससे कहीं ज़्यादा कड़ी आलोचना ब्राह्मणवादी पितृसत्ता की वह लगातार कर रही थी।

शारदा सदन में एक किंडरगार्टन क्लास चलती थी 14 लड़कियों की। रमा एक आदर्श किंडरगार्टन स्कूल शुरू करने के बारे में सोच रही थी और चाहती थी कि अगर आजीबाई की कोई मित्र, कोई अंग्रेज़ महिला उसके लिए कुछ सामग्री

भेंट करना चाहे तो उन्हें सहायता हो जाएगी। जनता की मदद से जनता के लिए काम करना कहीं से ग़लत न था उसकी नज़रों में, भले ही वह जनता देश की हो या विदेश की। मनुष्य की पीड़ा के लिए सहानुभूति सबके हृदय में जागती है, इसी की अपील वह अपने भाषणों में करती थी। बिना नेटवर्क बनाए आप समाज-सेवा भी नहीं कर सकते। पितृसत्तात्मक समाज, संरचनाएँ और पुरुष एकता अपने आप में उनके लिए एक नेटवर्क की तरह काम करती है। लेकिन एक औरत को संगठन खड़ा करने के लिए और उसे स्वायत्तता से चला सकने के लिए कई गुणा मेहनत करनी पड़ती है। रमाबाई उस मेहनत से पीछे नहीं हटी कभी।

जातीय अहंकार और परिवार की दुत्कार पाई सवर्ण लड़कियों में बदलाव

रमाबाई के भीतर सबसे बड़ा गुण था करुणा और प्रेम, जो वह व्यवस्था की मारी लड़कियों पर ख़ूब लुटाती थी। अपने पिता के आख़िरी क्षण याद करते हुए, जब उन्होंने रमा को गोद में बैठाकर प्यार से आख़िरी शब्द कहे थे, उसे हमेशा लगता था कि क्यों भारतीय माता-पिता अपनी सन्तानों को, बेटियों को कभी दुलराते नहीं, प्यार से सहलाते नहीं, उनकी पीठ या चूमते नहीं उनका माथा! शारदा सदन में सुबह लड़कियाँ जब रमा के पास आती थीं तो वह उन्हें गाल पर प्यार से चूमा करती थी। अपने ही घरवालों की दुत्कारी हुई, समाज की ठुकराई और उपेक्षित लड़कियाँ इस प्यार और करुणा की अनुभूति से खिल जाया करती थीं। किसी बच्चे में आत्महीनता और अविश्वास भरना हो तो उसे हमेशा दुत्कार और उपेक्षा दो। लेकिन उसे आत्मविश्वास और आत्मबोध देना है तो उसे नि:स्वार्थ प्यार करो। यही रमा करती थी। मैक्समूलर, जो कहते थे कि मैं दिल से हिन्दू हूँ, रमाबाई के बारे में लिखते हैं—

> हालाँकि हम उसके (रमाबाई) ऊपर इस बात के लिए भरोसा कर सकते हैं कि उसने विधवाओं का धर्म-परिवर्तन नहीं किया होगा, फिर भी यह कैसे सम्भव है कि वे बच्चियाँ जिनके प्रति दुनिया इतनी क्रूर थी और रमाबाई इतनी दयालु, वो वही होना न चाहें जो उनकी दोस्त रमाबाई थी, एक ईसाई! रमाबाई की अच्छाई वह असली ताक़त थी जो धर्म-परिवर्तन करवा सकती थी, और यह ताक़त छुपाई नहीं जा सकती थी। फिर भी, यह सच है कि उसने अपने देश के लोगों का समर्थन खो दिया और आज भी वह अकेली लड़ रही है, नन्ही बाल-विधवाओं की सेना के अवलम्ब के लिए आर्थिक सहायता को सुरक्षित करने के लिए। वह महान और

> स्वार्थरहित महिला है जिसकी मदद हर उस व्यक्ति को करनी चाहिए जो उससे सहानुभूति रखता है।[7]

अपने देश को, देशवासियों को, ज़रूरतमन्दों को प्यार करना रमाबाई शारदा सदन की लड़कियों को भी सिखा रही थी। जब मद्रास में अकाल पड़ा तब शारदा सदन से वहाँ के लोगों की मदद के लिए धन इकट्ठा किया गया। सब लड़कियाँ रमा के आह्वान पर मदद के लिए तैयार हो गईं। कुछ लड़कियों ने कहा कि वे उनका रोज़ाना का दूध घटा दिया जाए ताकि कुछ पैसा बचे, कुछ ने कहा कि तीन बार की जगह दो बार ही खाएँगी। सबसे मज़ेदार था कि एक ब्राह्मण विधवा जो इस भय से कि भ्रष्ट हो जाएगी, अपने जूते को भी कभी हाथ नहीं लगाती थी वह इतनी बदल गई थी कि उसने ख़ुद प्रस्ताव किया कि वह पूरे एक महीने स्कूल की सफ़ाई का काम करेगी ताकि वह तीन रुपये कमा सके और उसे अकाल-कोश में दे सके। लड़कियों ने निम्न जाति के मज़दूरों की तरह काम किया ताकि मद्रास भेजनेवाले कोश में पैसा जमा कर सकें।[8] आजीबाई को रमा लिखती हैं—

> आप मेरी ख़ुशी की कल्पना कर सकती हैं जब मैंने इतना बड़ा बदलाव देखा घमंडी और स्वार्थी स्वभाव की, ऊँची जाति की इन लड़कियों में। यह ईश्वर का उपहार है जिसके लिए मैं जितना धन्यवाद करूँ उसका, कम होगा।[9]

रमाबाई के पास सरस्वती नाम की एक वैश्य लड़की आई। कोई अठारह की उम्र होगी। जब वह सात-आठ साल की थी, पिता चल बसे। बिना पति के ग़रीब विधवा घरों में काम करने लगी जहाँ वह बुरी सोहबत में फँसी और अपना सम्मान गँवाया, बेटी को भी बेचने की कोशिश की। पड़ोस के एक भले मानस ने यह देख सरस्वती को गोद ले लिया और उसके ग्यारह साल का होते उसकी शादी कर दी। वह पति के साथ सुख से रह रही थी, एक बच्ची भी हो गई थी। लेकिन फिर पति की मृत्यु हो गई। पति उसके लिए अच्छी-ख़ासी रकम छोड़ गया था। पहले रिश्तेदारों ने वह छीनी, फिर गहने और मुट्ठी भर चावल के बदले उसे घर का दास बना दिया। ननद ने उसे कहीं बेचने की कोशिश भी की। बहुत मारे-मारे फिरने के बाद उसे एक मिशनरी महिला मिली, जिसने उसे शारदा सदन का पता दिया। दुनिया के बुरे बर्ताव और कष्टों के चलते शुरुआत में सरस्वती घड़ी-घड़ी बेहोश हो जाती थी और उसकी बच्ची किसी के क़रीब नहीं जाती थी, लेकिन ख़ुद को सुरक्षित देखकर धीरे-धीरे उसके चेहरे पर मुस्कान लौटने लगी।

स्कूल सुबह 10 बजे शुरू होता था और दोपहर 4:30 बजे तक चलता था। सब विद्यार्थी बड़े कमरे में एकत्रित होते थे जहाँ रमाबाई जीवन-मूल्यों पर एक व्याख्यान

देती थी आधा घंटा। इसके बाद मराठी की कक्षाएँ होती थीं। एक हिन्दू ईसाई महिला (A Hindu Christian lady)[10] मालनबाई मराठी सिखाती थी। लेखन, पठन के अलावा विद्यार्थियों को अंकगणित, भूगोल, इतिहास, वर्तनी, व्याकरण, मेंटल मैथ पढ़ना होता था। 10 लड़कियों की एक क्लास संस्कृत भाषा की भी थी। सिलाई, कढ़ाई, बुनाई भी सिखाई जाती थी। मिस केम्प, एंग्लो-इंडियन, स्कूल से बाहर जाने पर और खाने के कमरे में लड़कियों का ध्यान रखती थीं। जो लड़कियाँ विवाहित नहीं थीं, विधवाओं की ही रिश्तेदार थीं ज़्यादातर। विधवाओं और ग़ैर-विधवाओं की एक समर्थ फ़ौज बनाकर क्या रमा रूढ़िवादी समाज के लिए ख़तरा बन रही थी?

नये आनेवाले विद्यार्थियों के बारे में और स्कूल से बाहर नौकरी, परीक्षा के लिए या विवाह के बाद निकलनेवाली छात्राओं के बारे में रमा 'अमेरिकन रमाबाई एसोसिएशन' को और आजीबाई को पत्रों में लिखकर बताया करती थी। काशीबाई शारदा सदन से गई तो विवाह करके उसका जीवन सुचारु रूप से चलने लगा, लेकिन शारदा सदन विधवाओं का पुनर्विवाह करानेवाली संस्था नहीं थी। उसका पहला मक़सद था—उच्च जाति की विधवाओं को नारकीय जीवन और समाज की ठोकरों से निकालकर, शिक्षित और आत्मनिर्भर बनाना ताकि समाज को अपना योगदान देती हुई वे एक सुखी और सम्मानित जीवन जी सकें। काशीबाई की ख़बर देते हुए रमा लिखती है—

> यहाँ से जाने के बाद उसकी शादी हो गई और वह सुख से अपने घर में रहती है, जहाँ उसका शासन चलता है और वह अकेली अपनी गृहस्थी और पति के दिल की मालकिन है। हम उसकी ख़ुशी में बहुत ख़ुश हैं और चाहते हैं कि बाक़ी बाल-विधवाओं की पीड़ाओं का अन्त ऐसे ही या इससे भी बेहतर तरीक़े से हो।[11]

परामर्श समिति या कहें कार्यकारी समिति के साथ मिलकर शारदा सदन के लिए दिसम्बर 1891 में नई ज़मीन ख़रीदी गई जो कनॉट रोड के सामने थी। दो बड़े बँगलों और आउट हाउस के अलावा वहाँ साढ़े तीन एकड़ ज़मीन थी। स्कूल के भवन निर्माण का काम चल रहा था। अभी 5,000 डॉलर और चाहिए थे जो अमेरिका से आ भी गए। दीवाली की छुट्टी में कुछ लड़कियाँ घर नहीं गई थीं। रमा उन्हें अपने साथ लोनावला घुमाने ले गई। चार दिन के लिए वे वहाँ श्री मोदक के आवास में ठहरे। ऐसे कुछ अवकाश, पिकनिक शारदा सदन में होते रहते थे। शारदा सदन के लिए रमा ने एक टेलीस्कोप भी ख़रीदा, उसकी बारीकियाँ परखने के बाद ही। कोई छोटी चीज़ हो या ज़मीन ख़रीदने से पहले पड़ताल लेना उनका स्वभाव था। 26 जुलाई, 1892 को वे सब नये भवन में चले गए। यहाँ फ्रैंकीना सोराबजी का परिवार उनका पड़ोसी हो गया था।

गोडूबाई का भी 1893 में विवाह हो गया था डी.के. कर्वे से जो फर्ग्युसन कॉलेज में गणित के प्रोफ़ेसर थे। ठकुबाई पाँच साल के प्रशिक्षण के बाद प्राथमिक कक्षा को पढ़ाने लायक हो गई थी। कॉर्नेलिया सोराबजी रमाबाई की बड़ी प्रशंसक थी और मानती थी कि विधवा पुनर्विवाह क़ानून के बनने से विधवाओं के जीवन को उन्नत करने के काम में उतनी सफलता नहीं मिली जितनी रमाबाई के प्रयासों से। पढ़ना-लिखना, छुट्टी मनाने जाना, दूध और घी की ख़ुराक (जिसके लिए रमाबाई की आलोचना करते थे लोग कि जिन विधवाओं को पति की मृत्यु का कारण मानकर सज़ा देनी चाहिए, उन्हें दूध-घी खिला रही है), छत पर टेलीस्कोप से देखना, दुनिया के तानों और उपेक्षा से आज़ाद, सिलती-पिरोती, एक-दूसरे से झगड़ती-प्यार करतीं, खिलखिलाती हुईं बाल-विधवाएँ। दुत्कारी हुई लड़कियाँ यह सब कहाँ पातीं?

पाँच साल की बच्ची तारा की कहानी भी ऐसी ही थी। उसके अभिभावकों ने उसे 100 रुपये में एक 45 साल के आदमी को बेच दिया था। यमुना का बचपन में ही एक भ्रष्ट व्यक्ति से विवाह कर दिया गया था। बड़ा होते-होते पति ख़ूनी और चोर बन गया था। उसकी मृत्यु के बाद रिश्तेदारों ने यमुना का जीना मुश्किल कर दिया था और एक दिन वह तीन साल की बेटी को अपनी माँ के घर छोड़कर आत्महत्या करने चल दी थी। राह में ही एक सहेली मिल गई जो उसे अपने घर ले गई और अगले दिन वह फिर से नदी में डूबने निकलती, इससे पहले ही किसी ने शारदा सदन के बारे में उसे बता दिया। अब वह शारदा सदन में पढ़-लिख रही थी और उसकी नन्ही बच्ची सबकी प्रिय थी। बहुत आसान था रमाबाई को उपदेश देना, ज्ञानमर्दी झाड़ना, लेकिन समाज की दुत्कारी और व्यवस्था की मारी इन लड़कियों के जीवन को सच में एक आधार देना और किसी मुकाम तक पहुँचाना एक बड़ा काम था। रमाबाई लिखती हैं—

> ऐसे ही तथाकथित पढ़े-लिखे पुरुष हैं जो महिलाओं की स्थिति में सुधार की बात तो करते हैं, लेकिन शोषितों और ज़रूरतमन्दों की मदद के लिए कभी उँगली तक नहीं उठाते।[12]

ऐसा नहीं है कि जो हार नहीं मानता वह कभी अकेला महसूस नहीं करता! यह अकेलापन और हमले रमाबाई को ईसाइयत के और क़रीब ले जा रहे थे।

हिंसा, निन्दा, अपशब्दों को भी बुहारना था उसे जीवन के आँगन से

चारों तरफ़ से प्रहार हो रहे थे और हालाँकि बहुत-से लोग रमाबाई के साथ भी थे, तथापि धर्म को लेकर, काम को लेकर उसकी नीयत पर शक़ लगातार हो रहे थे।

कृष्णाबाई नाम की एक महिला को रमा ने मेट्रन की ज़िम्मेदारी दी थी। उसके बुरे बर्ताव और असभ्य तरीक़ों की वजह से रमाबाई ने उसे निकाल दिया। निकाले जाने के बाद उसने सबसे यही कहा कि वह लड़कियों को ईसाई बनाती है। 'केसरी' ने इसे ख़बर बनाकर छाप दिया। नतीजतन कई लोगों ने अपनी लड़कियों को स्कूल से निकाल लिया। इससे ठीक पहले ही ईसाई धर्म के बारे में रमा ने उससे मिलने आए एक व्यक्ति को कहा था—

> मुझे ईश्वर किसी बड़ी मुसीबत के आने का संकेत दे रहा है। यह पहली बार नहीं है जब मैंने ऐसा महसूस किया है। कभी-कभी मुझे लगता है कि ईश्वर मुझे पहले ही बता देता है ताकि मेरे पास उसकी कृपा के लिए प्रार्थना करने का वक़्त हो।[13]

तिलक के अख़बार 'केसरी' ने न सिर्फ़ यह ख़बर लगाई बल्कि इसके साथ और कुछ प्रमाणों को इकट्ठा करके एजेंडा चलाया जिससे यह सिद्ध किया जाए कि 'शारदा सदन' एक मिशनरी स्कूल है और रमाबाई अमेरिका से इसी गुप्त एजेंडे के साथ आई है। ये प्रमाण थे—हाई कास्ट हिन्दू वुमन में डॉ. रेचेल बॉडले की भूमिका, अमेरिका में रमाबाई का एक भाषण जिसे किसी मामूली से स्थानीय अख़बार ने छापा था, एक लेख जिसे 'न्यूयॉर्क क्रिश्चियन इवांजलिस्ट' की पत्रिका ने छापा, श्रीमती चैपमैन द्वारा लिखी रमाबाई की संक्षिप्त जीवनी में एक कथन, 'क्रिश्चियन इलस्ट्रेटेड वीकली' की एक रिपोर्ट।[14] गोपाल गणेश अगरकर को, शुरू में लगा था कि यह सब अपने-आप शान्त हो जाएगा, लेकिन फिर उन्हें समझ आया कि ये हमले सुनियोजित हैं। अपने अख़बार 'सुधारक' के ज़रिये उन्होंने शारदा सदन और रमाबाई के पक्ष में बोलना शुरू किया क्योंकि यह आलोचना धीरे-धीरे अपमानजनक होता जा रही थी। उनके अनुसार यह 'सहमति की आयु' बिल के पक्ष में रमाबाई के लिखने के फलस्वरूप हो रहा है[15] अगरकर के अनुसार रमाबाई पर तीन मुख्य आरोप थे—(1) शारदा सदन की शुरुआत करते हुए धर्म-परिवर्तन का मक़सद छुपाया (2) परामर्श समिति के विचारों के प्रति पूर्णत: अनादर भाव दिखाया (3) प्रार्थना हॉल के दरवाज़े खुले रखे।[16] फिर इन तीनों का जवाब अगरकर ने दिया। पहले बिंदु को पूर्णत: ख़ारिज किया। कृष्णाबाई के कथन बुरी मंशा को प्रकट करते हैं, यह कहते हुए उन्हें आधारहीन और झूठा कहा। अगरकर के अनुसार सिर्फ़ शब्दों को तोड़-मरोड़कर तथ्यों में से तथाकथित प्रमाण प्रस्तुत किए गए हैं। सुधारक में 20 जुलाई, 1891 को सम्पूर्ण रूप से एक रक्षात्मक लेख लिखा जिसमें 'न्यूयॉर्क क्रिश्चियन इवांजलिस्ट', लन्दन टाइम्स और शारदा सदन की वार्षिक रिपोर्ट से उदाहरण दिये।[17]

रमा को बार-बार यह महसूस होता था कि ईश्वर ने उसे एक मेहतर बनाकर

भेजा है, जिसे समाज की सफाई करनी है और उसे बेहतर बनाना है।[18] (I have thought he has given me the gift of being a sweeper.) ऐसी ही तड़प मुक्तिबोध की कविता 'मैं तुम लोगों से दूर हूँ' में दिखाई देती है—

> जो है उससे बेहतर चाहिए
> पूरी दुनिया साफ़ करने के लिए मेहतर चाहिए
> वह मेहतर मैं हो नहीं पाता...

एक बड़ी चिन्ता दिखाई देती है उसकी कि स्त्रियों के पास अपनी स्थिति बदलने के विकल्प होने चाहिए। अपनी स्थिति को बदल न सकना, विकल्पहीन होना ही तो दमन है, शोषण है![19] विधवा स्त्रियों की दुनिया को विकल्पहीन बना दिया जाना ही सबसे बड़ा अन्याय है और कम-से-कम हिन्दू व्यवस्था के भीतर उसे इनके उद्धार का कोई उपाय नहीं दिख रहा था। रमाबाई के लिए यह अपने अभिकर्तृत्व को पाने की, अपने अस्तित्व और स्वायत्तता का दावा करने की कोशिश थी जो उसके हिसाब से हर भारतीय औरत को करनी चाहिए, चाहे वो किसी भी वर्ग और जाति से हो। उसके ख़याल से यह ईसाइयत के ज़रिये ही सम्भव था। गोडूबाई (आनन्दीबाई कर्वे) के पति और समाज-सुधारक डी.के. कर्वे ने कहा—पंडिता रमाबाई एक नगीने की तरह सामने आई है जिसकी वजह से औरतें महसूस करने लगी हैं कि उन्हें भी पुरुषों की तरह समान अधिकार मिलने चाहिए।[20] रमाबाई से प्रेरित होकर (या शायद रमाबाई के शारदा सदन के समानान्तर एक विधवा आश्रम खड़ा करने के इरादे से प्रार्थना समाज द्वारा दी गई समझाइश के चलते या गोपाल गणेश अगरकर के प्रयासों से) श्री कर्वे ने भी बाद 1896 में एक विधवा आश्रम की स्थापना पुणे में की।

लड़कियों का वेश्या बनना स्वीकार था, ईसाई नहीं

सारा हैमलिन के अति-उत्साही बर्ताव के बाद चलते मुम्बई में रहते हुए जब तूफ़ान उठा था, तब परामर्श मंडल लगातार प्रस्ताव पर प्रस्ताव पास कर रहा था सिर्फ़ रमाबाई के हाथ-पैर बाँधने के लिए।[21] पुणे में एक अलग तरह से तूफ़ान आनेवाला था। रमाबाई के विश्वस्त क्लर्क श्री गडरे की बेटी शारदा भी शारदा सदन में ही थी। उसके भीतर जागी ईसाई धर्म के प्रति रुचि बड़ी समस्या बन गई। शारदा ने रमाबाई से कहा कि अगर वह धर्मान्तरण करना चाहे तो उसके माता-पिता बेहद नाराज़ होंगे, लेकिन उसकी इच्छा है तो क्या रमाबाई उसके माता-पिता से इस बारे में बात कर सकती है? रमाबाई कुछ दिन इसी पसोपेश में रही कि शारदा के लिए श्री गडरे से बात करे तो करे कैसे? एक दिन हिम्मत करके उसने बात की और

उन्हें बेटी की इच्छा बताई, यह भी कि वह मेरे बुलावे के बिना मेरी और मनो की प्रार्थना में आकर बैठी और बाइबल सुनकर उसे अच्छा महसूस होता है। रमाबाई की चिट्ठी के अनुसार उन्होंने श्री गडरे से बात की कि उनकी मर्ज़ी हो तो वह शारदा को न्यू टेस्टामेंट की प्रति वापस दे सकते हैं, लेकिन शारदा को ख़ुद इस फ़ैसले की ज़िम्मेदारी लेने दें तो अच्छा होगा। श्री गडरे ने रमा से कहा कि नहीं, वह स्वयं ही यह शारदा को दे दे। वह उसे क्राइस्ट की पूजा से रोकना नहीं चाहते।[22] इस बातचीत के बाद शारदा बेहद ख़ुश थी। रमा ने पिता-पुत्री को आपस में बात करने के लिए कुछ पल अकेला छोड़ दिया और मन में उसने इन दोनों के धर्मान्तरण की प्रार्थना की[23] लेकिन नतीजा वही हुआ जो होना था। श्री गडरे रमाबाई के सामने कुछ और थे, बाहर जाकर कुछ और हो गए। उन्होंने बाहर जाकर यह बात फैलाना शुरू कर दिया कि रमाबाई छात्रों का धर्मान्तरण करवाती है। श्री गडरे पर रमाबाई बहुत भरोसा करती थी। ज़मीन और भवन की ख़रीदारी हो या भवन के सदन के भीतर की कोई ख़रीदारी हो या सदन के भीतर के और निर्णय हों उसके निवासियों के बारे में। श्री गडरे के पास सभी छात्राओं के घरवालों पता था और यह डाटा उन्होंने लीक किया परामर्श मंडल को।[24] जुलाई 1893 में शारदा गडरे को ईसाई बनाने की कोशिश रिपोर्ट की 'केसरी' ने और हंगामा शुरू हो गया।

इस हंगामे की आग में घी पड़ा एक और घटना से। गुजरात की एक देवदासी की बेटी, गोमतीबाई, जो बालिग उम्र की थी, उसे उसकी माँ के जीवन की छाया से बचाने के लिए मुम्बई के एक समाज सुधारक ने रमाबाई के पास भेज दिया था।[25] लेकिन जैसे ही उसने शारदा सदन में लड़कियों के ईसाई बनाए जाने की बात सुनी, वह विरोधी दस्ते में शामिल हो गया। शारदा सदन के साथ कुछ समय रही इस लड़की को किसी बीमारी के चलते मुम्बई में एक अस्पताल में भर्ती कराया गया था। रमाबाई ने हेलेन एस. डायर को पत्र लिखकर कहा कि उस लड़की को देख आएँ और उसे उसकी माँ के जैसी नियति से बचाने की कोशिश करें। श्रीमती डायर लिखती हैं कि मरीज़ को मिलने के घंटों में बाहर हिन्दू पुरोहित मौजूद रहते थे जो अपने साथ हिन्दू शास्त्र लाते थे और उससे बाइबल छीनना चाहते थे। धीरे-धीरे मरीज़ को डिस्चार्ज करने के लिए नियत वक़्त पर अस्पताल के बाहर पहरा रहने लगा। डायर लिखती हैं, यह बिलकुल वैसा ही था कि उन्हें लड़कियों का वेश्या बनना स्वीकार्य था ईसाई नहीं। लड़की ने बताया कि वह इन सबसे दूर ऐसी जगह जाना चाहती है जहाँ उसकी माँ न पहुँच सके। अन्ततः मेट्रन की मदद से लड़की को वहाँ से निकाला गया और किसी मिशनरी की सहायता से इस लड़की को पनाह दी गई। इस सबके बारे में रमाबाई को जान-बूझकर किसी ने कुछ नहीं बताया। वह पहले से मुसीबत में है यह सोचकर लेकिन लड़की की माँ रमाबाई को ही परेशान करती रही। अख़बारों ने रमा की निन्दा में पन्ने रँग दिये। रमा इसके चलते स्कूल

को बन्द होते नहीं देख सकती थीं। एक लड़की को बचाना और स्कूल को बचाना, उसके सामने यह चुनाव था। आख़िर उसे मिस डायर के पास जाकर कहना पड़ा कि जहाँ भी वह लड़की है, उसे उसकी माँ के सुपुर्द किया जाए, तभी यह तूफ़ान शान्त होगा। रमाबाई के आग्रह करने पर मिस डायर ने बताया और उस लड़की को मुम्बई पुलिस स्टेशन के सुपुर्द कर दिया गया जहाँ उसकी माँ को भी बुलाया गया। वह नहीं आई। पुलिस सुपरिंटेंडेंट ने लड़की को पुरोहितों के सुपुर्द करने से भी इनकार कर दिया। वही मिशनरी उसे वापस ले गए और जब तक अगली बार फिर से लड़की को क़ब्ज़े में लेने की कोशिशें हुईं तब तक लड़की की मर्ज़ी से उसका बप्तिस्मा करवा दिया गया था। डायर लिखती हैं कि यह लड़की की इच्छा से हुआ और रमाबाई की मर्ज़ी के बिना।[26] लेकिन रमाबाई तो दुष्प्रचार का शिकार हो चुकी थी।

तिलक को खटकता रहा था शारदा सदन और रमाबाई

ठीक यही वह समय था जब 1893 में हिन्दू-मुस्लिम दंगों के बाद तिलक किसी बड़ी योजना के बारे में सोचने लगे थे ताकि हिन्दू अस्मिता को राष्ट्रीय अस्मिता से जोड़कर तमाम हिन्दुओं को एक मंच दिया जा सके एकजुट होने का। उन्हें यह उपाय मिला गणेश उत्सव और शिवाजी जयन्ती में।[27] गणेश उत्सव बड़े स्तर पर मनाया जाना शुरू हुआ। पुणे से मुम्बई पहुँच गया और 1896 तक एक तरह से राष्ट्रीय त्योहार ही हो गया। यह सिर्फ़ ब्राह्मणों तक सीमित नहीं रह गया बल्कि सभी वर्गों के हिन्दू इसमें शामिल होने लगे। क्या सच में धार्मिक आज़ादी कोई विज़न थी उस समय या सेक्युलर देश का निर्माण कोई लक्ष्य था? अगर हिन्दू धर्म ख़तरे में था तो तिलक और उनके समूह में शामिल लोग धार्मिक-सामाजिक सुधारों की जगह राजनीतिक सुधार की रट क्यों लगाए थे? सामाजिक सुधारों के प्रति रवैया यह था कि कांग्रेस के भीतर से समाज-सुधार का विभाग ही अलग कर दिया गया। एक नेशनल कांग्रेस और एक सोशल कॉन्फ्रेंस हो गई। कांग्रेस के अधिवेशन में यह झगड़ा रहता था कि सोशल कॉन्फ्रेंस को अलग पंडाल में किया जाए।

गोमतीबाई के प्रसंग से शारदा सदन और रमाबाई का बहुत नुक़सान हुआ, अगस्त 1893 को कार्यकारी समिति ने इस्तीफ़ा दे दिया और अपील की कि अपनी विधवा बेटियों को शारदा सदन न भेजें। साथ ही तिलक की जीत हुई इस अर्थ में कि वह अब तक जो सन्देह जता रहे थे, आख़िर सच साबित हुआ। तिलक के अंग्रेज़ी अख़बार 'महरट्टा' ने लिखा—नारी शिक्षा हमें प्रिय है, लेकिन निश्चित रूप से हमारे धार्मिक विश्वासों की क़ीमत पर नहीं। शारदा सदन को फ़ंड्स की कमी है, इस समस्या की पहचान करके ख़ुशी जताते हुए 'महरट्टा' के उपरोक्त वाक्य

को भारतीय ईसाइयों के मुखपत्र 'ज्ञानोदय' ने उद्धृत करते हुए 31 अगस्त, 1893 को यह जोड़ा—'हमारे पर्स की क़ीमत पर भी नहीं।'[28] ज्ञानोदय के सम्पादक बाबा पदमनजी तो पहले ही ख़फ़ा थे। लेकिन अगरकर को अब भी यक़ीन नहीं था कि रमाबाई का शारदा सदन गुप्त रूप से ईसाई बनाने का एजेंडा चलाता है, न ही उन्होंने उम्मीद छोड़ी थी क्योंकि शारदा सदन से हिन्दू विधवाओं का उद्धार होते उन्होंने देखा था और यह महसूस किया था कि भविष्य की और कई रमाबाई यह संस्थान देगा। अगरकर ने अपने एक क़रीबी मित्र को रमाबाई का साक्षात्कार करने भेजा। इस साक्षात्कार के साथ एक लम्बे स्पष्टीकरण लेख में रमाबाई ने सदन पर धर्म-परिवर्तन के आरोपों के सवालों को टाल दिया। उसने लिखा—

> अगर हिन्दू समाज चाहता है कि शारदा सदन शुद्ध रूप से हिन्दू चरित्र का बना रहे तो उन्हें एक हिन्दू रमाबाई ढूँढ़ लेनी चाहिए।[29]

अविश्वास से भरे अगरकर हतप्रभ रह गए। उन्हें लिखना पड़ा कि सदन में प्रत्यक्ष या प्रकारान्तर से किसी लड़की को ईसाइयत अपनाने के लिए प्रेरित नहीं किया जाएगा, यह बात रमाबाई को स्पष्टत: कहनी चाहिए, लेकिन यह कहने का न उसके पास साहस है न मंशा।[30] इसे भारत के इतिहास में एक धब्बा और हिन्दुओं के लिए शर्म का विषय[31] बताने के बावजूद रमाबाई के काम को वह सिरे से ख़ारिज नहीं कर सकते थे। अगरकर के एक चाचा की लड़की वेणु को जब शारदा सदन से निकालने की बात उठी तो उन्होंने पत्र में उन्हें लिखा कि अभी उसे दो-एक साल शारदा सदन के प्रभाव में ही रहने दिया जाए जिसकी देवी पंडिता रमाबाई है। वैसे भी जो एक बार आज़ादी और ज्ञान का स्वाद चख चुकी हो, उससे यह छीनना मुश्किल है।[32] उसे रहने दिया जाए।

अगरकर को लगा कि रमाबाई किसी न किसी को बचाना चाहती थी जो शारदा सदन में है, जिसके लिए उसने सब दाँव पर लगा दिया है। उन्होंने एक मिशनरी महिला सुन्दरीबाई पवार की ओर इशारा किया जो अति-उत्साही थी धर्म-परिवर्तन को लेकर।[33] सुन्दरीबाई पवार पर अपनी सम्पादकीय टिप्पणी में सिस्टर जेरल्डीन ने भी सन्देह जताया है। वह लिखती हैं—सुन्दरीबाई और श्रीमती हेलेन एस. डायर (श्रीमती और श्री डायर 'बॉम्बे गार्जियन' के सम्पादक पति-पत्नी) रमाबाई के ख़राब दोस्त रहे जिनकी वजह से वह मुश्किल में पड़ी।[34] सुन्दरीबाई पवार के बारे में वह लिखती हैं कि हालाँकि सुन्दरीबाई का प्रभाव चतुराई भरा और अच्छा था और उसकी व्यावहारिकता रमाबाई के उत्साही स्वभाव के लिए पूरक की तरह थी, फिर भी उसने शारदा सदन के निवासियों पर अविवेकपूर्ण तरीक़े से ईसाई धर्म का दबाव डालकर रमाबाई के काम को बहुत नुक़सान पहुँचाया। वह महत्त्वाकांक्षी और कपटी थी और कुछ समय बाद रमाबाई को उनके द्वारा किए गए हानिकारक

प्रभाव का एहसास हुआ और वे अलग हो गए।[35] सुन्दरीबाई पवार कोई साधारण महिला नहीं थी। वह मिशनरी थी, जो अफ़ीम व्यापार के विरोध के चलते इंग्लैंड की कई यात्राएँ कर चुकी थी क्योंकि अफ़ीम उस समय अनेक भारतीयों के लिए नैतिक पतन की वजह बना हुआ था। 1892 में वह रमाबाई के साथ जुड़ी और उसका दायाँ हाथ बन गई। शारदा सदन के वासियों पर ईसाइयत का प्रभाव डालने के लिए वह काफ़ी हद तक ज़िम्मेदार थी, लेकिन मनो ने इसके शुरुआत अपने भोलेपन में की थी जब उसने बाल-विधवा लड़कियों को अपने धार्मिक ग्रंथ दिखाए और इंजील की कहानी सुनाई।[36] सुन्दरीबाई बहुत लम्बे वक़्त तक रमाबाई के साथ बनी रही। शारदा गडरे को भी कुछ समय के लिए स्कूल से हटा लिया गया, लेकिन शारदा फिर स्कूल आई और दु:खद यह रहा कि किसी बीमारी के चलते उसकी मृत्यु हो गई। श्री गडरे की पत्नी की भी साल भर में प्लेग से मृत्यु हो गई। धोखा देने के बावजूद रमाबाई ने श्री गडरे के प्रति दुर्भावना नहीं पाली।

चौतरफ़ा आरोप और निन्दा का दौर

शारदा सदन में काम करनेवाले पुरुषों से लेकर बाहर बाज़ार में बैठे व्यापारियों तक सब शारदा सदन के बारे में उड़ रही ख़बरों का फ़ायदा उठाना चाहते थे। रमाबाई एक घटना का ज़िक्र करती हैं जब श्री गडरे शारदा सदन की इमारत के काम के लिए लकड़ी लेने मुम्बई गए थे। तब उनके एक मित्र भी साथ थे, जिनके कहने पर व्यापारी के साथ मोल-भाव हुआ। सब तय हो गया था। बिल बन गया था। बस लकड़ियाँ गाड़ी में चढ़ाने की देर थी कि व्यापारी को पता चला ये लकड़ियाँ पंडिता रमाबाई के यहाँ जाएँगी। उसने हाथ खड़े कर दिये और कहा उसे तो मैं तब तक लकड़ी नहीं बेचूँगा जब तक कि औरों से दस प्रतिशत ज़्यादा दाम न मिलें।[37] ऐसे ही बॉम्बे प्रेसिडेंसी के गवर्नर की पत्नी लेडी हैरिस की एक बैठक में तय हुआ कि रमाबाई को इलाक़े के स्कूलों में जाकर निरीक्षण करने और सलाह देने का काम सौंपा जाए, साथ ही अगर वह किंडरगार्टन का प्रशिक्षण भी दें स्कूल अध्यापिकाओं को तो और अच्छा। रमाबाई को अपना ही स्कूल देखना था तो दौरे पर तो सप्ताह में नहीं जा सकती थी, उसने 'नेशनल इंडियन एसोसिएशन' को पत्र लिखा कि अध्यापिकाएँ अगर शारदा सदन आ जाएँ हफ़्ते में एक बार तो वह उन्हें प्रशिक्षण दे देगी। श्री खिरकम ने म्यूनिसिपल स्कूल बोर्ड को पत्र लिख भी दिया कि गाड़ियाँ उपलब्ध करा दी जाएँ अध्यापिकाओं को ताकि वे शारदा सदन जा सकें। लम्बी प्रतीक्षा के बाद इस पर बोर्ड ने लिखा कि वह ऐसा करने में असमर्थ है। लेकिन किसी अख़बार में बोर्ड के एक सदस्य का भाषण छपा कि शारदा सदन अलोकप्रिय है और लोग उसके बारे में अच्छी बात नहीं करते, इसलिए अध्यापिकाओं को

वहाँ भेजना ठीक नहीं है।[38] शारदा सदन के बोर्ड के व्यवहार में सबसे ख़राब यह था कि सदस्यों ने अपने इस्तीफ़े रमाबाई एसोसिएशन को भेजने से पहले प्रमुख अख़बारों में निकलवा दिये और इस स्कूल में बच्चों को न भेजने का सर्कुलर भी।

'एज ऑफ़ कन्सेंट' क़ानून बनने की प्रक्रिया और पंडिता रमाबाई का रेडिकल फ़ेमिनिज़्म और फिर शारदा सदन का विवाद इन सब हलचलों की ज़मीन बॉम्बे प्रेसिडेंसी था और इनका असर कई तरह से हो रहा था। 1893 में ही थियोसॉफ़ी सोसायटी से सम्बद्ध एनीबेसेंट भी भारत आई। वह भारत में आकर स्त्री-शिक्षा के क्षेत्र में काम करना चाहती थीं, लेकिन 'बहुत-से विचारवान भारतीय' मित्रों ने उन्हें सलाह दी कि इसके लिए वह अभी रुक जाएँ क्योंकि अभी भारतीय समाज में विदेशी और मिशनरी महिलाओं के प्रति सन्देह का माहौल है, हिन्दू जीवनचर्या में हस्तक्षेप के प्रति एक नाराज़गी है; कुछ तो 'सहमति की आयु' बिल की वजह से और बहुत ज़्यादा पंडिता रमाबाई की वजह से।[39] लेकिन इस समय एक अच्छी चीज़ बस यह हुई कि 68 साल की श्रीमती जुडिथ एंड्रयूज़ पाँच हफ़्ते की यात्रा करके, सर्दी के मौसम को मात देती हुई 1893 के क्रिसमस की दोपहर को मुम्बई पहुँच गईं। वह स्वयं देखना चाहती थीं कि शारदा सदन किन हालात से गुज़र रहा है।

पुणे में शारदा सदन का वक़्त शायद पूरा हो रहा था।

सन्दर्भ

1. देखें, पृ. 275, द लेटर्स ऐंड कॉरेस्पॉन्डेंस ऑफ़ पंडिता रमाबाई, सिस्टर जेरल्डीन द्वारा संकलित, सं. ए.बी. शाह, महाराष्ट्र स्टेटबोर्ड फ़ॉर लिटरेचर ऐंड कल्चर, बॉम्बे, 1977
2. देखें, पृ. 157, द रेशनल रिफ़ॉर्मर गोपाल गणेश अगरकर, अरविन्द गनाचारी, पॉपुलर प्रकाशन, मुम्बई, 2005
3. देखें, पृ. 268, द लेटर्स ऐंड कॉरेस्पॉन्डेंस ऑफ़ पंडिता रमाबाई, सिस्टर जेरल्डीन द्वारा संकलित, सं. ए.बी. शाह, महाराष्ट्र स्टेटबोर्ड फ़ॉर लिटरेचर ऐंड कल्चर, बॉम्बे, 1977
4. देखें, पृ. 159, द रेशनल रिफ़ॉर्मर गोपाल गणेश अगरकर, अरविन्द गनाचारी, पॉपुलर प्रकाशन, मुम्बई, 2005
5. देखें, पृ. 158, द रेशनल रिफ़ॉर्मर गोपाल गणेश अगरकर, अरविन्द गनाचारी, पॉपुलर प्रकाशन, मुम्बई, 2005
6. देखें, पृ. 270, द लेटर्स ऐंड कॉरेस्पॉन्डेंस ऑफ़ पंडिता रमाबाई, सिस्टर जेरल्डीन द्वारा संकलित, सं. ए.बी. शाह, महाराष्ट्र स्टेटबोर्ड फ़ॉर लिटरेचर ऐंड कल्चर, बॉम्बे, 1977
7. देखें, पृ. 128-29, माई इंडियन फ्रेंड्स, मैक्समूलर, लॉन्गमैंस, ग्रीन ऐंड कम्पनी, लन्दन, बॉम्बे, 1899
8. देखें, पृ. 279, द लेटर्स ऐंड कॉरेस्पॉन्डेंस ऑफ़ पंडिता रमाबाई, सिस्टर जेरल्डीन द्वारा संकलित, सं. ए.बी. शाह, महाराष्ट्र स्टेटबोर्ड फ़ॉर लिटरेचर ऐंड कल्चर, बॉम्बे, 1977
9. देखें, पृ. 279, वही

10. देखें, पृ. 13, 1891 की वार्षिक रिपोर्ट, अमेरिकन रमाबाई एसोसिएशन https://collections.library.yale.edu/catalog/16919727
11. देखें, पृ. 22, 1892 की वार्षिक रिपोर्ट, अ.र.अ., https://collections.library.yale.edu/catalog/16919728
12. देखें, पृ. 289, द लेटर्स ऐंड कॉरेस्पॉन्डेंस ऑफ़ पंडिता रमाबाई, सिस्टर जेरल्डीन द्वारा संकलित, सं. ए.बी. शाह, महाराष्ट्र स्टेटबोर्ड फ़ॉर लिटरेचर ऐंड कल्चर, बॉम्बे, 1977
13. देखें, पृ. 119, पंडिता रमाबाई, अ विडोज़ फ्रेंड, मनोरमाबाई, पूना, डिजिटल प्रति
14. देखें, पृ. 320, ऐंड नोट संख्या-17, द रेशनल रिफ़ॉर्मर गोपाल गणेश अगरकर, अरविन्द गनाचारी, पॉपुलर प्रकाशन, मुम्बई, 2005
15. देखें, पृ. 155, द रेशनल रिफ़ॉर्मर गोपाल गणेश अगरकर, अरविन्द गनाचारी, पॉपुलर प्रकाशन, मुम्बई, 2005
16. देखें, पृ. 155, वही
17. देखें, पृ. 156, वही
18. देखें, पृ. 43, पंडिता रमाबाई : द स्टोरी ऑफ़ हर लाइफ़, हेलेन एस. डायर, फ़्लेमिंग एच. रेवेल कम्पनी, 1900
19. Being oppressed means the absence of choices. It is the primary point of contact between the oppressed and the oppressor. बेल हुक्स, फ़ेमिनिस्ट थ्योरी : फ्रॉम मार्जिन टू सेंटर, साउथ ऐंड प्रेस, 1984, पृ. 5
20. देखें, पृ. 46, द न्यू ब्राह्मंस : फाइव महाराष्ट्रियन फ़ैमिलीज़, चयन और अनुवाद—डी.डी. करवे, यूनिवर्सिटी ऑफ़ कैलिफोर्निया प्रेस, 1963
21. देखें, पृ. 296, द लेटर्स ऐंड कॉरेस्पॉन्डेंस ऑफ़ पंडिता रमाबाई, सिस्टर जेरल्डीन द्वारा संकलित, सं. ए.बी. शाह, महाराष्ट्र स्टेटबोर्ड फ़ॉर लिटरेचर ऐंड कल्चर, बॉम्बे, 1977
22. देखें, पृ. 306, वही, लेटर्स
23. देखें, पृ. 307, वही, लेटर्स
24. देखें, पृ. 296, वही, लेटर्स
25. देखें, पृ. 63, पंडिता रमाबाई : द स्टोरी ऑफ़ हर लाइफ़, हेलेन एस. डायर, फ़्लेमिंग एच. रेवेल कम्पनी, 1900
26. देखें, पृ. 65, पंडिता रमाबाई : द स्टोरी ऑफ़ हर लाइफ़, हेलेन एस. डायर, फ़्लेमिंग एच. रेवेल कम्पनी, 1900
27. देखें, पृ. 284, लाइफ़ ऐंड टाइम्स ऑफ़ लोकमान्य तिलक, एन.सी. केलकर, अनु. डी.वी. दिवेकर, एस. गनेशन पब्लिशर, मद्रास, 1928
28. देखें, पृ. 192, पंडिता रमाबाई : लाइफ़ ऐंड लैंडमार्क राइटिंग्स, मीरा कोसाम्बी, रूटलेज़, 2016
29. देखें, पृ. 160, गोपाल गणेश अगरकर में अरविन्द गनाचारी द्वारा 21 अगस्त, 1893 के सुधारक से उद्धृत, पॉपुलर प्रकाशन, मुम्बई, 2005
30. देखें, पृ. 160, वही
31. देखें, वही

32. देखें, पृ. 162, गोपाल गणेश अगरकर में अरविन्द गनाचारी द्वारा 21 अगस्त, 1893 के सुधारक से उद्धृत, पॉपुलर प्रकाशन, मुम्बई, 2005
33. देखें, वही
34. देखें, पृ. 300, द लेटर्स ऐंड कॉरेस्पॉन्डेंस ऑफ़ पंडिता रमाबाई, सिस्टर जेरल्डीन द्वारा संकलित, सं. ए.बी. शाह, महाराष्ट्र स्टेटबोर्ड फ़ॉर लिटरेचर ऐंड कल्चर, बॉम्बे, 1977
35. देखें, पृ. 299, वही, लेटर्स
36. देखें, पृ. 298, वही, लेटर्स
37. देखें, पृ. 120, पंडिता रमाबाई : अ विडोज़ फ्रेंड, मनोरमाबाई, पूना
38. देखें, पृ. 121-22, पंडिता रमाबाई : अ विडोज़ फ्रेंड, मनोरमाबाई, पूना
39. देखें, पृ. 128, वाइट वुमंस अदर बर्डन, कुमारी जयवर्द्धन, रूटलेज़, 1995

13

हमारे जीवन में सब काव्यमय नहीं है

थी ख़बर गर्म कि 'ग़ालिब' के उड़ेंगे पुर्ज़े
देखने हम भी गए थे प तमाशा न हुआ।[1]

तमाशा तो बहुत हुआ, पर रमाबाई देखने ही नहीं गईं। अख़बारों ने जो मन आया, छापा। उन्होंने कुछ नहीं पढ़ा। सोशल मीडिया पर ट्रोल होनेवाली बेबाक महिलाएँ एक दिन टिप्पणियाँ देखना ही बन्द कर देती हैं। न करें तो कैसे जियें, काम कैरे करें! रमाबाई के सामने बड़ा लक्ष्य था, शारदा सदन को जीवित रखने और लड़कियों का भविष्य बनाने का जिसकी चिन्ता उस समय हंगामे में शामिल लोगों में से शायद ही किसी को थी। 1895 के अन्त तक शारदा सदन की चार विद्यार्थियों की शादी हो गई और 16 में से कुछ की नौकरी लग गई या वे नर्सिंग का प्रशिक्षण लेने चली गई थीं। ठकुबाई ने ईसाई धर्म अपना लिया और वह बाइबल-वुमन बन गई जो गाँव-गाँव जाकर जीजस का सन्देश सुनाती थी। अब इसी राह पर आगे बढ़ना था शारदा सदन को।

लेकिन यह सच है कि इस समय शारदा सदन के सामने फ़ंड एक बड़ी चुनौती थी। महाराष्ट्र के लोगों का शारदा सदन को अवदान सितम्बर 1992 तक यानी तीन साल में, सिर्फ़ 95 रुपये का था। 'अमेरिकन रमाबाई एसोसिएशन' ने दस साल तक आर्थिक मदद देने का वादा किया था और रमाबाई को लगा था तब तक स्थानीय मदद इतनी हो जाएगी कि इस काम को चलाया जा सकेगा। शारदा सदन की लड़कियों को अच्छा कपड़ा, भोजन, शिक्षा लगभग मुफ़्त मिल रही थी। यह सब इन्तज़ाम करने की फ़िक्र कोई छोटी नहीं थी। शारदा सदन को महाराष्ट्र के लोगों के भरोसे नहीं चलाया जा सकता था।

हमारी औरतें ज़्यादा पढ़ी-लिखी नहीं हैं, लेकिन पवित्र हैं—विवेकानन्द

जिस समय रमाबाई हिन्दू पितृसत्ताकों के सीधा निशाने पर थी और लगातार जूझ रही थी, उसी समय यानी मई 1893 में मुम्बई से तीस की उम्र में विवेकानन्द

अमेरिका के लिए रवाना हुए, वहाँ धर्म संसद में भाग लेकर हिन्दू धर्म की महानता पर भाषण देने के लिए। और जिस समय शारदा सदन के परामर्श मंडल ने अख़बारों में अपना इस्तीफ़ा निकलवा दिया था और यह सर्कुलर भी कि लोग अपने घर से बाल-विधवाओं को शारदा सदन न भेजें उसी के आसपास यानी सितम्बर 1893 में अमेरिका में विवेकानन्द के कई भाषण हुए। रमाबाई विवेकानन्द से चार साल बड़ी थीं और उनसे पहले एक महत्त्वपूर्ण उपस्थिति दर्ज करती हुई इंग्लैंड और अमेरिका घूमकर आ चुकी थी। रमाबाई की अमेरिका में लोकप्रियता ने विवेकानन्द के लिए मुश्किलें खड़ी कीं। इसकी भी वजह थी। भारत के विचारवान पुरुषों की तरह विवेकानन्द भी अपने आपको रमाबाई की आलोचना करने से रोक नहीं पाए थे। अपने एक भाषण 'स्त्रीत्व के आदर्श' में उन्होंने रमाबाई के दावों को ख़ारिज किया।

जबकि हैरानी की बात है कि विवेकानन्द स्वयं रमाबाई के रास्ते पर चल रहे थे। उन्हें भी तो रामकृष्ण मिशन खोलने के लिए पैसा चाहिए था। रमाबाई की आलोचना करने वाले स्वामी विवेकानन्द के अमेरिका से लिखे गए तमाम ख़त वहाँ की शिक्षित स्त्रियों की प्रशंसा करते हैं जिन्होने स्कूल, कॉलेज और सिविल सोसायटी का सब काम सँभाल रखा है। वह बार-बार लिखते हैं कि उन्हें यहाँ हाथोहाथ लिया जा रहा है। यहाँ स्त्रियाँ कितनी आत्मविश्वासी हैं। ख़ूब प्रशंसा और सहयोग मिल रहा है। साथ ही एक पत्र में वह लिखते हैं—

> यहाँ अगर एक आदमी आगे बढ़ता है तो सब उसकी मदद करने को तैयार रहते हैं। भारत में जो होता है, वह आप कल मेरे बारे में एक तारीफ़ की लाइन लिखकर आज़मा लेना, हमारे किसी भी (हिन्दू) अख़बार में और उसके अगले ही दिन सब मेरे ख़िलाफ़ हो जाएँगे। क्यों? दासों का यही स्वभाव होता है। वे अपने ही बन्धुओं में से एक को अपनी श्रेणी से ऊपर उठता नहीं देख सकते।[2]

वह यह भी लिखते हैं कि—मैं बहुत पहले भारत लौट आता, लेकिन भारत में पैसा नहीं है। हज़ारों लोग रामकृष्ण परमहंस का सम्मान करते हैं, लेकिन पैसा कोई एक भी न देगा—यही भारत है।[3] रमाबाई का परामर्श मंडल के प्रति तीखा व्यवहार देखकर अगरकर भी हैरान हुए थे और उन्हें अफ़सोस हुआ था कि रमा ने उत्कृष्ट मित्रों और सलाहकारों से ख़ुद को विलगा लिया है।[4] सिस्टर जेरल्डीन ने भी एक जगह लिखा कि यह मानवीय स्वभाव है ईर्ष्या और शायद रमा में अपने मित्रों को लेकर ईर्ष्या थी।[5] लेकिन विवेकानन्द के अमेरिका से लिखे तमाम ख़त पढ़ें तो समझ आता है कि असल में तो रमाबाई किसी तरह की ईर्ष्या का मुक़ाबला कर रही थी अपने प्रति। समाज-सुधार उन दिनों एक कॅरियर की तरह था और एक विधवा स्त्री

जो अपनी औक़ात भूलकर इसमें अपने पाँव जमा रही थी, न जाने कितनी आँखों में खटकती होगी वह प्रोटो फ़ेमिनिस्ट! चोखेरबाली!

विवेकानन्द का मक़सद भी अपने विचारों का प्रसार ही तो था। वह लिखते हैं, मुझे नाम और यश से मतलब नहीं। मैं अपने विचारों का प्रसार करना चाहता हूँ।[6] मुझे शान्ति से चुपचाप काम करना पसन्द है।[7] मैं मिशनरियों के हमले या मैं आलोचनाओं की परवाह नहीं करता। सिंह की तरह काम करो और ईश्वर तुम्हारी मदद करेगा।[8] यही तो रमाबाई भी कर रही थी! फिर उनके लिए क्यों सिस्टर निवेदिता सम्माननीय थी, इसलिए कि विवेकानन्द के उद्देश्यों और आदेशों के लिए समर्पित थी। लेकिन रमाबाई नहीं, जो स्वायत्त थी, स्वाभिमानी थी और सिद्ध करती थी कि उसके पास अपना दिमाग़ और अपने विचार हैं।

रमाबाई भी तो अपने विचारों का प्रसार करना चाहती थी जो वह ठीक समझती थी! लेकिन उसका समझना एक स्त्री का समझना था न। रमा ने तो इस ज्ञान को जिया था कि सिंह की तरह काम करो, आलोचनाओं की परवाह किए बिना। कठिन परिस्थितियों में हार न मानना, भविष्य की आस और अटूट धैर्य रमाबाई को बचपन से मिला था। मैक्समूलर भी उसका विवरण ऐसे ही देते हैं—छोटी-सी, नाज़ुक लेकिन असल में एक शेरनी की तरह।[9] शारदा सदन ज़िन्दा रहा, लेकिन इन हंगामों ने रमा को मन और देह से थका दिया था। कुछ नया और हिम्मत बँधानेवाला अनुभव अब उसके लिए बेहद ज़रूरी था। श्रीमती एंड्रयूज़ के आने से उसे कुछ राहत तो मिली थी। वह ऐसी व्यक्ति थीं जो मित्र थीं, जिनसे वह अपने मन की बात कह सकती थी। मार्च 1894 में शारदा सदन की पाँचवीं वर्षगाँठ आ रही थी। बहुत सारे डर और आशंकाओं के साथ लोगों को वर्षगाँठ के आयोजन के लिए आमंत्रण दिया गया। रमाबाई नहीं जानती थी कि उधर से क्या प्रतिक्रिया आनेवाली है। स्कूल के एक हॉल जैसे बड़े कमरे को सजाया गया। शंकाएँ निर्मूल हुईं जब धीरे-धीरे पूरा हॉल लोगों से भर गया। श्रीमती एंड्रयूज़ रमाबाई एसोसिएशन के अफ़सर के तौर पर एक कुर्सी पर आसीन हुईं। छात्राओं द्वारा एक मनोरंजक कार्यक्रम के बाद श्रीमती एंड्रयूज़ ने एक भाषण दिया, जिसमें रमाबाई के काम का ब्योरा दिया, अमेरिका में उसकी शानदार सफलता के बारे में बताया, शारदा सदन का पाँच साल का इतिहास बताया और फिर से सदन की तटस्थता और आज़ादी की नीति को दोहराया।

इस भाषण के बाद कुछ सज्जन खड़े हुए और उन्होंने रमाबाई के प्रयासों के बारे में दिल से बोला, साथ ही अफ़सोस भी ज़ाहिर किया कि सदन शुद्ध रूप से हिन्दू रीति से नहीं चला, फिर भी रमाबाई में उन्होंने विश्वास जताया कि उसकी नीयत अच्छी है और उसने अपने काम में सफलता पाई है।[10] इस तरह एक बार फिर शारदा सदन के अस्तित्व को स्वीकार किया।

अप्रैल में वह श्रीमती एंड्रयूज़ के साथ घूमने गई। आगरा का ताजमहल देखा। श्रीमती एंड्रयूज़ लिखती हैं, कि सब सुन्दर-सुन्दर देखने के बाद, रमाबाई ने चौकीदार को हड़काकर वह जगह दिखाने को कहा जिसे लोगों से छिपाया जाता था। समान बुर्ज के नीचे के तहख़ाने। जहाँ बाग़ी रानियों को पटका जाता था और फिर उनकी लाश यमुना में बह जाती थी या वहीं सड़ जाती थी। इस बात की सत्यता के विषय में यही कहा जा सकता है कि ये कही-सुनी बातें हैं जिनकी कोई प्रामाणिकता उपलब्ध नहीं है। एब्बा कोच की किताब 'द कम्प्लीट ताजमहल' में भी ऐसा कोई ब्योरा नहीं मिलता। वे लोग बनारस गए। बनारस में उन्हें एक चिट्ठी मिली जिसमें एक परित्यक्ता स्त्री का विवरण दिया हुआ था, इस आग्रह के साथ कि रमाबाई उसे अपने शारदा सदन में रख ले। एक हफ़्ते के भीतर ही वह स्त्री शारदा सदन के साथियों के बीच सुरक्षित पहुँच गई। घूमकर आने के बाद अगले ही महीने परीक्षाएँ थीं। भारी दिल से रमाबाई ने तैयारी की क्योंकि उसके अच्छा परिणाम ला सकनेवाले विद्यार्थियों को तो स्कूल से निकाल लिया गया था। फिर भी 43 में से 32 विद्यार्थी उत्तीर्ण होकर अगली कक्षा में चले गए। अगस्त में श्रीमती एंड्रयूज़ के वापस अमेरिका जाने से कुछ समय पहले ही बॉम्बे प्रेसिडेंसी के गवर्नर लॉर्ड हैरिस शारदा सदन का दौरा करने आए थे। श्रीमती एंड्रयूज़ वापस अमेरिका चली गई, लेकिन रमा को एपिफ़ेनी स्कूल में मनोरमा को भेजने का सुझाव दे गई। उनके इस तूफ़ान में मनो लगातार उपेक्षित हो रही थी। ऐसा कोई मौक़ा आजीबाई भी छोड़ती नहीं थी। वह लिखती हैं—रमा को अच्छे हिन्दू घरों का सामान्य अनुभव भी नहीं था क्योंकि उसने तो बोहेमियन ज़िन्दगी जी थी। तो मनो को क्या चाहिए, वह नहीं समझ पा रही थी। रमाबाई की सन्तान अपनी माँ की तरह शारीरिक और मानसिक रूप से मज़बूत नहीं थी।[11] रमा ने बात मानी और उसे वापस सिस्टर्स की देखभाल में भेज दिया।

हर बड़े और महान व्यक्ति के साथ यह हुआ है कि उसने अपने गिर्द एक खाँचा बनाया, जिसे नहीं लाँघ पाने की मजबूरी से उनकी छवि में कुछ धुँधलापन रह गया, जिसे यह न देखना हो वह बड़े आराम से उसे नज़रअन्दाज़ कर सकता है। रमाबाई में भी रहा। हिन्दू धर्म की महानता का दायरा बनाते ही विवेकानन्द के लिए यह स्वीकार करना स्वाभाविक रूप से मुश्किल हो गया कि उसकी जकड़न में भारत की न जाने कितनी स्त्रियों का जीवन नर्क के समान हो गया है, विशेष रूप से बाल-विधवाओं का, जिनके लिए जीवन में सिर्फ़ मृत्यु या शर्मनाक जीवन का चयन बचता है। जैसा कि होना ही था, विवेकानन्द के भाषणों से अमेरिका के रमाबाई एसोसिएशन की शाखाओं के सदस्यों में एक रोष फैल गया जब उन्होंने पाया कि विवेकानन्द ने अपने भाषणों में हिन्दू विधवाओं की समस्याओं को ख़ारिज किया है। ब्रुकलिन रमाबाई एसोसिएशन की श्रीमती मैककीन और डॉ.जेम्स, जो

विवेकानन्द के प्रायोजक थे, के बीच एक बहस *ब्रुकलिन ईगल* में छिड़ गई। तथाकथित रूप से श्रीमती मैककीन ने आरोप लगाया कि विवेकानन्द ने सार्वजनिक भाषण में इस बात से इनकार किया है कि हिन्दू विधवाएँ उत्पीड़ित हैं।[12] 1893 में जब विवेकानन्द अमेरिका पहुँचे, एनीबेसेंट भी वहाँ थीं। विवेकानन्द जैसे भारतीय हिन्दू पुरुषों से वह प्रभावित थीं। यह रमा के लिए एक विचित्र बात थी। वह देख रही थी कि बड़ी-बड़ी बात करनेवाले नर्क जैसा जीवन जी रही स्त्रियों की मदद के लिए कोई क़दम नहीं उठाते। बस, बातें करते हैं। रमा ने लिखा कि एक बार हमारे बीच रहकर देखना चाहिए इन विदेशी बहनों को कि हमारा जीवन कविता नहीं है[13] जैसा कि उन्होंने महान व्यक्तियों के भाषणों में सुना है। वह लिखती है—

> मैं अपनी पश्चिमी बहनों से विनती करती हूँ कि वे भव्य दर्शन की बाहरी सुन्दरता को देखकर सन्तुष्ट न हों, और हमारे शिक्षित पुरुषों के लम्बे और दिलचस्प प्रवचनों को सुनकर मंत्रमुग्ध न हों, बल्कि प्राचीन हिन्दुओं के महान स्मारकों के जाल के दरवाज़े खोल दें। बुद्धि और अँधेरे तहख़ाने में प्रवेश करें जहाँ वे दर्शन के वास्तविक कार्य को देखेंगे जिसकी वे बहुत प्रशंसा करते हैं।[14]

शारदा सदन, मनोरमा और आगे की राह

जीवन थोड़ा सँभलना शुरू हुआ था। जून 1894 में शारदा सदन 55 लड़कियों (जिनमें से 38 विधवा थीं) के साथ छुट्टियों के बाद फिर से खुला। तूफ़ान थोड़ा थम चुका था। रमाबाई एसोसिएशन ने दस साल की सीमा तय की थी मदद के लिए कि इन दस साल में शारदा सदन आत्मनिर्भर हो जाएगा। उसे उम्मीद भी थी, लेकिन सच है कि भारतीय समाज से कोई आर्थिक मदद नहीं मिल रही थी। उन्होंने केड़गाँव में ज़मीन ख़रीदने का सोचा ताकि वहाँ फल-सब्ज़ियाँ उगाकर उस पैसे से शारदा सदन के लिए आमदनी हो जाया करे। पुणे से 80 किलोमीटर दक्षिण में केड़गाँव नाम की जगह पर कुछ एकड़ ज़मीन ख़रीदी गई जहाँ फल उगाने शुरू किए गए। यह ज़मीन एसोसिएशन अपने नाम नहीं ख़रीद सकती थी और जिन सदस्यों ने आर्थिक मदद की थी, उनकी इच्छा थी कि यह रमा के नाम रहे और रमा इससे सहमत नहीं थी। आख़िरकार ज़मीन ख़रीदी गई इस शर्त के साथ कि रमा की मृत्यु के बाद भी वह सिर्फ़ स्कूल के काम आएगी।

एक साल बाद रमा ने मनोरमा को वापस बुला लिया अपने पास। मिस सैम्युअल एपिफ़ेनी स्कूल में ही अंग्रेज़ी विभाग की अध्यक्ष थीं और मनोरमा को पढ़ाती भी थी। 1894 के अन्त में मिस सैम्युअल स्कूल छोड़ रही थीं क्योंकि उनकी जगह उनसे कम तनख़्वाह में काम करने के लिए एक अध्यापिका को इंग्लैंड से भेजा

जा रहा था। यह अवसर देखकर रमाबाई ने मिस सैम्युअल को अपने स्कूल में रख लिया। इस तरह मनो को भी अपनी अंग्रेज़ी की अध्यापिका वापस मिल गई। मिस सैम्युअल भी मनो का ध्यान रखती थीं कि वह देशी लोगों के ख़राब असर से बची रहे। ठीक इस समय से रमा का स्कूल उच्च विद्यालय बन गया था। वहाँ मैट्रिकुलेशन कक्षा शुरू हो गई थी। किंडरगार्टन का प्रशिक्षण लेकर एक लड़की ने अपना किंडरगार्टन स्कूल खोलने के लिए स्कूल छोड़ दिया था।

उधर सिस्टर जेरल्डीन को यह लगता रहता था कि मनो का जीवन माँ की छाया तले दब न जाए। उसका स्वास्थ्य और उसकी पढ़ाई की चिन्ता उन्हें रहती थी। हालाँकि रमाबाई के काम में अमेरिका की मदद की वह प्रशंसा करती थीं लेकिन मन में यह ज़रूर था कि अमेरिका ने रमाबाई को इंग्लैंड से छीन लिया। मनो को एपिफ़ेनी स्कूल से एक बार फिर निकाल लेने पर भी उन्हें लगा कि कहीं मनो को श्रीमती एंड्रयूज़ के साथ यह अमेरिका न भेज दे पढ़ने के लिए। जून 1894 में वह लिखती है—

> आप ऐसा क्यों सोचती हैं कि मैं मनो को श्रीमती एंड्रयूज़ के साथ अमेरिका भेज दूँगी! हालाँकि मैं ज़रूर चाहूँगी कि वह ऐसे देश में पढ़ने जाए जहाँ शिक्षा के सर्वोत्तम अवसर उपलब्ध हैं, लेकिन अभी वह इतनी बड़ी नहीं हुई कि उसे दूर भेजा जाए। उसे यहीं बड़ा होना है और अपने लोगों को प्यार करना सीखना है इस देश से जाने से पहले ताकि वह अपना जीवन उनके भले के लिए समर्पित कर सके, परोपकार के एक कृत्य की तरह नहीं बल्कि अपने प्रेम के चलते किए जानेवाले कर्तव्य की तरह।[15]

रमाबाई जिस तरह मनो को बड़ा करना चाहती थी, उसमें स्वायत्तता और आत्मनिर्भरता को एक गुण की तरह विकसित होता देखना चाहती थी और समय-समय पर वह मनो के बहाने अपने अभिभावक होने के अधिकार को भी क्लेम करती थी। आजीबाई को एक ख़त में लिखती है—जिस तरह से अब मनो बदल रही है, उसमें मैं कुछ नहीं कहना चाहती। उसका अपना दिमाग़ है और वह ख़ुद सोच सकती है। मैं उसे नहीं सिखाती। मैं बस ईश्वर से प्रार्थना करती हूँ कि उसे निर्देशित करें और यहीं बात ख़त्म कर देती हूँ।[16] 1896 में रमा ने श्री डायर के साथ मनो को इंग्लैंड भेज दिया और लन्दन में उसे कहीं अच्छी जगह पढ़ाने की बात कही। मनो की आँखें लगातार परेशान कर रही थीं। रमा को लगा, वहाँ जाकर इस समस्या का भी बेहतर समाधान हो जाएगा। चर्च के बारे में, मनो के बारे में, अपनी ही मुक्ति की चिन्ता को लेकर रमा कोई बात सुनना नहीं चाहती थी। वह आजीबाई के ख़त जान-बूझकर नज़रअन्दाज़ करती रहीं। उसका बहाना बनाना और कई दिन तक ख़त का जवाब ही न देना साफ़ समझ आता है। निराश होकर आजीबाई ने

श्री डायर को भी पत्र लिखा और समझाने की कोशिश की कि बिना किसी प्रतिदान की इच्छा के उन्होंने और वांटेज के अन्य साथियों ने मनो को छह साल तक पाला। वह उनका प्रेम और लगाव समझ सकते हैं मनो और रमा से। इधर मनोरमा को इंग्लैंड आए सात हफ़्ते बीत चुके हैं, हम धैर्य से प्रतीक्षा कर रहे हैं, लेकिन अभी तक वह हमसे मिलने नहीं आई।[17] 1886 के एक ख़त में जब वह कहती है—कृपया उस पर 'कन्फ़र्मेशन' का कोई दबाव मत बनाइएगा बल्कि किसी तरह का दबाव नहीं बनाइएगा। वह मुँह से कुछ नहीं कहेगी। दबाव में बात मान लेगी, लेकिन यह उसे एक हिपोक्रेट बना देगा या फिर अस्थिर मन:स्थिति वाला।[18] मैं किसी भी मत के प्रति भेदभाव नहीं रखती। बस, मैं सही करना चाहती हूँ और सही में ही यक़ीन रखना चाहती हूँ।[19]

उधर जब तक रमाबाई मुख्यधारा के जीवन से ओझल नहीं हो गई तब तक बी.जी. तिलक का क्रोध उस पर शान्त नहीं हुआ। तिलक ने अगरकर और रमाबाई पर एक साथ हमला बोला। 'केसरी' में उन्होंने लिखा कि—

> एक धोखेबाज़ महिला, जो ब्राह्मण पैदा हुई लेकिन अपने धर्म का त्याग करने से भी पहले शूद्र से विवाह कर लिया, अपने मालिक, अपने पति के मरते ही जिसने बेटी के साथ ईसाई धर्म अपना लिया, जो यहाँ सिर्फ़ डॉ. भंडारकर और जस्टिस रानाडे जैसे पुरुषों को रिझाने आई है, उस महिला के जाल में अपने बन्धु 'सुधारक' को ख़ुद को सहर्ष फँसने देने का दृश्य देखकर रोएँ या क्या करें, समझ नहीं आता। अपनी रक्षा में पंडिता रमाबाई का चिल्लाना पागल कुत्ते के रोने जैसा है।[20]

अकाल की विभीषिका में 'माँ' रमाबाई

रमाबाई जी को कड़ा करके अपने रास्ते पर चल रही थी। मीरा की तरह 'कोई निन्दे, कोई बिन्दे, मैं तो चाल चलूँगी अपूठी।' साल 1896 के अन्त तक एक और अकाल भारत में दस्तक दे रहा था। रमाबाई के जीवन का यह एक और नया अध्याय होनेवाला था। उसने पुणे की सीमाओं पर पड़े कोढ़ियों को देखने जाना शुरू किया जिन्हें मरने के लिए छोड़ दिया गया था। वह उन्हें इंजील का सन्देश सुनाने जाती थी कि तभी एक दृश्य देखकर वह दु:ख से भर गई। एक स्त्री जो तथाकथित निम्न जाति के लोगों से घृणा करती थी और जिसने रमाबाई के प्रेम को ठुकरा दिया था, उसका जीवन भयानक पापों से घिर गया था और अन्तत: वह इन कोढ़ियों के बीच पहुँच गई थी।[21] कोढ़ग्रस्त लोगों को पड़े देखकर रमाबाई की हालत ख़राब हो गई थी, लेकिन उसने ठाना कि वहाँ फिर जाएगी। उसने उनके बीच बैठकर बाइबल

का पाठ किया और प्रार्थना की। वह ईसाई थी और क्राइस्ट में उसकी आस्था थी, करुणा और प्रेम उसके जीवन के सूत्र थे इसके बावजूद चर्च से झगड़ा मानो चल ही रहा था रमा का। इसी साल के अन्त में एक पत्र में सिस्टर जेरल्डीन लिखती हैं—

> तुम पवित्र ग्रंथों की अपने निजी राय के आधार पर व्याख्या करती हो न कि उस तरह जैसे चर्च उसकी व्याख्या करता है, यह भूल जाती हो कि चर्च बाइबल से भी पहले बना था और यह चर्च ही है जिसके माध्यम से हमने इन पवित्र ग्रंथों को प्राप्त किया। जिसके लिए तुम कहती हो न 'मेरे विचार से ऐसा है' असल में उनमें सदियों से चर्च ऑफ़ क्राइस्ट उसमें विश्वास करता है।[22]

हिन्दू धर्म की पितृसत्ता से लेकर ईसाई धर्म की पितृसत्ता तक रमा का झगड़ा ही रहा। इधर अकाल और प्लेग फैल गया था। रमा एक बैलगाड़ी लेकर रोज़ ही जाती थी अकाल और प्लेग ग्रस्त इलाकों से लड़कियों, बच्चों को बचाकर ले आने के लिए। यह उसके भीतर की आवाज़ थी। उसे पता था कि अब शारदा सदन में नये सदस्यों के रहने की जगह नहीं है, लेकिन उसने महसूस किया कि जो है ईश्वर की इच्छा है। वही राह भी निकालेगा, उसे बस अपना कर्तव्य करना चाहिए। मुसीबत के वक़्त जब सब अपना-अपना देखते हैं, विधवाओं और ग़रीब लड़कियों को कौन देखता? रमाबाई उन्हें बचाने निकल पड़ी जिन्हें न घर-बार का आसरा था, न संगी-साथी, न सरकार की ओर से कोई सहारा था। उन्हीं दिनों शारदा सदन की एक अध्यापिका ने यह लिखा—

> रमाबाई बहुत-से बेचारे, पीड़ित लोगों को राहत पहुँचा रही है जो यहाँ आते हैं तो अस्थि पिंजर की तरह बेहद कमज़ोर और दुबले होते हैं, आपको जानकर हैरानी होगी कि अब शारदा सदन में 100 से ज़्यादा अकाल-पीड़ित लोग हैं जिनमें औरतें और बच्चे शामिल हैं। खाने के कमरे को बड़ा कर दिया गया है और स्कूल के बिलकुल सामने दो व डॉर्मिट्री के पास एक मंडप बना दिया गया है।
>
> ये सब औरतें एक साथ नहीं आईं बल्कि एक बार में तीस-तीस के समूह में आईं। पहला 20 दिसम्बर को, जब हमने पढ़ाई को एक तरफ़ कर दिया और जो सब सिलाई कर सकते थे, इन अकाल-पीड़ितों के लिए कपड़े बनाने में मदद करने लगे और जब तक स्कूल फिर से खुला, हमारे पास कई स्कर्ट्स और जैकेट तैयार थे। पुरानी लड़कियाँ बहुत अच्छी हैं, बहुत बेचैन थीं और मदद करने को उत्सुक थीं नये आनेवालों की। अब शारदा सदन में लगभग 200 लोग रह रहे हैं। जैसे

ही अकालग्रस्त लड़कियाँ थोड़ी ठीक हो जाती हैं, स्कूल आने लायक, रमाबाई उन्हें स्कूल भेज देती हैं। उनमें से कुछ बहुत होशियार हैं और अच्छे-से पढ़ रही हैं। जो पढ़ने-लिखने के लिए ज़्यादा उम्र की हो गई हैं वे घर के कामों में मदद करती हैं।

23 फ़रवरी, आज रमाबाई 30 और अकालग्रस्त औरतों और बच्चों को ले आई।[23]

फ़रवरी में रमा को प्रशासन द्वारा पुणे समन किया गया क्योंकि ब्यूबोनिक प्लेग मुम्बई में तो फैल ही गया था, पुणे भी आ गया था। प्रशासन सख़्त क़दम उठा रहा था। उस समय घरों की जाँच की जाती थी। अगर कोई प्लेग पीड़ित मिलता था तो सरकार उसे वहाँ से निकाल लेती थी। साल 2022 में यह किताब लिखते हुए हम इन हालात की कल्पना कर सकते हैं क्योंकि पूरा विश्व अभी कोविड-19 के प्रकोप से उबर ही रहा है। असल बात यह भी थी कि रमाबाई का घर जिस इलाक़े में था, उसके आसपास उच्च वर्ग के लोगों के घर थे। पारसी, यूरोपियन, मुस्लिम और प्रशासन नहीं चाहता था कि वह इस इलाक़े में बीमारियों से ग्रस्त, अकाल-पीड़ित लोगों को अपनी संस्था में लाकर रखे।[24] शहर के मजिस्ट्रेट ने यह आदेश जारी कर दिया कि शारदा सदन के जितने निवासी हैं, उससे ज़्यादा संख्या वहाँ बढ़नी नहीं चाहिए। 48 घंटे के अन्दर ये लोग पुणे से चले जाने चाहिए और बचाकर लाए गए लोगों में से 18 को प्रशासन ने अस्पताल भेजने का आदेश दे दिया। ऐसी संक्रामक बीमारी के समय कौन-सा प्रशासन और कहीं-कहीं से लाए बेसहारा लोगों को बर्दाश्त करता!

रमा जिन्हें ले आई थी, वे कहाँ जाते? रमाबाई ने भी तुरन्त इसका उपाय ढूँढ़ लिया। उसने टेंट किराए पर लिये और उन्हें शहर से तीस किलोमीटर दूर ग्रामीण इलाक़े में ले गई और तुरन्त एक तार किया अमेरिका। तीन दिन में वहाँ से केड़गाँव में एक अस्थायी प्रबन्ध करने की इजाज़त मिल गई। आनन-फ़ानन में वहाँ घास-फूस की झोंपड़ियाँ बनाई गईं और तुरत-फुरत एक बड़ा-सा कक्ष बनाया गया ताकि बारिश में लड़कियों को वहाँ शरण मिले। बारिशें शुरू होने पर रमा ने उन लड़कियों को, जो काफ़ी हद तक ठीक हो गई थीं और होशियार भी थीं, शारदा सदन में स्थानान्तरित कर दिया। बड़ी उम्र की औरतें और कुछ एकदम नवजात बच्चे वहीं रहे और रमाबाई ने अपील की अपनी ही विद्यार्थियों से कि जो जिसकी देखभाल कर सके, उसे अपना ले। 14 साल की शुभद्रा ने वानर-से मुख के एक बच्चे को उठाते हुए कहा—सुन्दर आकर्षक बच्चे को उठाना नहीं, बल्कि एक घिनाता हुआ अनाकर्षक बच्चा उठा लेना प्रेम है।[25] शारदा सदन में सात साल रहकर शुभद्रा ने ख़ूब प्रगति की थी। वह एक होशियार लड़की थी। रमाबाई की यह सेना थी उन

लड़कियों की, जिन्हें समाज ने बेकार कहके, दुत्कार कर हाशिए पर धकेल दिया था। अकाल के मारे बच्चों को लाना, नहलाना, बाल काटना, दवाएँ लगाना, खाना खिलाना और ठीक-ठाक करके पढ़ाई या काम में लगा देना उन्हें यह बताना था कि तुम्हारा जीवन व्यर्थ नहीं है। संसार के लिए, तुम्हारे ख़ुद के लिए उपयोगी है।

बीमारी को ईश्वर का प्रकोप समझकर हिन्दू-मुसलमान ईश्वर को बलि अर्पित कर रहे थे[26] जबकि ज़रूरत सामुदायिक मदद की थी। पद्मिनी सेनगुप्ता लिखती हैं कि रमाबाई और उनके सहायक बैलगाड़ियों में दिन-रात चलते थे अकालग्रस्त इलाक़ों में और कभी एकाध घंटे के लिए ही सुस्ताने, खाने के लिए रुकते थे किसी सड़क के किनारे या जंगल के बीच। शायद ही कोई आज यह समझ सके कि उन दिनों रमाबाई ने कितना जोखिम उठाया था यह करने के लिए। रात में बाहर जंगली जानवरों का ही नहीं, डाकुओं का भी ख़तरा था। एक बार का वह वर्णन करती हैं जब सब गाड़ियाँ आराम करने रुकी थीं और अब चलने ही वाली थीं कि एक भेड़िया वहाँ आ गया—

> वह भोजन की तलाश में चारों ओर घूम रहा था। जब हम जाने के लिए तैयार थे। ठीक उसी समय दो लड़कियाँ आठ-नौ साल की, हमारे पास आईं उनसे बात करके पता लगा कि उनकी देखभाल करनेवाला कोई नहीं था। माता-पिता मर चुके थे और दोनों लड़कियाँ, एक ब्राह्मण और एक चमार, खाने की तलाश में भटक रही थीं। मैंने पूछा, क्या वे मेरे साथ आना चाहेंगी तो वे ख़ुशी से राज़ी हो गईं। उन दो नन्ही भूखी जानों को खाना खिलाकर ख़ुशी मिली और उनकी जान बचाकर अन्यथा वे उस रात भूखे भेड़िए का शिकार हो जातीं अगर दयालु प्रभु ने हमें उस जगह नहीं पहुँचाया होता।[27]

यह रमाबाई के काम में एक नया मोड़ था क्योंकि इस मुसीबत के वक़्त उसने अपने द्वार सभी मजबूर लड़कियों और बच्चों के लिए खोल दिये। यह समय सिर्फ़ उच्च जाति की विधवाओं को चुनकर ले आने का नहीं था, लेकिन रमाबाई के प्रति द्वेष रखनेवालों को फिर मौक़ा मिला और उन्होंने कहना शुरू किया कि रमाबाई को अकाल में मौक़ा मिल गया फिर से ब्राह्मण विधवाओं को अपने सदन में भरने का।[28] रमा बैठकर बात नहीं बनाना जानती थी। अकाल ने उसके पूरे परिवार की जान ली थी। उसके लिए यह कोई सस्ता अवसर नहीं था। वह जानती थी कि भूख और असहायता की दशा क्या होती है? उसका दिल इस मामले में कमज़ोर था कि वह किसी को इस तरह दु:ख और कष्ट में नहीं देख पाती थी।[29] वह जानती थी कि बेसहारा युवा लड़कियों को अगर ऐसे ही सड़कों पर छोड़ दिया गया तो धूर्त लोग उनका जीवन मुश्किल कर देंगे।

भूख और मृत्यु से रक्षा नहीं चरित्र निर्माण भी

जिन अकाल-पीड़ित लड़कियों को रमाबाई बचाकर लाती थी, उन्हें सँभालने का काम बहुत बहादुरी से सुन्दरीबाई और शारदा सदन की छात्राओं ने किया था। ठकुबाई भी अकाल-पीड़ितों को सामान बाँटने में मदद करती थी। जनवरी 1897 को अख़बार में रमाबाई की अपील पर सभी वर्गों और समुदायों से पैसा मुक्ति के ख़ज़ाने में आया। एक मार्मिक घटना का वर्णन रमाबाई ने किया है। सात बैलगाड़ियों में लड़कियों को लेकर जब ये लोग जबलपुर के पास हिरन नदी पर रुके, ठंडा खाना खाया और साफ़ पानी पिया सबने। तभी एक लड़की को लगा कि पास के खेतों से हरा अनाज तोड़ लिया जाए और उसने अपने साथ कुछ और लड़कियों को भी बुलाया। रमाबाई को जैसे ही यह बात पता चली, उसने डाँटकर उन लड़कियों को चोरी का अनाज वापस करने को कहा, ईमानदारी पर एक भाषण दिया और उनकी लीडर जो कहीं छिप गई थी, उसे गाड़ीवान लेकर आया कहीं से। रमा ने उसे स्पष्ट कहा कि इस तरीक़े से भागने की कोई ज़रूरत नहीं है और अगर वह साथ नहीं आना चाहती तो वापस जा सकती है। रमा उसे अपने परिवार में शामिल नहीं करना चाहती अब। यह सुनकर उसने रोने का अभिनय किया। शाम 5 बजे जब सब गाड़ियाँ रात की यात्रा के लिए रवाना होनेवाली थीं, उस लड़की ने ज़िद की कि वह रमा की गाड़ी में ही बैठेगी। रमा ने मना कर दिया तो वह पैदल ही पीछे-पीछे चलने लगी और थोड़ी देर बाद बैठ गई और काफ़िले को जाता देखने लगी। रमा लिखती हैं—

> मैं कितनी ठंडी और उदासीन लग रही थी और शायद उस बेचारी लड़की ने सोचा होगा कि मैं उसे प्यार नहीं करती और उस जैसे अभागी का कोई ख़याल नहीं मुझे। अँधेरा हो रहा था और बादल घिर रहे थे। लगता था, बारिश होनेवाली है। पहाड़ और मनुष्यों से ख़ाली होता नदी का तट मिलकर किसी ज़िन्दा तस्वीर की दुर्भाग्य और असहायता से निर्मित पृष्ठभूमि बना रहे थे। दुनिया बहुत विराट् लग रही थी जिसमें एक छोटी लड़की को फेंक दिया गया था जो बेघर, अकेली और असहाय थी। यह तस्वीर हमेशा के लिए मेरे दिल पर छप गई। थोड़ी ऊँची उठी ज़मीन पर काले आसमान के नीचे बैठी उस अकेली आकृति को मैं कभी नहीं भूल सकती। वह उदास तस्वीर बहुत थी मेरे लिए। मैंने गाड़ीवान को रुकने का आदेश दिया, मैं उस जगह से एक इंच भी नहीं हिल सकती थी।[30]

रमाबाई ने जैसे ही उसे अपनी तरफ़ आने का इशारा किया, वह ख़ुशी से दौड़ती हुई गाड़ी की तरफ़ गई। उसकी आँखें चमक रही थीं नई उम्मीद से। यह लड़की गिरिजा थी जो मन लगाकर पढ़ भी रही थी और जिसका बर्ताव भी सुधर रहा था।

उस समय रमा की एक और बड़ी मददगार थी मिनी अब्राम्स। मिस मिनी एफ़. अब्राम्स मेथडिस्ट एपिस्कोपल चर्च की मिशनरी के तौर पर 1887 में भारत आई थी। वह बारिश के दिनों में पुणे आती थी और एक टेंट और दो-तीन बाइबल-महिलाओं को अपने साथ लेकर आसपास के गाँवों में घूमती थी उन महिलाओं से बात करने के लिए, जिनके पुरुषों तक इंजील के प्रवचन पहले ही पहुँच चुके थे। 1897 में भी वह इसी तरह आई और रमाबाई के द्वारा भेजी हुई बड़ी उम्र की अकाल-पीड़ित विधवाओं की देखरेख का काम करने लगी। हर साल की तरह जब वह वापस जाने की तैयारी में थी तब एक सुबह उनकी आँख तीन बजे ही ख़ुल गई और लगा, एक आवाज़ उन्हें कह रही है—केड़गाँव जाओ! अगले दिन भी जब आँख ऐसे ही जल्दी खुल गई तो उन्हें लगा यह अवश्य कोई संकेत है। जब यह बात सुन्दरीबाई को बताई तो उनके गालों पर आँसू लुढ़क आए—मैं और रमाबाई न जाने कितने महीनों से चाहते थे कि ऐसा हो[31] और मिनी केड़गाँव चली गई और बेहतरीन तरीक़े से वहाँ मुक्ति मिशन को सँभाला। 1897 में ही लोनावला के एक कैम्प में श्री गडरे ने अपने बाक़ी छोटे बच्चों के साथ और अकालग्रस्त क्षेत्रों से बचाई गई कुछ लड़कियों ने बप्तिस्मा करवाया।

अकाल में रमाबाई का काम उल्लेखनीय था। उसके काम से प्रभावित होकर देश भर की कई मिशनरी संस्थाओं ने रमा का अनुगमन किया। गंगाबाई ने जगह-जगह घूमकर पाँच सौ अकाल-पीड़ित औरतों, बच्चों को एकत्र किया था जिन्हें रमाबाई ने अन्य कई मिशनरी संस्थाओं को सौंपा।

अकाल और प्लेग में कुप्रबन्ध के लिए ब्रिटिश सरकार की आलोचना

ग़लत को ग़लत कहते हुए रमाबाई परिणाम के बारे में नहीं सोचती थी। अकाल और प्लेग में सरकार के प्रबन्धों की आलोचना करते हुए उसने 'बॉम्बे गार्जियन' में एक पत्र लिखा कि—

> मैं यहाँ प्लेग अस्पताल में रहने आई हूँ, ठीक हूँ सुरक्षित हूँ, ईश्वर की कृपा से और मैं यहाँ अपने एक बच्चे का ध्यान रखने आई हूँ जिसे रेलवे स्टेशन पर प्लेग ड्यूटी वाले डॉक्टर ने यहाँ लाने का आदेश दिया है, लेकिन इस ख़तरनाक जगह पर किसी और को भेजने का साहस मुझमें नहीं है। जहाँ तक अस्पताल के प्रबन्ध का सवाल है, यह जगह साफ़ और ठीक लगती है, लेकिन यह सच में बहुत ख़तरनाक जगह है। यहाँ मरीज़ों का ध्यान रखने के लिए बहुत-सारे डॉक्टर, नर्स और नौकर हैं, लेकिन यहाँ अन्दरूनी मामला चिन्ताजनक है।

वह बताती है कि जब शारदा सदन में आकर मिस्टर प्लंकेट ने कुछ लड़कियों को अस्पताल भेजने को कहा था तो आश्वस्त किया था कि वहाँ ये सुरक्षित रहेंगी। उस समय रमाबाई न ख़ुद अस्पताल आ सकती थी न किसी को भेज सकती थी क्योंकि शारदा सदन में 180 लड़कियों का ध्यान तो रखना ही था, साथ ही उन लोगों को पुणे से बाहर निकालना था जिसके लिए प्रशासन ने आदेश दे दिया था। कुछ लड़कियाँ तो ठीक होकर घर आ गईं, लेकिन एक को बहुत तेज़ बुख़ार था। उसे प्लेग केस की तरह ले जाया गया। कहा गया कि किसी को वहाँ आने की इजाज़त नहीं होगी। उसके लगभग छह हफ़्ते बाद जब रमाबाई को पुणे वापस आने का समय मिला तो उसने उस लड़की के बारे में पता किया तो ख़तरे की बात उसे पता लगी। सर्जन ने बताया कि लड़की तो बहुत पहले मर गई, लेकिन रमा को यक़ीन नहीं हुआ। उसने अस्पताल के आसपास पता किया तो पता चला कि लड़की तो ज़िन्दा है और ठीक है। रमा उसे देखना चाहती थी। एक चौकीदार ने बताया कि उसे अस्पताल के ही एक चौकीदार ने 'रख' लिया है।

फिर दो डॉक्टरों और दो महिला कर्मचारियों ने बताया कि वह लड़की अब ठीक है और रमा उसे सुबह देख सकेंगी। अगली सुबह उन्हीं लोगों ने अपनी बात बदल दी और कहा कि वह यहाँ नहीं है। उसे डिस्चार्ज कर दिया गया। उन्होंने रमा से यह भी कहा कि रमा को जानकारी देने के लिए वे बँधे हुए नहीं हैं। कोई नहीं जानता कि क्या हुआ उस लड़की का। वह दुःख में कहती हैं—

> वह चली गई दानव के पास। खो गई, हमेशा के लिए खो गई! उफ़! भयानक ख़याल! मेरा दिल दुखता है उसके लिए। कितनी अच्छी बच्ची थी वह। ऐसा मेरी किसी बच्ची के साथ होने से पहले मैं मर क्यों नहीं गई! इस दुःख और तकलीफ़ की सारी ज़िम्मेदारी पूना शहर प्रशासन की है। ईश्वर जाने न जाने कितनी ही अच्छे चरित्र की लड़कियाँ ऐसे ही अपने मित्रों से बिछड़ने को मजबूर हुईं और प्लेग अस्पतालों या क्वारंटीन कैम्पों में भेज दी गईं और फिर हमेशा के लिए खो गईं। पता नहीं कितनी माँओं के दिल टूट गए जो रो रही होंगी अपनी खोई सन्तानों के लिए। सिटी मजिस्ट्रेट और बाक़ी लोग जो शान की ज़िन्दगी जी रहे हैं, वे अपने बेपरवाह शासन में रह रहे हज़ारों अभागे पीड़ितों के बारे में न जानते हैं न परवाह करते हैं।[32]

इस चिट्ठी में आगे रमाबाई ने शिकायत की कि न यहाँ साफ़ बाथरूम हैं न ही मरीज़ के साथ आए तीमारदारों के लिए विश्रामालय है, उन्हें रात को खुले आसमान के नीचे सोना पड़ता है चुभते हुए पत्थरों पर, मच्छरों और कीड़ों से कटते हुए। उन्होंने लिखा कि—

मुझे एक वार्ड में सोने को कहा गया जो पहले ही पाँच बिस्तरों के साथ दयनीय अवस्था में था। जहाँ मेरी छोटी-सी बच्ची है, उसके बगल की चारपाई पर एक महिला शायद प्लेग पीड़ित है और अक्सर उल्टी कर देती है। उसका बेटा उसकी चारपाई के नीचे सोता है और उसी के छह फ़ीट दूर मुझे ज़मीन पर सोने के लिए कहा गया। क्या सोचते हैं आप इसके बारे में? बाथरूम ऐसे हैं कि या तो औरतें अपनी शालीनता त्यागें या फिर दर्द बर्दाश्त करें। यह जगह लड़कियों के लिए बिलकुल सुरक्षित नहीं है। शायद प्रबन्धन को लगता है कि भारतीय औरतें अपनी सारी गरिमा और शर्म खो चुकी हैं। वह लिखती है, मेरी कई लड़कियों ने कहा था कि वे यहाँ आकर रहने को तैयार हैं इस बच्ची का ध्यान रखने के लिए, बहुत अच्छा हुआ जो मैंने उन्हें इजाज़त नहीं दी।

अन्त में वह लिखती हैं—

मैं अपनी खोई बच्ची का शोक मना रही हूँ उतना ही, जैसे कोई माँ चाहती है कि मौत आ जाए और इस सबका अन्त हो जाए। काश! माँएँ अपनी बेटियों की रक्षा कर पाएँ, चाहे वह उनकी जान की क़ीमत पर ही क्यों न हो![33]

सिस्टर जेरल्डीन ने रमाबाई की इस बात के लिए आलोचना की कि उसने सरकार की खुली आलोचना की है अख़बार में लिखकर। आजीबाई को हर बात में लगता था रमाबाई को कोई भड़काता है, सिखाता है और इस बार 'बॉम्बे गार्जियन' के मालिक श्रीमती और श्री डायर ने ही उकसाया होगा। यह पत्र लिखकर उसने ब्रिटिश सरकार को अपने ख़िलाफ़ कर लिया है। वह इस पत्र को बचकाना, सनसनीखेज़ और बगावती कहती हैं।[34] 'क्रिश्चियन पेट्रियट' अख़बार जो रमाबाई का अच्छा मित्र था, उसमें भी यही छपा कि रमाबाई के सलाहकार ग़लत हैं। रमाबाई के इस पत्र को लेकर राजद्रोह की बात की जाने लगी क्योंकि यह माना जाने लगा कि इसके एक महीने बाद ही क्वीन डायमंड जुबली कार्यक्रम से लौटते हुए दो सरकारी अफ़सरों की निर्मम हत्या एक ब्राह्मण ने कर दी। हाउस ऑफ़ कॉमंस में 26 जुलाई को रमाबाई की इस चिट्ठी का सन्दर्भ लॉर्ड जॉर्ज हैमिल्टन ने किया।[35] मिस बील ने भी उसे चेतावनी देते हुए पत्र लिखे।

सिस्टर जेरल्डीन ने लिखा कि उसने ब्रिटिश सरकार से मूर्खता में पंगा लिया है। जिन लोगों को उसने नाराज़ किया है, वे सैनिटरी अफ़सर बनकर उसके स्कूल में भी आ सकते हैं और बस मौक़ा मिलने की देर है।[36] लेकिन डरना तो रमा का स्वभाव था ही नहीं। बिगाड़ के डर से ईमान की बात न कहना उसने नहीं सीखा

था। 1898 के मार्च में 'अमेरिकन रमाबाई एसोसिएशन' के 10 साल पूरे होनेवाले थे। कड़ी मशक़्क़त वाले तूफ़ान भरे समय के बाद रमा को भी आराम और छुट्टियाँ चाहिए थीं। रमाबाई के अमेरिकन मित्र उसे अमेरिका बुला रहे थे ताकि एसोसिएशन का पुनर्गठन किया जा सके। रमा भी शारदा सदन को सुन्दरीबाई के और केड़गाँव के काम को मिस मिनी के हवाले सौंपकर जा सकती थी।

नये स्कूल के लिए केड़गाँव तैयार था उसे नाम दिया गया था 'मुक्ति मिशन'।

सन्दर्भ

1. मिर्ज़ा ग़ालिब
2. देखें, पृ. 186, लेटर्स ऑफ़ स्वामी विवेकानन्द, अद्वैत आश्रम, मायावती, ई बुक, indianculture.gov.in
3. देखें, पृ. 178, लेटर्स ऑफ़ स्वामी विवेकानन्द, अद्वैत आश्रम, मायावती, ई बुक, indianculture.gov.in
4. देखें, पृ. 160, द रेशनल रिफ़ॉर्मर गोपाल गणेश अगरकर, अरविन्द गनाचारी, पॉपुलर प्रकाशन, मुम्बई, 2005
5. देखें, पृ. 311, द लेटर्स ऐंड कॉरेस्पॉन्डेंस ऑफ़ पंडिता रमाबाई, सिस्टर जेरल्डीन द्वारा संकलित, सं. ए.बी. शाह, महाराष्ट्र स्टेटबोर्ड फ़ॉर लिटरेचर ऐंड कल्चर, बॉम्बे, 1977
6. देखें, पृ. 186, लेटर्स ऑफ़ स्वामी विवेकानन्द, अद्वैत आश्रम, मायावती, ई बुक, indianculture.gov.in
7. देखें, पृ. 182, लेटर्स ऑफ़ स्वामी विवेकानन्द, अद्वैत आश्रम, मायावती, ई बुक, indianculture.gov.in
8. देखें, पृ. 181, लेटर्स ऑफ़ स्वामी विवेकानन्द, अद्वैत आश्रम, मायावती, ई बुक, indianculture.gov.in
9. देखें, पृ. 122 , माई इंडियन फ्रेंड्स, मैक्समूलर, लॉन्गमैंस ग्रीन ऐंड कम्पनी, लंदन, 1899
10. देखें, पृ. 310, द लेटर्स ऐंड कॉरेस्पॉन्डेंस ऑफ़ पंडिता रमाबाई, सिस्टर जेरल्डीन द्वारा संकलित, सं. ए.बी. शाह, महाराष्ट्र स्टेटबोर्ड फ़ॉर लिटरेचर ऐंड कल्चर, बॉम्बे, 1977
11. देखें, पृ. 315, द लेटर्स ऐंड कॉरेस्पॉन्डेंस ऑफ़ पंडिता रमाबाई, सिस्टर जेरल्डीन द्वारा संकलित, सं. ए.बी. शाह, महाराष्ट्र स्टेटबोर्ड फ़ॉर लिटरेचर ऐंड कल्चर, बॉम्बे, 1977
12. देखें, पृ. 61, द वाइट वुमंस अदर बर्डन, कुमारी जयवर्द्धन, रूटलेज़, 1995
13. देखें, पृ. 314, द लेटर्स ऐंड कॉरेस्पॉन्डेंस ऑफ़ पंडिता रमाबाई, सिस्टर जेरल्डीन द्वारा संकलित, सं. ए.बी. शाह, महाराष्ट्र स्टेटबोर्ड फ़ॉर लिटरेचर ऐंड कल्चर, बॉम्बे, 1977
14. देखें, पृ. 312, वही, लेटर्स
15. देखें, पृ. 318-19, द लेटर्स ऐंड कॉरेस्पॉन्डेंस ऑफ़ पंडिता रमाबाई, सिस्टर जेरल्डीन द्वारा संकलित, सं. ए.बी. शाह, महाराष्ट्र स्टेटबोर्ड फ़ॉर लिटरेचर ऐंड कल्चर, बॉम्बे, 1977

16. देखें, पृ. 323 वही
17. देखें, पृ. 331, वही
18. देखें, पृ. 330 वही
19. देखें, पृ. 335, वही
20. 16 जून, 1896 के केसरी से उद्धृत, पृ. 196, पंडिता रमाबाई : लाइफ़ ऐंड लैंडमार्क राइटिंग्स, मीरा कोसाम्बी, रूटलेज़, 2016
21. देखें, पृ. 337, वही
22. देखें, पृ. 339, द लेटर्स ऐंड कॉरेस्पॉन्डेंस ऑफ़ पंडिता रमाबाई, सिस्टर जेरल्डीन द्वारा संकलित, सं. ए.बी. शाह, महाराष्ट्र स्टेटबोर्ड फ़ॉर लिटरेचर ऐंड कल्चर, बॉम्बे, 1977
23. देखें, पृ. 344-355, वही
24. देखें, पृ. 355, वही
25. देखें, पृ. 346, द लेटर्स ऐंड कॉरेस्पॉन्डेंस ऑफ़ पंडिता रमाबाई, सिस्टर जेरल्डीन द्वारा संकलित, सं. ए.बी. शाह, महाराष्ट्र स्टेटबोर्ड फ़ॉर लिटरेचर ऐंड कल्चर, बॉम्बे, 1977
26. देखें, पृ. 347, वही
27. देखें, पृ. 240, पंडिता रमाबाई सरस्वती : हर लाइफ़ ऐंड वर्क, पद्मिनी सेनगुप्ता, एशिया पब्लिशिंग हाउस, बम्बई
28. देखें, पृ. 239, पंडिता रमाबाई सरस्वती : हर लाइफ़ ऐंड वर्क, पद्मिनी सेनगुप्ता, एशिया पब्लिशिंग हाउस, बम्बई
29. देखें, पृ. 239, पंडिता रमाबाई सरस्वती : हर लाइफ़ ऐंड वर्क में डी.जी. वैद्य को उद्धृत करते हुए पद्मिनी सेनगुप्ता, एशिया पब्लिशिंग हाउस, बम्बई
30. देखें, पृ. 241, वही
31. देखें, पृ. 115, पंडिता रमाबाई : द स्टोरी ऑफ़ हर लाइफ़, हेलेन एस. डायर, फ़्लेमिंग एच. रेवेल कम्पनी, 1900
32. देखें, पृ. 232, पंडिता रमाबाई : लाइफ़ ऐंड लैंडमार्क राइटिंग्स, मीरा कोसाम्बी, रूटलेज़, 2016
33. देखें, पृ. 233, वही
34. देखें, पृ. 348, द लेटर्स ऐंड कॉरेस्पॉन्डेंस ऑफ़ पंडिता रमाबाई, सिस्टर जेरल्डीन द्वारा संकलित, सं. ए.बी. शाह, महाराष्ट्र स्टेटबोर्ड फ़ॉर लिटरेचर ऐंड कल्चर, बॉम्बे, 1977
35. देखें, पृ. 348, वही
36. देखें, पृ. 348, वही

14

कड़ी मेहनत लड़कियों को शानदार औरत बनाती है

मनोरमा बहुत अच्छा पियानो बजाती थी। आजीबाई की मानें तो वह एक नाज़ुक लड़की थी, जिसे देखभाल चाहिए और उसकी पढ़ाई व स्वास्थ्य रमाबाई के काम की वजह से बिगड़े यह उन्हें बुरा लगता था। रमाबाई मानती थी कि उसकी बेटी को भी उसी की तरह मज़बूत होना चाहिए, लक्कड़ हज़म, पत्थर हज़म, 'कड़ी मेहनत लड़कियों को शानदार औरत बनाती है'[1]

कभी-कभी अभिभावक अपने तजुर्बों और अपेक्षाओं को इतना महत्त्व दे देते हैं कि सन्तान की सच्चाइयाँ और उसकी इच्छा स्वीकार नहीं कर पाते। मनो की शिक्षा के लिए सालाना सौ डॉलर श्री ई.टी. लेल्युनन द्वारा भेजे जाते थे फ़िलाडेल्फ़िया से। अच्छी शिक्षा और सुविधाएँ पाने के लिए यह पर्याप्त धन था, लेकिन इंग्लैंड पहुँचने के एक साल के अन्दर मनोरमा के चार स्कूल बदले गए। आजीबाई को लगता था, मनोरमा को मातृत्व की देखरेख और अपनों का प्यार चाहिए, जिससे रमा उसे वंचित कर रही है उनकी जगह किसी और के सुपुर्द करके। मनोरमा के स्वास्थ्य और शिक्षा के बारे में चिन्ताजनक पत्र आजीबाई से आ ही रहे थे। 1898 ऐसा पहला साल था जब रमा ने आजीबाई को कोई पत्र नहीं लिखा। ऐसा सम्भव नहीं कि रमाबाई उसे प्रेम और स्नेह से वंचित रखना चाहती थी। वह मनोरमा को बहुत प्यार करती थी, बस उसकी अपेक्षाएँ कुछ सख़्त थीं। अपने सही होने के अहंकार में अभिभावकों को अतार्किक सख़्ती भी प्यार ही लगती है।

फ़ेथ-हीलर के चक्करों में पड़कर रमाबाई को भी यह लगने लगा था कि उसमें कुछ दैवी शक्ति है और वह अपनी आस्था से किसी का इलाज कर सकती है। इसी के चलते मनोरमा को चश्मा पहनने से इसने काफ़ी समय तक रोके रखा और मुक्ति-मिशन में चिकित्सकीय सहायता भेजे जाने से भी। सिस्टर जेरल्डीन लिखती हैं कि सभी अपने जीवन में इस तरह भटक जाते हैं, लेकिन सबसे अच्छा यह था कि रमाबाई जल्दी ही अपनी 'कॉमन सेंस'[2] की ओर लौट आई। कुछ लोग आजीवन ऐसे भटकावों में उलझे रह जाते हैं।

1898 में 'अमेरिकन रमाबाई एसोसिएशन' के दस साल पूरे होने पर रमाबाई को अमेरिका बुलाया जा रहा था ताकि शारदा सदन की दस साल की रिपोर्ट सुनी जाए और फिर आवश्यकता हो तो एसोसिएशन का पुनर्गठन किया जा सके। रमाबाई अब निश्चिन्त होकर मिस अब्राम्स को मुक्ति मिशन और शारदा सदन सुन्दरीबाई पवार को सौंपकर जा सकती थी। ये दोनों रमाबाई की अनुपस्थिति में बेहतर तरीक़े से संचालन करते थे। दायाँ और बायाँ हाथ रमा का। मुक्ति मिशन प्रकट रूप से एक ईसाई संस्था थी, लेकिन शारदा सदन अब भी 'धार्मिक आज़ादी' के नियम पर चल रहा था। अमेरिका जाते हुए रमाबाई के साथ दो छात्राएँ थीं—इंग्लैंड से उसने मनोरमा को भी साथ लिया, बहुत रुकी नहीं और तुरन्त अमेरिका रवाना हो गई। 1897 में वह तीन लड़कियों को पहले ही अमेरिका भेज चुकी थी पढ़ने के लिए और अब मनोरमा को मिलकर ये छह लड़कियाँ हो गई थीं जिन्हें रमाबाई ने ए.एम. चेसबोरो सेमिनारी की प्रिंसिपल श्रीमती रॉबर्ट्स के संरक्षण में रखा।

अमेरिका में रमाबाई ने एसोसिएशन के सामने रमा ने अपनी बात कहना इस तरह शुरू किया—

> उस स्कूल की पहली छात्रा आपके सामने खड़ी है जिसने यह सबक सीखा कि ईश्वर का एहसान और प्रशंसा व्यक्त करनी चाहिए क्योंकि यह कार्य सिर्फ़ मानवीय सामर्थ्य से सम्भव नहीं था।[3]

इस समय तक श्रीमती जुडिथ एंड्रयूज़ 73 वर्ष की हो चुकी थीं और बैठक में उपस्थित भी थीं। रमाबाई ने सालाना 4,000 डॉलर की आवश्यकता सामने रखी। श्रीमती एंड्रयूज़ और सुश्री ग्रेंजर ने एसोसिएशन के मुख्य सदस्य के तौर पर शारदा सदन को सहायता देते रहने के लिए अपनी सहमति दी। रमाबाई अमेरिका में तब तक रुकी जब तक अपने सामने एसोसिएशन का नया बोर्ड गठित होते नहीं देख लिया।

इस बीच केड़गाँव में भवन निर्माण का कार्य प्रगति पर था। सुन्दरीबाई और मिस अब्राम्स से नियमित सूचनाएँ मिलती थीं, लेकिन रमाबाई को अपने काम के लिए समर्थन पाने के लिए फिर से जगह-जगह भाषण देने पड़ रहे थे। एक दिन में औसत दो भाषण और ख़ूब यात्राएँ। अब शरीर वैसा तो नहीं रहा था। वह थक गई और अन्ततः उसके मन में आया कि तड़पकर ही मरना है तो अपनी ज़मीन पर लौट जाऊँ और मरूँ।[4] मन की यह बात उसने बोस्टन की श्रीमती क्विंसी शॉ को बताई जो अच्छी मित्र थीं और पहले भी सदन के लिए ज़मीन वग़ैरह ख़रीदने में मदद कर चुकी थीं। आगे भी उनकी यह मदद निजी रूप से जारी रही, मुक्ति मिशन के स्कूलों के लिए सालाना 800 डॉलर के अलावा कपड़े धोने के टब, दूध के कैन, बोर्ड, इस्त्री वग़ैरह जैसे बहुत-से सामान वह भेजती थीं। लेकिन ऐसे बहुत लोग नहीं थे जिनसे रमा अपने मन की गहरी तहें खोल सकती हो।

थकान, ठहराव की चाहत और मुक्ति मिशन की नई चुनौतियाँ

जून में रमा को शीघ्र इंग्लैंड आने के लिए तार मिला। वह इंग्लैंड पहुँची, केस्विक सम्मेलन में भाग लिया और इस बार भी वांटेज में किसी से नहीं मिली। केस्विक सम्मेलन में रमा को आस्था के एक और रूप के दर्शन हुए। उसने अपनी आत्मा में एक नई अनुभूति का संचार पाया। वहाँ 4,000 ईसाई लोग उपस्थित थे जो ईश्वर के गूढ़ ज्ञान के आकांक्षी थे।[5] उसे वहाँ बोलने के लिए पाँच मिनट मिले थे। इस सम्मेलन का असर यह हुआ कि रमा ने लौटकर 3,500 भारतीय ईसाइयों को इस तरह प्रार्थना के लिए एक साथ जुटने का अनुरोध किया। यह प्रयास केड़गाँव में 29 जून, 1905 के 'रिवाइवल'* में परिवर्तित हुआ। मुक्ति मिशन में हुआ यह रिवाइवल भारत में पहला था। साथ-साथ यह पुणे व अन्य जगहों पर भी घटित हुआ। जिस आस्था की तलाश में रमाबाई भटक रही थी, यह शायद उसके प्रति अब पूर्णत: प्रश्नरहित हो जाने की स्थिति थी।

रमाबाई का आसपास के ग्रामीण इलाक़े में सम्मान बढ़ रहा था। ज़िला कलेक्टर ने यह देखा तो हैरान हुआ। रमा को पता लगा कि 'मुक्ति' के सामने की ज़मीन किसी शराब के व्यापारी की है और सम्भव है, वह उस पर शराब की दुकान खोलता भी। रमा ने कलेक्टर से मिलकर यह आश्वासन लिया कि दुकान नहीं खुलेगी, लेकिन इसे पक्का करने के लिए उसने उस ज़मीन को जो लगभग 17 एकड़ थी, ख़रीद लिया और फिर ग्रामीणों को ही आमंत्रित किया कि सड़क के किनारे साप्ताहिक बाज़ार लगाएँ। एक और अकाल फिर से दस्तक दे रहा था। भवन-निर्माण कार्य की वजह से कई ग्रामीणों को रोज़गार मिल गया था जो निर्धारित नौ घंटे में से आठ घंटे काम किया करते थे और एक घंटा प्रवचन सुनते थे। अकाल आने के बाद केड़गाँव के लोगों की रमाबाई ने ख़ूब मदद की, काम देकर या सामान देकर। बॉम्बे प्रेसिडेंसी में तो अकाल दोबारा पड़ा था, लेकिन गुजरात और राजपूताने में सौ साल बाद स्थिति बेहद ख़राब हुई थी। रमाबाई फिर अपने रिलीफ़ मिशन पर निकल गई, लेकिन इस बार उसके साथ तीन साथी और थे- गंगाबाई, काशीबाई और भीमाबाई। ये महिलाएँ अकेली-अकेली जंगल गईं, गाँव गईं, शहर गईं, तपती

---

* ईसाई धर्म के अनुयायियों के लिए रिवाइवल या पुनरुत्थान अपनी आस्था और विश्वास में पुन: दृढ़ता व्यक्त करने के लिए किया जाता है। इसे आध्यात्मिक जागृति माना जाता है जब अनुयायी अपने पापों को स्वीकार करते हैं और अपने आपको नये सिरे से ईश्वर को समर्पित करते हैं। द ग्रेट अवेकनिंग या पहली महान जागृति 1730 से 1740 के दशक में अमेरिका में हुई थी। उन्नीसवीं-बीसवीं शताब्दी में पुनरुत्थान सभाओं में भाग लेने के लिए शहर के बाहर के कई लोगों को बुलाया जाता था जो फिर से ख़ुद को आध्यात्मिक रूप से शुद्ध करते थे और अपने-अपने यहाँ के समाचार साझा करते थे।

धूप में चलीं और भूख से मरती कई युवा लड़कियों को बचाया, दिन-रात अकाल-पीड़ितों को सँभालने का मुश्किल काम किया। ये स्त्रियाँ हीरो थीं। ये रमाबाई थीं।

अकाल में बचाव कार्य करने का रमा का यह अनुभव था कि ऐसी बहुत-सी स्त्रियाँ होती हैं जो यौन-अपराधों की ज़द में आती हैं, या ऐसी बहुत-सी स्त्रियाँ होती हैं जो वेश्यावृत्ति के पेशे में होती हैं और जब अकाल, प्लेग जैसी आपदा आती है तो इनके बारे में कोई नहीं सोचता। इनका व्यवसाय चौपट होता है और ये भूखों मरने को मजबूर होती हैं। लेकिन ऐसी स्त्रियों को 'मुक्ति' की बाक़ी लड़कियों के साथ नहीं रखा जा सकता था और इनकी सहायता के लिए कोई विशेष रूप से प्रशिक्षित व्यक्ति भी चाहिए थी। 1898 में अमेरिका से मिस एडमंड्स और मिस बेकर 'मुक्ति' आई थीं। उनकी मदद से इस विचार ने साकार रूप लिया 'कृपा सदन' के रूप में। साल के अन्त तक यहाँ 13 लड़कियों को मिस एडमंड्स के निरीक्षण में रखा गया। मिस बेकर ने ही मिस एडमंड्स को प्रशिक्षण दिया था और साल भर रहकर उन्होंने कई लड़कियों की देखभाल की। साल भर बाद मिस बेकर भी इंग्लैंड होते हुए अमेरिका चली गईं और दोनों जगह काम करते हुए उन्होंने इस भवन के निर्माण की आधी राशि जमा की।

राहत कार्य के परिणामस्वरूप इतनी अधिक संख्या में लड़कियाँ और बच्चे 'मुक्ति' पहुँचे कि उसके बाद एक अव्यवस्था और अराजकता का माहौल बनना लाज़िमी था। इस सबके लिए फंड्स का इन्तज़ाम ही नहीं, इन्हें स्कूल का अनुशासन सिखाना एक बड़ी चुनौती थी। कुछ लड़कियाँ भाग गईं और उन्होंने स्कूल के बारे में बुरी बातें फैलाईं।[6] अपने 300 के परिवार में ऐसी अनुशासित 1,200 लड़कियों को ले आना एक गम्भीर आपदा में बदल सकता था, लेकिन रमाबाई ने इन सबको तुरन्त किसी न किसी काम में लगाया। मेहनत से ही एक जीवन अपने और दूसरों के लिए उपयोगी हो सकता है। रमा का मक़सद था—

> मेरा लक्ष्य है कि इन लड़कियों को कोई न कोई काम करने के लिए प्रशिक्षित करूँ। 200 से ज़्यादा लड़कियाँ बुद्धिमान हैं और कुछ साल प्रशिक्षण देने पर अच्छी स्कूल शिक्षक बन सकती हैं। 30 लड़कियों ने नर्सिंग का प्रशिक्षण लेना शुरू किया है। कुछ ने तेल निकालने के काम में महारत हासिल कर ली है। कुछ ने धुलाई का काम सीख लिया है और कुछ ने दुग्धशाला का काम सीख लिया है। 60 से ज़्यादा लड़कियों ने बहुत अच्छा खाना पकाना सीख लिया है। 50 के क़रीब लड़कियों को खेती के काम में थोड़ी ट्रेनिंग मिली है। 40 लड़कियों ने बुनाई सीख ली है।[7]

कपड़ा बनाने के काम का 1906 तक ऐसा विकास हुआ कि उसमें लगभग 400 लड़कियाँ लगी हुई थीं।[8] हम आज अन्तर अनुभागीय स्त्रीवाद (इंटरसेक्शनल फ़ेमिनिज़्म) की बात करते हैं, लेकिन यह प्रोटो फ़ेमिनिस्ट तो आज से सवा सौ साल पहले यह समझ रही थी कि किसी भी वर्ग, जाति और क्षेत्र की लड़कियाँ, स्वस्थ या दृष्टिबाधित लड़कियाँ, परिवार संरचना के भीतर शोषित होती हुई या परिवार संरचना से छिटकी हुई लड़कियाँ सभी के लिए मुक्ति का रास्ता होना चाहिए, सभी को आत्मनिर्भर होना चाहिए और सभी का जीवन उपयोगी होना चाहिए। 'मुक्ति मिशन' में अकाल राहत कार्य के समय ही मिस अब्राम्स एक छोटी लड़की को दृष्टिबाधित लड़कियों की ज़िम्मेदारी लेना सिखा रही थीं। वह लड़की भी मेहनत से पढ़ती थी और दृष्टिबाधित लड़कियों के नहाने, खाने, पीने और पढ़ने का ध्यान रखती थी। जैसे ही उसे दिखता था कि कोई एक लड़की अलग-थलग पड़ गई है, जिसे कोई और प्यार नहीं करता, वह उसे अपना मित्र बना लेती थी। जो पढ़ने में कमज़ोर थीं, लेकिन जिनमें बच्चों के लिए अगाध प्रेम भरा था, उन्हें मेट्रन की ज़िम्मेदारी दी गई। नर्सिंग के लिए मिस मेरीबाई आइमन बड़ी मेट्रन थीं जो ईसाई थीं और अस्पताल की प्रशिक्षित नर्स थीं। 'मुक्ति' के ऐसे बच्चे जिन्हें कोई बीमारी थी, संक्रमण था, उन सबकी देखभाल मेरीबाई और 'मुक्ति' में उनकी सहायक टीम किया करती थी। लम्बी भुखमरी ने लोगों को बीमार और बेहाल किया ही था। उन्हें वापस स्वस्थ जीवन की राह पर लाने का 'मुक्ति मिशन' का साझा प्रयास बड़ा था क्योंकि अकाल-राहत का कोई भी काम कभी इससे पहले ऐसे संस्थाबद्ध तरीक़े से नहीं हुआ था। यह काम आगे और विस्तारित हुआ और 'मुक्ति मिशन' में मानसिक और शारीरिक, दोनों तरह से जीवन में चुनौती झेल रही लड़कियों के लिए भी व्यवस्था शुरू हो गई।

शारदा सदन की प्रिंसिपल मनोरमा बाई

जून 1889 को मनोरमा स्नातक हो गई। रमाबाई एसोसिएशन के प्रमुख डॉक्टर डॉनल्ड ने उसे शारदा सदन को सँभालने के लिए अधिकृत कर दिया था। एसोसिएशन के हिसाब से 'मुक्ति' और 'सदन' को अलग मुखिया की ज़रूरत थी। इंग्लैंड में अपने मित्रों और वांटेज में लोगों से मिलते हुए मनोरमा अक्टूबर 1889 में पुणे आई और शारदा सदन की प्रिंसिपल का काम सँभाला। एसोसिएशन के इस फ़ैसले से रमाबाई कोई आपत्ति नहीं थी, भले ही उसे विश्वास में लिये बिना यह किया गया, वह ख़ुद मनोरमा के काम की तारीफ़ करती थी, लेकिन उसे यह लगता था कि कोई न कोई अनुभवी व्यक्ति ज़रूर साथ होना चाहिए जो मनोरमा को सलाह दे सके। मनोरमा को रमा अपना सहारा मानती थी। हिसाब-किताब के काम के अलावा हफ़्ते में

एक बार उसे 'मुक्ति मिशन' भी जाना पड़ता। धूप-गर्मी और यात्राएँ। उसके लिए जैसे आराम की गुंजाइश ही ख़त्म हो गई थी। इसी बीच प्लेग बार-बार प्रकट होता रहता था। काम के बोझ और थकान का असर होना ही था। 1901 की गर्मियों की शुरुआत में उसकी तबीयत ख़राब हो गई। रोज़ बुख़ार रहता था। आख़िर हवा-पानी बदलने के लिए उसे कुछ दिन महाबलेश्वर जाना पड़ा।

इस अनुभव के बाद जैसे उसे समझ आ गया था कि उसकी माँ किस तरह काम के दबाव से गुज़रती होगी। एक चिट्ठी में वह आजीबाई को लिखती है कि माँ को भी कुछ दिन छुट्टी और आराम की ज़रूरत है। मिस अब्राम्स के अमेरिका से लौट आने पर वह जा सकेंगी, लेकिन डर है कि कहीं काम छोड़कर जाने से मना न कर दे।[9] रमा चाहती थी कि शारदा सदन भी केड़गाँव आ जाए, लेकिन आजीबाई लिखती है कि रमाबाई के अन्दर पूरबवासियों का-सा ईर्ष्या भाव ही था कि रमा ने शारदा सदन के सभी लोगों को केड़गाँव बुलाया और मिस सैम्युअल को बर्ख़ास्त कर दिया, जिनकी वजह से स्कूल इतना आगे बढ़ा था। लेकिन यह भी सोचा जा सकता है कि यह सच में एक समस्या थी कि मनोरमा पुणे में रहे और 'मुक्ति' के साथ केड़गाँव में रमा। उसे अपने काम में बेटी का सहयोग चाहिए था और मनोरमा की तबीयत काम के दबाव से बार-बार ख़राब होती थी। शारदा सदन भी निरापद नहीं हुआ था। अड़ोस-पड़ोस से कुछ परेशानियाँ उसे झेलनी पड़ रही थीं, जिनकी झलक एसोसिएशन के प्रमुख श्री डॉनल्ड के पत्र से भी मिलती है।[10] एसोसिएशन को तो पहले से ही लग रह था कि रमा के अधिकारों पर नियंत्रण करना चाहिए। उसने यह अच्छी युक्ति अपनाई कि मनोरमाबाई को शारदा सदन की प्रिंसिपल बना दिया जाए। ऐसी कोशिश जिसमें पर कतरने की इच्छा हो और नीयत पर शक़ उसे रमा शुरू से ही समझ लेती थी। उस समय मानो उसके व्यक्तित्व का ज़िद्दीपन मुखर हो जाता था। यह एसोसिएशन और रमा के बीच में टकराव की वजह बना। एसोसिएशन ने साफ़ मना कर दिया कि पुणे की सम्पत्ति बेची नहीं जा सकती और शारदा सदन पुणे में ही रहेगा। एसोसिएशन को आपत्ति इस बात पर भी थी कि शारदा सदन उच्च जाति की विधवाओं के लिए बना था और 'मुक्ति मिशन' में हर वर्ग से, हर समुदाय से लड़कियाँ-औरतें आई हैं, यह एक समस्या बनेगा। श्री डॉनल्ड ने RTI की तरह रमाबाई को पत्र लिखकर 9 सवाल पूछे और यह भी तजवीज किया कि—

> जीवन में एक समय ऐसा आता है जब हमारा दिमाग़ कहता है कि हम अपने कर्तव्यों और अधिकारों में से एक हिस्सा दूसरों को सौंप दें; और अपनी ज़िम्मेदारियों, अपने अधिकारों से जुदा होते हुए हम कितना भी हिचकिचाएँ हमारी चेतना में साझा काम के हित में सम्मान होता है।

> सम्भवत: अपनी कुछ कर्तव्यों और अधिकारों को त्यागने का समय आपके जीवन में आ गया है।[11]

बोर्ड के शुरुआती सवाल ही थे कि अभी शारदा सदन में कितनी ब्राह्मण छात्राएँ हैं और पाँच साल पहले कितनी थीं? उनमें से कितनी ईसाई हैं? स्कूल आने से पहले ईसाई हुईं या बाद में? शारदा सदन की अध्यापिकाओं और सहायिकाओं की संख्या, उनकी तनख़्वाह और उनके काम क्या हैं? छात्राओं के घरों का पता, उनकी संख्या, वे किन हालात में सदन आए? यह बात यहाँ जोड़ देनी चाहिए कि रमाबाई को अकाल-राहत-कार्य के लिए अमेरिका के अलावा अब विश्व के बाक़ी देशों से भी पैसा भेजा गया था। लगभग 17,000 डॉलर 1897 में और शायद इससे भी ज़्यादा 1899 के अकाल में आया था[12] यह संकेत देती हुई कि शायद अमेरिकन एसोसिएशन और शारदा सदन के सम्बन्ध को काटने की बात कुछ लोगों के दिमाग़ में रही होगी, सिस्टर जेरल्डीन लिखती हैं कि—'जनवरी 1897 में रमाबाई की अपील और प्रार्थनाओं के जवाब में मुक्ति के ख़ज़ाने में पैसा बह आया था'[13] जिन लड़कियों को आत्मनिर्भरता और स्वायत्तता के प्रशिक्षण से रमा बड़ा कर रही थी, उन्हें अपने मुताबिक़ लड़के कहाँ मिलते? जेंडर प्रशिक्षण तो स्त्री-पुरुष दोनों के लिए होगा तो बदलाव होंगे। रमाबाई का बड़ा मन था कि लड़कों के लिए भी अनाथाश्रम खोला जाए। 'मुक्ति मिशन' में हर सदस्य जिसके पास कोई न कोई ज़िम्मेदारी थी। उन्हें इस अतिरिक्त बोझ से मुक्त रखकर रमाबाई ने ख़ुद यह शुरुआत की। 120 एकड़ की सम्पत्ति पर एक भवन बनाना आसान था। इस तरह 60 लड़कों के साथ 'सदानन्द सदन' की शुरुआत हुई, लेकिन 'सदानन्द सदन' की योजना चल नहीं पाई और इसे बन्द करना पड़ा। योजनाएँ सौ बनती हैं तो दस पूरी होती हैं। अमेरिका से मनोरमा की पढ़ाई के लिए जो दस साल तक ख़र्च भेजा जाता था, वह रमाबाई इकट्ठा कर रही थी। एक समय तक उसका विचार था उसकी शादी करने का। मनो के ऑस्ट्रेलिया जाने से पहले उसने यह पैसा अपने नाम करवा लिया। सब कहते थे, पैसा बटोर रही है, लेकिन उसे न ऐश्वर्य भोगना था न अपने लिए महल बनाने थे। शारदा सदन और 'मुक्ति मिशन' में ही वह तमाम पैसा ख़र्च कर देती थी। नई योजनाएँ बनाने और उनका क्रियान्वयन करने में भी उसे उसका दिमाग़ हमेशा लगा रहता था।

केड़गाँव के पशुओं का 'दरबार दिवस'

रमाबाई की योजनाएँ बनाने और नई चीज़ों की शुरुआत करने की प्रवृत्ति की चर्चा हुई तो एक मज़ेदार प्रसंग बताना ज़रूरी है। रमाबाई का पशु-प्रेम भी अद्‌भुत था। 1915 के दिसम्बर की बात है। जबसे जॉर्ज पंचम और रानी भारत आए

थे, यानी 1911 से, तब से उसकी याद में एक 'दरबार दिवस' मनाया जाता था 12 दिसम्बर को। इसलिए उस दिन छुट्टी होती थी। नई चीज़ों और विचारों की प्रणेता रमाबाई ने सोचा कि हमारे वे प्रिय पशु जिनके बिना 'मुक्ति' का काम नहीं चल सकता, वे बैल जो गाड़ी न खींचे तो कितने ही लोगों की मदद नहीं की जा सकती थी, जो हमारे लिए पानी ढोकर लाते हैं, भवन निर्माण का सामान ढोते हैं, श्रमिकों को गाँव तक ले जाते हैं और उसके अलावा सब जो हमारे परिवेश का हिस्सा हैं भेड़, बकरी, कुत्ते, बिल्ली, गिलहरी—इन सबके लिए एक 'चाय पार्टी' होनी चाहिए। मुक्ति से जुड़ा हर जानवर इस चाय पार्टी के लिए आमंत्रित किया गया। सामने की पूरी सड़क बैलों, भैंसों और कई जानवरों से भर गई। लड़कियाँ टबों में भरकर भेड़, बकरियों, कुत्तों, बिल्लियों, गिलहरियों के लिए अनाज और खली ले आईं। रमाबाई ने हँसते हुए कहा—इनकी भी तो टी पार्टी होनी चाहिए, इनके बिना 'मुक्ति' आगे नहीं बढ़ सकता था।[14] इस चाय पार्टी की बात कहते हुए हँसी तो आनी ही थी रमाबाई को क्योंकि पुणे के हीरा बाग़ में हुई एक ऐसी टी पार्टी उसे ज़रूर याद आ गई होगी जिसमें बी.जी.तिलक से लेकर, भंडारकर और एम.जी. रानाडे—सभी शामिल थे और उन्हें चाय-बिस्किट पेश किया गया। पी या नहीं पी, लेकिन हिन्दू रूढ़िवादी समाज ने सबको चाय पीने और छूने के लिए लताड़ा था। कुछ समय तक रानाडे मना करते रहे, लेकिन अन्तत: उन्हें शुद्धीकरण करना पड़ा था।

मिशन के समर्थन के लिए और आध्यात्मिक कामों में सहायता के लिए मिस अब्राम्स ऑस्ट्रेलिया जा रही थीं, लेकिन रमाबाई ने जल्दी ही तय किया कि मनो को भी साथ भेजा जाए। मनो और मिस अब्राम्स को ऑस्ट्रेलिया के लिए कोलम्बो से जहाज़ लेना था। उनके रास्ते में रायचूड़ भी पड़नेवाला था। रमाबाई ने मनो से कहा था—जब तुम रायचूड़ जाओ तो याद करना कि मुझे अकाल-कार्य की प्रेरणा मेरी माँ से मिली थी।[15] रायचूड़ वही जगह थी जहाँ अपनी माँ की अर्थी को रमाबाई ने कन्धा दिया था और चिता को जलते हुए देखा था। ऑस्ट्रेलिया में मिस अब्राम्स और मनोरमा ने कई बैठकों आ आयोजन किया और बेहद व्यस्त रहीं। मनोरमा ने कई भाषण दिये और उसका व्यक्तित्व सहज ही प्रभावित करता था। यहीं मनोरमा ने 'द हाई कास्ट हिन्दू वुमन' का ऑस्ट्रेलियाई संस्करण 'पंडिता रमाबाई : अ विडोज़ फ्रेंड' तैयार किया, जिसमें रमाबाई के पिछले 13 सालों के कामों का ब्योरा भी जोड़ दिया। पूरा एक साल बिताकर दोनों 1903 में 'मुक्ति मिशन' वापस लौट आईं। तब तक रमाबाई ने अमेरिकन एसोसिएशन से अपनी बात मनवा ही ली। शारदा सदन को 'मुक्ति' में स्थापित किया गया। लौटकर मनोरमा को 'मुक्ति स्कूल' और 'शारदा सदन' की वाइस-प्रिंसिपल बना दिया गया और उसके काम की प्रकृति बदल दी गई ताकि उस पर बोझ न पड़े। रमाबाई अब उसे ध्यान से रखना चाहती थी। शायद इसी का

नतीजा था कि माँ-बेटी का रिश्ता अब और ख़ुशनुमा हो गया।[16] आजीबाई हमेशा से कहती थी कि मनोरमा एक नाज़ुक लड़की है। उसे अपनों का प्यार और मातृत्व की देखभाल चाहिए। इसके बाद रमाबाई ने उसे अपने से दूर नहीं जाने दिया जब तक कि मृत्यु ही ने दोनों को अलग नहीं कर दिया।

प्रोटोफ़ेमिनिस्ट रमाबाई

शारदा सदन के ख़िलाफ़ एक प्रोपेगैंडा तो चल ही रहा था, अब लगातार ये आशंकाएँ जताई जा रही थीं कि वह बन्द हो जाएगा। एसोसिएशन के पास शिकायतें पहुँचा करती थीं। निश्चित रूप से अमेरिका की रमाबाई एसोसिएशन तक शिकायत पहुँचानेवाले साधारण लोग तो नहीं रहे होंगे। शिक्षित और प्रभावी ही होंगे। लेकिन शारदा सदन बन्द नहीं होगा, इसे लेकर माँ-बेटी दोनों का इरादा पक्का था। 1904 में एसोसिएशन के सामने पढ़ी गई पंडिता रमाबाई की लम्बी रिपोर्ट का यह एक हिस्सा बेहद महत्त्वपूर्ण है—

> शारदा सदन लोगों की मदद करने के लिए बहुत ज़रूरी है। इसे बन्द नहीं होना चाहिए। ऐसे कुछ लोग हैं जो मानते हैं कि दुनिया अब बहुत आगे बढ़ चुकी है और भारत में चीज़ें अब बेहतर हो रही हैं। मैं इस तथ्य को नहीं नकार रही। हमारे यहाँ कुछ पुरुष अब ज़्यादा जाग्रत हैं आज से पन्द्रह साल पहले के मुक़ाबले। कुछ लोगों के मन में बाल-विधवाओं के प्रति अधिक आत्मीय भाव हैं। बहुत-से विधवा गृह शुरू हो गए हैं जो शारदा सदन के खुलने से पहले अस्तित्व में नहीं थे।
>
> नीचे 'ज्ञानोदय' में से एक उद्धरण दे रही हूँ कि हिन्दू समाज में क्या चल रहा है—
>
> 'नेटिव ओपिनियन' के संवाददाता ने हिन्दू पोप, श्री शंकराचार्य के स्त्री-शिक्षा पर सम्बोधन का सार दिया है। रिपोर्ट के अनुसार, उन्होंने कहा कि स्त्रियों को शिक्षा नहीं देनी चाहिए। दी जाए तो इतनी कि वह घरेलू जीवन के काम आए न कि आजीविका कमाने के; क्योंकि हिन्दू शास्त्र स्त्री द्वारा कमाए धन को अशुद्ध मानते हैं। इसे सिद्ध करने के लिए वह उद्धृत करते हैं; "कमाई वही सबसे अच्छी है जो व्यक्ति ख़ुद कमाए, उसके बाद पिता की कमाई हुई और सबसे नीचे है भाई की कमाई; लेकिन स्त्री द्वारा कमाया हुआ धन सबसे ज़्यादा अशुद्ध है।"
>
> जब मैं यह लिख रही थी उस समय एक वृद्ध ब्राह्मण विधवा जो मेरे पास बैठी थी, उसे मैंने अनुवाद करके यह सुनाया। वह बहुत पिछड़े

विचारों वाली है, फिर भी शंकराचार्य की यह घोषणा सुनकर मुस्कुराई। वह बोली, "अगर वह औरतों को ऐसी शिक्षा देने पर आपत्ति करता है जो उन्हें कमाने के क़ाबिल बनाती है; जिसे वह अशुद्ध कहता है, तो मैं हैरान हूँ कि वह मुझ जैसी हज़ारों विधवाओं से पैसा क्यों ले रहा है और जिस पैसे पर वह मुटा रहा है।" उसकी बात पर सोचना चाहिए क्योंकि ये बेचारी हिन्दू विधवाएँ खाना बनाने और चाकरी के काम करती हैं कड़ी मेहनत से। अगर वे अपने रिश्तेदारों के घर में होती हैं तब तो उन्हें अपने काम का कोई मेहनताना नहीं मिलता। अजनबियों के लिए काम करके उन्हें फिर भी कुछ मिल जाता है। उनकी गाढ़ी कमाई शंकराचार्य या उन पुरोहितों के ख़ज़ाने में चला जाता है तो हर शहर, गाँव और तीर्थ स्थान पर रहते हैं। विधवाएँ और औरतें, जो हिन्दू धर्म की मुख्य समर्थक हैं, उन्हीं की कमाई पर ये 'धरती के देवता' मुख्यत: निर्भर करते हैं; इसके बावजूद शंकराचार्य के यह कहने की हिम्मत है कि औरतों की कमाई अशुद्ध होती है और मर्दों को उस धन पर नहीं जीना चाहिए।[17]

स्त्री के घरेलू श्रम का कभी मूल्य नहीं आँका गया। वह समाज के लिए हमेशा मुफ़्त का श्रम रहा। जब रमा यह कहती है कि रिश्तेदारों के यहाँ काम करके वे विधवाएँ कुछ नहीं पातीं जबकि अजनबियों के लिए काम करके वह फिर भी कुछ धन बदले में पाती हैं तो वह स्पष्टत: इस ओर इशारा करती है। पश्चिम में मार्क्स का चिन्तन जहाँ पहुँचा था, वहीं आज से सवा सौ साल पहले इस प्रोटोफ़ेमिनिस्ट के विचार पहुँचे थे यह विस्मित करता है। स्त्री के घरेलू श्रम के अवमूल्यन की समस्या को स्त्रीवादी आन्दोलनों के दूसरे चरण में प्रखरता से उठाया गया था। रमाबाई के ये विचार इस अर्थ में भी उसे अपने समय से आगे खड़ा करते हैं कि वह इस बात को लक्षित करती है कि ब्राह्मणवादी पितृसत्ता स्त्रियों के कन्धे पर चलती है। ब्राह्मणवादी पितृसत्ता का सटीक विवेचन जो रमाबाई के यहाँ मिलता है, वह अपने युग के हिसाब से क्रान्तिकारी है।

मेहनत करनेवाली लड़कियाँ शानदार औरतें बनती हैं—यह रमाबाई ने यूँ ही नहीं कह दिया था। शारदा सदन की लड़कियों को वह कपड़े, मिठाई और बाक़ी सामान पहले यूँ ही दिया करती थीं। उन्होंने पाया कि लड़कियाँ धीरे-धीरे काम और पढ़ाई, दोनों के प्रति सुस्त हो गई हैं। फिर उन्होंने लड़कियों को सामान की जगह पैसा देना शुरू किया, उनके काम का। जितना वह काम करें, उस हिसाब से उन्हें पैसा मिले। इससे दो बातें हुईं—उन्हें श्रम का महत्त्व समझ आया और दूसरा यह साबित हुआ कि घरेलू कार्यों में लगे श्रम की भी क़ीमत होती है।

एनीबेसेंट के भारत में प्रतिगामी विचार और इंग्लैंड की आन्दोलनकारिता

बाल-विवाह अभी भी हो रहे थे और बाल-विधवाएँ रमाबाई के पास आती थीं। आठ साल की उम्र में विधवा हुई लड़कियों को देखकर रमाबाई का हृदय पसीजता था। ज़ाहिर है, उन्हें एनीबेसेंट की यह बात नहीं पच सकती थी कि विधवाओं को पुनर्विवाह नहीं करना चाहिए। वह लिखती हैं—

> जब एनीबेसेंट जैसी अंग्रेज़ औरत को यह घोषणा करते हुए सुनते हैं कि हिन्दू विधवा को दोबारा शादी नहीं करनी चाहिए तो ऐसा लगता है, दुनिया पीछे की ओर जा रही है।[18]

यह सच में हैरान करनेवाला है कि इंग्लैंड में जो महिला अपने क्रान्तिकारी विचारों और महिला अधिकारों के लिए जानी गई, जिसने आन्दोलन किए, वह भारत में आकर हिन्दू स्त्रियों के लिए ऐसे पिछड़े विचार व्यक्त करती है। 1877 में वह गिरफ़्तार हुई थीं, इस वजह से कि उन्होंने डॉ. नोलटन का सालों पुराना परिवार नियोजन की ज़रूरत और तरीक़े बतानेवाला पर्चा फिर से प्रकाशित करवाकर बेचा था। उनके पास चुनाव था कि एक 'स्कैंडल' में फँसकर अपना कमाया हुआ मान-सम्मान गँवा दें या अपनी उन मजबूर ग़रीब बहनों के बारे में चिन्ता करें जो बच्चे पैदा करके अन्ततः दर-दर की ठोकरें खा रही होती हैं क्योंकि न खाने को भोजन होता है पर्याप्त न अन्य सुविधाएँ। अपनी आत्मकथा में एनीबेसेंट लिखती हैं—

> परन्तु मैंने अपनी ग़रीब लाचार बहनों को बच्चे साथ लिये रोटियों के लिए विलाप करते हुए देखा है। श्रमिकों की मज़दूरी अक्सर चार सन्तानों के लिए पर्याप्त होती थी, लेकिन आठ या दस वे नहीं पाल सकते थे। क्या मुझे अपनी सुरक्षा और अपने नाम को इनकी सहायता के ख़िलाफ़ रखना चाहिए? मेरी प्रतिष्ठा नष्ट हो, लेकिन हज़ारों की बदहाली दूर हो जाए तो मेरी प्रतिष्ठा नष्ट होना कोई मुद्दा है?[19]

ऐसी क्रान्तिकारी महिला को भारत की हिन्दू विधवाओं की दुर्दशा नहीं दिखाई दी, यह विचित्र लगता है। परिवार नियोजन के लिए अपने देश की स्त्रियों के पक्ष में खड़ा होना उन्हें ऐसे भुगतना पड़ता है कि क़ानून बेटी को भी उनकी कस्टडी से छीन लेता है। क़ानून की नज़र में वह अपराधी थीं और पति के यह कहने पर कि वह बच्ची को पालने के लिए अयोग्य है, क़ानून स्वभावतः मर्द का ही साथ देता। स्वाभाविक तो यह होता कि एनीबेसेंट हिन्दू धर्म के पुरोधा भारतीय पुरुषों से प्रभावित होने की जगह उन भारतीय स्त्रियों के साथ खड़ी होतीं जो उन्हीं की तरह

अपनी निजी प्रतिष्ठा को दाँव पर लगाकर अपने देश की महिलाओं के जीवन को दुर्गति से निकालने के प्रयास कर रही थीं। बजाय इसके, वह रमाबाई पर ही हमला करती हैं। 1904 में प्रकाशित एक पैम्फ़लेट में वह लिखती हैं—

> एक हिन्दू महिला की दुःखद विकृति ने लड़कियों की शिक्षा के सम्बन्ध में हिन्दू जनता के विश्वास को झकझोर दिया था और उन्हें शिक्षा में रुचि की आड़ में ईसाई धर्मान्तरण का डर लगने लगा था।[20]

1893 में एनीबेसेंट भले ही स्कूल नहीं खोल पाईं, लेकिन बाद में मौक़ा मिलते ही भारत और यूरोप से फ़ंड इकट्ठा करके हिन्दू लड़कों के लिए स्कूल खोला इस मत के साथ कि 'हिन्दू लड़के युवा हिन्दू धर्म के स्वाभाविक नेता होंगे'[21] भारतीय स्वतंत्रता आन्दोलन में एनीबेसेंट के लिए एक सम्मानजनक जगह बन जाना, उनका नेतृत्व का क़द ऐसा हो जाना कि वह भारतीय राष्ट्रीय कांग्रेस की पहली महिला अध्यक्ष बन जाएँ, क्या इसलिए सम्भव हो सका कि भारतीय स्त्री की शिक्षा को लेकर उनके विचार वही थे जो ज़्यादातर हिन्दू समाज-सुधारकों के थे? वह कहती हैं—

> यह वह शिक्षा नहीं है जिसकी आपको ज़रूरत है। इससे प्राचीन आर्यन प्रकार की महिलाएँ विकसित नहीं होंगी...मैं समझती हूँ कि कोई हिन्दू नहीं चाहेगा कि अपनी बेटियों को शिक्षा दे और फिर उन्हें आजीविका कमाने के लिए बाहर की दुनिया में मर्दों से संघर्ष करने के लिए भेज दे।[22]

लेकिन रमाबाई और एनीबेसेंट में कभी आमने-सामने की तक़रार दिखाई नहीं देती। पुणे में थियोसॉफ़ी पर जब एनीबेसेंट ने भाषण दिया था, रमाबाई ने तब तक सार्वजनिक भाषण देने बन्द कर दिये थे। लेकिन उस सभा में उसने नियम तोड़ा, भाषण दिया और श्रोताओं से प्रशंसा भी पाई।[23] यह ठीक भी था।

तिलक की स्तरहीन और स्त्री-द्वेषी भाषा

लेकिन यह समय अब धीरे-धीरे रमाबाई के मुख्यधारा के परिदृश्य से ग़ायब होने का था। किसी अख़बार द्वारा रमाबाई का आख़िरी नोटिस लिया गया जब 'केसरी' में 12 जनवरी, 1904 को बी.जी.तिलक ने बेहद घटिया टिप्पणी रमाबाई पर की थी। रमाबाई ने बंगलौर में अमेरिकन मिशन के तत्त्वाधान में सार्वजनिक भाषण दिये थे, जिसमें उसने स्त्रियों के सन्दर्भ में हिन्दू सिद्धान्त की आलोचना की और ईसाइयत को 'मुक्ति' के लिए विकल्प के तौर पर सुझाया। तिलक ने अपना चिर-परिचित तरीक़ा अपनाया हमला करने का, बजाय इसके कि सैद्धान्तिक बहस करते वह हमेशा उपहास और हमले से काम चलाया करते थे। तिलक के अनुसार, रमाबाई ने

आपदा को अवसर की तरह इस्तेमाल किया और अपने जाल में कई विधवाओं को फँसा लाई। फिर वह और नीचे उतरते हुए कहते हैं कि रमाबाई ने इतनी शिद्दत से बाइबल पढ़ी और प्रार्थना की कि लॉर्ड जीज़स ने अपनी इस महिला भक्त पर सिर्फ़ एक रात में कृपा बरसा दी।[24] तिलक ने रमा के लिए 'भेड़ की खाल में धोखादेह शेरनी' कहा[25] जो विधवाओं तक पहुँचने के लिए भेस बदलती है। तिलक ने लिखा कि जब रमाबाई ने सब कुछ जो हिन्दू था उसे त्याग दिया है और अपने नाम के आगे 'पंडिता' लगाने की जगह 'रेवरांडा' Revrandaa (ईसाई पादरी की उपाधि है Reverend यानी श्रद्धेय जो नाम के पहले लिखा जाता है, उसी को विकृत करके तिलक ने कहा रेवरांडा। मीरा कोसाम्बी कहती हैं कि यह भाषा के साथ एक भद्दा खेल था, 'रांड' शब्द का इशारा करते हुए[26]) लगा ले।'

बाबा पद्मनजी का हृदय परिवर्तन

'प्रार्थना समाज' की 'सुबोध-पत्रिका' ने हालाँकि इस बात को स्वीकार किया कि 3,000 बच्चों को जैसे ईसाई बनाया गया, वह दु:खद है, लेकिन सच यह है कि हम 3,000 छोड़िए, 300 लोगों के लिए भी इन्तज़ाम करने की स्थिति में नहीं थे। क्या इस हद तक रमाबाई का ख़ुद को झोंक देना बिना धर्म-परिवर्तन के सम्भव था? है तो वह ईसाई और उसके काम का सारा आर्थिक बोझ ईसाई विदेशी उठाते हैं। फिर वह उन्हें परिवर्तित क्यों न करे? इस बात का शुक्र करना चाहिए कि वह उन्हें निर्णय लेने की उम्र में पहुँचने पर ही परिवर्तित करती है। हम सब इनसान हैं और वह भी, उसका सारा काम मानवीयता की दृष्टि से किया गया है।[27] कुछ और भी था जो सुलझ रहा था। अहमदाबाद में अमेरिकन मिशन के रेवेरेंड सादोबा मिसल ने 'ज्ञानोदय' में एक बार खुला पत्र लिखकर पद्मनजी के आवेशपूर्ण भाषण पर आपत्ति की थी और उन्हें रमाबाई के साथ अपने मतभेद सुलझाने का आग्रह किया, लेकिन बदले में पद्मनजी उन्हीं पर बरस पड़े कि वह असल में पूरी ईसाई समाज की ही बात कर रहे हैं जिससे रमाबाई को माफ़ी माँगनी चाहिए, मेरा कोई निजी नुक़सान थोड़े किया है रमाबाई ने और सादोबा मिसल को औक़ात से ज़्यादा बोलने पर 'घरपेक्ष धेकुन मोठी'* कहकर घेरा; रमाबाई से कोई भी बात करने से इनकार कर दिया।[28] लेकिन यह सब 1904 तक बदल गया। अपनी डायरी में 28 अगस्त, 1904 की प्रविष्टि में पद्मनजी लिखते हैं—

> मैं उसके साथ अपनी मुलाक़ात से बहुत सन्तुष्ट हूँ और मुझे वास्तव में पसन्द आया जिस तरह से उसने बात की। यह सच है कि ईश्वर की

* एक खटमल जो उस घर से बड़ा होने का नाटक कर रहा है जिसे वह संक्रमित करता है।

> कृपा और आत्मा आख़िरकार अब उसके साथ है और मुझे एहसास हुआ कि वह अब अपने परमात्मा के रास्ते पर है। ईश्वर जानता है, मैंने उसके लिए अतीत में कितनी मेहनत से प्रार्थना की है वर्षों। पेंटेकोस्ट की ईसाई सलाह को इसने, मेरी ईसाई बहन ने हृदयंगम कर लिया है, प्रबोधन के साथ और मैं ईश्वर का आभारी हूँ इस चमत्कार के लिए।[29]

लेकिन असली चमत्कार तो पद्मनजी का हृदय-परिवर्तन था जिसकी वजह सम्भवत: यह थी कि रमाबाई ने पद्मनजी की आत्मकथा 'अनुभवसंग्रह' की कई प्रतियाँ 'मुक्ति मिशन' के लिए ख़रीदी थीं।[30] आज भी लेखकों की दुनिया ऐसी ही है। किताब ख़रीदने, समीक्षा लिख देने, कार्यक्रम में बुलाने पर दिलों के बरसों पुराने मलाल मिट जाते हैं, वैचारिक शत्रु दोस्त हो सकते हैं और विचारधारा अन्तर्धान हो जाती है। रमाबाई ने उनकी किताब की 40 प्रतियाँ ख़रीदने का वादा किया था। और भी ख़रीद सकती है, यह सम्भावना भी थी। यूँ रमाबाई से पद्मनजी की आरम्भिक चिढ़ इसलिए भी स्वाभाविक लगती है कि धर्म का ठेका अक्सर पुरुषों के ही पास रहा है, हिन्दू धर्म हो या ईसाई या इस्लाम या कोई भी। एक औरत उसमें नेतृत्व की स्थिति में आ जाए तो उसे घुसपैठ की तरह ही देखा जाता है। फिर शुरू में रमा के मन में ख़ुद भी परिवर्तित धर्म को लेकर उलझने रही थीं। एक स्वाभाविक रूप से जिज्ञासु मन, जिसे ज्ञान और मुक्ति की आकांक्षा हो, वह ऐसा ही हो भी सकता है। इस बात का मज़ाक़ उड़ाते हुए एक बार 'इन्दु प्रकाश' में लिखा गया—

> सबसे पहले पंडिता रमाबाई एक हिन्दू थी, फिर वह एक ब्रह्मो हो गई, अब वह ईसाई बन गई है। यह सिद्ध करता है और बताता है कि वह कितनी अस्थिर बुद्धि की है। हमें हैरान नहीं होना चाहिए अगर कल को वह मुसलमान हो जाए। बस, उसे एक मुस्लिम क़ाज़ी से मिलने की देर है जो उसे यक़ीन दिला दे कि उसका धर्म रमाबाई को शान्ति और मुक्ति देगा।[31]

ऐसा कहकर 'इन्दु प्रकाश' में की तो बुराई गई, लेकिन इससे बड़ी तारीफ़ क्या होगी कि रमाबाई के जीवन का लक्ष्य शान्ति और मुक्ति था! धर्म उसके लिए साधन था सिर्फ़, साध्य नहीं।

गुलबर्ग का स्कूल खुलना और मनोरमा का डिग्री लेना

'मुक्ति' के त्रैमासिक पत्र 'मुक्ति प्रेयर बेल' का प्रकाशन मनोरमा सँभालती थी और इंग्लैंड से आजीबाई भी उसके लिए सुझाव भेजती थी। इस बुलेटिन के ज़रिये 'मुक्ति मिशन' के सभी देशी-विदेशी मित्र 'मुक्ति' की जानकारियों से अवगत रहते थे।

अक्सर रमा के पास पत्र लिखने तक का वक़्त नहीं होता था और मनोरमा उसका बताया कोई सन्देश अपनी ही चिट्ठी में लिख दिया करती थी। 1904 में ही रमाबाई ने एक बड़े काम का बीड़ा उठा लिया। मूल हिब्रू और ग्रीक से सामान्य मराठी भाषा में बाइबल का अनुवाद ताकि सभी औरतें आसानी से उसे समझ सकें। इस काम में उसे 18 साल लगे। 1905 के रिवाइवल के बाद कई बाइबल-महिलाओं के समूह बने। नवम्बर 1906 में पाँच गॉस्पल समूह पंढरपुर गए और 1972 तक वहीं रहे। बैलगाड़ियों से गाँव-गाँव जाकर इंजील का सन्देश देनेवाले इन समूहों को पहली बार 1929 में एक फ़ोर्ड कार मिली ताकि वे अपना काम आसानी से कर पाएँ।[32] 1897 के क्रिसमस के दिन 'मुक्ति' के पहले पास्टर श्री ब्रूअर, पंडिता रमाबाई, मिस अब्राम्स ने 'मुक्ति चर्च' की शुरुआत की और कुछ बड़ी उम्र की महिलाओं को चर्च ऑफ़िस की ज़िम्मेदारियाँ दीं।

शारदा सदन में 1907 में 155 छात्राएँ थीं, लेकिन स्कूल सरकारी मान्यता प्राप्त नहीं था। पहले तो मैट्रिक की परीक्षा देने शारदा सदन से छात्राओं को मुम्बई भेजा जाता था, लेकिन फिर सरकारी आदेश आया कि ऐसा सिर्फ़ मान्यता प्राप्त स्कूल ही कर सकेंगे। एसोसिएशन को भेजी रिपोर्ट में मनोरमा ने कहा कि सरकार के अधीन स्कूल को रजिस्टर कराना अन्तहीन दासता की वजह बन सकता है[33] साथ ही, इसके लिए न अभी वक़्त है न ही संसाधन तो स्कूल ऐसे ही रहेगा अभी। साथ ही, मनोरमा ने लोगों द्वारा दिखाए जा रहे उस डर का ज़िक्र किया कि क्योंकि अब शारदा सदन में ईसाई छात्रों की बहुलता है, तब नये उच्च जाति के हिन्दू छात्र तो नहीं आनेवाले, ख़ास तौर से तब जबकि पुणे में प्रोफ़ेसर कर्वे की संस्था उच्च जाति की विधवाओं के लिए मौजूद है। इस आशंका का जवाब देते हुए मनोरमा ने लिखा कि ऐसा कभी नहीं होगा। जब हिन्दू लड़कियों की बहुसंख्या थी तब भी कोई बड़ी संख्या में बाल-विधवाएँ नहीं आती थीं, हमेशा एक या कभी-कभी दो-तीन आ जाया करती थीं। यह तो सिर्फ़ अकाल के काम में हुआ कि बड़ी संख्या में युवा विधवाएँ एक साथ आईं।[34] इसलिए शारदा सदन के बन्द हो जाने की आशंका निराधार है। स्कूल के लिए सरकारी मान्यता के लिए बाद में 1918 में मनोरमा ने अर्ज़ी भेज दी और 1917 में मराठा लड़कियों के लिए उसने एक स्कूल गुलबर्गा में भी खोला। 1917 में ही पुणे के डेक्कन कॉलेज से उसने अपनी बी.ए. की डिग्री और टीचर ट्रेनिंग सर्टिफ़िकेट हासिल किया। यहाँ मनोरमा को प्रवेश दिलाने से पहले रमाबाई को 'अमेरिकन रमाबाई एसोसिएशन' से इजाज़त लेनी पड़ी कि वह सदन का फ़ंड इसके लिए इस्तेमाल कर सकती है क्योंकि वह मनोरमा की कई सालों की तनख़्वाह पहले ही सदन के कामों में ख़र्च कर चुकी थी।[35] 'मुक्ति' में मनोरमा को सब 'ताई' कहते थे। यह डिग्री पूरी करते मनोरमा छत्तीस की हो गई थी। पुणे के साथ अब गुलबर्गा का स्कूल हो गया था। वही आना-जाना। और फिर

वही परिणाम कि मनोरमा का स्वास्थ्य ख़राब रहने लगा, लेकिन वह भी रुकने और हारनेवालों में से नहीं थी।

उसने जीवन में बस मेहनत करना ही सीखा था और वह एक शानदार औरत थी।

सन्दर्भ

1. देखें, पृ. 360, द लेटर्स ऐंड कॉरेस्पॉन्डेंस ऑफ़ पंडिता रमाबाई, सिस्टर जेरल्डीन द्वारा संकलित, सं. ए.बी. शाह, महाराष्ट्र स्टेटबोर्ड फ़ॉर लिटरेचर ऐंड कल्चर, बॉम्बे, 1977
2. देखें, पृ. 409, वही
3. देखें, पृ. 354, वही
4. देखें, पृ. 355, वही
5. देखें, पृ. 10, पंडिता रमाबाई की डेढ़ सौवीं जयन्ती पर मुक्ति किरण का विशेष संस्करण, 2008
6. देखें, पृ. 360, द लेटर्स ऐंड कॉरेस्पॉन्डेंस ऑफ़ पंडिता रमाबाई, सिस्टर जेरल्डीन द्वारा संकलित, सं. ए.बी. शाह, महाराष्ट्र स्टेटबोर्ड फ़ॉर लिटरेचर ऐंड कल्चर, बॉम्बे, 1977
7. देखें, पृ. 360, वही
8. देखें, पृ. 360, वही
9. देखें, पृ. 366, वही
10. देखें, पृ. 372, वही
11. देखें, पृ. 372, द लेटर्स ऐंड कॉरेस्पॉन्डेंस ऑफ़ पंडिता रमाबाई, सिस्टर जेरल्डीन द्वारा संकलित, सं. ए.बी. शाह, महाराष्ट्र स्टेटबोर्ड फ़ॉर लिटरेचर ऐंड कल्चर, बॉम्बे, 1977
12. देखें, पृ. 368, सिस्टर जेरल्डीन का लिखा, द लेटर्स ऐंड कॉरेस्पॉन्डेंस ऑफ़ पंडिता रमाबाई, सिस्टर जेरल्डीन द्वारा संकलित, सं. ए.बी. शाह, महाराष्ट्र स्टेटबोर्ड फ़ॉर लिटरेचर ऐंड कल्चर, बॉम्बे, 1977
13. देखें, पृ. 345, वही
14. देखें, पृ. 150, पंडिता रमाबाई : अ ग्रेट लाइफ़ इन इंडियन मिशन, हेलेन एस. डायर, पिकरिंग ऐंड इंगलिश, लन्दन, ग्लास्गो, (प्रकाशन वर्ष मुद्रित नहीं)
15. देखें, पृ. 1, पंडिता रमाबाई अ विडोज़ फ्रेंड, मनोरमाबाई, पूना
16. देखें, पृ. 386, द लेटर्स ऐंड कॉरेस्पॉन्डेंस ऑफ़ पंडिता रमाबाई, सिस्टर जेरल्डीन द्वारा संकलित, सं. ए.बी. शाह, महाराष्ट्र स्टेटबोर्ड फ़ॉर लिटरेचर ऐंड कल्चर, बॉम्बे, 1977
17. देखें, पृ. 18-19, 1904 की रमाबाई एसोसिएशन बैठक में रमाबाई की रिपोर्ट
18. देखें, पृ. 21, रमाबाई की एसोसिएशन को भेजी रिपोर्ट 1904
19. देखें, पृ. 149, एनीबेसेंट एन ऑटोबायोग्राफ़ी, एनीबेसेंट, 'इनसाइट पब्लिका' से पहला संस्करण, केरल, भारत, 2020
20. देखें, पृ. 74, स्पीचिज़ ऐंड राइटिंग्स ऑफ़ एनीबेसेंट, एनी बेसेंट, जी.ए. नाटेसन ऐंड कम्पनी, मद्रास, 1921

21. देखें, पृ. 129, द वाइट वुमंस अदर बर्डन, एंटोयनेट बर्टन, रूटलेज़, 2020 संस्करण
22. देखें, पृ. 129, वही
23. देखें, पृ. 61, वही
24. देखें, पृ. 209, पंडिता रमाबाई : लाइफ़ ऐंड लैंडमार्क राइटिंग्स, मीरा कोसाम्बी, रूटलेज़, 2016
25. वही
26. वही
27. देखें, पृ. 209-10 वही
28. देखें, पृ. 41, बाबा पद्मनजी वर्नाकुलर क्रिश्चिएनिटी इन कोलोनियल इंडिया, दीप्रा दांडेकर, रूटलेज़, 2021
29. देखें, पृ. 42, वही
30. वही
31. देखें, पृ. 319, उमा चक्रवर्ती में 19 नवम्बर, 1883 के इन्दु प्रकाश से उद्धृत
32. देखें, पृ. 11, मुक्ति किरण, 1899-1999 का चर्च सेंटेनरी एडिशन, मुक्ति मिशन, केड़गाँव
33. देखें, पृ. 19, 1907 की रमाबाई एसोसिएशन को भेजी मनोरमा की रिपोर्ट https://collections.library.yale.edu/catalog/16919740
34. देखें, पृ. 20, 1907 की रमाबाई एसोसिएशन को भेजी मनोरमा की रिपोर्ट https://collections.library.yale.edu/catalog/16919740
35. देखें, पृ. 250, पंडिता रमाबाई : लाइफ़ ऐंड लैंडमार्क राइटिंग्स, मीरा कोसाम्बी, रूटलेज़, 2016

15

जहाँ न भय है न खेद, न खोने के लिए कुछ

'मुक्ति मिशन' ने जैसे-जैसे अपने आपको मुख्यधारा से काटा, वैसे-वैसे वहाँ जीवन एक लय में चलने लगा। एक 'फ़ीमेल यूटोपिया' था जिसे जीने की कोशिश साकार हो रही थी 'मुक्ति' में। 1916 तक स्थिति यह थी कि रमाबाई कहती है, बाहर की दुनिया के सन्दर्भ में बात करें तो हमारा जीवन अब बिलकुल 'घटना रहित' हो गया है, लेकिन इसका मतलब दुनिया से कटा होना नहीं था। फ़रवरी, 1916 का 'मुक्ति प्रेयर बेल' का अंक बताता है कि प्रथम विश्वयुद्ध में भारतीय सैनिकों के लिए 1915 के क्रिसमस पर 'मुक्ति' की ओर से मिठाई के 1,500 थैले भिजवाए गए थे। अपनी तनख़्वाह का पचासवाँ हिस्सा नियमित रूप से मुक्ति की सदस्य युद्ध-कोश में दिया करती थीं। जो लड़कियाँ पैसा नहीं दे सकती थीं, वे सिलाई का काम करके भारतीय सिपाहियों के लिए सिलाई किया करती थीं।[1] सभी प्रार्थना कर रहे थे कि युद्ध में विजय हो और युद्ध जल्दी समाप्त हो। कई लड़कियों के सगे और चचेरे-ममेरे भाई युद्ध में थे, उन सभी को रमाबाई युद्ध के समाचार सुनाया करती थी।

मुक्ति के स्कूल, चर्च, अस्पताल—सब अपने नियम से चल रहे थे। बस, प्लेग था जो रह-रह कर प्रकट हो रहा था पुणे में। 1919 में स्पैनिश इन्फ्लुएंज़ा भी आ गया। रमाबाई में अब वैसी स्फूर्ति नहीं रही थी। उम्र अब साठ हो गई थी। मनोरमा रमाबाई एसोसिएशन की रिपोर्ट्स में उसके स्वास्थ्य को लेकर चिन्ता व्यक्त करती है और दिखाई देता है कि किस तरह उसने अपनी माँ की वैचारिक धरोहर सँभाली है। अपनी रिपोर्ट में जाति-व्यवस्था, पर्दा प्रथा और मुस्लिम महिलाओं की दशा पर बात रखते हुए कहती है कि एक लड़की को इसलिए शादी के लिए इनकार किया जा सकता है कि वह बहुत कम जानती है या बहुत ज़्यादा ही जानती है।

वक़्त बहुत बदल गया था। रमा को लगने लगा कि 31 साल बाद उसका मिशन पूरा हुआ। अब पुणे में महिलाओं का विश्वविद्यालय एस.एन.डी.टी. यूनिवर्सिटी हो गई है। मिशन की पूर्ति का ही मानो सम्मान था कि भारतीय ब्रिटिश सरकार ने

रमाबाई को 'कैसर-ए-हिन्द' की उपाधि से सम्मानित किया। राजनीतिक उठापटक की भी रमा ख़बर रखती थी, बोल्शेविक क्रान्ति पर वह अपने विचार प्रकट करती है जिसने आम लोगों का जीवन तहस-नहस कर दिया।[2] भारतीय राजनीति उसे भुला चुकी थी और रमा पूरी तरह 'मुक्ति' के जीवन को सँवारने में, बाइबल के अनुवाद में अपनी आस्था में खो चुकी थी। कई जीवन सँवार चुकने का सन्तोष तो था, लेकिन विश्राम करना उसकी फ़ितरत नहीं थी। जब उसे पता लगा कि कुएँ सूख रहे हैं तो उसने लगातार कई-कई दिन तर्क प्रार्थना की। 'मुक्ति मिशन' में मिले पास्टर बताते हैं कि रमाबाई की प्रार्थनाओं से कुओं में पानी भर गया था। हर कुएँ का नाम रखा गया था। एक कुआँ था, जिसमें कहते हैं कि रमाबाई की प्रार्थनाओं के बाद रातोरात पानी भर गया था। इसका नाम रखा गया था—वेल ऑफ़ होप!

पूरे 'मुक्ति' परिवार ने केड़गाँव की उस ज़मीन को समृद्ध कर दिया था। मुक्ति के पास अपना डेयरी फ़ार्म था। प्रिंटिंग प्रेस था। टेक्सटाइल विभाग था। सब कुछ आज भी उसी तरह है और 'मुक्ति' का आरम्भिक भवन अपने मूल स्वरूप में विद्यमान है। हालाँकि रमाबाई आजीवन रूढ़िवादी ब्राह्मण हिन्दू की तरह शाकाहारी खाना बिना प्याज़, लहसुन का खाती रही, 'मुक्ति' में भी शाकाहारी खाना ही मिलता था, वह भी मराठी तरीक़े से ज़मीन पर बैठकर, लेकिन बाद में तौर-तरीक़े बदलने लगे और मांसाहारी खाना भी मिलना शुरू हुआ। 'मुक्ति प्रेयर बेल' का अप्रैल, 1914 के अंक में हिसाब-किताब रखनेवाली एक लड़की और गेहूँ बेचने आए व्यापारी का एक प्रसंग आता है जहाँ यह स्पष्ट होता है कि 'मुक्ति' में मांसाहारी भोजन शुरू हो गया था। 'मुक्ति' की लड़कियाँ, महिलाएँ खाती-पीती, स्वस्थ और ख़ुश दिखाई देती थीं।

ब्रिटेन, स्कैंडेनेविया, अमेरिका, कनाडा, ऑस्ट्रेलिया और न्यूज़ीलैंड से मिशनरी आया करते थे अपनी इच्छा से काम करने, हाथ बँटाने और फ़ंड्स भी आया करते थे। रमाबाई भी 'मुक्ति' की ओर से अमेरिका और चीन जैसे अन्य देशों में अनाथ बच्चों के लिए जो भी थोड़ा-बहुत जुट पाता था, चन्दा भेजा करती थी। ऐसा नहीं कि उसने हमेशा चन्दा लिया। साधारण लोगों के जीवन को प्रभावित करनेवाले कार्यों में वह अपनी ओर से मदद भेजा करती थी। इसके अलावा 'बाइबल सोसायटी' को भी नियमित चन्दा 'मुक्ति' की ओर से जाया करता था। 'मुक्ति' में क्रिसमस के दिन बाहर सैकड़ों लोगों की भीड़ जमा हो जाती थी। औरतें, मर्द, बच्चे, वृद्ध, दृष्टिबाधित, दिव्यांग, कोढ़ी, सभी तरह के लोग। 'मुक्ति' की ओर से उन्हें वस्त्र, मिठाई, कपड़ा बाँटा जाता था।

बाइबल के अनुवाद के काम में रमा ने अपने आपको खपा दिया था। हिब्रू और लैटिन के कई शब्दकोश और किताबें लेकर बैठा करती थी। बाइबल की छपाई का काम भी 'मुक्ति प्रेस' में 'मुक्ति' की लड़कियों ने किया, लेकिन रमाबाई ने

कभी इसका कोई पैसा नहीं लिया। वह नहीं चाहती थी कि बाइबल को बेचा जाए। वह कहती थी—मुझे हमेशा बिना क़ीमत के मिली, मैं बिना क़ीमत लिये ही दूँगी।[3]

मृत्यु ने माँ-बेटी को जब अलग किया और फिर मिला दिया

मनोरमा रमाबाई की तरह खरा बोलनेवालों में से नहीं थी। वह संवेदनशील मन की थी। रमाबाई उसके बारे में ठीक ही कहा करती थी आजीबाई से कि मनो मन पर दबाव लेती है, अवज्ञा नहीं करेगी लेकिन स्वीकार भी नहीं कर पाएगी और यह उसे मुश्किल में डालता है। जैसा आजीबाई कहती थी वैसा ही मनो को भी बचपन में महसूस होता था कि उसकी माँ उसे आजीबाई को चिट्ठी लिखने से रोक रही है या मिलने से। लेकिन बड़े होकर उसने महसूस किया कि बहुत-सी अवधारणाएँ उसने ख़ुद अपने मन में बैठा ली थीं। कोई बात उसने बस इसलिए नहीं कही कि माँ को उससे दु:ख पहुँचेगा या यह धारणा बना ली कि माँ को क्या पसन्द नहीं आएगा, जो भले ही सच हो कि पसन्द नहीं आएगा रमाबाई को, लेकिन रमाबाई उसे हमेशा चुनाव करने की सहूलियत उसे देती थी क्योंकि उसने ख़ुद भी अपने जीवन में इसे हासिल किया था और मनोरमा को वह एक स्वायत्त, सुदृढ़ महिला बनता देखना चाहती थी।

वांटेज में जब आजीबाई ने उसे एक बार पादरी के पास जाकर कन्फ़ेस करने के लिए कहा तो मनोरमा ने कहा था कि मुझे पता है, माँ इसकी इजाज़त नहीं देगी। आजीबाई से इच्छा ज़ाहिर करती है कि वह तो चाहती है कि वह 'कन्फ़र्म' हो जाए, लेकिन यह माँ की मर्ज़ी नहीं है इसलिए उसे दु:ख पहुँचाएगा।[4] लेकिन 'मुक्ति' में 'रिवाइवल' के बाद वह महसूस करती है कि उसने बहुत-से झूठ कहे आजीबाई से और स्वीकार किया कि 'मुझे स्पष्ट रूप से यह कहना चाहिए था कि माँ इजाज़त नहीं देगी और साथ ही मैं ख़ुद भी एक पादरी के सामने जाकर अपने पापों को स्वीकार करने में यक़ीन नहीं रखती'[5] मनोरमा का खंडित व्यक्तित्व शायद उन तमाम छवियों से बना था जिसमें बचपन से लेकर बड़े होने तक उसने अपने आपको एक 'सामान्य' परिवार में नहीं पाया, लगभग यहाँ से वहाँ भटकते हुए बचपन गुज़रा। उसका बचपन रमाबाई और आजीबाई के लिए नियंत्रण की स्पर्धा की ज़मीन तो बन गया, सम्भव है यौवन भी माँ के क़द के तले कोई दबाव महसूस करता हो। माँ, बेटी और आजीबाई के सम्बन्ध का यह त्रिकोण बहुत सुलझा सकने में शायद मनोरमा के माँ को लिखे पत्र काम आते लेकिन ऐसा माना जाता है कि अपनी मृत्यु से कुछ समय पहले रमाबाई ने अपने कुछ निजी सामान के साथ वे पत्र भी जला दिये थे।[6]

मनोरमा की तबीयत बहुत काम के दबाव में ख़राब हो रही थी। शुरुआत साँस फूलने से हुई। कुछ समय तक इसे दमा समझा गया, लेकिन महाबलेश्वर में जाने पर

ही पता लगा कि उसे दिल की बीमारी है। कुछ दिन बाद ठीक होने पर मनोरमा ने भी वापस आकर काम सँभाल लिया और इस पर बहुत ध्यान नहीं दिया, लेकिन जल्दी ही फिर से अस्पताल में भर्ती होना पड़ा। मिरज के अस्पताल में दो हफ़्ते वह भर्ती रही। मार्च 1921 की रिपोर्ट में रमाबाई ने उल्लेख किया कि मनोरमाबाई की तबीयत ख़राब है। रमाबाई ने आस्था में पूरी तरह ख़ुद को डुबो दिया था। इसके बावजूद इन दो हफ़्तों में उनका हृदय छटपटाता रहा होगा। उनकी मनोरमा 'जॉय ऑफ़ हार्ट' जीवन-मृत्यु का संघर्ष कर रही थी। जिसका दिल इतना विशाल था उसकी लाडली के हृदय में सूराख़ था। पूरा मुक्ति परिवार प्रार्थनाएँ कर रहा था अपनी 'ताई' के लिए। रमाबाई के जीवन में क्रूरता की लीला बाक़ी थी। 24 जुलाई, 1921 को मनोरमा की मृत्यु हो गई। अपने प्रियजनों की मृत्यु अपने सामने देखना जैसे रमाबाई की नियति बन गई थी। इन क्षणों का वर्णन करते हुए 'मुक्ति मिशन' में पास्टर बताते हैं कि जब रमाबाई से कहा गया कि वह मिरज जाना चाहेंगी तो उन्होंने कहा एक बेटी के लिए हज़ारों बेटियाँ छोड़कर कैसे चली जाऊँ? माँ की मृत्यु के समय भी रमाबाई अपनी भावनाओं को दबाकर ऐसे ही मज़बूत बनी रहने की कोशिश कर रही थीं। आँख के रोके आँसू नाक से बह निकले थे। रमाबाई रानाडे को जब मनो की मृत्यु-समाचार मिला तो वह केड़गाँव उनसे मिलने पहुँचीं और सांत्वना क्या देतीं, उलटे रमाबाई को ही पंडिता ने गॉस्पल का प्रवचन सुनाया।[7] वह जितना भी मज़बूत रहने की कोशिश कर रही थीं, लेकिन असल में इस मौत ने उन्हें ऐसे तोड़ा था, जैसे किसी और दुर्घटना ने कभी नहीं तोड़ा था। उस दिन के बाद से वह लगातार कमज़ोर हो रही थीं। ठीक नौ महीने बाद रमाबाई ने अपने जाने का दिन भी चुन लिया।

बताया जाता है कि उस रात रमाबाई ने अपना कमरा साफ़ करने, चीज़ें करीने से रखने का आदेश दिया, कुछ खाया-पिया नहीं और सो गई। 'मुक्ति मिशन' में प्रवेश करते ही दाईं तरफ़ सबसे पहला कमरा रमाबाई का ही है। बाईं तरफ़ दफ़्तर है और लाइन से कमरे बने हुए हैं। रमाबाई अपने कमरे में जिस खिड़की के पास वाले बिस्तर पर सोया करती थी, उसके बाहर एक गाय हमेशा बँधी रहती थी। अप्रैल 1922 की सुबह जब गाय ने विचित्र ढंग से रँभाना शुरू किया तो सब दौड़कर आए और देखा कि बाई नींद में ही इस दुनिया से विदा ले चुकी है। उन दिनों मुक्ति में रह रही न्यूज़ीलैंड की जैस्सी फर्ग्यूसन ने रमाबाई के अन्तिम दिन का वर्णन करते हुए लिखा—

> 5 अप्रैल, बुधवार की सुबह को, 5 बजे हम चीख़-पुकार से काँप उठे और बिना किसी के कुछ बताए यह जान गए कि क्या हुआ? सब होंठों पर बस एक ही शब्द था 'बाई' और सच था वह विचार, जिसने हमारे दिलों को आशंका से भर दिया था और हम आशा के ख़िलाफ़ आशा

कर रहे थे, यह एक ग़लती थी। हमने जल्दी से इधर-उधर देखा तो पाया कि बाई के दरवाज़े के पास भीड़ जमा हो चुकी थी। हम उसके कमरे में गए और वहाँ बाई अपने बिस्तर पर लेटी थी मानो गहरी नींद में हो और वास्तव में ऐसा ही था।

एक महीने से अधिक समय से रमाबाई बहुत कमज़ोर हो गई थी, एक बुरी खाँसी और बुख़ार से लगातार परेशान, आगन्तुकों को देखने की इच्छा नहीं रखती थी, और केवल उन लोगों को अपने पास चाहती थी जो उसके क़रीब थे और उसे सबसे अच्छी तरह जानते हैं। वह बहुत कमज़ोर थी, लेकिन उसकी आत्मा इतनी मज़बूत थी कि उसने कभी भी अपनी शारीरिक कमज़ोरी के चलते कुछ नहीं छोड़ा। वह हर रोज़ उठती थी और अपने कमरे में घूमती थी और उन सभी के लिए उसके पास एक मुस्कान और सकारात्मक शब्द था जो उसे दिखते थे और अक्सर वह हँसते हुए हमारी एक मेट्रन को भी चिढ़ाती थी। उन्होंने अपने कमरे के बाहर चल रहे कुछ भवनों के निर्माण का भी निरीक्षण किया। वह अद्भुत, अदम्य भावना एक बार भी कम नहीं हुई थी! वह हमेशा दूसरों के बारे में सोचती रहती थी, एक को धूप में न चलने की चेतावनी देती थी और दूसरे से आराम करने की विनती करती थी।

हमने उन्हें एक डॉक्टर को दिखाने के लिए कहा, लेकिन महान पिता में उसका विश्वास ऐसा था, वह उसे कभी भी असफल नहीं होने का वादा करता था, कि वह कहती थी, "अगर हमें अपने पिता पर अधिक विश्वास होता तो वह हमारे लिए और अधिक करता। वह कभी असफल नहीं होता।" और उन्होंने हमारी प्रिय रमाबाई को कभी असफल नहीं होने दिया। बाई ने मुझे मंगलवार रात क़रीब 10:00 बजे बुलाया। मैं उन्हें देखने के लिए गई। वह इतनी कमज़ोर थी कि बात नहीं कर सकती थी, लेकिन जैसे ही मैंने उनका हाथ अपने हाथ में लिया, उन्होंने उसे दबाया, यह बताने के लिए कि वह जानती है कि मैं उनके साथ हूँ। बुधवार की सुबह चार बजे उठकर उन्होंने दूध माँगा और थोड़े-से अंगूर खाकर सो गई।

नहीं, उनके स्वर्गीय पिता ने उन्हें विफल नहीं किया। वह सो गई और इतनी गहरी नींद में कि हमारी कोई भी बात उस तक नहीं पहुँच सकी और वह सुबह होने से ठीक पहले जागी, लेकिन नदी के उस पार। उसकी आत्मा पर क्या ही अद्भुत दिन छा गया! हमारी कोई कल्पना भी उस अपार महिमा के साम्राज्य में उनके प्रवेश की कल्पना नहीं कर सकती है, जहाँ वह राजा उपस्थित है, उसका चेहरा देखने के

लिए और पवित्रता की सुन्दरता में उसकी पूजा करने के लिए। उन्होंने हलेलुया गीत सुना और उनके चेहरे पर वह स्वर्ग की चमक बरक़रार थी जो वहाँ प्रवेश करते हुए रही होगी; और जब हमने उस पर दृष्टि डाली तो हमने देखा कि वह प्रतिबिम्बित महिमा "उसी स्वरूप में बदल गई!" उनका मुख तेज़ और सुन्दरता से चमक उठा। सबके होंठों पर बस एक ही शब्द आ रहा था, 'सुन्दर'। सांसारिक सुन्दरता नहीं बल्कि आत्मा की सुन्दरता और शान्ति और आनन्द, जिसका घर ईश्वर है।

यह ख़बर विभिन्न परिसरों में पहुँच गई और मैं अब आपको उन बच्चों का अपनी माँ के लिए दु:ख नहीं बता सकती। यह उन लोगों का गहरा, हृदयविदारक दु:ख था जो अनाथ हो गए थे और जिन्होंने इसे महसूस किया। माँ! उनकी प्यारी माँ, जिसने उनमें से बहुतों को अकाल से बचाया, वह जिसने उन्हें उस वक़्त अपने दिल और घर में जगह दी जब कोई उन्हें नहीं चाहता था, जिसने अपने प्रिय ईश्वर के नाम पर उनके लिए क़ीमती मलहमों का अपना खड़िया मिट्टी का बक्सा तोड़ दिया था, वह उनकी दृष्टि और स्पर्श से दूर हो गई थी! गुरु ने कहा, "जितना तुमने मेरे इन छोटे-से छोटे भाइयों के लिए किया है, असल में वही मेरे साथ भी किया है', और उस टूटे हुए बक्से की सुगन्ध, जिसने जीवन उड़ेला था, वही आज मुक्ति भर रहा है।

प्यार करनेवाले हाथों ने उन्हें विधवा के सफ़ेद कपड़े पहनाए (जो उन्होंने चालीस साल तक पहने थे) और उन्हें अपने सफ़ेद बिस्तर पर लिटाया; फिर 'मुक्ति' में हर लड़की, औरत और बच्चे ने क्रमवार ढंग से आगे बढ़कर उनके माथे पर एक चुम्बन रखा। फिर हम उन्हें चर्च में ले गए, जिसे उसने परमेश्वर की महिमा में ख़ुद बनवाया था और उसे उस मंच के सामने रखा, जहाँ से वह अक्सर बीते दिनों में परमेश्वर के प्रेम की घोषणा करती थी। चर्च का हर दरवाज़ा खोल दिया गया और दिन भर लड़कियाँ आने-जाने के लिए स्वतंत्र थीं।[8]

रमाबाई को अपने अन्त समय का आभास था, ऐसा लगता है। कहते हैं, परमेश्वर से उन्होंने सिर्फ़ उतना समय माँगा था कि बाइबल का अनुवाद पूरा हो पाए। ईश्वर ने जैसे यह मोहलत दी। अनुवाद पूरा होने के दसवें दिन 5 अप्रैल, 1922 को नींद में ही रमाबाई ने प्रस्थान किया। गाँव भर से उन सभी लोगों की भीड़ आती-जाती रही शाम तक, जिन लोगों के जीवन को अकाल के दिनों में 'मुक्ति मिशन' ने आसरा दिया था। अपनी 'बाई' के प्रति वह अपनी श्रद्धा और प्रेम अभिव्यक्त कर रहे थे। यह हैरान करनेवाली बात थी कि जहाँ जाति एक बड़ी चीज़ थी, वहीं रमाबाई की

मृत्यु पर श्रद्धा व्यक्त करनेवालों की भीड़ में तथाकथित उच्च जाति, निम्न जाति और जाति से बाहर सभी हाथ जोड़े उस भीड़ का हिस्सा बने हुए थे,[9] वह भी एक ईसाई महिला के प्रति सम्मान में।

1923 में रमाबाई एसोसिएशन की मीटिंग में यह तय किया गया कि रमाबाई को सम्मान देने के लिए 'मुक्ति मिशन' का पूरा नाम अब से 'पंडिता रमाबाई मुक्ति मिशन' होगा। एसोसिएशन के निर्णय के अनुसार रमाबाई की कई जीवनियाँ उसके बाद प्रकाश में आईं। 'न्यूज़ीलैंड काउंसिल ऑफ़ मुक्ति मिशन' ने रमाबाई की मृत्यु की ख़बर सुनकर मराठी बाइबल के अनुवाद के लिए तुरन्त 5,000 डॉलर का फ़ंड जारी किया। अपनी मृत्यु के पूर्वाभास में रमाबाई ने अपनी वसीयत की और मिस लीज़ा हेस्टी को अपना उत्तराधिकारी बनाया ताकि सभी काम वैसे ही चलता रहे अबाध जैसे चल रहा था। इसे स्वीकार करते हुए मिस लीज़ा हेस्टी ने लिखा—मैं इस उम्मीद में इसे तब तक के लिए स्वीकार करती हूँ जब तक कि कोई भारतीय महिला इस काम को आगे ले जाने के लिए इस पद को ग्रहण नहीं करती।[10]

रमाबाई की मृत्यु पर 7 अप्रैल, 1922 के 'टाइम्स ऑफ़ इंडिया' ने लिखा—यह एक देवदूत के जीवन का अन्त है, ख़ुद अकिंचन होते हुए भी दूसरों को समृद्ध करता, कुछ न होते हुए भी जिसके पास सब कुछ था। राष्ट्रीय आन्दोलन से पूरी तरह बाहर रही रमाबाई के लिए मुम्बई में एक सार्वजनिक स्मृति सभा में सरोजिनी नायडू ने पंडिता रमाबाई को जैसे क्लेम करते हुए कहा—वह पहली ईसाई है जो हिन्दू संतों के कैलेंडर में दाख़िल हो गई।[11] इसके बावजूद इतिहास में उनकी अनदेखी लम्बे समय तक रही। 1989 में भारत सरकार ने 'मुक्ति मिशन' का सौवाँ साल पूरा होने पर पंडिता रमाबाई के नाम का डाक-टिकट जारी किया।

'मुक्ति मिशन' महिलाओं का महिलाओं द्वारा महिलाओं के लिए चलाया जानेवाला उपक्रम था। सभी पदों पर महिलाएँ थीं, ऊपर से लेकर नीचे तक। चौकीदार, खेत में काम करनेवाले कुछ पुरुष, सफ़ाई कर्मियों के अलावा कोई पुरुष नहीं था वहाँ। 'ज्ञानोदय' के एक अंक में इसे 'फ़ीमेल किंग्डम'[12] कहा गया। 'मुक्ति सदन', 'कृपा सदन' और 'शारदा सदन' अपना स्वतंत्र अस्तित्व ले चुके थे। किंडरगार्टन से मैट्रिक तक की शिक्षा में सदन की पढ़ी हुई कई लड़कियाँ अध्यापिका हो गई थीं। जीविकोपार्जन के कौशल सीखने-सिखानेवाली मुक्ति की स्त्रियाँ थीं, हिसाब-किताब से लेकर सब काम सँभालनेवाली सिर्फ़ महिलाएँ। यह 'सुल्ताना का सपना'* था जो

* बेग़म रुकैया सखावत हुसैन की कहानी 'सुल्ताना का सपना' जो 1908 में सामने आई और जहाँ अपने सपने में नायिका एक ऐसे स्त्री-साम्राज्य की कल्पना करती है जहाँ हर काम, निर्णय और अधिकार स्त्रियों के ज़िम्मे है।

पंडिता रमाबाई ने साकार किया था और आज भी इसी तरह केड़गाँव में चल रहा है।

लेकिन जिस तरह रमाबाई को जाना जाना चाहिए था, वह सम्भव नहीं हुआ। पुणे से केड़गाँव के रास्ते में 'मुक्ति मिशन' के बारे में पूछने पर भी कोई नहीं बता पाता क्योंकि बहुत कम लोग पंडिता रमाबाई और 'मुक्ति मिशन' का नाम जानते हैं, आज जितना वह स्त्री-विमर्श की अकादमिक दुनिया में जानी जाती है उतना आम लोगों के बीच नहीं, जबकि जिन ज़िन्दगियों को उन्होंने प्रभावित किया, वे बेहद आम थीं। 2021 के नवम्बर में हम 'मुक्ति मिशन' पहुँचे थे और पता चला कि आप कितनी भी दूर से आए हों, बिना पूर्व इजाज़त के वहाँ दफ़्तर और रमाबाई के कमरे के अलावा आपको कुछ नहीं देखने दिया जाएगा। रमाबाई के कमरे की या परिसर के भीतर कोई भी तस्वीर नहीं ली जा सकती। मुझे याद आया रमाबाई का कथन कि मेरा कमरा चौबीस घंटों खुला रहता है तो पूजा के समय क्यों बन्द करूँ! उन रमाबाई का काम और जीवन एक परिसर में बन्द हैं। 'मुक्ति' की दृष्टिबाधित लड़कियों का बनाया कुछ सामान और 'मुक्ति किरण' के अलावा रमा की कुछ जीवनियाँ ख़रीदने और बाहर की तसवीरें लेने के अलावा हम कुछ नहीं कर पाए। इतिहास के इस सुनहरे पन्ने को इस क़दर नियंत्रण में रखना कि आम लोग निराश होकर लौटें, खला भी। पंडिता रमाबाई के जीवन से सम्बन्धित अनेक पुरानी किताबें अब ऑनलाइन उपलब्ध हैं 'मुक्ति मिशन' की वेबसाइट पर एक भी ऐसी किताब नहीं मिलती। उस वेबसाइट पर दान करना जितना आसान है रिसर्च के लिए कोई सामग्री पाना उतना ही मुश्किल।

पंडिता रमाबाई भारत की आरम्भिक स्त्रीवादियों में एक हैं, एक अन्तरराष्ट्रीय व्यक्तित्व हैं, लेकिन राष्ट्र की मुख्यधारा में उनके विचारों की उपयोगिता किसी दायरे में बँधने की जगह घर-घर पहुँचनी ज़रूरी है।

सन्दर्भ

1. देखें, पृ. 3, 'मुक्ति प्रेयर बेल', फ़रवरी, 1916, केड़गाँव
2. देखें, 1919 की रमाबाई एसोसिएशन की रिपोर्ट
3. देखें, पृ. 127, बिल्डर्स ऑफ़ मॉडर्न इंडिया, पंडिता रमाबाई, निकल मैकेनिकल, दूसरा संस्करण, एसोसिएशन प्रेस (वाय.एम.सी.ए.) कलकत्ता, 1930
4. देखें, पृ. 62, मदरहुड इन ईस्ट वेस्ट एनकाउंटर, मीरा कोसाम्बी, फ़ेमिनिस्ट रिव्यू नं. 65, ग्रीष्म 2000, रूटलेज़
5. देखें, पृ. 540-41, लेट द अर्थ हियर हर वॉइस, कीथ जे. व्हाइट, WTL पब्लिकेशन, यूनाइटेड किंग्डम, 2022
6. देखें, पृ. 51, मदरहुड इन ईस्ट वेस्ट एनकाउंटर, मीरा कोसाम्बी, फ़ेमिनिस्ट रिव्यू नं. 65,

ग्रीष्म 2000, रूटलेज़

7. देखें, पृ. 130, बिल्डर्स ऑफ़ मॉडर्न इंडिया, पंडिता रमाबाई, निकल मैकेनिकल, दूसरा संस्करण, एसोसिएशन प्रेस (वाय.एम.सी.ए.) कलकत्ता, 1930
8. देखें, पृ. 655-56, लेट द अर्थ हियर हर वॉइस, कीथ जे. व्हाइट, WTL पब्लिकेशन, यूनाइटेड किंग्डम, 2022
9. देखें, पृ. 163, पंडिता रमाबाई अ ग्रेट लाइफ़ इन इंडियन मिशन, हेलेन एस. डायर, पिकरिंग ऐंड इंग्लिश, लन्दन, ग्लास्गो, (प्रकाशन वर्ष मुद्रित नहीं)
10. देखें, पृ. 165, वही
11. देखें, पृ. 140, मैकेनिकल
12. देखें, पृ. 253, 28 नवम्बर, 1907 के ज्ञानोदय से मीरा कोसाम्बी की किताब पंडिता रमाबाई लाइफ़ ऐंड वर्क्स में उद्धृत

16

सौ साल बाद रमाबाई

> रमाबाई 'भारत की नई स्त्री' का प्रतिनिधित्व करती हैं : "एक विचारक... एक नेता...जिसका नाम उसकी हर भारतीय बहन के घर में प्रतिष्ठापित करने योग्य है।"[1]
>
> **—कमला सत्यानन्दन**
>
> (अंग्रेज़ी की पहली भारतीय महिला उपन्यासकार और सम्पादक—द इंडियन लेडीज़ मैगज़ीन)

आज से लगभग सौ साल पहले 5 अप्रैल, 1922 को पंडिता रमाबाई इस दुनिया से विदा हो गई। मृत्यु के कुछ साल पहले से ही दुनिया ने उन्हें भुलाना शुरू कर दिया था। लेकिन जब रमाबाई को इतिहास के बन्द तहख़ानों के वर्जित क्षेत्र से बाहर लाया जा सका तो उनके जीवन ने हमें चौंका दिया। उनकी किताब 'द लाइफ़ ऑफ़ हाई कास्ट हिन्दू वुमन' का पाठ सामने आया तो भारत में स्त्रीवाद के अतीत की तस्वीर जैसी सुधारकों द्वारा बनाई गई थी, प्रश्नेय हो गई। पंडिता रमाबाई अपने समय से बहुत आगे सोचती थी और जितना भी उनके जीवन को आध्यात्मिक आवरणों में ढका जाए, मुख्यधारा से उनके ग़ायब हो जाने की मूल वजह उनका प्रखर स्त्रीवादी व्यक्तित्व ही था। अन्तर्जातीय प्रेम विवाह करनेवाली, एकल अभिभावक, उद्यमी, ख़तरों से खेलनेवाली, स्त्री स्वायत्तता की हिमायती, स्त्री शिक्षा और रोज़गार के पक्ष में मज़बूती से खड़ी, न जाने कितने नये विचारों की प्रणेता रमाबाई का जन्म ही मानो नवनिर्माण और सुधार के लिए हुआ था। सच्चे अर्थों में अगर किसी को 'सेल्फ़-मेड' कहा जा सकता है तो वह रमाबाई को। 'मेरे पास अपना एक दिमाग़ है और अपनी आज़ादी, जिसे मैंने मुश्किलों से हासिल किया है' रमाबाई को यह बात आत्म गौरव से भर देती थी।

यह सिर्फ़ रमाबाई के साथ नहीं हुआ कि उन्हें मुख्यधारा के इतिहास से बाहर कर दिया गया बल्कि और भारतीय ईसाइयों जैसे कमला सत्यानन्दन के साथ भी

हुआ कि उन्हें मुख्यधारा इतिहास से बाहर किया गया। इस अर्थ में रमाबाई पंडिता पर बात करना भारतीय समाज सुधारों के इतिहास में उन्हें सक्रिय एजेंट की तरह देखना है।[2] राष्ट्र की उनकी अवधारणा एक 'रिपब्लिकन नेशन'[3] की है जहाँ राजा और प्रजा नहीं, ऊँच और नीच नहीं, एकाधिकार और विशेषाधिकार नहीं, जहाँ 'मेरा वचन ही है शासन' नहीं। जहाँ सब जाति-उपजाति और जेंडर-भेद में बँटे हुए नहीं हों बल्कि देश में बसनेवाला हर इनसान बराबर हो। जहाँ इस बहस की गुंजाइश तक न हो कि फ़लाँ अधिकार बस फ़लाँ समुदाय के लिए सुरक्षित है। भारत के लोकतंत्र होने से कहीं पहले, जब राष्ट्रवाद असल में हिन्दू राष्ट्रवाद की शक्ल इख़्तियार कर रहा था, उस वक़्त एक लोकतांत्रिक व्यवस्था की कल्पना रमाबाई कर रही थीं। उनका ईसाई होना उनके अनुसार राष्ट्र से द्रोह नहीं था क्योंकि उनके राष्ट्र की संकल्पना में धर्म था ही नहीं। विवेकानन्द ने रमाबाई को ईसाई हो जाने के लिए 'विश्वासघाती' माना।[4] हिन्दू धर्म का त्याग करने के लिए बी.जी.तिलक ने भी उसे देश का द्रोही ही माना। बहुत-से लोग मानते रहे कि रमाबाई के मुख्यधारा परिदृश्य से ग़ायब हो जाने की प्रमुख वजह यही थी कि वह न केवल ईसाई हो गई थी बल्कि हिन्दू लड़कियों को भी उसने ईसाई बनाया था।

लेकिन असल में विश्वासघात तो रमाबाई के साथ उस ब्राह्मणवादी पितृसत्ता ने किया था जिसे एक स्वायत्त, सबल, समर्थ स्त्री फूटी आँख नहीं सुहाती थी। वह पितृसत्ता जो राष्ट्रवाद का एक हिन्दू संस्करण तैयार कर रही थी। जिस समय यह आख्यान रचा जा रहा था कि भारत में हिन्दू स्त्री पर अत्याचार मुस्लिम आक्रमणों की वजह से शुरू हुए और उससे पहले तो यहाँ स्त्रियों की पूजा होती थी और यहाँ देवता वास करते थे, उस समय 'मनुस्मृति' की आलोचना करते हुए रमाबाई लिख रही थीं स्त्री के बारे में सभी पुरुष कम या ज़्यादा मनु की बातों में विश्वास करते हैं, भले ही वह उनकी माता क्यों न हो, उसे झूठ जितना अपवित्र मानते हैं। वह मनु को उद्धृत करती हैं—

> दूसरे के घर में विचरण करती हुई मेरी माता अपतिव्रता होती हुई परपुरुष के प्रति लोभयुक्त हुई उससे दूषित माता के रजोरूप वीर्य को मेरे पिता शुद्ध करें, यही पादत्रय स्त्री के व्यभिचार का उदाहरण है (मनु ix, 19-20) ऐसा अविश्वास और सामान्यत: स्त्रियों की प्रकृति एवं चरित्र का इतना निम्न मूल्यांकन ही भारत में स्त्रियों को अलग रखने के रिवाज़ से जुड़ा है। ऐसे अनिष्टकर रिवाज़ मुस्लिम आक्रमण के साथ ज़्यादा विस्तृत और गहन अवश्य हुए, लेकिन इस बात से इनकार नहीं किया जा सकता कि ऐसे रिवाज़ छठी सदी से अस्तित्व में हैं। सभी पुरुषों को ('मनुस्मृति' के) नियमों द्वारा आदेश दिया गया कि वे स्त्रियों को सभी स्वतंत्रताओं से

> वंचित कर दें—पति आदि आत्मीय जनों को चाहिए कि रात-दिन स्त्रियों को अपने अधीन रखें। अनिषिद्ध विषयों में आसक्त होती हुई स्त्रियों को अपने नियंत्रण में करें।[5]

देश भी ऐसे ही एक नियंत्रण करनेवाले मर्द की तरह व्यवहार करता है। रख्माबाई का केस पूरी दुनिया देख रही थी। जिस तरह उसके पति के पक्ष में समाज इकट्ठा हो रहा था, ब्रिटिश अदालत स्त्री के पक्ष में फ़ैसला करने से डर रही थी यह सब मनु की ही बात को सच करता था कि स्त्री पुरुष की 'वैवाहिक सम्पत्ति'[6] है। जैसे घर के गाय, घोड़े, जानवर हैं, ऐसे ही स्त्री भी है। उसकी अपनी कोई इयत्ता नहीं है। अस्तित्व नहीं है। जैसे वह पुरुष की सम्पत्ति है ऐसे ही राष्ट्र की भी और इसलिए उसे भटकने न देना, भटकने पर बहिष्कार और अपमान देना राष्ट्र की ज़िम्मेदारी है। विवेकानन्द एक जगह लिखते हैं—

> हमारी औरतें भले ही बहुत पढ़ी-लिखी नहीं हैं, लेकिन वे अधिक पवित्र हैं।[7]

'हमारी औरतें-तुम्हारी औरतें' कहकर बात करने का दम्भ पितृसत्ता का आज और प्रखर है जब साम्प्रदायिकता ने चारों ओर सर उठा रखा है। हिन्दू-मुसलमान में बँटी हुई जनता कभी लव-जिहाद के शाब्दिक प्रपंचों से घिर जाती है, कभी-कभी आरम्भिक बर्बर कबीलों के आपसी युद्ध जैसी राजनीति से। रमाबाई पितृसत्ता के इस अहंकार को, जो स्त्री को सम्पत्ति की तरह निर्जीव वस्तु की तरह देखता है और स्त्री के अभिकर्तृत्व को छीन लेने पर सदा आमादा है, ख़ूब पहचानती थीं। मिसेज़ मार्क्स बी. फुलर की किताब 'द रॉन्ग्स ऑफ़ इंडियन विमेनहुड' की भूमिका लिखते हुए रमाबाई कहती हैं—

> सच बोलने के लिए बहुत साहस की आवश्यकता होती है जब आप जानते हैं कि पूरा राष्ट्र आपको नीचे गिराने के लिए आपके ख़िलाफ़ एक पुरुष के रूप में खड़ा हो जाएगा।[8]

इसलिए हैरानी नहीं होनी चाहिए कि अपने साथ होनेवाले ग़लत को जानते हुए भी भारतीय स्त्री उसके ख़िलाफ़ खड़ी नहीं हो सकती। वह स्पष्ट कहती हैं कि भारत में भी बहुत कम लोग जानते हैं कि असल में 'परदे' के पीछे का जीवन क्या है। भारतीय सुधारक स्त्री की वस्तुस्थिति के प्रति उदासीन हैं। भारतीय स्त्रियाँ स्वयं अपने पतन की सीमा नहीं जानतीं। वे भी जिन्होंने भयानक कष्ट सहे हैं, दुनिया को सच बताने से कतराती हैं, अवसर मिलने पर भी उन्हें अपने और अपने देश के दूसरे देशों की नज़र में कमतर साबित होने का भय रहता है। रमाबाई को एक युवा विधवा स्त्री बता रही थी कि वैधव्य के किन कष्टों से वह आशंकित रहती

है। एक और विधवा युवती जो यह सब सुन रही थी, वह बातचीत ख़त्म होते ही उसे दूसरे किनारे ले गई और ख़ूब ज़ोर-से डाँटा कि अपने परिवार और देश की बदनामी कर रही हो!

रमाबाई का देश-प्रेम किसी धार्मिक सत्ता के बनाए खाँचे में समानेवाला नहीं था। उसे जब अन्याय दिखा, उसने खुलकर ब्रिटिश शा़सन का विरोध किया। रमाबाई सम्भवत: वह पहली थीं जिसने हिन्दी को राष्ट्र की भाषा के रूप में स्वीकृत किए जाने की सिफ़ारिश की। भारत की ग़ुलामी, काले दासों की ग़ुलामी और स्त्रियों की ग़ुलामी को हमेशा समानान्तर रखकर देखने का साहस किया।

सावित्रीबाई फुले और ताराबाई शिन्दे की तरह रमा ब्राह्मणवादी पितृसत्ता के दोगलेपन पर लगातार निशाना साध रही थीं। जब उनके अकाल राहत कार्य में तथाकथित हिन्दू राष्ट्रवादी तबका मदद करने की जगह चोट करने के मौक़े तलाश रहा था। वह लिखती हैं—

> वे उन चन्द स्त्रियों के लिए शोक मनाते हैं जिनमें अपने को स्वतंत्र स्त्री घोषित करने और अपने विवेक के अनुसार चलने का साहस है, लेकिन वे उन हज़ारों लोगों के बारे में कुछ नहीं कहते जो हर साल मर जाते हैं या शर्मनाक जीवन जीते हैं।[9]

रमाबाई को एक सपोर्ट-सिस्टम ईसाई समुदाय में मिला। जब वह भारत लौटी थी तो उसे उम्मीद थी कि इस काम में अपने देशवासी मदद करेंगे, लेकिन स्थितियाँ ही उलट गईं। यह सपोर्ट-सिस्टम मिला तो एनीबेसेंट को, क्योंकि उन्होंने हिन्दू धर्म में अपना विश्वास दिखाया। भारत में लड़कियों की शिक्षा में उन्होंने 'महाभारत' और 'रामायण' के साथ 'मनुस्मृति' की शिक्षा को ज़रूरी माना।[10]

एक स्त्री के लिए राष्ट्र का वही अर्थ नहीं हो सकता जो उनके लिए होता है जो 56 इंच के सीने की जय-जयकार करते हैं, हिंसा के चरणों में श्रद्धा से झुक जाते हैं, जिनका धर्म छल का दूसरा नाम है। स्त्री को अपना सच कहते हुए धर्म, क़ानून, राष्ट्र जैसी महान संस्थाओं से हमेशा उलझना पड़ा है, पड़ेगा मानो रमाबाई भी यह जताना चाहती थी कि चुनने की छूट दी जाए तो लड़कियाँ कभी तुम्हारा धर्म न चुनें! लेकिन हिन्दू धर्म की तमाम उचित आलोचनाओं से सहमत होने के बावजूद शायद ही कोई रमाबाई की इस बात से सहमत होता कि 'भारत की स्त्रियों की स्थिति सुधारने के लिए असली उपाय क्राइस्ट का सन्देश ही है' होतीं वह आज तक भी कहतीं कि चुनने की छूट हो तो कोई औरत कोई धर्म न चुने। दमन न चुने। अपमान और अन्याय न चुने। हिन्दू धर्म से बौद्ध धर्म की राह लेनेवाली

थेरियाँ भी बार-बार मुक्ति का उत्सव मनाती हैं! मुत्ता थेरी कहती है—आह मैं मुक्त हुई, मैं कितनी अच्छी तरह विमुक्त हुई! संकीर्ण सोच और रूढ़िवादी परम्पराओं वाले समाजों में औरत की मुक्ति का रास्ता धर्म तक ही जाता था। अपनाया तो डॉ. अम्बेडकर ने भी बौद्ध धर्म को अन्त समय में। धर्म की ही सत्ता को ख़ारिज करने की जगह। कुमारी जयवर्द्धन अपनी किताब 'व्हाइट वुमंस अदर बर्डन' में लिखती हैं कि रमाबाई राष्ट्रीय आन्दोलन में महिलाओं का एक शक्तिशाली नेतृत्व कर सकती थीं, लेकिन उन्होंने स्वयं अपनी सम्भावनाएँ सीमित कर लीं। बाइबल अनुवाद में अपने को खपा देना और अपने कार्यक्षेत्र के दायरे को संकीर्ण कर लेना था। क्या यह किसी तरह की निराशा थी अपने समय और समाज के प्रति उपजी या वे संस्कार थे जो पिता से मिले थे कि अन्तिम लक्ष्य मुक्ति है और उसका रास्ता धर्म से होकर जाता है? जयवर्द्धन यह भी लिखती हैं कि सब कुछ के बावजूद ईसाइयत एक बहाना भर था रमाबाई को मुख्यधारा से दूर कर देने का।

असल में रमा रोम-रोम से एक स्त्रीवादी थीं। उनका स्त्रीवाद जाति, धर्म, नस्ल और राष्ट्रीयताओं के इंटरसेक्शन पर खड़ा हुआ। अमेरिका प्रवास पर लिखी किताब नस्लीय और जातिगत भेदभाव पर बात करती है। एक जगह वह लिखती हैं—'अमेरिकी पुरुष हमारे देश के पुरुषों की तरह ही बेशर्म होते हैं।'

> वे कहते हैं, "हम अपने घरों का भरण-पोषण करते हैं और अपनी पत्नियों का भरण-पोषण अपने दैनिक परिश्रम से करते हैं और पसीना बहाते हैं।" पुरुष दिन में आठ, दस या अधिकतम बारह घंटे काम करते हैं, लेकिन महिलाओं को पुरुषों की सेवा के लिए प्रतिदिन सोलह या सत्रह घंटे के लिए नारे लगाने पड़ते हैं लोक, बच्चों का ध्यान रखें और घर के काम करें। मज़दूरों की पत्नियाँ, किसान, और अन्य व्यवसायों में लगे पुरुष अपने घरों और बच्चों की देखभाल करते हैं पहला; इसके अलावा, वे अपने पतियों के काम को समान रूप से साझा करती हैं और उनकी मदद करती हैं। बावजूद इन सब में से पत्नी को पारिवारिक आय का कोई अधिकार नहीं है।[11]

रमाबाई ने परिवार मूल्यों पर कम और स्त्री की स्वायत्ता पर अधिक बल दिया। कह सकते हैं कि उन्होंने एकल परिवार को मान्यता दी। घर ही हो तो ऐसा जहाँ दमन न हो, शोषण न हो, जहाँ स्त्री अपने मन का कर सके, जैसे चाहे वैसे रहे, मालकिन हो उसकी जहाँ उसका शासन चलता हो। आज भी ऐसे विचार बेहद रैडिकल कहे जाते हैं उस समय यह सब कह सकने की बड़ी क़ीमत चुकाई थी रमाबाई ने। धीरे-धीरे वह रैडिकल होती भी गई स्त्री मुद्दों पर। समाज में आमूलचूल

परिवर्तन की हिमायती, ऐसे रैडिकल लोग जो ज़रा-ज़रा-सा इधर-उधर खिसककर अपने लिए जगह बनाने की बजाय संरचनाओं से टकराते हैं, अक्सर अपने समय और समाज में अव्यावहारिक दिखाई देते हैं। पढ़ाई और नौकरी रमाबाई के हिसाब से ये दो चीज़ें औरत के जीवन में सबसे महत्त्वपूर्ण थीं। वह लिखती हैं—

> पुरुष समाज-कहता है, "पुरुष पत्नियों का पेट भरने और कपड़ों के लिए पैसे कमाने के लिए वास्तव में कड़ी मेहनत करते हैं। ओह, वे अपनी पत्नियों पर कितना उपकार करते हैं!" पत्नी के न होने पर घर, काम करने के लिए कम-से-कम दो या तीन नौकरों को नियोजित करने की आवश्यकता होगी जो वह अकेले करती है; और उन्हें मज़दूरी का भुगतान भी करना होगा। नौकरों को कुछ न करने के लिए खिलाया नहीं जाता है और न ही उन्हें अपने स्वामी के लिए बाध्य कहा जा सकता है, लेकिन एक पत्नी, भले ही वह दस नौकरों का काम करती हो, वह बाध्य है। इसलिए कि पति उसे खिलाता है![12]

दुनिया का सबसे पहला वर्ग विभाजन श्रम के आधार पर स्त्री-पुरुष का लैंगिक विभाजन है। समाजवादी स्त्रीवादियों ने यह सवाल प्रखरता से उठाया था कि स्त्री के घरेलू श्रम का किस तरह अवमूल्यन कर दिया गया। घर की स्त्री का श्रम श्रम है ही नहीं जैसे। उसका मूल्य तभी पता लगता है अगर उस काम को करने के लिए किसी को भुगतान करना पड़े। उस दौर में जब राष्ट्रीय आन्दोलन में शामिल स्त्रियाँ भी स्त्री को पुरुष की अनुगामिनी ही मान रही थीं और उसके माता रूप को ही प्रमुखता से सामने रखा जा रहा था, यहाँ तक कि भारत माता का बिम्ब भी एक ऐसी ही त्यागमयी, ममतामयी सवर्ण हिन्दू स्त्री से मेल खाता था जिसका अपना कोई जीवन और स्वतंत्र अस्मिता न हो; ऐसे में रमाबाई स्त्री को एक नागरिक के रूप में देखने की कोशिश कर रही थी। उन्होंने लिखा—

> उन्हें (स्त्रियों को) कोई सामाजिक या राजनीतिक स्वतंत्रता प्राप्त नहीं है। क्या उन्हें विधवापन या ग़रीबी का दुर्भाग्य भुगतना चाहिए क्योंकि उनके पास इसके अलावा कोई सहारा नहीं है कि वे सिलाई, खाना पकाना, घरेलू सेवा, या इसी तरह के गौण काम करें या अपनी इच्छा के विरुद्ध विवाह या पुनर्विवाह करें। इस देश के क़ानून का कोई संज्ञान नहीं लेते। औरतें दासों की तरह मर्दों की क़ैदी हैं। राजनीतिक मामलों में और क़ानून के आगे भी इसका कोई अपवाद नहीं, केवल सामाजिक में जीवन अपवाद हो सकता है, हालाँकि वह भी बहुत ही दुर्लभ है।[13]

स्त्रियाँ जो ख़ुद को ही दोयम समझने के लिए अनुकूलित हो चुकी हैं और जो

मानती हैं कि जैसा चल रहा है, वही उनके लिए ठीक है, वे राजनीति में वस्तुस्थिति को, 'स्टेट्स को' कैसे चुनौती दें? कौन-सा सपोर्ट-सिस्टम होगा जो उन्हें राजनीतिक रूप से एक बराबर का मनुष्य हो सकने के लिए मदद करेगा? एक प्रमुख सवाल यह है कि राजनीति में एक फ़ेमिनिस्ट के लिए आज भी नेतृत्व करने की गुंजाइश है?

आज जब एक महिला जज यह कहे कि स्त्री के लिए पितृसत्तात्मक सपोर्ट-सिस्टम अनिवार्य है और कहे कि स्त्री को संयुक्त परिवार में रहना चाहिए ताकि उन्हें परिवार के वरिष्ठ पुरुषों का समर्थन मिले; इस समर्थन की शर्त भी बताए कि स्त्रियाँ एडजस्ट करें और 'मेरा समय' 'मेरी ज़रूरत' जैसी बातें न करें; आज जब किसी अदालत के प्रांगण में मनु की मूर्ति लगा दी जाती है और हम मौन देखते रह जाते हैं, आज जब स्त्रियों के ख़िलाफ़ अपराध बढ़ते ही जा रहे हैं, राजनीति में मर्दवाद का बोलबाला है, तब हम समझ सकते हैं कि रमाबाई जैसी फ़ेमिनिस्ट की कितनी सख़्त ज़रूरत है।

सन्दर्भ

1. देखें, पृ. 103, इंडियन लेडीज़ मैगज़ीन, डेबोराह आना लोगन में 1901 के ILM के पंडिता रमाबाई पर केन्द्रित विशेष अंक से उद्धृत
2. देखें, पृ. 21, द इमर्जेंस ऑफ़ फ़ेमिनिज़्म इन इंडिया, पद्मा अनागोल, रूटलेज़, 2005
3. देखें, पृ. 76, पंडिता रमाबाईज़ अमेरिकन एनकाउंटर्स, द पीपल ऑफ़ द युनाइटेड स्टेट्स (1889, पंडिता रमाबाई) सं. मीरा कोसाम्बी
4. देखें, पृ. 337, पंडिता रमाबाई हर लाइफ़ ऐंड टाइम्स, उमा चक्रवर्ती, ज़ुबान बुक्स, काली फ़ॉर वुमन, 1998
5. देखें, पृ. 94, द लाइफ़ ऑफ़ हाई कास्ट हिन्दू वुमन, पंडिता रमाबाई, फ़िलाडेल्फ़िया, 1888
6. देखें, पृ. 60, द लाइफ़ ऑफ़ हाई कास्ट हिन्दू वुमन, पंडिता रमाबाई, फ़िलाडेल्फ़िया, 1888
7. देखें, पृ. 187, डेबोराह आना लोगन,
8. देखें, पृ. 11, द रॉन्स ऑफ़ इंडियन वुमनहुड, मार्कस बी. फुलर, फ़्लेमिंग एच. रेवेल कम्पनी, पब्लिशर ऑफ़ एवांजलिकल लिटरेचर, न्यूयॉर्क, 1900
9. देखें, पृ. 313, द लेटर्स ऐंड कॉरेस्पॉन्डेंस ऑफ पंडिता रमाबाई, ए.बी. शाह (सं.)
10. देखें, पृ. 74, स्पीचिज ऐंड राइटिंग्स ऑफ़ एनीबेसेंट, एनी बेसेंट, जी.ए. नाटेरान ऐंड कम्पनी, मद्रास, 1921
11. देखें, पृ. 213, पंडिता रमाबाईज़ अमेरिकन एनकाउंटर्स, द पीपल ऑफ़ द यूनाइटेड स्टेट्स (1889, पंडिता रमाबाई) सं. मीरा कोसाम्बी
12. देखें, पृ. 214, वही
13. देखें, पृ. 167, वही

सन्दर्भ सूची

1. अनागोल, पद्‌मा, द इमर्जेंस ऑफ़ फ़ेमिनिज़्म इन इंडिया, रूटलेज़, 2005
2. ओ'हैनलोन, रोज़ालिंड, अ कम्पैरिज़न बिटवीन वुमन ऐंड मैन, ताराबाई शिन्दे ऐंड द क्रिटिक ऑफ़ जेंडर रिलेशंस इन कलोनियल इंडिया, ऑक्सफ़ोर्ड यूनिवर्सिटी प्रेस, 1994
3. कर्वे, डी.डी. (चयन व अनुवाद) द न्यू ब्राह्मंस : फाइव महाराष्ट्रियन फ़ैमिलीज़, यूनिवर्सिटी ऑफ़ कैलिफोर्निया प्रेस, 1963
4. कानितकर, काशीबाई, फ़ेमिनिस्ट विज़न ऑर ट्रीज़न अगेंस्ट मेन, अनुवाद और भूमिका—मीरा कोसाम्बी, परमानेंट ब्लैक, 2008
5. केलकर, एन.सी., लाइफ़ ऐंड टाइम्स ऑफ़ लोकमान्य तिलक, अनु. डी.वी.दिवेकर, एस. गनेशन पब्लिशर, मद्रास, 1928
6. कुबेर, गिरीश, रेनेसाँ स्टेट, हार्पर कॉलिंस, 2021
7. कोसाम्बी, मीरा (सं.) राम रामास्वामी, माधवी कोल्हत्कर, अबन मुखर्जी, (सं.) अ फ्रैगमेंटेड फ़ेमिनिज़्म द लाइफ़ ऐंड लेटर्स ऑफ़ आनन्दीबाई जोशी, रूटलेज़, 2020
8. कोसाम्बी, मीरा, पंडिता रमाबाई : लाइफ़ ऐंड लैंडमार्क राइटिंग्स, रूटलेज़, 2016
9. कोसाम्बी, मीरा, मल्टिपल कंटेस्टेशंस: पंडिता रमाबाईज़ एजुकेशनल ऐंड मिशनरीज़ एक्टिविटीज़ इन लेट नाइंटींथ सेंचुरी, विमेंस हिस्ट्री रिव्यू, रूटलेज़, ऑनलाइन प्रकाशन, 19 दिसम्बर, 2006
10. कोसाम्बी, मीरा, मदरहुड इन ईस्ट वेस्ट एनकाउंटर, , फ़ेमिनिस्ट रिव्यू नं. 65, ग्रीष्म 2000, रूटलेज़
11. खरे, डॉ. सुभाष (सं.) डिवोटीज़ ऑफ़ क्राइस्ट, सम विमेन पायनियर्स ऑफ़ द इंडियन चर्च, डी.एस. बैटली, लन्दन, ज़नाना मिशनरी सोसायटी, 1937
12. महात्मा जोतीराव फुले यांचे समग्र वाङ्मय, सुधीर प्रकाशन, वर्धा, महाराष्ट्र, 2020 (मराठी)
13. गनाचारी, अरविन्द, नेशनल ऐंड सोशल रिफ़ॉर्म इन कोलोनियल सिचुएशन, कल्पाज़ पब्लिकेशन, नई दिल्ली, 2005
14. गनाचारी, अरविन्द, द रेशनल रिफ़ॉर्मर गोपाल गणेश अगरकर, पॉपुलर प्रकाशन, मुम्बई, 2005
15. गार्डनर, सी.ई., लाइफ़ ऑफ़ फ़ादर गोरे, लॉन्गमैन ग्रीन ऐंड कम्पनी, लन्दन, 1900
16. गेट्स, कैथरीन वैन अकिन, (मराठी से अनुवाद और रूपान्तरण), हिमसेल्फ़ द ऑटोबायोग्राफ़ी

ऑफ़ अ हिन्दू लेडी, लॉन्गमैंस ग्रीन ऐंड कम्पनी, न्यूयॉर्क, 1938
17. चक्रवर्ती, उमा, रीराइटिंग हिस्ट्री, द लाइफ़ ऐंड टाइम्स ऑफ़ पंडिता रमाबाई, ज़ुबान, 1998
18. जयवर्द्धन, कुमारी, द वाइट वुमंस अदर बर्डन, रूटलेज़, 1995
19. डायर, हेलेन एस. पंडिता रमाबाई अ ग्रेट लाइफ़ इन इंडियन मिशन, पिकरिंग ऐंड इंगलिस, लन्दन, ग्लास्गो, (प्रकाशन वर्ष मुद्रित नहीं)
20. डायर, हेलेन एस., पंडिता रमाबाई : द स्टोरी ऑफ़ हर लाइफ़, फ़्लेमिंग एच. रेवेल कम्पनी, 1900
21. डाल, कैरोलीन हेली, लाइफ़ ऑफ़ आनन्दीबाई जोशी, रॉबर्ट्स ब्रदर्स, बॉस्टन, 1888
22. तिलक, देवदत्त नारायण, महाराष्ट्राची तेजस्विनी व्हाइट लाइट पब्लिकेशन, पुणे, 1960 (मराठी)
23. दांडेकर, दीप्रा, बाबा पद्मनजी, वर्नाकुलर क्रिश्चिएनिटी इन कोलोनियल इंडिया, रूटलेज़, 2021
24. दांडेकर, दीप्रा, बाबा पद्मनजी, वर्नाकुलर क्रिस्चिएनिटी इन कोलोनियल इंडिया, रूटलेज़, लन्दन, न्यूयॉर्क, 2021
25. धर्मवीर, आचार्य, आचार्य विरजानन्द दैवकरणि (सं.) महर्षि दयानन्द सरस्वती के कुछ हस्तलिखित पत्र, वैदिक पुस्तकालय, अजमेर, 2017
26. नरके, प्रो. हरि (सं.) आम्ही पाहिलेले फुले नामक मराठी किताब में संकलित गोपाल गणपत काले का लेख 'दांडगे वाचन करणारे तात्यासाहेब', महात्मा जोतीराव फुले चरित्र साधने प्रकाशन समिति, महाराष्ट्र शासन, मुम्बई, 11वाँ संस्करण, 2018
27. नाग, कालिदास (सं.), बेथुने स्कूल ऐंड कॉलेज, सेंटेनरी वॉल्यूम 1849-1949, श्री सरस्वती प्रेस, कलकत्ता, 1951
28. पटवर्द्धन, नन्दिनी, रैडिकल स्पिरिट्स, इंडियाज़ फ़र्स्ट वुमेन डॉक्टर्स ऐंड हर अमेरिकन चैम्पियंस, स्टोरी आर्टिसन प्रेस, 2020
29. पाल, बिपिन चन्द्र, माई लाइफ़ ऐंड टाइम्स इन द डेज़ ऑफ़ माई यूथ (1857-1884) मॉडर्न बुक एजेंसी, कलकत्ता 1932
30. बर्टन, एंटोयनेट, एट द हार्ट ऑफ़ एम्पायर, यूनिवर्सिटी ऑफ़ कैलिफोर्निया प्रेस, 1998
31. बेसेंट, एनी, एनीबेसेंट एन ऑटोबायोग्राफ़ी, इनसाइट पब्लिक से पहला संस्करण, केरल, भारत, 2020
32. बेसेंट, एनी, स्पीचिज़ ऐंड राइटिंग्स ऑफ़ एनीबेसेंट, जी.ए. नाटेसन ऐंड कम्पनी, मद्रास, 1921
33. मनोरमाबाई, रमाबाई पंडिता अ विडोज़ फ्रेंड, पूना
34. मैकेनिकल, निकल, बिल्डर्स ऑफ़ मॉडर्न इंडिया, पंडिता रमाबाई, , दूसरा संस्करण, एसोसिएशन प्रेस (वाय.एम.सी.ए.) कलकत्ता, 1930
35. मैक्समूलर, माई इंडियन फ्रेंड्स, लॉन्गमैंस, ग्रीन ऐंड कम्पनी, लन्दन, बॉम्बे, 1899
36. रख्माबाई, स्त्री अधिकार और क़ानून, सुधीर चन्द्र, राजकमल प्रकाशन, 2012
37. रमाबाई सरस्वती, पंडिता, द हाई कास्ट हिन्दू वुमन, फ़िलाडेल्फ़िया, 1888
38. रमाबाई, पंडिता, ए टेस्टीमनी, रमाबाई मुक्ति मिशन, केड़गाँव, 1907

39. ली ग्लोवर, सुसैन, ऑफ़ वॉटर ऐंड ऑफ़ स्पिरिट, द बैप्टिज़्म ऑफ़ पंडिता रमाबाई सरस्वती, पी-एच.डी. थीसिस, स्कूल ऑफ़ स्टडीज़ इन रिलिज़न, यूनिवर्सिटी ऑफ़ सिडनी, नवम्बर 1995.
40. लेटर्स ऑफ़ स्वामी विवेकानन्द, अद्वैत आश्रम, मायावती, ई बुक, indianculture.gov.in
41. लोगन, डेबोराह आना इंडियन लेडीज़ मैगज़ीन, 1901-1938, , ली-हाई यूनिवर्सिटी प्रेस, 2017
42. विमलकीर्ति, एल.जी. मेश्राम (सं.) महात्मा जोतिबा फुले रचनावली, राधाकृष्ण पेपरबैक्स, 2019
43. व्हाइट, कीथ जे., लेट द अर्थ हियर हर वॉइस, , W0TL पब्लिकेशन, यूनाइटेड किंगडम, 2022
44. शाह, ए.बी. (सं.), द लेटर्स ऐंड कॉरेस्पॉन्डेंस ऑफ़ पंडिता रमाबाई, सिस्टर जेरल्डीन द्वारा संकलित, महाराष्ट्र स्टेटबोर्ड फ़ॉर लिटरेचर ऐंड कल्चर, बॉम्बे, 1977
45. शिन्दे, ताराबाई, स्त्री-पुरुष तुलना, मराठी से अनु. जुई पालेकर, संवाद प्रकाशन, 2015
46. सारदा, हर बिलास, लाइफ़ ऑफ़ दयानन्द सरस्वती, वैदिक यंत्रालय, अजमेर, संवत् 1946
47. सिंह, अमरदीप, वेल्ड स्ट्रेंजर्स, रवीन्द्रनाथ टैगोर्स अमेरिका इन ट्रेवल ऐंड लेटर्स, जर्नीज़, इंटरनेशनल जर्नल ऑफ़ ट्रेवल ऐंड ट्रेवल राइटिंग, वॉल्यूम-10, अंक-1
48. सुजाता, दुनिया में औरत, राजपाल ऐंड संस, नई दिल्ली, 2022
49. सेनगुप्ता, पद्मिनी, पंडिता रमाबाई सरस्वती : हर लाइफ़ ऐंड वर्क, एशिया पब्लिशिंग हाउस, बम्बई
50. सोराबजी, रिचर्ड ओपनिंग डोर्स, द अनटोल्ड स्टोरी ऑफ़ कॉर्नेलिया सोराबजी, आई.बी. टॉरिस कं.प्रा.लि., लन्दन, 2010
51. हंटर, डब्ल्यू.डब्ल्यू., इंग्लैंड्स वर्क इन इंडिया, द क्रिश्चियन वर्नाकुलर सोसायटी मद्रास, 1888
52. हुक्स, बेल, फ़ेमिनिस्ट थ्योरी : फ्रॉम मार्जिन टू सेंटर, साउथ ऐंड प्रेस, 1984, पृ. 5
53. फोर्ब्स, जेरल्डीन, विमेन इन मॉडर्न इंडिया
54. टैगोर, रवीन्द्रनाथ, रवीन्द्रनाथ टैगोर रचनावली, खंड-12, विश्वभारती संस्करण

पत्रिकाएँ और रिपोर्ट्स

1. मुक्ति प्रेयर बेल, फ़रवरी, 1916, केड़गाँव
2. 1919 की रमाबाई एसोसिएशन की रिपोर्ट
3. 1907 की रमाबाई एसोसिएशन को भेजी मनोरमा की रिपोर्ट
4. मुक्ति किरण, 1899-1999 का चर्च सेंटेनरी संस्करण, मुक्ति मिशन, केड़गाँव
5. 1907 की रमाबाई एसोसिएशन को भेजी मनोरमा की रिपोर्ट
6. 1904 की रमाबाई एसोसिएशन बैठक में रमाबाई की रिपोर्ट
7. रमाबाई एसोसिएशन की रिपोर्ट 1904
8. पंडिता रमाबाई की डेढ़ सौवीं जयन्ती पर 'मुक्ति किरण' का विशेष संस्करण, 2008
9. भारतीय नेशनल कांग्रेस के पाँचवे अधिवेशन की रिपोर्ट, 1889

अख़बार

1. https://timesofindia.indiatimes.com/city/pune/of-leisure-and-history/articleshow/5125267.cms
2. https://www.hindustantimes.com/cities/pune-news/sutradharas-tales-sarasbaug-and-hirabaug-remind-us-of-visages-of-18th-century-pune-101635332137699.html

हायपर लिंक

1. https://collections.library.yale.edu/catalog/16919740
2. https://dspace.gipe.ac.in/xmlui/handle/10973/17954

परिशिष्ट

स्वामी दयानन्द तथा रमाबाई का पत्र-व्यवहार

पत्र-69

स्वस्ति, श्रीमती श्रेष्ठोपमार्हा श्रुतशास्त्रा विद्याभ्यासापन्ना श्रीयुत रमा के प्रति दयानन्द सरस्वती स्वामी के आशीर्वाद अतिशय करके हों। यहाँ कल्याण है आशा है कि आप भी वहाँ सदा कल्याण से वर्द्धित हो रही होंगी।

संस्कृतविद्या का अभ्यास की हुई आपकी कीर्ति सुनकर मन में आनन्द हुआ। श्रीमती पर पत्र द्वारा अपना अभिप्राय प्रकाश कर आपका भी अभिप्राय इसी प्रकार जानना चाहता हूँ। आशा है कि आप शीघ्र अपना अभिप्राय प्रकाश कर मुझे अलंकृत कीजिएगा।

अब और आगे आप क्या-क्या करना चाहती हैं। जैसे लोकश्रुति है कि आप ब्रह्मचारिणी हो क्या यह ऐसा है वा नहीं। आप जहाँ-तहाँ सभाओं में सुशोभित, शास्त्रोक्त लक्षण और प्रमाणों से युक्त और विद्वान् जनों के आह्लाद करने वाली वक्तृताओं को करती हैं यह ठीक है वा नहीं। मैंने सुना है कि आप विवाह के लिए स्वयंवर विधि से अपने तुल्य गुण-कर्म स्वभाव वाले कुमार उत्तम पुरुष को ढूँढ़ रही हैं यह सत्य है वा नहीं? क्या विवाह करने के बिना ब्रह्मचर्य में रहना अशक्य है?

जैसे आर्यावर्तीय सती विदुषी गार्गी आदि कुमारियों के ब्रह्मचर्य में स्थित होकर स्त्रीजनों को जितना सुख लाभ प्राप्त कराया है वैसा उतना सुख आप विवाह करने पर अनेक प्रतिबन्धों के कारण प्राप्त नहीं करा सकेंगी। ऐसा होने पर आपकी क्या इच्छा है कि स्वसमान वर पुरुष को प्राप्त कर विवाह करें और जैसे अनेक स्त्रियाँ सन्तानोत्पत्ति पालन स्वगृहकृत्य के अनुष्ठान में प्रवृत्त होती हैं वैसे आप भी प्रवृत्त हों वा यह इच्छा है कि कन्याओं को पढ़ाएँ और स्त्रियों को सुशिक्षित करें। श्रीमती बंगदेश में रहकर और स्थानों पर यात्रा नहीं करतीं इसमें क्या कारण है? मेरा निश्चय है कि जितना उपकार सर्वत्र गमन-आगमन से हो सकता है उतना एक स्थान में रहने से नहीं हो सकता।

यदि यहाँ आने की इच्छा हो तो आ जाइए, इस यात्रा में जितना धन व्यय रास्ते में होगा उतना आपको यहाँ मिल जाएगा। यदि यहाँ आना हो तो चलने से पूर्व पत्र द्वारा समय की सूचना दें अत: यहाँ आपकी स्थिति के लिए स्थान आदि का प्रबन्ध हो जाए। यदि श्रीमती की इच्छा हो कि सर्वत्र उपदेश के लिए यात्रा करें तो आर्यावर्त में सर्वत्र यात्रा के अर्थ और योगक्षेम के लिए इस स्थान के निवासी आर्यपुरुष आपको धन दे सकते हैं। इसमें कुछ भी शंका नहीं।

यदि आप पत्र भेजें अथवा आएँ तो निम्नालिखित स्थान की सूचना के अनुसार पत्र भेजें वा आप सकती हैं। विदुषी के प्रति अधिक लेख से क्या?

(मेरठ छावनी बाबू छेदीलाल गुमास्ते कमसरयट के द्वारा स्वामी दयानन्द सरस्वती जी के पास पहुँचे। परन्तु इतना लिखना बहुत है कि (मेरठ स्वामी दयानन्द सरस्वती) बराबर पहुँचेगा।)

संवत् 1936 वर्ष, आषाढ़मास, शुक्लपक्ष, पष्ठी तिथि, शनिवार को यह मान्यवर्द्धक शिवपत्र लिखा गया।

पत्र-72

श्रीमती अनवद्या और अभ्यास की हुई उत्तम विद्या के अलंकार से शोभिता, भारतवर्षीय वर्तमान समय की स्त्रीजनों के मूर्खत्व आदि कलंक के निवारण के लिए द्रष्टान्तस्वरूपा, सत्त्व सुजनता आर्द्रता और सभ्य आर्य विद्वानों से वरने योग्य स्वभाव युक्त अपने अभिप्राय को लेख द्वारा प्रकाशिका, प्रिय और वर मन युक्ता श्रीयुता रमा के प्रति दयानन्द सरस्वती स्वामी के आशीर्वाद अतिशय करके हों।

यहाँ कल्याण है आपके कल्याण की नित्य आशा करता हूँ। जो आपका प्रेमास्पद आनन्दप्रद पत्र मिला उसके देखने से अतीव सन्तोष हुआ, श्रीमती को थोड़ा सा कष्ट देता हूँ उसे क्षमा करेंगी। हमें बड़ा आश्चर्य होता है कि आनन्दवर्द्धन के लिए आपके प्रति पत्र भेजा गया उसके प्रत्युत्तर में आया हुआ पत्र आते ही हर्ष और शोक का करने वाला हमें अनुभव क्यों हुआ। कौन है जो श्रीमती के आर्जव लेख को देखकर सुखी न हो और श्रीमती के भाई का मरण सुनकर दुखी न हो? परन्तु ऐसा होने पर भी इस अशक्य सांसर्गिक संयोगवियोगात्मक जन्ममरणस्वरूप लोकव्यवहार में आप श्रीमती को शोक करना योग्य नहीं हैं।

श्रीमती का जन्म कहाँ का है? आयु कितनी है? आपका अधीत और श्रुत क्या-क्या है? संस्कृत और आर्यावर्तीय भाषाओं के अतिरिक्त किसी अन्य देशभाषा का आपने अभ्यास किया है वा नहीं? आपका निज गृह कहाँ है और अभिजन (वंश के लोग) कहाँ रहते हैं? माता, पिता विद्यमान हैं वा नहीं? जो भाई मर गया है उससे अतिरिक्त बड़े-छोटे भाई और बहिनें हैं वा नहीं? जो मर गया है वह आपसे

बड़ा था वा छोटा? अब आप निर्दोष के पास स्वजातीय पुरुष वा कोई स्त्री अथवा एकाकिनी हैं?

अहो हम आश्चर्य में हैं कि हमारा पत्र काकतालीय न्याय की भाँति किस प्रकार सुख-दु:ख का सूचक हुआ! परन्तु इस विचार से हमको सन्तोष है कि आप में जो विद्वानों से सत्कार के योग्य हैं, शोक का लेश भी नहीं ठहर सकता।

यदि मार्गव्यय के लिए धन की अपेक्षा है तो शीघ्र सूचित कीजिए कि कितना धन वहाँ भेजा जावे आपको ऐसी शंका वा लज्जा नहीं करनी चाहिए कि पूर्व परिचय के बिना किस प्रकार आप धन के लिए लिखें। यदि अपने पास है तो लिखना योग्य नहीं, जैसे मैंने पूर्व पत्र में लिखा है वैसे ही आपको यहाँ आने पर मिल जावेगा। हे निर्दोष! इसी प्रकार कार्य हो।

जैसे आपने अपने शुभ आगमन की सूचना दो प्रकार की लिखी है यदि उनमें से पहली प्रतिज्ञा यह है कि मास के पीछे, यदि इस वचन के अनुसार आना शक्य हो तो यह नियोजना अत्यन्त श्रेष्ठ है। मैं भी 25 दिन तक ठहरना चाहता हूँ। यदि आप इस समय के बीच आवेंगी तो मेरा समागम होगा, इसके पीछे जहाँ जाऊँगा उसकी सूचना श्रीमती को लिखूँगा। इति। विदुषी विचक्षणा के प्रति अधिक लेख से अलम्।

1937 आषाढ़ मास शुक्लपक्ष पूर्णमासी बुधवार को [यह पत्र] लिखकर अलंकृत किया गया।

*(स्रोत : महर्षि दयानन्द सरस्वती के हस्तलिखित पत्र, सम्पादन व अनुवाद—
आचार्य धर्मवीर, आचार्य विरजानन्द, पृ. 236-37 और 249-50)*

रमाबाई का भाषण सुनने के बाद टैगोर का लेख

कल रात विख्यात विदुषी रमाबाई का एक वक्तव्य सुनने गया था। बहुत सारी महाराष्ट्रियन महिलाओं के बीच एक श्रृंगारविहीन, ज़ेवरविहीन, गोरी पतली कमर सफ़ेद मूर्ति गौरी स्वरूपा (पार्वती जैसी) रमाबाई को देखकर उनकी तरफ़ स्वयं ही आकर्षण हो आया। रमाबाई ने अपने वक्तव्य में कहा कि महिलाएँ मदिरापान को छोड़कर सभी दृष्टिकोण से पुरुषों के समकक्ष हैं। तुम क्या सोचती हो महिलाएँ यदि हर दृष्टि से पुरुषों के समान हैं, तब तो पुरुषों पर विधाता ने ज़बरदस्त अन्याय और उनके साथ अविचार किया है। क्योंकि मैं ऐसा मानता हूँ कि बहुत-सी चीज़ों में महिलाएँ पुरुषों से श्रेष्ठ हैं, इसमें कोई शंका नहीं। जैसे कि रूप-सौन्दर्य और उनके हृदय की कोमलता। इसके बाद यदि पुरुषों के सभी गुण स्त्रियों में समान रूप से समाहित हैं तो समाज में हम पुरुषों का सम्मान कैसे होगा? प्रकृति ने सभी विषयों में एक लॉ ऑफ़ कॉम्पंसेशन अर्थात् क्षतिपूर्ति का नियम बना रखा है। जैसे शारीरिक शक्ति हम पुरुषों में ज्यादा है तो सौन्दर्य में महिलाएँ श्रेष्ठ हैं; हम पुरुष जैसे दिमाग़ से श्रेष्ठ हैं, महिलाएँ हृदय की कोमलता में श्रेष्ठ हैं और यही कारण है कि स्त्री-पुरुष दोनों ने साथ मिलकर समाज के सन्तुलन को बनाए रखा है। महिलाओं में पुरुषों की अपेक्षा बुद्धि की अल्पता होने के कारण उनकी पढ़ाई-लिखाई बन्द कर दी जाए। ऐसा कोई नहीं चाहेगा। ठीक वैसे ही जैसे पुरुषों में स्त्रियों की अपेक्षा दयाभाव या प्रेम एवं कोमलता कम होती है। इस वजह से इन्हें कोई हृदयहीन नहीं कह सकता। स्त्रियों की शिक्षा जरूरी है, इस बात को कहने के लिए यह कहना ज़रूरी नहीं कि स्त्रियाँ पुरुषों से ज़्यादा बुद्धिमान होती हैं। मुझे ऐसा लगता है कि कविता लिखने के लिए कवि होने के लिए, ढेर सारी शिक्षा की कोई आवश्यकता नहीं है। महिलाओं ने अब तक जितनी शिक्षा पाई है, वो बहुत है। बर्न्स भी उच्च शिक्षित नहीं थे, बहुत बड़े कवि, अपेक्षाकृत अशिक्षित और निम्न वर्ग से आए। स्त्री जाति में प्रथम श्रेणी कवि का अभी तक आविर्भाव नहीं हुआ है।

सोचकर देखो, बहुत दिनों से जितनी महिलाएँ संगीत विद्या सीख रही हैं, तुलना में उतने पुरुष नहीं उस स्थान पर नहीं पहुँचे। यूरोप में दिन भर 'ढैंग-ढैंग' पियानो बजाती हैं और चिल्लाकर डोरे मी फ़ा गाती हैं लेकिन बताओ तो उनमें से कितनी मोज़ार्ट (Mozart) या बीथोवन (Beethoven) जैसी कलाकार बन पाईं?

और एक बात बता दूँ कि मोज़ार्ट बचपन से ही संगीतकार था। ऐसे तो देखा गया है कि बेटे माँ का गुण पाते हैं और बेटियाँ बाप के गुण फिर ऐसा क्यों है कि बेटियों में साधारण तौर पर ऐसी प्रतिभा देखने को नहीं मिलती। दरअसल, प्रतिभा एक शक्ति (energy) है, जिसमें बल आवश्यक होता है जिसकी वजह से शरीर का क्षरण होता है। यही कारण है कि महिलाओं में एक तरह की ग्रहण एवं धारण करने की शक्ति तो होती है, परन्तु सृजन करने की क्षमता उनमें नहीं होती। दिमाग़ में केवल बुद्धि होने से सब हासिल नहीं होता। उसके लिए बुद्धि में बल भी ज़रूरी है। लड़कियों में एक तरह से चंचल क़िस्म की बुद्धि होती है, लेकिन उनमें साधारणत: बलिष्ठ बुद्धि का अभाव होता है। मेरा तो यही मानना है। तुम मानोगी कि अभी तक ऐसा ही चल रहा है, परन्तु भविष्य में क्या होगा, कौन जाने? इसी विषय पर मुझे दो-एक बात कहनी है।

दरअसल, शिक्षा और बुद्धि का विकास सिर्फ़ किताबें पढ़कर नहीं हो सकता। यह विकास काम (मेहनत) करके होता है। जब पुरुष बाहर जाकर काम करता है और कर्मक्षेत्र में तरह-तरह की बाधाएँ आक्रमण करती हैं तो उस आक्रमण को झेलते हुए उससे निकलने और उस पर विजय पाने की जद्दोजहद में ही दिमाग़ का विकास होता है। उस वक़्त हमारे सभी मनोभाव जाग उठते हैं और इस पर मंथन करते हैं और क्रमागत आघात मिलने से हमारे भीतर के दया, स्नेह और सारे कोमल भाव स्वाभाविक तौर पर कठिन हो उठते हैं।

महिलाएँ चाहे जितनी उच्च शिक्षा प्राप्त क्यों न कर लें, वो घर के बाहर कर्मक्षेत्र में पुरुषों की बराबरी नहीं कर पाएँगी और उसका एक कारण है शारीरिक रूप से पुरुषों की अपेक्षा दुर्बल होना और एक दूसरा कारण है, उनकी शारीरिक अवस्था जिसमें वो एक सन्तान को जन्म देती हैं। और ये तब तक चलेगा जब तक ये सृष्टि बची रहेगी, मानव-जाति बची रहेगी या उसके बचे रहने की सम्भावना रहेगी। और ये एक ऐसा कारण है जिसके अन्तर्गत महिलाएँ एक लम्बे वक़्त के लिए घर में क़ैद हो जाती हैं और फिर उनके लिए बाहर निकलकर शारीरिक श्रम करना असाध्य हो जाता है।

तुम इसको चाहे जैसे भी देखो, प्रकृति का सन्देश साफ़ है कि महिलाएँ बाहर जाकर काम नहीं कर सकतीं। यदि प्रकृति की ऐसी मंशा नहीं होती तो वो भी बलिष्ठ जन्म लेतीं। अब यदि तुम बोलो कि ऐसा पुरुषों द्वारा महिलाओं पर अत्याचार करने से हुआ है तो मैं इस बात को नहीं मानता क्योंकि यदि

महिला एक पुरुष समान बलिष्ठ जन्म लेती तो क्या उन पर कोई बल प्रयोग सम्भव हो पाता?

यदि यह बात सही है कि बाहर काम की दुनिया में प्रवेश करके उसके साथ युद्ध करते-करते हमारा बुद्धि का समग्र विकास सम्भव है, फिर भी स्त्रियाँ केवल परीक्षा उत्तीर्ण होकर पुरुषों के समान बुद्धिमान नहीं हो सकतीं। यूरोप और भारतवर्ष की सभ्यता कहाँ जाकर अलग हो पाई, खोज करने पर यह देखा गया कि हमारे यहाँ की स्त्रियों के बाहरी जगत् में प्रवेश नहीं कर पाने की एक ठोस वजह है कि उनकी बुद्धि का विकास उस दृढ़ता से नहीं हो पाया। उनका और उनके अन्तर्मन का पूर्ण विकास हुआ ही नहीं। हम यदि ग़ौर से देखें तो हमारी आधी-अधूरी सभ्यता विकास का क्रम के विपरीत यूरोप में आज जो प्रभाव दिख रहा है, उसका प्रधान कारण वहाँ स्त्रियों की बुद्धि का विकास तो बाहरी दुनिया में प्रवेश करने के बाद ही हुआ। प्रकृति के रणक्षेत्र में अविश्राम एक संग्राम करके स्त्रियों की सभी ज्ञानेन्द्रियाँ बलिष्ठ हुईं। हमारे समाज ने घर में बैठकर सिर्फ़ चिन्ता ही की है। जीव वैज्ञानिकों का कहना है कि जब से जीव जगत् में अँगूठे का आविर्भाव हुआ, तब से मानव सभ्यता ने सोच का नया रास्ता इख़्तियार किया। अँगूठे के उत्पत्ति होने से किसी भी वस्तु को छूने-पकड़ने, तोड़-फोड़, हिलाना-डुलाना और पकड़ने जैसी अनुभूतियों को अपने उत्कृष्ट रूप में परीक्षा करने में सफल हुए। कौतूहल से एक परीक्षा की शुरुआत, परीक्षा के साथ-साथ सोचने की शक्ति और बुद्धि का क्रमशः विकास शुरू हुआ। पुरुषों द्वारा इस अँगूठे का प्रयोग ज्यादा हुआ स्त्रियों को शायद उतना नहीं करना पड़ा।

अतएव...

हम विवेचना करें कि एक ऐसा समय आएगा जब स्त्री-पुरुष दोनों ही आर्थिक उपार्जन एवं आत्मनिर्भरता के लिए जब बाहर निकलेंगे तब परिवार को सँभालने के लिए स्त्रियों का घर पर रहकर दूसरों की सेवा करना आवश्यक नहीं होगा, लेकिन बाहर निकलने पर कठिनाइयों से सामना होगा, उनकी आँखें चार होंगी, हाथापाई होगी, इसीलिए मैंने पहले ही कहा है कि पति को छोड़ा जा सकता है बाप और भाई के आश्रय को ठुकराया जा सकता है, लेकिन सन्तान को छोड़ना सम्भव नहीं हो पाएगा।

सन्तान जब गर्भ में आश्रय ले लेगी एवं उसके बाद पाँच-छह साल तक सन्तान अपनी माँ की गोद में एकदम असहाय होकर अधिकार भाव से बैठी होगी उस वक्त एक पुरुष के साथ किसी तरह से बराबरी की प्रतियोगिता में स्त्री कैसे सक्षम होगी? उस वक्त घर में सन्तान के साथ-साथ परिवार के दूसरे सदस्यों की देखभाल में उनका एक स्वाभाविक तौर पर लम्बा वक़्त बीत जाएगा। यह पुरुषों का अत्याचार नहीं बल्कि प्रकृति का रचा हुआ नियम है। जब शारीरिक रूप से

अक्षम और बाहर निकलकर कुछ न कर पाने की अवस्था में स्त्री गृहबन्दी होगी तो उसे अपने जीवन के हर पल में पुरुष निर्भरता ही उसकी नियति होगी। गर्भधारण करने की विशेषता ने ही स्त्री-पुरुष में एक भेद पैदा कर दिया है। इसकी वजह से एक स्त्री में उत्तरोत्तर बल का अभाव, बुद्धि का अभाव एवं हृदय की संवेदनशीलता देखने को मिलती है और ये कारण (वजह) इतने स्वाभाविक हैं कि इनसे एक स्त्री कभी मुक्त नहीं हो पाएगी।

अतएव इन दिनों पुरुष आश्रय के विरुद्ध एक कोलाहल समाज में उठा है वो मुझे असंगत एवं अमंगलकारी लग रहा है। अतीत में स्त्रियों पुरुषों की अधीनता को एक धर्म की तरह मानती थीं और इसके परिणामस्वरूप उनके चरित्र पर कभी उस अधीनता का कोई कुप्रभाव देखने को नहीं मिलता अर्थात् उनके मन में पुरुष के ख़िलाफ़ कोई हीनभावना नहीं जन्म ले पाती। यहाँ तक कि अधीनता को स्वीकार कर वो खुद को काफी महत्त्वपूर्ण मानने लगती है। यदि प्रभु भक्ति को यदि धर्म मान लिया जाए तो कामगार के मनुष्यता को कोई हानि नहीं पहुँचती। प्रजा के लिए राजभक्ति के सम्बन्ध में यही बात लागू होती है। कुछ अवश्यम्भावी (अनिवार्य) अधीनता इनसान को सहन और वहन करनी ही होती है। यदि हमें उस अधीनता से हमें हीनताबोध होने लगे तो हमारे भीतर एक किस्म की स्वाभाविक हीनभावना आ जाएगी और इससे संसार में हज़ारों समस्याएँ पैदा होंगी। और उसे यदि हम धर्म मान लें तो हम इस अधीनता में भी स्वाधीनता का सुख पा सकते हैं। यदि हम दासत्व मानकर किसी के अनुगामी बनते हैं तब हम वास्तविक रूप से अधीन हो जाते हैं और यदि उसे धर्म मानकर अपना लें तो हम स्वाधीन रहते हैं। पत्नी रूपी साध्वी पर पति (स्वामी) यदि अत्याचार करे तो इससे उसकी दुर्दशा नहीं होती बल्कि उसका महत्त्व बढ़ जाता है, किन्तु एक अंग्रेज़ पंखा टानने वाले कुली को लात मारता है तो उससे कुली की उज्ज्वलता नहीं बढ़ती।

आजकल स्त्रियों का एक दल इतराते हुए कह रहा है—"हम पुरुषों के अधीन हैं, हम पुरुषों के आश्रय में हैं, हमारी स्थिति बहुत अति शोचनीय है। इससे सिर्फ़ यही हुआ है कि स्त्री और पुरुष का सम्बन्ध हीनता प्राप्ति की ओर है, लेकिन इस बन्धन को तोड़ने का कोई उपाय नहीं है। जो बाध्य होकर अधीनता स्वीकार कर रह रही हैं, वो स्वयं को दासी समझ रही हैं, इसलिए वो प्रसन्नचित्त अपने कर्तव्यों का पालन नहीं कर पा रही है। रात-दिन खटर-पटर होती है, रोज़ नये-नये तरीक़े अपनाकर पति-पत्नी एक-दूसरे को नीचा दिखाने की कोशिश करते हैं। इससे इस तरह की एक अस्वाभाविक स्थिति उत्पन्न होती है तो स्त्री-पुरुषों में सम्बन्ध विच्छेद होगा, लेकिन इससे स्त्रियों की स्थिति बेहतर न होकर बदतर होगी, उनका बहुत नुक़सान होगा।"

हो सकता है, कुछ लोग ये कहें कि स्त्रियों का पुरुषों पर निर्भर होना ही उनका

धर्म है। इस पर सभी विश्वास नहीं कर सकते, क्योंकि यह एक ख़राब सोच है। इस सम्बन्ध में मेरा यह कहना है कि ये प्रकृति के अनिवार्य नियम हैं जिन्हें पूरे मन से अपनाना ही धर्म है। एक छोटे बच्चे का अपने माता-पिता के आदेशों का लंघन करके चलना सम्भव नहीं है एवं प्रकृति के विरुद्ध है। उसके लिए माँ-पिता का कहना मानना ही धर्म है, इसलिए इस दासता को ही कर्तव्य मान लेना मंगलकारी है। विभिन्न विचारों के बाद यह स्पष्ट दृश्यमान है कि स्त्रियों का संसार निर्बाध रूप से चलता रहे, इसके लिये उनका पुरुषों का त्याग असम्भव है। प्रकृति ने स्त्रियों की अधीनता केवल उनके धर्म पर विश्वास तक ही सीमित नहीं रखा बल्कि कई तरीक़ों से ऐसा बाँधा है कि उससे सहज ही स्त्रियों की मुक्ति सम्भव नहीं है। पृथ्वी पर ऐसी भी स्त्रियाँ हैं जिन्हें पुरुषों के साथ की कोई आवश्यकता नहीं है, किन्तु उनके लिये समस्त स्त्री जाति का नुक़सान नहीं किया जा सकता। इस पृथ्वी पर बहुत-से पुरुष ऐसे भी होंगे जिन्हें स्त्रियों की तरह आश्रित होने में ही उनका सुख होगा, किन्तु उनकी वजह से सभी पुरुषों का कर्तव्यबोध बदला नहीं जा सकता। जो भी हो, पतिभक्ति वास्तव में स्त्रियों का धर्म है। आजकल इस तरह के दृश्य दिख रहे हैं, जिनमें स्त्रियाँ बेवजह बिना ज्ञान के चीख़-चिल्ला रही हैं और इस तरह घर का वातावरण और सामंजस्य ख़राब कर रही हैं और स्त्री-पुरुष में आन्तरिक कलह को जन्म दे रही हैं। कर्तव्यमुखी स्त्री यदि पति के अधीन है तो वो वास्तव में पति के नहीं बल्कि अपने कर्तव्यों के अधीन होती है।

स्त्री-पुरुष की स्थिति में जो अन्तर है उस बारे में मेरा मत है कि इसके साथ स्त्री शिक्षा और स्वाधीनता को लेकर कोई विरोध नहीं है।

मनुष्यता को बचाने के लिए स्त्रियों के बुद्धि-विकास एवं पुरुष में हृदयाभाव की उन्नति, पुरुषों में अपने इच्छानुसार कर्तव्य निर्वहन और स्त्रियों के उनकी हर बात को मान लेने का भाव में भी बदलाव बहुत आवश्यक है।

पूरी शिक्षा के बावजूद पुरुष सम्पूर्ण रूप से स्त्री एवं स्त्री सम्पूर्ण रूप से पुरुष नहीं हो सकते और न हो पाने पर भी जगत् की ही भलाई है। रमाबाई ने जब कहा कि मौक़ा मिलने पर महिलाएँ पुरुषों के काम कर सकती हैं, तब पुरुष को उठकर बोलना चाहिए था कि पुरुष भी अभ्यास करने से स्त्रियों के सारे काम कर सकता है। किन्तु पुरुष आजकल जो कार्य करते हैं, वो सभी उन्हें छोड़ देने पड़ेंगे। ठीक वैसे ही, यदि स्त्रियों को सन्तान पालन का दायित्व नहीं होता तो वो भी पुरुषों वाले अनेक कार्य कर सकती थीं। किन्तु इस 'यदि' की अवहेलना करना रमाबाई या किसी विद्रोही महिला का काम नहीं है। अतएव इस बात का उल्लेख का कोई मतलब नहीं।

निश्चय ही रमाबाई के भाषण से मेरा वक्तव्य बड़ा हो गया है। रमाबाई का भाषण भी बड़ा हो सकता था, किन्तु यहाँ अंग्रेज़ों की टुकड़ी के उत्पात की वजह

से सम्भव न हो पाया। रमाबाई की अपनी बात शुरू करते ही उन लोगों ने अपनी हरकतों से परेशान करना शुरू कर दिया। अपना भाषण बीच में ही अधूरा छोड़कर रमाबाई को बैठ जाना पड़ा।

स्त्रियों के पराक्रम के सम्बन्ध के बारे में सुनकर वीर पुरुष उसे पचा नहीं पाए। वो पुरुष पराक्रम का बखान करने पर उतर आए चीत्कार एवं गर्जन एक महिला के कंठ स्वर को अवरुद्ध करके विजयभाव के साथ घर वापसी की। मैं मन-ही-मन सोचने लगा कि हमारी बंग भूमि में आजकल यद्यपि अनेक वीर पुरुषों का उत्थान हुआ है, लेकिन एक भद्र महिला के प्रति बुरा व्यवहार करने का साहस अभी तक पैदा नहीं हुआ है। फिर भी कहा नहीं जा सकता। नीच मनुष्य सर्वत्र वास करते हैं एवं नीच श्रेणी के अल्पशिक्षित कायर लोगों का एकाधिकार है कि वो कीचड़ में रहते हुए साफ़-सुथरे लोगों पर कीचड़ फेंककर उन्हें गन्दा कर सकते हैं। जिन पर कीचड़ डाला गया, उनका भी मन जानता है कि सहिष्णुता ही भद्रता का एकमात्र मौलिक धर्म है। प्रसंगवश महाराष्ट्र के श्रोतागण के प्रति मैंने यह बात कही है। दुःख का विषय है कि जिन लोगों पर यह बात लागू होती है, वो ये भाषा समझते ही नहीं एवं उनकी जो भाषा है, वो भद्र समाज में बोलने और व्यवहार लायक नहीं।

पुणे
ज्येष्ठ

[अनुवाद : ऋतु तिवारी]

अमेरिकी रमाबाई एसोसिएशन को छात्रों के पत्र

शारदा सदन, पूना,
28 जनवरी, 1891

प्रिय दोस्तो,

जो आप सब और पंडिता रमाबाई ने हमारी मदद के लिए किया है, मैं उसके लिए बहुत शुक्रगुज़ार हूँ। मैं शारदा सदन में बहुत ख़ुश हूँ और प्रसन्न हूँ।

जब मैं यहाँ आई तब मैंने सिर्फ़ 6 या 7 लड़कियों को देखा था, लेकिन अब यहाँ 36 छात्र हैं, जिनमें से 4 अनिवासी छात्र हैं। मुझे लगता है, कुछ साल बाद यह संख्या और बढ़ेगी।

सभी अध्यापिकाएँ दयालु हैं, हमें बहुत ध्यान से और अच्छे-से पढ़ाती हैं, तो जब मैं पंडिता रमाबाई और बाक़ी अध्यापिकाओं को देखती हूँ कि वे कैसे हमें ख़ुश रखने की कोशिश करती हैं तो मुझे लगता है, मुझे भी दूसरों की ख़ुशी का ख़याल रखना चाहिए, लेकिन मुझे खेद है कि मुझे मराठी के अलावा कोई और भाषा नहीं आती।

जब यह स्कूल शुरू हुआ, लोगों ने हमारे ख़िलाफ़ बातें करना शुरू कर दिया, लेकिन अब वे कहते हैं कि यह बहुत अच्छा है, और वे कहते हैं कि शारदा सदन जैसे और भी स्कूल होने चाहिए। यह भारत के लिए ज़्यादा उपयोगी होगा।

मुझे उम्मीद है कि मैं एक और शारदा सदन खोलने के योग्य हो जाऊँगी पढ़-लिखकर, और मुझे उम्मीद है, कृपया आप मेरी मदद करना।

आपने रमाबाई से सुना होगा कि कैसे विधवाओं को कष्ट उठाने पड़ते हैं और हमारी प्रिय मिस हैमलिन ने तो यह देखा है, और वह हमेशा कोशिश करती हैं कि हम ख़ुश रहें। ज़्यादातर औरतें अशिक्षित हैं, इसलिए वे सोचती हैं कि उनके पति के मर जाने के बाद उनके ज़िन्दा रहने का कोई मतलब नहीं है।

हमें जो वरदान मिला है, उसके लिए हम पंडिता रमाबाई के और अमेरिका

की दयालु महिलाओं और सज्जनों के अत्यन्त आभारी हैं।

परमपिता परमेश्वर से प्रार्थना है कि पंडिता रमाबाई और अमेरिका के दयालु लोगों पर कृपा बनाए रखे।

मैं जानती हूँ, भारत की अभागी विधवाओं के प्रति मैं आपकी दयालुता का कभी वर्णन नहीं कर पाऊँगी, जबकि आपने हमें कभी देखा भी नहीं।

सदा आभारी
चन्द्राबाई

(उम्र 19 साल , शारदा सदन में शिक्षण प्रशिक्षु)

प्रिय दोस्तो,

मैं आपको लिख रही हूँ, हालाँकि मैं अच्छे से लिखना नहीं जानती।

मैं ईश्वर के, आप सबके और पंडिता रमाबाई के प्रति बेहद कृतज्ञ हूँ कि आपने यह स्कूल खोला, उन विधवाओं के लिए, जिनसे सब घृणा करते हैं। स्कूल मात्र दो लड़कियों के साथ शुरू हुआ था, लेकिन अब कई हैं, लेकिन यहाँ और बहुत लड़कियाँ आनी चाहिए, ऐसा मैं चाहती हूँ। पंडिता रमाबाई ने दुनिया घूमी है और हमारे लिए बहुत कष्ट उठाया है। मैं महसूस करती हूँ कि उनके जैसा दुनिया में कोई दूसरा नहीं है। यहाँ नियम और तरीक़े बहुत अच्छे हैं। जैसे पंडिता रमाबाई ने विधवाओं के लिए यह गृह खोला है, उम्मीद है, यहाँ से जाकर हम भी ऐसा ही गृह खोलेंगे, इन्हीं सिद्धान्तों पर आधारित।

सदा आभार

भवदीया,
चन्द्रभागा

(चन्द्रभागा, उम्र 15 साल, विधवा नहीं है, मराठी जानती है)

प्रिय दोस्तो,

मैं भी यहाँ की छोटी लड़कियों में से एक हूँ, लेकिन मुझे गाना बहुत पसन्द है। हम छोटे बच्चों के मराठी गीत अंग्रेज़ी धुन में सीखते हैं। हम यहाँ पाँच-छह छोटी लड़कियाँ हैं और हम शाम को खेलती हैं। हमें यहाँ रहना बहुत पसन्द है,

यहाँ सब बहुत दयालु हैं।

हमारे प्रति आपकी दयालुता के लिए बहुत धन्यवाद।

आपकी आज्ञाकारी,
द्वारकाबाई

(द्वारकाबाई 9 साल, मराठी लिखती है। शारदा सदन में आई, तब विधवा हुए एक साल हो चुका था। बेहद ग़रीब)

प्रिय दोस्तो,

जब मैं 12 साल की थी, मैं सोचती थी कि कोई तो तरीक़ा होगा अपनी भारतीय बहनों की मदद का, लेकिन मुझे ख़ेद है कि मैं अपनी भाषा तेलुगू को छोड़कर कोई और भाषा नहीं जानती थी। आप इससे समझ सकते हैं कि मैं अंग्रेज़ी के बारे में कुछ नहीं जानती थी तो मैं अपने देश के लोगों के किसी काम नहीं आ सकती थी।

मैं बाहर दुनिया में निकलना चाहती थी ताकि तरक़्क़ी कर सकूँ, लेकिन भारत विधवाओं के मामले में सभ्य नहीं है। मेरे रिश्तेदारों ने मुझे नहीं निकलने दिया।

मुझे ख़ुशी है कि हमारे पास शारदा सदन जैसा स्कूल है, हम विधवाओं का घर। हम विधवाएँ इतनी अभागी मानी जाती हैं कि आते-जाते लोग हमारी तरफ़ देखना भी नहीं चाहते। मुझे यह कहते हुए बेहद दु:ख होता है कि हमारे यहाँ विधवाएँ इतने कष्टों से गुज़रती हैं कि जिसे भी उनकी क्रूरता का अन्दाज़ा नहीं है, वह इसे समझ नहीं सकता।

जब मैंने शारदा सदन के खुलने के बारे में सुना तो ईश्वर का धन्यवाद किया। मुझे आपको बताते हुए प्रसन्नता है कि मैं यहाँ बहुत ख़ुश हूँ और पंडिता रमाबाई और हमारी प्रिय अध्यापिकाएँ अपनी पूरी कोशिश करती हैं कि हम ख़ुश रहें।

मेरा बहुत मन है कि मैं डॉक्टरी की पढ़ाई करूँ। अगर मैं इसमें सफल हो पाई तो मुझे उम्मीद है, आप लोग भविष्य में मेरी मदद करेंगे।

अजनबी होकर भी आप हमारी जो मदद कर रहे हैं। आप बेहद दयालु हैं और मैं आपके प्रति कृतज्ञ हूँ। यह बताते हुए मुझे ख़ुशी है कि हमारे पास अच्छे और दयालु शिक्षक हैं।

मैं पंडिता रमाबाई और अमेरिका के दयालु महिला और पुरुषों की आभारी हूँ

कि उन्होंने विधवाओं की शिक्षा के लिए जो मदद की है।

मैं तहे दिल से ईश्वर को प्रार्थना करती हूँ कि पंडिता रमाबाई और अमेरिका के दयालु लोगों पर कृपा बनाए रखे।

सदा आभारी,
वारम्माबाई
सदन की एक छात्रा

(वारम्मा 7 साल की उम्र में विधवा हुई, अब 17 साल की है और यह पत्र अंग्रेज़ी में लिखा।)

प्रिय दोस्तो,

हमें बहुत ख़ुशी है कि यह स्कूल खुला और बहुत शुक्रिया कि आप सबने जो मदद हो सकी, इसके लिए की।

कर्नाटक ज़िले में विधवाओं के लिए कभी कुछ नहीं किया गया था। दो साल पहले हमने इस स्कूल के बारे में सुना और हम बेहद सन्तुष्ट थे जब पंडिता रमाबाई ने अपने जन्म स्थान पर आकर भाषण दिये थे और जो पत्र उन्होंने हमें लिखे थे, तभी हम अपने घर छोड़कर इतनी दूर इस स्कूल में आ गए। हमारे देश में लड़कियों की शादी बहुत छुटपन में हो जाती है और अगर उनके पति मर जाएँ तो उन्हें एकदम अनुपयोगी मान लिया जाता है। उन्हें लोगों के सामने नहीं आने दिया जाता और क़ैदी की तरह रखा जाता है। उन्हें एक वक़्त का भोजन मिलता है, वह भी अच्छा नहीं होता। एक खुरदरा-सा कपड़ा उन्हें पहनने को दिया जाता है। एक विधवा का चेहरा देखना बहुत अशुभ माना जाता है। किसी विवाह उत्सव या किसी भी ख़ुशी के मौक़े पर आने की उन्हें इजाज़त नहीं उन्हें एक अँधेरे कमरे में रहना होता है और नौकरों की तरह बस काम करना होता है।

एक विधवा बच्ची हो या युवा हो, उसे उसके पति के घरवालों द्वारा जितना सम्भव हो, उतना बदसूरत बना दिया जाता है। लेकिन इस स्कूल के खुलने के बाद के इन दो सालों में रमाबाई ने हमारे ज़िले में बहुत-से भाषण दिये, जिसने लोगों को यह सोचने पर मजबूर किया कि विधवाओं का दमन करना ग़लत है। किताबों को पढ़कर कुछ को यह भी लगा कि विधवाओं के केश मुँड़वाना भी ग़लत है, लेकिन साधारणत: तो लोग विधवाओं के ख़िलाफ़ ही हैं। वे पूरी कोशिश करते हैं कि अच्छे लोग उनकी तरफ़ हो जाएँ और विधवाओं का दमन करें। इन कुछ विधवाओं की हालत बहुत ख़राब होती अगर ऐसा स्कूल न खुलता। या तो उन्हें पर्याप्त भोजन

और कपड़ा न मिलता जो उनकी ज़रूरतें पूरी करता या फिर वे दमन के चलते एक बुरी ज़िन्दगी जीने को मजबूर हो जातीं। मैंने ख़ुद अपने देश की ऐसी लड़कियों की बर्बाद होती ज़िन्दगी देखी है। दु:ख होता है जब उनके बारे में सोचती हूँ तो। मैं ख़ुश हूँ कि कम-से-कम हमारी 5 लड़कियाँ इस स्कूल में है और ख़ुश हैं। जब वे शिक्षा हासिल कर लेंगी तब जाकर मुझे लगेगा कि उनका जीवन बेकार नहीं गया।

मैं ईश्वर से प्रार्थना करती हूँ कि यहाँ से पढ़कर ये लड़कियाँ ऐसे और स्कूल खोलेंगी विधवाओं के लिए और अपनी बाक़ी विधवा बहनों की मदद करेंगी। मुझे नहीं लगता कि भारत में और कोई स्कूल है जहाँ लड़कियाँ इतनी ख़ुश हैं, अपने रीति-रिवाज़ निभाती हैं और जहाँ की शिक्षण पद्धति इतनी अच्छी है। हमारे ही देश के पुरुष, हमारे ही रक्त सम्बन्धी हमारे प्रति इतनी संवेदना नहीं रखते जितनी एक स्त्री होकर रमाबाई ने दिखाई है। रमाबाई ने दो साल की उम्र में अपनी जन्मभूमि छोड़ी, बचपन से शिक्षा ली और फिर दुनिया भर की यात्राएँ कीं, हमारे लिए आपके पास आई और आपको हमारी स्थिति के बारे में बताया। आपने हम पर बड़ा उपकार किया है, जिसे हम कभी नहीं चुका पाएँगे।

मैं परम पिता से प्रार्थना करती हूँ कि आप सब पर अपना आशीर्वाद बनाए रखे।

आपकी आभारी,
कृष्णाबाई

(15 साल उम्र, तीन साल से विधवा, यह पत्र मराठी में लिखा, जिसे शारदा सदन की ही एक शिक्षण प्रशिक्षु ने अनुवाद किया।)

प्रिय दोस्तो,

आपने हमारी मदद की, इसके लिए हम आपका धन्यवाद करते हैं। पंडिता रमाबाई इस स्कूल को चलाती हैं, जिसके लिए मैं बहुत आभारी हूँ, इसके पहले मैं अपने घर में रहती थी, जहाँ मेरी सास मुझसे बहुत श्रम करवाती थी। जब मैं स्कूल आ रही थी तो कुछ लोगों ने कहा कि वह तो अंग्रेज़ औरत है। मैंने कहा कि अगर मैं विधवा हूँ तो ईश्वर मेरी मदद करेगा। मैं 13 साल की हूँ। मैं अंग्रेज़ी पढ़ रही हूँ पहली कक्षा में और तीसरी में मराठी।

बहुत आभार के साथ

आपकी,
काशीबाई

(स्कूल में एक-डेढ़ साल हुआ, उम्र 14 साल, यह पत्र अंग्रेज़ी में लिखा)

प्रिय दोस्तो,

जब 1889 में शारदा सदन खुला था, यहाँ सिर्फ़ दो लड़कियाँ थीं, शारदा और मैं, लेकिन अब दो साल से भी कम समय में यहाँ 26 विधवाएँ हैं और 13 विवाहित, अविवाहित लड़कियाँ। जब मैं यहाँ आई थी तब मैं मराठी भी नहीं जानती थी, लेकिन अब मैं न सिर्फ़ मराठी सीख रही हूँ बल्कि दूसरी किताब अंग्रेज़ी की भी। मुझे अंग्रेज़ी बोलना नहीं आता, लेकिन मैं समझ लेती हूँ। जो प्यार हमें पंडिता रमाबाई और बाक़ी अध्यापिकाओं से यहाँ मिलता है और जो कष्ट वे हमारे लिए उठाते हैं, वैसा तो हम अपने घरवालों से अपेक्षा नहीं कर सकते।

जब हम छोटे होते हैं, हमारी शादी एक ऐसे आदमी से कर दी जाती है जिसके बारे में हम कुछ नहीं जानते और अगर वह मर जाता है तो हमारे केश मुँड़वा दिये जाते हैं; यह सब देखते हुए इस तरह का स्कूल यहाँ खोलना बहुत ख़तरे का काम है, जिसके लिए ख़ूब पैसा भी चाहिए।

यह बिलकुल वैसा ही है जैसे किसी दृष्टिहीन को अचानक आँखें मिल जाएँ, उसकी ख़ुशी अनिर्वचनीय होती है, उसी स्थिति में हम हैं। ऐसी हालत में मैं आपका और पंडिता रमाबाई का जितना भी धन्यवाद करूँ, कम है कि आप मदद के लिए और शिक्षित करने के लिए आगे आए।

नमस्ते और धन्यवाद के साथ

भवदीया,
गोडूबाई

(सदन की पहली दो छात्राओं में से एक गोडूबाई 14 साल में विधवा हुई थी। इस समय उसकी आयु 22 साल थी। यह पत्र मराठी का अनुवाद है)

ये सभी पत्र रमाबाई एसोसिएशन की 1891 की रिपोर्ट में दर्ज हैं और शारदा सदन की शुरुआती छात्राओं की प्रगति और मन:स्थिति बताते हैं। ये पत्र नमूना हैं इस बात का कि जिनकी आवाज़ हमेशा दबाई गई और तिरस्कार योग्य समझा गया, जब उन्हें प्रेम और सहारा मिले, अपने बारे में सोचने और बताने का मौक़ा मिले तो कैसी अनगढ़, कृतज्ञ अभिव्यक्तियाँ सामने आती हैं। एक साझा पत्र 1892 की रिपोर्ट में भी मिलता है जो संक्षेप और समेकित रूप में लगभग ऐसी ही बातें कहता है।

[अनुवाद : ले.]

पंडिता रमाबाई का जीवन और कर्म एक झलक में

23 अप्रैल, 1858	—	रमाबाई का जन्म।
1876-77	—	अकाल में माता-पिता की मृत्यु।
1878	—	भाई श्रीनिवास के साथ कलकत्ता जाना और 'पंडिता' व 'सरस्वती' नाम मिलना।
8 मई, 1880	—	भाई श्रीनिवास की मृत्यु।
13 नवम्बर, 1880	—	बिपिन बिहारी दास मेधावी से विवाह।
जुलाई 1881	—	बेटी मनोरमा का जन्म।
4 फ़रवरी, 1882	—	बिपिन बिहारी मेधावी की हैज़े से मृत्यु।
30 अप्रैल, 1882	—	रमाबाई का बेटी मनोरमा के साथ पुणे आगमन
1 मई, 1882	—	'आर्य महिला समाज' की स्थापना।
जून 1882	—	पहली किताब 'स्त्री धर्म नीति' का प्रकाशन।
5 सितम्बर, 1882	—	'हंटर कमीशन' के सामने रमाबाई का प्रस्तुत होना सुझाव देना।
20 अप्रैल, 1883	—	मनोरमा के साथ इंग्लैंड के लिए प्रस्थान।
17 मई, 1883	—	इंग्लैंड पहुँचना।
मई अन्त, 1883	—	'इंग्लैंडचा प्रवास', इंग्लैंड के प्रवास और यात्रा का विवरण प्रकाशित।
29 सितम्बर, 1883	—	रमाबाई और मनोरमा का बप्तिस्मा।
17 फरवरी, 1886	—	अमेरिका के लिए प्रस्थान।
12 मार्च, 1886	—	फ़िलाडेल्फ़िया, अमेरिका में रमाबाई का पहला सार्वजनिक भाषण।
सितम्बर 1886	—	किंडरगार्टन प्रशिक्षण के लिए साल भर के लिए स्कूल में दाख़िला लेना और छठी तक की कक्षाओं के लिए मराठी किताबें तैयार करने के काम में जुटना
1887	—	बॉस्टन में अमेरिकन रमाबाई एसोसिएशन की स्थापना।

1887	—	दूसरी किताब 'द हाई कास्ट हिन्दू वुमन' का प्रकाशन।
2 फ़रवरी, 1889	—	पुणे वापसी।
11 मार्च, 1889	—	जुहू, बम्बई में 'शारदा सदन' की शुरुआत।
दिसम्बर 1889	—	अमेरिका प्रवास पर किताब 'यूनाइटेड स्टेट्सची लोकस्थिति आणि प्रवासवृत्त' प्रकाशित।
दिसम्बर 1889	—	कांग्रेस के पाँचवें राष्ट्रीय अधिवेशन में वक्तव्य।
नवम्बर 1890	—	'शारदा सदन' का पुणे चले जाना।
अगस्त 1893	—	'शारदा सदन' के भारतीय सलाहकार मंडल का इस्तीफ़ा।
1894-95	—	केड़गाँव की ज़मीन ख़रीदना।
1896	—	मनोरमा को लंदन पढ़ने भेजना।
1896-97	—	अकाल में लगभग 300 लड़कियों को बचाकर पुणे लाना और केड़गाँव में 'मुक्ति-सदन' शुरू करना।
1898	—	केड़गाँव में पत्थर का भवन तैयार होना।
1898	—	रमाबाई की दूसरी बार अमेरिका यात्रा। 'शारदा सदन' की कुछ लड़कियों और इंग्लैंड से मनोरमा को भी साथ लेती गई।
20 मार्च, 1899	—	'कृपा सदन' की नींव।
20 सितम्बर, 1899	—	'मुक्ति चर्च' की नींव।
1900	—	मनोरमा का अमेरिका से पढ़कर लौटना।
1900-1901	—	गुजरात से अकाल पीड़ित लड़कियों को बचाकर लाना; इस समय 'मुक्ति' में 2,000 निवासी।
1901	—	प्रिंटिंग प्रेस की स्थापना।
1903	—	'मुक्ति' महिलाओं द्वारा प्रिंटिंग प्रेस को पूर्णत: चलाना और 'मुक्ति प्रेयर बेल' पत्रिका का प्रकाशन शुरू।
1904	—	मराठी बाइबल का अनुवाद शुरू।
1907	—	रमाबाई का आत्म साक्ष्य 'अ टेस्टीमनी' प्रकाशित
1919	—	सामुदायिक सेवा के लिए ब्रिटिश सरकार से 'कैसर-ए-हिन्द' स्वर्ण पदक।
24 जुलाई, 1921	—	मनोरमा की मृत्यु।
मार्च 1922	—	बाइबल का अनुवाद पूर्ण।

5 अप्रैल, 1922	—	रमाबाई की मृत्यु।
24 जुलाई, 1922	—	'मुक्ति मिशन' का नाम 'पंडिता रमाबाई मुक्ति मिशन' किया गया।
1924	—	बाइबल का सम्पूर्ण मराठी अनुवाद प्रकाशित।
1925	—	रमाबाई की वसीयत के अनुसार 'मुक्ति मिशन' का पूर्णत: 'इंडिया मिशन ऑफ़ द क्रिश्चियन ऐंड मिशनरी अलायंस' के निर्देशन में आ जाना।
1926	—	गुलबर्ग का स्कूल 'शान्ति सदन' मेथडिस्ट चर्च के अधीन आ जाना।
1949	—	कृष्णाबाई मेमोरियल हॉस्पिटल की स्थापना।
1989	—	'मुक्ति मिशन' के सौ साल पूरे होने पर भारत सरकार द्वारा पंडिता रमाबाई के नाम डाक टिकट जारी।
1990	—	'मुक्ति मिशन' क्रिश्चियन और मिशनरी अलायंस का भारत में एक मिशन नहीं रहा, एक नई जनरल बॉडी गठित की गई जिसमें भारतीय ईसाई थे।
1903	—	एक भारत से बाहर का मिशनरी और 77 भारतीय ईसाई स्टाफ़ सदस्य हो गए।
1999	—	'मुक्ति मिशन' का प्रबन्धन पूरी तरह से भारतीयों के हाथ में आ गया।

सात वर्षीय रमाबाई माँ, पिता तथा भाई के साथ

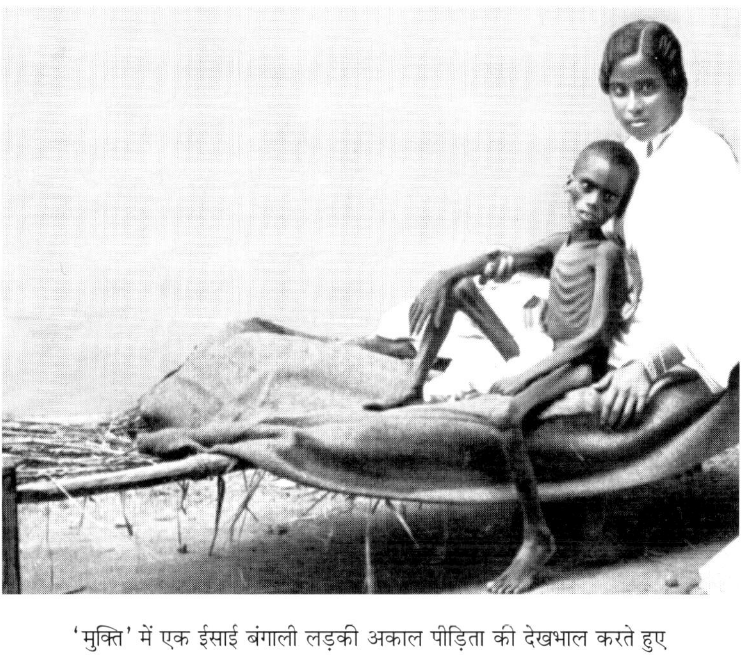

'मुक्ति' में एक ईसाई बंगाली लड़की अकाल पीड़िता की देखभाल करते हुए

पहले बाद में

भयंकर अकाल में बचाकर लाई गई एक लड़की जो बाद में देखभाल और शिक्षा से एक सफल, स्वस्थ बाइबल महिला बनी।

श्रीमती रेचेल नाल्डर, पंडिता रमाबाई और मनोरमा

शारदा सदन, पुणे में पंडिता रमाबाई की शिष्याएँ

काम पर नेत्रहीन महिलाएँ, बीच में कुर्सी पर मिस हेस्टी

'मुक्ति मिशन' की बच्चियाँ

पंडिता रमाबाई, मनोरमा, मिस एब्राम, मिस गाड्रे और स्टाफ की अन्य महिलाएँ

'मुक्ति मिशन' के प्रिंटिंग विभाग में टाइपसेटिंग करती महिलाएँ

पंडिता रमाबाई और मनोरमा कर्मचारियों तथा मित्रों के साथ

जाँच तथा बचाव के लिए दलित स्त्री के भेष में रमाबाई

सुन्दरीबाई एच. पवार—पंडिता रमाबाई की करीबी मित्र और पहली सहकर्मी

'मुक्ति' में भोजन के समय

अमेरिका की पहली यात्रा (1886) में
रमाबाई अपनी बेटी के साथ

मनोरमाबाई

* चित्र : हेलेन एस. डायर की 'पंडिता रमाबाई : अ ग्रेट लाइफ इन इंडियन मिशन' और क्लिमेंटिना बटलर की किताब 'पंडिता रमाबाई सरस्वती' से साभार।

केड़गाँव स्थित पंडिता रमाबाई मुक्ति मिशन

केड़गाँव के 'मुक्ति मिशन' में पंडिता रमाबाई का कमरा

पंडिता रमाबाई की समाधि